Ausführliches Verzeichnis der

Guttentag'schen Sammlung

Deutscher Reichs- und Preußischer Gesetze

— Text-Ausgaben mit Anmerkungen; Taschenformat —

welche alle wichtigeren Gesetze in unbedingt zuverlässigen Gesetzestexten und in mustergiltiger Weise erläutert enthält, befindet sich hinter dem Sachregister.

Guttentag'sche Sammlung
Nr. 41. Preußischer Gesetze. Nr. 41.
Text-Ausgaben mit Anmerkungen.

Die Preußischen Jagdpolizeigesetze.

Von

F. Kunze,
Wirklichem
Geheimen Oberregierungsrat,

und

H. Kühnemann,
Rechtsanwalt.

Zweite, gänzlich veränderte und vermehrte Auflage.

Berlin 1907.
J. Guttentag, Verlagsbuchhandlung,
G. m. b. H.

Inhaltsverzeichnis.

Verzeichnis der Abkürzungen.

AH. = Abgeordnetenhaus.
aM. = anderer Meinung.
Begr. = Begründung.
Bek. = Bekanntmachung.
Best. = Bestimmung.
BGB. = Bürgerliches Gesetzbuch.
DJägZ. = „Deutsche Jägerzeitung."
DJurZ. = „Deutsche Juristenzeitung."
Entsch. = Entscheidung.
Entw. = Entwurf.
Erk. = Erkenntnis.
Erl. = Erlaß.
FinM. = Finanzministerium.
ForstDG. = Forstdiebstahlgesetz.
GemO. = Gemeindeordnung.
GewO. = Gewerbeordnung.
GoltdArch. = „Archiv für Strafrecht", begr. von Goltdammer.
GS. = Gesetzsammlung.
HH. = Herrenhaus.
JMBl. = Justizministerialblatt.
JO. = Jagdordnung.
JPolG. = Jagdpolizeigesetz.
JScheinG. = Jagdscheingesetz.
JurW. = „Juristische Wochenschrift."
KabO. = Kabinettsorder.
KGJ. = „Jahrbuch für Entscheidungen des Kammergerichts" (KG.).
KommB. = Kommissionsbericht.
Kurh. = Kurhessisch.
LVG. = Landesverwaltungsgesetz.
LwMBl. = Landwirtschaftliches Ministerialblatt.

MBl. = Ministerialblatt f. d. innere Verwaltung.
Mot. = Motive.
OAppG. = Oberappellationsgericht.
OLG. = Oberlandesgericht.
OppRspr. = Oppenhoff, Die Rechtsprechung des Königlichen Obertribunals in Strafsachen.
OTr. = Obertribunal.
OVG. = Oberverwaltungsgericht.
OWBl. = Offizielles Wochenblatt f. d. Hzgt. Lauenburg.
PrJO. = Preußische Jagdordnung.
Prot. = Protokolle.
PrVerwBl. = Preußisches Verwaltungsblatt.
Ref. = Reskript.
RG. = Reichsgericht.
RGSt. (RGZ.) = Entscheidung(en) des Reichsgerichts in Straf(Zivil)sachen.
Rspr. = Rechtsprechung.
StenB. = Stenographische Berichte.
StGB. = Strafgesetzbuch für das Deutsche Reich.
StO. = Städteordnung.
StPO. = Strafprozeßordnung.
StriethArch. = „Archiv für Rechtsfälle des Obertribunals", hrsg. von Striethorst.
Tf. = Tarif. Tfst. = Tarifstelle.
Vd. = Verordnung.
VerwStreit(Zw)Verf. = Verwaltungsstreit(zwangs)verfahren.
Vf. = Verfügung.
VogSchG. = Vogelschutzgesetz.
WSchadG. = Wildschadengesetz.
WSchonG. = Wildschongesetz.
ZBlAB. = Zentralblatt der Abgaben-Gesetzgebung und -Verwaltung.
ZfJagdR. = „Zeitschrift für Jagdrecht."
ZPO. = Zivilprozeßordnung.
ZustG. = Zuständigkeitsgesetz.

1. Bürgerliches Gesetzbuch.

§ 835. Wird durch Schwarz-, Rot-, Elch-, Dam- oder Rehwild oder durch Fasanen ein Grundstück beschädigt, an welchem dem Eigentümer das Jagdrecht nicht zusteht, so ist der Jagdberechtigte verpflichtet, dem Verletzten den Schaden zu ersetzen. Die Ersatzpflicht erstreckt sich auf den Schaden, den die Tiere an den getrennten, aber noch nicht eingeernteten Erzeugnissen des Grundstücks anrichten.

Ist dem Eigentümer die Ausübung des ihm zustehenden Jagdrechts durch das Gesetz entzogen, so hat derjenige den Schaden zu ersetzen, welcher zur Ausübung des Jagdrechts nach dem Gesetze berechtigt ist. Hat der Eigentümer eines Grundstücks, auf dem das Jagdrecht wegen der Lage des Grundstücks nur gemeinschaftlich mit dem Jagdrecht auf einem andern Grundstück ausgeübt werden darf, das Jagdrecht dem Eigentümer dieses Grundstücks verpachtet, so ist der letztere für den Schaden verantwortlich.

Sind die Eigentümer der Grundstücke eines Bezirkes zum Zwecke der gemeinschaftlichen Ausübung des Jagdrechts durch das Gesetz zu einem Verbande vereinigt, der nicht als solcher haftet, so sind sie nach dem Verhältnisse der Größe ihrer Grundstücke ersatzpflichtig.

1. Der Wildschaden wird vom BGB. als Quasidelikt behandelt. Eine eigentliche unerlaubte Handlung ist er nicht.

2. Aus der Menge der jagdbaren Tiere hebt das BGB. in Abs. 1 eine Reihe von Wildarten hervor, die vermöge ihrer Natur geeignet sind, besonders erheblichen Wildschäden anzurichten. Für den durch diese Tiere verursachten Wildschaden ist zufolge zwingender Vorschrift des Gesetzes stets Ersatz zu leisten. Die Landesgesetzgebung kann über die Vorschriften des BGB. noch hinausgehen, indem sie noch weitere Wildarten bezeichnet, für deren Schaden Ersatz zu leisten ist, dagegen kann sie die Wildschadensersatzpflicht für keine der im BGB. genannten Wildarten verneinen (Art. 69 EinfG. z. BGB.).

3. Zu ersetzen ist der Schaden, den die durch BGB. oder weitere vom Landesgesetz unter das Wildschadensrecht gestellten Wildarten verursachen, und zwar:

a) der Schaden, der an Grundstücken selbst und ihren wesentlichen Bestandteilen (§ 93 BGB.) angerichtet wird. Zu ersetzen ist also auch der durch Umwühlen oder Zertreten eines frisch gepflügten Ackers oder der durch Beschädigung oder Zerstörung an lebenden Hecken und Zäunen angerichtete Schaden. Gleichgültig ist, ob das Grundstück land- oder forstwirtschaftlich oder anderweitig benutzt wird;

b) der Schaden an den noch nicht getrennten Erzeugnissen eines Grundstücks. Eigentlich brauchten die ungetrennten Erzeugnisse nicht besonders aufgeführt zu werden, da sie nach § 94 BGB. bis zur Trennung wesentliche Bestandteile des Grundstücks sind;

c) der Schaden an den Erzeugnissen eines Grundstücks, die zwar schon getrennt, aber noch nicht eingeerntet sind. Die in Diemen, Mieten, Beimen usw. gesammelten Feldfrüchte gelten als bereits eingeerntet (Prot. 2 829, KommB. 1988).

4. Eigenes Verschulden des Verletzten ist nach § 254 BGB. zu berücksichtigen.

5. In Hannover haften die Feldmarksgenossen nach Verhältnis der Größe ihres Grundbesitzes, wenn sie die Jagd entweder ruhen oder sie durch angestellte Jäger bejagen lassen (§ 23 Abs. 3, §§ 5, 10 und § 3 HannJO.).

§ 958. Wer eine herrenlose bewegliche Sache in Eigenbesitz nimmt, erwirbt das Eigentum an der Sache.

Das Eigentum wird nicht erworben, wenn die Aneignung gesetzlich verboten ist oder wenn durch die Besitzergreifung das Aneignungsrecht eines anderen verletzt wird.

1. Nach § 958 wird das Eigentum an einer herrenlosen Sache, also auch an einem jagdbaren Tiere, nicht erworben, wenn die Aneignung gesetzlich verboten oder wenn durch die Besitzergreifung das Aneignungsrecht eines andern verletzt wird.

Darüber, wann ein gesetzliches Verbot der Aneignung vorliegt, gehen die Meinungen auseinander. Windscheid-Kipp, Lehrbuch des Pandektenrechts 1[8] § 184, und Cosack, Lehrbuch des Bürgerlichen Rechts § 203 Nr. 3, nehmen an, daß ein Eigentumserwerb nicht nur nicht stattfindet, wenn sich das Verbot gegen die Aneignung an sich richtet, sondern auch dann nicht, wenn die das Maß der Aneignung im öffentlichen Interesse beschränkenden Vorschriften über Schonzeit oder Fangmethoden übertreten werden. Danach würden also Verbote, wie sie das RVogSchG. oder § 368_{11} StGB. aussprechen, einen Eigentumserwerb verhindern, und es könnte der Jagdberechtigte an demjenigen jagdbaren Wild kein Eigentum erlangen, das er in der Schonzeit erlegt oder in Schlingen verbotswidrig fängt.

Anderer Ansicht sind ua. Staudinger in Seufferts Blättern für Rechtsanwendung 63 285, Staudinger, BGB. 3 Anm. 2a zu § 958 BGB., Planck, BGB. Anm. 3a zu § 958 und Dickel, Das PrWSchonG. 100, Rotering in ZfJagdR. 1 172 ff. Nach diesen Schriftstellern sind als Aneignungsverbote im Sinne von § 958 lediglich solche Vorschriften aufzufassen, welche die Aneignung selbst verbieten.

Unter den Anhängern der Rechtsmeinung von Staudinger ist wiederum streitig, ob § 368_{11} StGB. überhaupt ein wirkliches Aneignungsverbot enthält. Ebner verneint das Aneignungsverbot im VerwArch. 13 542 f., Dickel bejaht aaO. mit gewissen Einschränkungen.

Die Vorschriften über die Schonzeiten, über das Ruhenlassen der Jagd usw. befassen sich weder direkt noch indirekt mit einem Verbote der Aneignung von jagdbarem Wilde. Die Vorschriften schützen nur den Wildstand an sich, ihnen gegenüber ist es gleichgültig, wer unter Verletzung der Schonzeiten usw. Eigentümer des Wildes wird oder werden soll; sie verbieten das Erlegen, Fangen des Wildes, die Ausübung der Jagd schlechthin, gleichgültig, ob der Erleger, Fänger oder Jäger die Absicht der Aneignung haben oder nicht; es verhält sich mit ihnen ebenso, wie mit dem Verbote, während des Gottesdienstes oder ohne Jagdschein zu jagen, mit dem Verbote, zollpflichtige Waren außerhalb der Zollstraßen einzuführen und mit vielen andern polizeilichen Verboten, die die Frage der Aneignung gar nicht berühren. Deshalb wird hier davon ausgegangen, daß die PrJO. keine im Sinne des § 958 BGB. erlassenen gesetzliche Verbote der Aneignung enthält. Im übrigen siehe die Vorbemerkung zur PrJO.

2. a) Der Wilderer dagegen verletzt das Aneignungsrecht des Jagdberechtigten; er kann daher an seiner Beute, gemäß § 958, kein Eigentum erlangen. Das Wild bleibt herrenlos, bis es entweder von einem gutgläubigen Dritten erworben, oder von dem Jagdberechtigten okkupiert wird (Dalcke, Preuß. JagdR.[4] 10, 12, 202, Bauer, Die Jagdges. Preußens[3] 11, Stelling, Die HannJagdges. 45, 95, RGSt. 29. X. u. 6. XII. 06, mitget. in der ZfJagdR. 1 103, Reinberger, ebenda 138).

b) Auch der Jagdgast oder Abschußberechtigte, die entgegen der ihnen erteilten Berechtigung ein ihnen nicht zugestandenes Stück Wild oder eine ihnen nicht freigegebene Wildgattung erlegen, greifen in das Aneignungsrecht des Jagdberechtigten ein. Die Zuwiderhandlung verschafft dem zu dieser Jagdausübung nicht Berechtigten kein Eigentum an dem erlegten Wilde (sa. Anm. 4 c—d zu § 4).

§ 960. Wilde Tiere sind herrenlos, solange sie sich in der Freiheit befinden. Wilde Tiere in Tiergärten und Fische in Teichen oder anderen geschlossenen Privatgewässern sind nicht herrenlos.

Über die Auslegung des Wortes „Tiergärten" gehen die Meinungen auseinander. Nach der herrschenden Ansicht ist ein Tiergarten als Garten aufzufassen, in dem Tiere eingehegt sind und gehalten werden. Der Tiergarten kann, wie das schon im Ausdrucke „Garten" liegt, nur klein, er muß sogar so klein sein, daß noch eine Besitz- und Eigentumsherrschaft an den eingehegten Tieren möglich ist (vgl. Planck, BGB. 3 zu § 960; Staudinger zu § 960; Dalcke, JagdR.[4] 195; Stelling, Die HannJagdges.

51 Anm. 7; Rotering in der ZfJagdR. 1 158 m; Danckelmann-Engelhardt, WSchonG. Anm. 18 zu § 2, RGSt. 8 225, 26 218). Nach richtiger Meinung bedeutet in § 960 das Wort „Tiergärten" umschlossene Räume, die das Auswechseln der wilden Tiere nicht gestatten und die nur einen solchen Raum einnehmen, daß von einem Besitze der darin befindlichen Tiere die Rede sein kann. Der Ausdruck „Wildgärten" in § 39 JO. geht weiter, es sind darunter auch solche große eingefriedigte Flächen verstanden, die Wild beherbergen, an denen ein Besitz nach den tatsächlichen Verhältnissen nicht stattfindet, wiewohl ein Auswechseln des Wildes nicht möglich ist. Nach der Gegenmeinung umfaßt der Ausdruck „Tiergarten" jedes eingefriedigte Gehege, vom Wildpferch eines zoologischen Gartens bis zum eingehegten Revier von vielen Tausenden ha Größe. (So insbes. Dickel, WSchonG. 88; Ziebarth, ForstR. 386; Endemann, Lehrbuch des Bürgerl. Rechts § 86 Anm. 9 und RGZ. 9. I. 02 — VI 217/01 — JurW. 03 80[29], vgl. auch KommBHH. z. WSchonG. v. 04 4 Abs. 3).

---

2. Einführungsgesetz zum Bürgerlichen Gesetzbuch.

Art. 69. Unberührt bleiben die landesgesetzlichen Vorschriften über Jagd und Fischerei, unbeschadet der Vorschrift des § 958 Abs. 2 des Bürgerlichen Gesetzbuchs und der Vorschriften des Bürgerlichen Gesetzbuchs über den Ersatz des Wildschadens.

1. Der Vorbehalt des Art. 69 ist allgemeiner Natur.

Er umfaßt sämtliche Rechtsmaterien des Jagd- und Fischereiwesens. Hervorgegangen ist er aus der Erwägung, daß das Jagd- und Fischereirecht zum großen Teil öffentlich-rechtlicher Natur ist und sich daher zur Behandlung in dem BGB. nicht eignet. Dazu kam die Rücksicht auf die praktisch verschiedenen Bedürfnisse der einzelnen Landesteile, wie sie sich durch den geschichtlichen Werdegang entwickelt haben (Mot. z. BGB. 3 4 u. 5).

2. Unberührt bleiben bestehende und zulässig sind neue landesgesetzliche Vorschriften über die Jagd, insbesondere

a) darüber, ob überhaupt ein Jagdrecht und in welchem Umfange es bestehen soll,

b) über die subjektiven und objektiven Erfordernisse des Jagdausübungsrechtes,

c) über die Übertragung des Jagdausübungsrechtes,

d) die zur allgemeinen Sicherheit gegebenen Vorschriften, welche das Jagdausübungsrecht beschränken,

e) die Vorschriften, welche dem Jagdausübungsrecht mit Rücksicht auf die Erhaltung des Wildstandes Schranken auferlegen,

f) die Strafvorschriften zur Erzwingung der Beobachtung der landesgesetzlich aufgestellten Normen.

3. Lediglich in zwei Hinsichten ist der Landesgesetzgebung kein freier Spielraum gegeben.

a) Mit Rücksicht auf § 958 Abs. 2 BGB. können die Landesgesetze nicht mehr bestimmen, daß eine Aneignung nach § 958 Abs. 1 Eigentum verschafft,

α) wenn die Aneignung gesetzlich verboten ist,

β) oder wenn durch die Besitzergreifung das Aneignungsrecht eines andern verletzt wird. (Näheres hierüber bei § 958 BGB.)

b) Da § 835 BGB. zwingende Vorschriften über den Wildschaden aufstellt, so kann die Landesgesetzgebung die Ersatzpflicht für Wildschaden nicht unter das

Maß des BGB. herabmindern. Sie hat dagegen im Rahmen der Artt. 70 u. 71 EinfG. z. BGB. freie Hand.

Art. 70. Unberührt bleiben die landesgesetzlichen Vorschriften über die Grundsätze, nach welchen der Wildschaden festzustellen ist, sowie die landesgesetzlichen Vorschriften, nach welchen der Anspruch auf Ersatz des Wildschadens innerhalb einer bestimmten Frist bei der zuständigen Behörde geltend gemacht werden muß.

1. Besondere Grundsätze, nach welchen der Wildschaden festzustellen ist, hatte bereits das PrWSchadG. v. 11. VI. 91 für den ganzen Umfang der preußischen Monarchie einschl. der beiden Hohenzollern, jedoch mit Ausschluß der Prov. Hannover und des ehemaligen Kurfürstentums Hessen festgesetzt. Die Bestimmungen des WSchadG. sind zum größten Teil wörtlich in die PrJO. v. 15. VII. 07 übergegangen, vgl. dort §§ 51—68.

In Hannover galt und gilt, da die JO. diese Provinz von ihrem Geltungsbereiche ausgeschlossen hat, das HannWSchadG. v. 21. VII. 48.

In dem ehemaligen Kurfürstentum Hessen sind durch § 81 PrJO. die dort aufgezählten Bestimmungen des KurhWSchadG. v. 26. I. 54 und des KurhJagdG. v. 7. IX. 65 aufrecht erhalten.

2. Nach Art. 70 haben die Landesgesetze weiter die Befugnis, eine Ausschlußfrist für die Geltendmachung des Wildschadens bei der zuständigen Behörde zu bestimmen, dagegen dürfen sie nicht die Vorschriften des bürgerlichen Rechtes über die Verjährung in bezug auf Wildschaden abändern (Planck, BGB. Anm. 2 zu Art. 70 EinfG. z. BGB.).

Die PrJO. v. 15. VII. 07 setzt eine Ausschlußfrist für die Anmeldung des Wildschadens in § 55 fest. Das

HannWSchadG. kennt keinerlei Ausschlußfristen für die Geltendmachung des Wildschadens.

§ 6 KurhWSchadG. in Verbindung mit § 37 KurhJG. bestimmt eine 14tägige Ausschlußfrist für die Erhebung der Klage auf Grund des dort vorgeschriebenen Vorverfahrens.

Die Verjährung des Anspruches auf Ersatz von Wildschaden richtet sich nach §§ 852, 198ff. BGB.

3. Die PrJO. verweist die Streitigkeiten über Wildschaden zwischen dem Geschädigten und dem ex lege Ersatzpflichtigen vor die Verwaltungsbehörden bzw. Verwaltungsgerichte. Dagegen ist ein Streit über die vertragliche Erstattungspflicht des Wildschadens, zu dessen Ersatz gesetzlich gemäß §§ 52 und 53 PrJO. ein anderer verbunden ist, im ordentlichen Rechtswege auszutragen.

In der Prov. Hannover gehört ein Rechtsstreit über Wildschaden vor die bürgerlichen Gerichte. Zuständig ist gemäß § 23_2 Abs. 3 GerVerfG. ohne Rücksicht auf den Streitwert das Amtsgericht. Örtlich zuständig ist entweder das Amtsgericht des Erfüllungsortes oder dasjenige des Wohnsitzes des Verpflichteten. Der Gerichtsstand der unerlaubten Handlung aus § 32 ZPO. ist ebenfalls gegeben, da zwar der Wildschaden keine unerlaubte Handlung im eigentlichen Sinne darstellt, vom BGB. aber als Quasidelikt behandelt wird.

Art. 71. Unberührt bleiben die landesgesetzlichen Vorschriften, nach welchen

1. die Verpflichtung zum Ersatze des Wildschadens auch dann eintritt, wenn der Schaden durch jagdbare Tiere anderer als der im § 835 des Bürgerlichen Gesetzbuchs bezeichneten Gattungen angerichtet wird;
2. für den Wildschaden, der durch ein aus einem Gehege ausgetretenes jagdbares Tier ange-

richtet wird, der Eigentümer oder der Besitzer des Geheges verantwortlich ist;

3. der Eigentümer eines Grundstücks, wenn das Jagdrecht auf einem anderen Grundstücke nur gemeinschaftlich mit dem Jagdrecht auf seinem Grundstück ausgeübt werden darf, für den auf dem anderen Grundstück angerichteten Wildschaden auch dann haftet, wenn er die ihm angebotene Pachtung der Jagd abgelehnt hat;
4. der Wildschaden, der an Gärten, Obstgärten, Weinbergen, Baumschulen und einzelstehenden Bäumen angerichtet wird, dann nicht zu ersetzen ist, wenn die Herstellung von Schutzvorrichtungen unterblieben ist, die unter gewöhnlichen Umständen zur Abwendung des Schadens ausreichen;
5. die Verpflichtung zum Schadensersatz im Falle des § 835 Abs. 3 des Bürgerlichen Gesetzbuchs abweichend bestimmt wird;
6. die Gemeinde an Stelle der Eigentümer der zu einem Jagdbezirke vereinigten Grundstücke zum Ersatze des Wildschadens verpflichtet und zum Rückgriff auf die Eigentümer berechtigt ist oder an Stelle der Eigentümer oder des Verbandes der Eigentümer oder der Gemeinde oder neben ihnen der Jagdpächter zum Ersatze des Schadens verpflichtet ist;
7. der zum Ersatze des Wildschadens Verpflichtete Erstattung des geleisteten Ersatzes von dem-

jenigen verlangen kann, welcher in einem anderen Bezirke zur Ausübung der Jagd berechtigt ist.

1. Die PrJO. v. 15. VII. 07 schließt sich in § 51 dem § 835 BGB. an, dagegen ist in Hannover jeder durch jagdbares Wild verursachte Schaden nach § 1 HannWSchadG. zu ersetzen. Dasselbe ist Rechtens im ehemaligen Kurfürstentum Hessen. Die HohenzJO. verweist in § 22 auf das PrWSchadG. v. 11. VII. 91, welches als Schadenserreger dieselben Wildarten aufführt wie das BGB.

2. Die PrJO. enthält keine besonderen Bestimmungen im Sinne von Ziff. 2 Art. 71. Indessen hat der Geschädigte einen aus unerlaubter Handlung herzuleitenden Schadensersatzanspruch nach zivilrechtlichen Grundsätzen gegen den Eigentümer des Geheges wahlweise neben seinem Anspruche gegen den gesetzlich Verpflichteten. Auch ist der gesetzlich zum Wildschadensersatz Verpflichtete berechtigt, aus dem Gesichtspunkte der unerlaubten Handlung von dem Eigentümer des Geheges Ersatz zu verlangen für die Aufwendungen, die er auf Grund seiner gesetzlichen Ersatzpflicht für das aus dem Gehege ausgetretene Wild an den Geschädigten hat machen müssen.

Besondere Vorschriften im Sinne von Ziff. 2 Art. 71 enthält § 4 HannWSchadG.

3. Die PrJO. enthält in § 53 Abs. 2 eine Vorschrift, die in Gemäßheit von Ziff. 3 Art. 71 EinfG. z. BGB. zulässig war. Eine entsprechende Bestimmung gilt in Hohenzollern auf Grund von § 3 PrWSchadG. v. 11. VII. 91.

4. Die PrJO. hat von der ihr nach Ziff. 4 Art. 71 zustehenden Befugnis keinen Gebrauch gemacht, ebensowenig die HannJO. Dagegen ist § 2 KurhWSchadG. in § 81 PrJO. aufrecht erhalten.

5. Zu Ziff. 5 Art. 71 sind zu vergleichen: §§ 52 und 53 PrJO. und § 28 1 u. 3 HannJO.

6. Ersatzpflichtig ist im ehemaligen Kurhessen lediglich der **Pächter** der Jagd; im übrigen vgl. hierzu wiederum § 53 PrJO. und § 23 HannJO. und § 5 HannWSchadG.

7. Eine der Ziff. 7 Art. 71 entsprechende ausdrückliche Bestimmung enthält nur § 4 HannWSchadG.; vgl. aber das bei Nr. 2 Gesagte.

Art. 72. Besteht in Ansehung eines Grundstücks ein zeitlich nicht begrenztes Nutzungsrecht, so finden die Vorschriften des § 835 des Bürgerlichen Gesetzbuchs über die Verpflichtung zum Ersatze des Wildschadens mit der Maßgabe Anwendung, daß an die Stelle des Eigentümers der Nutzungsberechtigte tritt.

Hierzu sind einzusehen § 5 Abs. 3 PrJO., § 3 HannG. v. 29. VII. 50 und § 2 HohenzJO. mit den entsprechenden obergerichtlichen Entscheidungen.

---

3. Preußische Jagdordnung.

Vom 15. Juli 1907 (GS. 207—233).

Wir **Wilhelm**, von Gottes Gnaden König von Preußen ꝛc., verordnen, mit Zustimmung der beiden Häuser des Landtags, für den ganzen Umfang der Monarchie mit Ausschluß der Provinz Hannover, der Hohenzollernschen Lande und der Insel Helgoland, was folgt:

1. Wenn auch die JO. nicht für die ganze Monarchie einheitliches Recht schafft, so ist doch ihr Erscheinen als

großer Fortschritt in der Vereinheitlichung des Preuß. Jagdrechts zu begrüßen. Die Lücken, welche die JO. aufweist, sind darauf zurückzuführen, daß sie nicht auf Grund einer systematischen Bearbeitung und einheitlichen Vorlage der Regierung entstanden ist, sondern lediglich ein mehr zufälliges Zusammenziehen verschiedener Gesetze darstellt. (Vgl. Einleitung zur AAnw.)

2. In Preußen gelten jetzt neben der JO. im wesentlichen noch folgende Vorschriften:

a) im ehemaligen Kurfürstentum Hessen die in § 81 aufrecht erhaltenen Bestimmungen des KurhJG. v. 7. IX. 65 und des KurhWSchadG. v. 26. I. 54 (abgedruckt bei § 81 JO.);

b) im ehemaligen Königreiche Hannover:
 1. das G. v. 29. VII. 50, betr. die Aufhebung des Jagdrechts auf fremdem Grund und Boden,
 2. die HannJO. v. 11. III. 59 mit dem ErgG. v. 26. VII. 97,
 3. das HannWSchadG. v. 26. I. 54,
 4. das PrJSchG. v. 31. VII. 95,
 5. das PrWSchonG. v. 14. VII. 04;

c) in Hohenzollern:
 1. das HohenzSiegmaringscheG. v. 29. VII. 48 und das HohenzHechingenscheG. v. 16. IV. 49, beide die Aufhebung des Jagdrechts auf fremdem Grund und Boden behandelnd,
 2. die JO. für die Hohenz. Lande v. 10. III. 02,
 3. das PrJScheinG. v. 31. VII. 95,
 4. das PrWSchadG. v. 11. VII. 91 mit den in § 22 HohenzJO. getroffenen Abänderungen:

d) in Helgoland die PolVd. v. 21. XII. 92 (abgedruckt unter Nr. 5 dW.).

3. Eine Zusammenstellung der im Geltungsgebiete der JagdO. v. 15. VII. 07 aufgehobenen Gesetze gibt § 86.

4. Die PrJO. kodifiziert zwar den Hauptteil, aber nicht sämtliche Materien des Jagdrechts. Insbesondere

ist das Recht, wildernde Hunde und Katzen zu töten, und das Recht, abgeworfene Geweihe und Gehörne sich anzueignen, nicht berücksichtigt.

Erster Abschnitt.

Umfang des Jagdrechts.

Vorbemerkung.

I. Begriff des Jagdrechts.

a) Zur Zeit der deutschen Volksrechte war das Recht zu jagen ein Ausfluß der Herrschaftsgewalt über den Grund und Boden (Schwabenspiegel Kap. 137, lex salica 33 § 1, lex Ribuaria 42 1, anders anscheinend Sachsenspiegel II Kap. 61). Wo sich diese Herrschaftsgewalt mit dem Privateigentume des einzelnen deckte, stand auch dem einzelnen Grundeigentümer das ausschließliche Jagdrecht zu. Auf den Besitzungen der Gemeinde und Markgenossenschaften hatten dagegen entsprechend dem Begriffe der Gesamtherrschaft alle Genossen das Recht zu jagen. Ein Überbleibsel dieses Rechtes findet sich heute noch in der freien Pürsche der HannJO. und der Frankfurter Freijagd. Etwa seit dem 9. Jahrhundert entwickelte sich mit der Feudalherrschaft auch das Jagdrecht in Deutschland fast allgemein zu einem Regal, also zu einem mit dem Eigentum am Grund und Boden begrifflich nicht mehr zusammenhängenden, besonderen Rechte. In Verbindung mit dieser Entwickelung steht die Unterscheidung der wilden Tiere in jagdbare Tiere und solche, die dem freien Tierfange unterliegen.

Welche Tiere für jagdbar erklärt wurden, war nach den örtlichen Gepflogenheiten häufig außerordentlich verschieden. Eine allgemeine gesetzliche Regelung der Jagdbarkeit ist in Preußen erst (abgesehen von den Vorschriften im ALR.) durch das PrWSchonG. v. 14. VII. 04 eingeführt worden.

Auf dem Standpunkte der Regalität des Jagdrechts steht noch das ALR. — Vgl. § 22 II 14 und §§ 30 ff. II 16. — Demzufolge bezeichnet das ALR. „das Recht, jagdbare wilde Tiere aufzusuchen und sich zuzueignen" als „Jagdgerechtigkeit". Die Regalität ist in Preußen durch das G. v. 31. X. 48 für den damaligen Umfang der Monarchie aufgehoben worden. Ähnliche Gesetze wurden in anderen deutschen Staaten erlassen, die jetzt ganz oder zum Teil Provinzen des Preußischen Staates bilden. (Vgl. HohenzSigmaringenG. v. 29. VII. 48, HohenzHechingenG. v. 16. IV. 49, HannG. v. 29. VII. 50, BayJG. v. 30. III. 50, NassVd. v. 30. III. 67, LauenbgJG. v. 17. VII. 72, PrG. v. 1. III. 73 für das ehemalige Kurfst. Hessen und die Großh. Hess. Landesteile, sowie Schleswig-Holstein.) Sie hoben jedes Jagdrecht auf fremdem Grund und Boden auf und verboten die Trennung des Jagdrechts vom Grund und Boden als dingliches Recht.

Das Jagdrecht ist heute die Befugnis des Grundeigentümers, jagdbare wilde Tiere auf seinem Grund und Boden aufzusuchen und sich anzueignen. Entsprechend den modernen Anschauungen, wie sie auch in verschiedenen Gesetzen Ausdruck gefunden haben, ist ferner in den Begriff des Jagdrechtes noch das Recht zur Hege hineinzuziehen. (Vgl. Nagler, Vergleichende Darstellung d. deutsch. u. ausl. StrafR. 8 438 II, Dalcke, Preuß. JagdR.[4] 100, Brünneck in Conrads Handwörterbuch der Staatswissensch. 4 1311.)

b) Nicht unbestritten ist das Verhältnis des Jagdrechts zum Eigentumsbegriffe.

Das OTr. bezeichnet das Jagdrecht als Ausfluß des Eigentums (OTr. 60 303). Das OVG. sieht das Jagdrecht als einen solchen Teil der im Eigentume liegenden Befugnisse an, der zum Privatvermögen des Grundstückseigentümers als Zubehör des Grund und Bodens gehört (OVG. 4 220, so auch Kunze, Die

Preuß. JagdpolizeiG. 2 Anm. 3 und 3 Anm. 8). Nach Dalcke, Das Preuß. Jagdrecht[4] 14 ist das Jagdrecht ein integrierender Bestandteil des Rechtes des Grundeigentümers, und zwar ein Bestandteil im Sinne von § 96 BGB. Dieselbe Auffassung äußerte der Regierungsvertreter bei der Beratung der JO. in der Kommission des Herrenhauses (KommB. Drucks. 122/07 7). Holtgreven, Das WSchadG. 124, nennt das Jagdrecht ein mit dem Grundeigentume verbundenes Recht, welches nach § 96 BGB. einen Bestandteil des Eigentums bilde. Dagegen bezeichnet das RG. 51 281 das Jagdrecht als besonderes Recht, vgl. auch 41 349; ebenso Nagler, obwohl er es an anderer Stelle (430) als Attribut, als Zutat des Bodeneigentums qualifiziert; ebenso Staudinger, BGB. Anm. I, 1 c zu § 581.

Es kann dahingestellt bleiben, ob das Jagdrecht seiner Natur nach als Bestandteil des Eigentumsrechts zu erachten oder an sich als besonderes, selbständiges, mit dem Eigentume verbundenes Recht anzusehen ist; auf alle Fälle muß es gemäß § 96 BGB. als Bestandteil des Grundstücks, und zwar gemäß § 2 JO. als wesentlicher Bestandteil (§ 93 BGB.) behandelt werden. (Stelling, Die HannJagdG. 30 Anm. 2a.) Das Jagdrecht ist also dinglich-privatrechtlicher Natur, es kann gemäß § 93 BGB. nicht Gegenstand besonderer Rechte sein.

c) Neben dem eigentlichen Jagdrechte und als seine Verwirklichung kommt ein im öffentlichen Interesse geregeltes Recht auf Jagdausübung in Betracht. Die Rechtsordnung gestattet die Ausübung des Jagdrechtes dem Grundstückseigentümer nicht schlechthin, sondern knüpft sie an gewisse subjektive und objektive Erfordernisse. Nur bei dem Vorhandensein dieser öffentlich-rechtlich geregelten Erfordernisse ist die Ausübung des privaten Jagdrechts zulässig (Stelling aaO. 86 Anm. 26 I; Lehfeld, Jagdrechtskunde 3; Dalcke, Preuß. JagdR.[4] 16, OLG. Jena 8. I. 06 — ThürBl. 33 215, Kunze 2 Anm. 3, vgl. auch: Begründung des Entwurfs einer JO. v. 1883, DruckſHH. Nr. 5/1884 S. 16.)

Das **Jagdrecht** ist **abstrakt**, durch seine **Ausübung** wird die vermöge des Jagdrechts zulässige Nutzung aus dem Grundstücke gewonnen. Diese Gewinnung der Nutzung (vgl. Anm. 1 zu § 20) kann der Grundstückseigentümer entweder dadurch, daß er jagdbare Tiere sich aneignet, selbst vornehmen oder die Nutzung abtreten (verpachten). Ist die Gewinnung der Nutzung öffentlich-rechtlich den Grundstückseigentümern durch Selbstaneignung des Wildes versagt und ihnen nur in Masse, in Form der Jagdgenossenschaft gestattet, so besteht die Nutzung aus dem Grundstücke vermöge des Jagdrechts in **Reinerträgen** oder in einem **Pachtzinse** (§§ 25, 7 Abs. 5, 8 Abs. 2, 11 Abs. 2, 19). Das Recht, die Ausübung des Jagdrechts zu verpachten, findet seine Analogie in dem Rechte des Eigentümers, sein Grundstück zur Gewinnung von Feldfrüchten zu verpachten. Gegenstand eines Jagdpachtvertrages ist dementsprechend nicht das abstrakte Jagdrecht, sondern das Jagdausübungsrecht (vgl. über die Streitfrage, was Gegenstand des Jagdpachtvertrages ist, Bauer, Jagdgesetze Preußens[3] 117, Holtgreven, Das WSchadG. 124, Albert, Deutsche Jagdgesetzgebung 47, Brüneck aaO., RG. 28. X. 01, mitget. OLG. IV 44 c; vgl. auch die in der ZſJagdR. 1 7, 22, 72 mitgeteilten Entsch., Eccius, Preuß. PrivatR.[7] 2 237, RGZ. 51 279, so auch schon RGZ. 41 345 für das französische Recht, Staudinger, Kommt. z. BGB. Anm. I 1 c zu § 581, Stelling 73 Anm. 18 II b, OVG. I 581 v. 3. IV. 03, mitget. DJurZ. 03 528, OLG. 13 382).

In Hohenzollern ist gem. § 9 der HohenzJO. v. 10. III. 02 für alle Arten von Pachtverträgen Schriftlichkeit vorgeschrieben; sie geht stillschweigend davon aus, daß durch den Jagdpachtvertrag Grundstücke verpachtet werden. Die PrJO. v. 15. VII. 07 hat nur für die Verträge über die Verpachtung der Jagd auf gemeinschaftlichen Jagdbezirken in § 22 eine gleiche Vorschrift gegeben. Es dürfte kein Zweifel bestehen, daß die JO. auch für die Jagdpachtverträge hinsichtlich der Eigenjagdbezirke auf gleichem Standpunkte steht. Danach sind Jagdpachtverträge der letztern Art, wenn sie länger als ein Jahr dauern sollen, schriftlich abzuschließen, während Jagdpachtverträge über gemeinschaftliche Jagdbezirke bei Vermeidung der Nichtigkeit (§ 24) immer schriftlich abzufassen sind.

II. Schranken der Jagdausübung.

Grundsätzlich steht das Jagdrecht jedem Grundeigentümer zu. Tatsächlich kommt auch jedem Grundeigentümer der Ertrag des Jagdrechts als eines Vermögensrechts zugute. Im Interesse der Landeskultur und der Erhaltung eines angemessenen Wildstandes und zur Sicherung der öffentlichen Wohlfahrt und Ordnung beschränkt aber das Gesetz die Selbstausübung der Jagd in mehrfacher Weise — vgl. Begr. d. Entw. einer JO. v. 1883 DrucksHH. Nr. 5/1884.

a) Zur eigenen Jagdausübung ist, von einzelnen Ausnahmen abgesehen, nur derjenige Grundeigentümer befugt, dessen land- oder forstwirtschaftlich zu nutzendes Eigentum ein bestimmtes Flächenmindestmaß im Zusammenhange erreicht (§ 4[2]).

Einen solchen Grundstückskomplex nennt das Gesetz einen „Eigenjagdbezirk" (§ 3).

Jeder Grundeigentümer, dessen Grundstücke diese Erfordernisse nicht erfüllen, muß es sich gefallen lassen, daß seine Grundstücke mit benachbarten Grundstücken zu einem „gemeinschaftlichen Jagdbezirke" zusammengelegt werden (§ 7). Die Ausübung der Jagd auf einem gemeinschaftlichen Jagdbezirke steht nicht den einzelnen Genossen zu, sondern erfolgt entweder durch angestellte Jäger oder durch Verpachtung.

Die Beschränkung bezweckt in erster Linie die Erhaltung eines angemessenen Wildstandes; denn erfahrungsgemäß ist eine ordnungsmäßige Hege des Wildes nur auf größeren Grundflächen möglich. Sodann soll die allgemeine Sicherheit dadurch nicht bedroht werden, daß jeder kleine und kleinste Grundbesitzer als Jagdläufer mit Schußwaffen auf seinem Eigentum hantiert. Endlich soll der „kleine Mann" abgehalten werden, eine unergiebige Jagd auf seinem Grund und Boden auszuüben, anstatt seiner Berufsarbeit nachzugehen.

Diese Schranke der Jagdausübung wird von Schriftstellern mit Unrecht als eine Beschränkung des Jagdrechtes selbst aufgefaßt und dementsprechend in die Begriffsbestimmung des Jagdrechtes aufgenommen (vgl. zB. Albert, Deutsche Jagdgesetzgebung 16; Wagner, D. Preuß. Jagdgesetzgebung 1; Nagler, Jagdwildereien in vgl. Darstell. d. deutsch. u. ausl. Strafrechts, bes. Teil 8 438 II).

b) Die Erkenntnis, daß zur Erhaltung des Wildstandes auch ein Schonen während bestimmter Zeiten des Jahres notwendig ist, hat schon früh in gesetzlichen Bestimmungen Deutschlands Ausdruck gefunden. — Landau erwähnt in seinen Beiträgen zur Geschichte der Jagd S. 115 eine Schonvorschrift von 1380 für den Königsforst von Büdingen. — Vgl. auch Endres i. Forstwiss. Zentralbl. 01 170ff., Grunert, D. Jagdgesetzgebung Preußens, Haußner, ZfJagdR. 1 121. — Weitergehende Schonvorschriften sind aber erst im 18. und 19. Jahrhundert aufgestellt worden. — Hahn, D. Preuß. JagdR. — Immerhin hatten auch diese Verordnungen nur lokale oder provinzielle Geltung und unterschieden sich oft recht wesentlich von einander. Ein allgemeines WSchonG. wurde in Preußen erst unter dem 26. II. 70 für den ganzen Umfang der Monarchie mit Ausschluß von Hohenzollern erlassen. An seine Stelle trat dann das G. v. 14. VII. 04.

Die Beschränkung durch Schonvorschriften ist lediglich eine Beschränkung der Jagdausübung, nicht des abstrakten Jagdrechts. Der Jagdberechtigte, der innerhalb der

Schonzeit ein zu schonendes Stück Wild erlegt, macht sich zwar strafbar, erlangt aber nach richtiger Ansicht Eigentum am erlegten Wilde (Planck, BGB. Anm. 3a zu § 958, Staudinger, BGB. Anm. II 1 zu § 958, Stelling, D. HannJagdG. Anm. 3 u. 5 zu § 13d PrWSchonG., Staudinger, BlfRA. 63, 256, Biermann, Sachenrecht d. BGB. Anm. 2 zu § 958. — Anderer Meinung: Windscheid-Kipp, Pandektenrecht § 184, Cosack, Lehrb. d. BGB. § 203 I 3; siehe die Erläuterungen zu § 958 BGB.).

c) Zu den Beschränkungen der Jagdausübung im Interesse der öffentlichen Sicherheit gehören die Bestimmungen über den Jagdschein, den jeder, der die Jagd ausübt, bei sich zu führen hat (näheres siehe hierüber bei §§ 29 ff.). Der Jagdberechtigte, der dem Gesetz entgegen ohne Jagdschein jagt, macht sich strafbar, erwirbt aber das Eigentum an dem erlegten Wilde.

d) Beschränkt wird endlich die Jagdausübung durch das Verbot des Schlingenstellens, mit Ausnahme des Dohnenstieges (§ 4 des früheren WSchonG. und § 41 JO.). Frühere weitergehende Beschränkungen in der Verwendung von Jagdgeräten und Vorrichtungen sind fallen gelassen.

e) Eine andere Art der zeitlichen Beschränkung in der Jagdausübung liegt außerhalb der jagdlichen Interessen. Behufs äußerer Heilighaltung der Sonn- und Festtage können auf Grund von § 366[1] StGB. und der KabO. v. 7. II. 37 Polizeiverordnungen erlassen werden, welche gewisse Arten der Jagdausübung überhaupt an Feiertagen, und jede Art der Jagdausübung während der Dauer des Hauptgottesdienstes unter Strafe stellen, vgl. Olshausen StGB. Anm. f γ z. § 366[1].

Das hierin liegende Verbot fällt gleichfalls nicht unter § 958 BGB. (Windscheid-Kipp, Lehrbuch d. PandR.[8]; Cosack, Lehrbuch des bürgerlichen Rechts § 203 Nr. 3; Staudinger aaO.; Staudinger, BGB. Anm. 2 a zu § 958; Planck, Anm. 3 a zu § 958.)

Außerhalb des Jagdrechts liegt auch die sich dadurch ergebende Beschränkung, daß die Konkurseröffnung über das Vermögen eines Eigenjagdbesitzers diesem die Ausübung des Jagdrechts entzieht (RGSt. 14 289).

§ 1. Jagdbare Tiere sind:

a) Elch-, Rot-, Dam-, Reh- und Schwarzwild, Hasen, Biber, Ottern, Dachse, Füchse, wilde Katzen, Edelmarder;

b) Auer-, Birk- und Haselwild, Schnee-, Reb- und schottische Moorhühner, Wachteln, Fasanen, wilde Tauben, Drosseln (Krammetsvögel), Schnepfen, Trappen, Brachvögel, Wachtelkönige, Kraniche, Adler (Stein-, See-, Fisch-, Schlangen-, Schreiadler), wilde Schwäne, wilde Gänse, wilde Enten, alle anderen Sumpf- und Wasservögel mit Ausnahme der grauen Reiher, der Störche, der Taucher, der Säger, der Kormorane und der Bleßhühner.

1. § 1 ist ein wörtlicher Abdruck von § 1 des PrWSchonG. v. 14. VII. 04, das heute noch als besonderes Gesetz neben der HannJO. in Hannover gilt.

2. Vor Erlaß des WSchonG. v. 14. VII. 04 richtete sich die Jagdbarkeit nach provinziellen Gesetzen. Im allgemeinen galt der Satz, daß alle diejenigen Tiere, für die Setz-, Schon- und Hegezeiten bestimmt waren, als jagdbar erachtet wurden. Indessen gab dieser Satz doch nur das Mindestmaß, da als jagdbar außerdem noch eine Reihe von wilden Tieren behandelt wurden, die keine Schonzeit genossen, so die für jagdbar erachteten Raubtiere, Raubvögel und das Schwarzwild. Umgekehrt genossen wilde Tiere eines Schutzes, obwohl sie nicht zu den jagdbaren Tieren gezählt wurden. Vgl. das VogSchG.

v. 22. III. 88 und das ReichsG. v. 4. XII. 76 über die Schonzeit der Robben.

3. Die Aufzählung der jagdbaren Tiere in § 1 ist mehr nach jagdlichen Unterscheidungen, als nach naturwissenschaftlichen Grundsätzen erfolgt.

4. Im einzelnen ist zu der Aufzählung zu bemerken:

Rotwild, Cervus elaphus, ist die einheimische Rotwildart. Unter dem Gattungsnamen Rotwild sind aber auch eingebürgerte fremde Hirscharten, wie zB. Wapiti und Altaihirsche, einbegriffen.

Schwarzwild, Sus scrofa, ist zwar jagdbar, untersteht also nicht schlechthin dem freien Tierfange, genießt aber keine Schonzeit, darf nur in Einfriedigung gehegt werden und unterliegt sogar der Aneignungsbefugnis jedes Grundbesitzers und Nutzungsberechtigten innerhalb seines Eigentums (vgl. § 64).

Ottern, Lutra vulgaris, haben keine Schonzeit und unterliegen der Aneignungsbefugnis des Fischereiberechtigten; doch darf dieser keine Schußwaffen anwenden (vgl. § 45 FischG. v. 30. V. 74 nebst AbG. v. 30. III. 80).

Wilde Katzen, Felis catus. Jagdbar sind nur die echten Wildkatzen, nicht aber verwilderte oder von solchen abstammende Hauskatzen.

Edelmarder, Mustela martes. Jagdbar ist nur der eigentliche Edelmarder oder Baummarder, nicht auch der Steinmarder, M. foina (Begr. d. Entw. des WSchonG. v. 14. VII. 04. Anderer Meinung Bauer, Die JagdG. Preußens[3] 5 Nr. 10). Iltis und die Wieselarten unterliegen dem freien Tierfange.

Auerwild, Birkwild, Tetrao urogallus, T. tetrix. Auch das Rackelwild, T. medius oder hybridus, ein Bastard zwischen Auer- und Birkwild, ist je nach seiner speziellen Ähnlichkeit entweder zum Auer- oder zum Birkwild zu rechnen.

Rebhühner, Perdix cinerea. Das Steppenhuhn, Syrrhaptes paradoxus, welches wiederholt in großen Flügen vorübergehend in Preußen sich aufgehalten hat, ist nicht jagdbar. Ebenso nicht das mehrfach eingebürgerte Steißhuhn, Tinamus.

Wilde Tauben. Die zahme Taube ist nicht jagdbar, vgl. aber § 40 FeldPolO. und §§ 112 und 113 I 9 ALR. und für Militärbrieftauben ReichsG. v. 28. V. 94.

Adler. Der Fischadler, Pandion haliaëtus, unterliegt der Aneignungsbefugnis des Fischereiberechtigten, doch darf dieser keine Schußwaffen anwenden (vgl. Ottern).

Alle anderen Sumpf- und Wasservögel mit Ausnahme der grauen Reiher, der Störche, der Taucher, der Säger, der Kormorane und der Bleßhühner:

Die jagdbaren Reiher unterliegen dem Aneignungsrecht des Fischereiberechtigten, doch darf er keine Schußwaffen anwenden. Häufig in Preußen ist nur der nicht jagdbare graue Reiher, ardea cinerea. Störche unterstehen an sich dem RVogSchG. Gemäß § 48 kann aber der BezAussch. den Jagdberechtigten ermächtigen, Störche zu töten. Es ist indessen nach Ziff. 33 AusfAnw. z. JO. darauf zu halten, daß diese Bestimmung nicht zur Ausrottung der Störche ausgenutzt wird.

Die Taucher unterliegen dem freien Tierfange, da sie den Schutz des RVogSchG. entbehren. Das Aneignungsrecht des Fischereiberechtigten ist jedoch auf alle Fangarten ohne Anwendung von Schußwaffen beschränkt.

§ 2. Das Jagdrecht steht jedem Eigentümer auf seinem Grund und Boden zu.

Eine Trennung des Jagdrechts von Grund und Boden kann als dingliches Recht künftig nicht stattfinden.

1. Abs. 1 entspricht dem Satz 1 von § 3 G. v. 31. X. 48. Nur ist anstatt des Grundbesitzers juristisch genauer der Eigentümer als Subjekt des Jagdrechts bezeichnet.

Der Begriff des Jagdrechts ist in der Vorbemerkung vor § 1 erläutert.

2. Abs. 2 stammt ebenfalls aus dem G. v. 31. X. 48. Nach Abs. 2 iVerb. mit dem Rechte des BGB. ist also die Bestellung eines Jagdrechts als beschränkte persönliche Dienstbarkeit verboten. Eine Grunddienstbarkeit kann mit Rücksicht auf § 1019 BGB. kaum in Frage kommen. Die JO. verbietet die Trennung des Jagdrechts vom Grundstücke und darauf erfolgende Begründung eines selbständigen dinglichen Rechts. Der § 2 läßt sich darüber nicht aus, ob das Jagdrecht an sich dinglich ist. Diese Frage muß bejaht werden.

3. § 2 setzt ein privatrechtliches Eigentum an einer Grundfläche voraus. Gehört zum Erwerbe des Eigentums die Auflassung, so besteht vor der Auflassung kein Eigentum und kein Jagdrecht. Hat die Jagdpolizeibehörde oder der Verwaltungsrichter zu prüfen, ob Eigentum besteht, so sind dabei die Voraussetzungen des Erwerbes des Eigentums mit zu prüfen. Sollte eine Simulation vorliegen, so kann das simulierte Eigentum als solches im Sinne des § 2 jagdrechtlich nicht anerkannt werden (vgl. Anm. 2 zu § 4, OVG. 26 226). In einem VerwStreitVerf. steht sonach dem Verwaltungsgerichte die selbständige Feststellung, ob Eigentum vorliegt, zu, abgesehen von dem Rechte der Beteiligten, auf An-

fechtung des Vertrages und Rückauflassung nach §§ 117 f. BGB. vor dem Zivilrichter zu klagen.

Dem Eigentume steht Lehns- und Fideikommißbesitz gleich; ebenso das gemeine Eigentum des Staats an den von Natur schiffbaren Strömen, den Meeresufern, Häfen, Land- und Heerstraßen (§ 21 II 14 ALR.; OVG. 18 287).

§ 3. Das Jagdrecht darf nur ausgeübt werden auf Jagdbezirken (Eigenjagdbezirken und gemeinschaftlichen Jagdbezirken) und auf Grundflächen, die Eigenjagdbezirken angeschlossen oder gemeinschaftlichen Jagdbezirken zugelegt sind.

1. Der § 3 und die folgenden Vorschriften behandeln das Jagdausübungsrecht. Der Jagdausübungsberechtigte und derjenige, dem das von Grund und Boden nicht trennbare abstrakte Jagdrecht zusteht, sind nicht immer identisch. An Stelle des letzteren tritt hinsichtlich der Bildung der Jagdbezirke und der Jagdgenossenschaft, sowie des Anspruchs auf die Jagderträge der in § 5 Abs. 3 benannte Nutzungsberechtigte. Wenn die JO. in den §§ 4 f. vom Eigentümer spricht, so ist unter dieser Bezeichnung, falls ihm ein Nutzungsberechtigter gegenübersteht, der letztere zu verstehen.

2. Jagdbezirk im Sinne dG. ist jede Fläche (Wasser oder Land), auf der das G. die Ausübung des Jagdrechts gestattet. Ein Jagdbezirk kann aus einem einzigen Grundstück bestehen; in der Regel wird er aber von einer zusammenhängenden Mehrheit von Grundstücken gebildet werden.

3. Welche Bezeichnungen die Grundflächen im Kataster- oder Grundbuche haben, ist unerheblich, ebenso ob sie eine wirtschaftliche Einheit bilden.

4. Die den Eigenjagdbezirk bildende Grundfläche steht entweder im Eigentume einer physischen oder

juristischen Person (§ 6 Abs. 2) oder im Miteigentume mehrerer solcher Personen. Diese Personen nennt die JO. **Inhaber** des Eigenjagdbezirks. Besteht an der Grundfläche ein erbliches oder ein zeitlich nicht beschränktes Nutzungsrecht oder ein Nießbrauch (§ 5 Abs. 3), so gilt der Nutzungsberechtigte als Inhaber, und ihm stehen die öffentlich-rechtlichen Befugnisse zu.

Zweiter Abschnitt.

Jagdbezirke.

§ 4. Eigenjagdbezirke können gebildet werden aus solchen, demselben Eigentümer, beim Miteigentum denselben Miteigentümern gehörigen Grundflächen, welche

1. dauernd und vollständig gegen den Einlauf von Wild eingefriedigt sind, oder
2. in einem oder mehreren Gemeinde-(Guts-)Bezirken einen land- oder forstwirtschaftlich benutzbaren Flächenraum von wenigstens 75 Hektar einnehmen und in ihrem Zusammenhange durch kein fremdes Grundstück unterbrochen werden. Die Trennung, welche Gewässer und Deiche, ebenso Wege, Kanäle und Eisenbahnen mit Zubehörfläche (Schutzstreifen, Ausschachtungs-, Anschüttungsflächen, Bahnhöfe und ähnliches) bilden, wird als eine Unterbrechung des Zusammenhanges nicht angesehen. Diese Flächen werden dem angrenzenden Eigenjagdbezirk an-

geschlossen, falls nicht der Inhaber den Anschluß ablehnt; liegen sie zwischen verschiedenen Jagdbezirken, so erfolgt der Anschluß bis zur Mitte. Befindet der Grenzweg sich aber im Eigentume des Inhabers eines angrenzenden Eigenjagdbezirkes, so steht diesem das Jagdrecht auf dem ganzen Wege zu. Lehnt der Inhaber den Anschluß nicht ab, so kann der Eigentümer der Fläche eine Pachtentschädigung verlangen; kommt eine Einigung über die Höhe der Pachtentschädigung nicht zustande, so findet das Verfahren nach § 19 Anwendung.

Ein Eigenjagdbezirk kann allein aus Wegen, Deichen und Flüssen, sowie aus solchen längs Wegen, Kanälen und Eisenbahnen führenden Zubehörstreifen, die wegen ihrer geringen Breite eine ordnungsmäßige Ausübung der Jagd nicht gestatten, nicht gebildet werden. Derartige Flächen stellen auch den Zusammenhang zur Bildung eines Eigenjagdbezirkes für getrenntliegende Grundflächen nicht her.

Auf Eigenjagdbezirken, welche aus dauernd und vollständig gegen den Einlauf von Wild eingefriedigten Grundflächen gebildet sind, ohne dem Erfordernisse der Ziffer 2 Abs. 1 zu entsprechen, darf die Jagd auf Flugwild nur mit Genehmigung der Jagdpolizeibehörde ausgeübt werden. Das erlegte oder gefangene Flugwild muß, wenn es in benachbarten Jagdbezirken heimisch ist, an die

Inhaber der letzteren gegen Zahlung von Schußgeld abgeliefert werden. Bei Erteilung der Genehmigung ist darüber Bestimmung zu treffen, welche Flugwildarten erlegt werden dürfen, ob und an wen die Ablieferung des Flugwildes zu erfolgen hat und welches Schußgeld dafür zu entrichten ist.

Darüber, ob eine Grundfläche dauernd und vollständig gegen den Einlauf von Wild eingefriedigt ist, ob und unter welchen Bedingungen hier die Jagd auf Flugwild ausgeübt werden darf, oder ob die unter Ziffer 2 Abs. 2 aufgeführten Grundflächen zur Bildung eines Eigenjagdbezirkes oder zur Herstellung des Zusammenhanges geeignet sind, entscheidet auf Antrag eines Beteiligten die Jagdpolizeibehörde. Gegen deren Entscheidung findet innerhalb zwei Wochen die Beschwerde an den Bezirksausschuß statt. Der Beschluß des Bezirksausschusses ist endgültig.

Die Bildung eines Eigenjagdbezirkes ist auch dann zulässig, wenn die dafür in Betracht kommenden Grundstücke in mehreren Landesteilen liegen, in denen die gesetzlichen Vorschriften über die Bildung eines Eigenjagdbezirkes voneinander abweichen. In diesem Falle kommen die für den größeren Teil der Grundstücke geltenden gesetzlichen Vorschriften zur Anwendung. Bei gleicher Größe ist dasjenige Gesetz maßgebend, welches den

größeren Flächeninhalt für die Bildung eines Eigenjagdbezirkes erfordert.

1. Die Entstehung eines Eigenjagdbezirkes vollzieht sich nicht lediglich kraft Gesetzes mit dem Augenblicke, wo sich die gesetzlichen Vorschriften für seine Bildung erfüllen wie dies bei dem gemeinschaftlichen Jagdbezirke geschieht. Hinzutreten muß noch der Wille des Eigentümers, die an seine Grundstücke durch das Gesetz geknüpfte Berechtigung zu eigener Jagdausübung für sich in Anspruch zu nehmen, ein Entschluß dazu. Der Wille wird sich meist irgend wie äußern; es genügen schlüssige Handlungen, zB. der Antrag bei der Jagdpolizeibehörde (§ 4 Abs. 2 u. 3). Meist wird eine Erklärung gegen den Jagdvorsteher des gemeinschaftlichen Jagdbezirks abgegeben werden, zB. daß die eingefriedigte Fläche ausscheiden soll. Erkennt der Jagdvorsteher das Recht nicht an, so streiten entweder die Beteiligten im Wege des VerwStreitVerf. nach § 71, oder, wenn es sich nur darum handelt, ob die Grundfläche dauernd und vollständig eingefriedigt ist, so genügt der Antrag bei der Jagdpolizeibehörde (§ 4 Abs. 3) und ihre Entschließung, die Recht inter omnes schafft.

2. Das erste Erfordernis für die Bildung eines Eigenjagdbezirks ist die Identität des Eigentums gemäß § 873 u. 925 BGB. auf den in Frage stehenden Grundflächen. Sie müssen beim Vorliegen von Einzeleigentum derselben physischen oder juristischen Person, beim Vorliegen von Miteigentum derselben Mehrheit von physischen oder juristischen Personen als Miteigentümern gehören. Maßgebend ist die tatsächliche Rechtsbeziehung (vgl. dazu § 5 Anm. 5), nicht die Form der Eigentumseintragung. Es ist deshalb zulässig, Grundstücke, die auf die Firma einer offenen Handelsgesellschaft eingetragen sind, mit anderen Grundstücken, die auf die Namen sämtlicher Gesellschafter der off. HG. als Miteigentümer eingetragen sind, zu einem Eigenjagdbezirk zu vereinigen.

Dies ist die Folge davon, daß auch die auf die Firma eingetragenen Grundstücke im Miteigentum der Gesellschafter stehen (§ 105 HGB., § 719 BGB.; aM. mit Unrecht Stelling, HannJagdg. 86 III).

Eine, in der Absicht das Gesetz zu umgehen, durch Scheinauflassung hergestellte äußerliche Identität ist rechtsunwirksam, die Scheinauflassung nichtig (§§ 117 u. 134 BGB.; s. auch KommBAH. Drucks. 322/07 13 u. 14; so schon für das frühere Recht OVG. 1 18 und 26 226; OTr. 78 92; Gruchot 24 545 und 1019; RGZ. 28 307). Ein Antrag, diese Rechtslage besonders gesetzlich festzulegen, wurde als überflüssig im AH. abgelehnt (Kunze-Kautz 2 165 f.).

3. Die einer identischen Eigentumsherrschaft unterliegenden Grundflächen müssen außerdem:

entweder dauernd und vollständig gegen den Einlauf von Wild eingefriedigt sein,

oder zusammenhängen und einen land- oder forstwirtschaftlich benutzbaren Flächenraum von wenigstens 75 ha einnehmen.

4. a) Ist eine Grundfläche dauernd und vollständig gegen den Einlauf von Wild eingefriedigt, so kommt es auf ihre Größe nur insofern an, als diese noch eine wirkliche Jagdausübung zulassen muß. Ist die Einschließung des Wildes so eng, daß der Grundeigentümer jeden Augenblick in der Lage ist, ein bestimmtes Tier zu fangen oder zu erlegen (wie zB. in den Gehegen eines zoologischen Gartens), so hat er kraft seiner tatsächlich vorhandenen Gewalt über das Tier bereits Besitz und Eigentum daran. Begrifflich ist daher in solchem Falle ein Jagdrecht, dh eine Okkupation behufs Eigentumserwerbes an den Tieren nicht möglich (vgl. ProtAH. 07 5115. — Dalcke[4] 195 § 16; Stelling, Anm. 7 z. § 2 dHannJO.; Rotering, Wild- und Jagdschutz III i. d. ZfJagdR. 1 158; Ebner, Monatsh. d. Allg. Deutschen Jagdvereins 11 Nr. 21 und 22; s. auch die Anm. zu § 960 BGB. und die dort angeführten Gegner).

Regelmäßig wird Besitz und Eigentum in engen Gehegen nur an größerem Wild, wie Rehen, Hirschen, Dam- und Schwarzwild möglich sein. Flugwild lebt, wenn es nicht geflügelt ist, auch in solchen Einfriedigungen in der natürlichen Freiheit, ebenso die Kletterer, wie Edelmarder und Wildkatzen, die Graber, wie Biber, Dachse, Füchse usw. Bei Hasen würde nur eine dichte Bretterumzäunung oder Ummauerung, die das Auswechseln hindern, Eigentum verschaffen.

b) Ausgehend von der Tatsache, daß Flugwild auch in die gem. § 4 Abs. 1, eingefriedigten Grundstücke ungehindert aus den Nachbarjagden eindringen kann, hat das G. die Jagd auf Flugwild für solche Grundflächen an die Erlaubnis der Jagdpolizeibehörde (§ 69) geknüpft. Diese wird die Genehmigung regelmäßig nur erteilen, wenn entweder das Gehege (zB. eine Fasanerie) Eigenflugwild erzeugt, oder wenn aus der Nachbarjagd in das umfriedigte Besitztum eindringendes Wild (zB. Fasanen) Schaden verursacht. In ersterem Falle wird die Jagdpolizeibehörde den Eigentümer des Geheges ermächtigen, das erlegte Flugwild zu behalten, im anderen Falle wird sie ihm aufgeben, das erlegte Flugwild gegen Erstattung von Schußgeld an den Nachbar herauszugeben, auf dessen Jagdgebiet das Flugwild heimisch ist (KommBAH. Druckf. 322/07 13).

Um Mißbräuchen und Streitigkeiten von vornherein vorzubeugen, hat die Jagdpolizeibehörde bei Erteilung der Genehmigung des Flugwildabschusses sofort zu bestimmen, welche Flugwildarten erlegt werden dürfen, ob und an wen das erlegte Flugwild herauszugeben und welches Schußgeld dafür von dem Nachbar zu entrichten ist.

Die Verfügung der Jagdpolizeibehörde kann mit dem Rechtsmittel der Beschwerde an den BezAussch. angefochten werden; der Beschluß des BezAussch. ist endgültig.

c) Der Anspruch des benachbarten Jagdberechtigten

auf Herausgabe des erlegten Flugwildes ist im Wege des bürgerlichen Rechtstreites zu verfolgen. Ebenso wird die Zahlung des Schußgeldes verfolgt. Die Verfügung der Jagdpolizeibehörde nach Abs. 2 ist für den Zivilrichter maßgebend.

Eine Bestrafung wegen Unterschlagung des erlegten Wildes ist nicht denkbar; denn dem Eigentümer des rechtsgültig befriedeten Besitztums steht das Jagdrecht zu. Er ist lediglich zivilrechtlich verpflichtet, das Flugwild abzuliefern.

d) Erlegt der Eigentümer der rechtsgültig eingefriedigten Grundfläche Flugwild, dessen Jagd ihm aber nicht gestattet ist, so kann er trotzdem nach der Fassung von § 292 StGB. nicht wegen Wilddiebstahls verfolgt werden, weil er eben auf seinem Grundstücke jagdberechtigt ist (vgl. Nagler, Vergleichende Darstellung des Deutschen und Ausländischen Strafrechts, bes. T. 8 452 III ff.).

Die Jagd ruht für das nicht zugelassene Flugwild, die JO. hätte eine dem § 17 Abs. 2 JPolG. entsprechende Strafvorschrift aufnehmen müssen. Jetzt ist die Übertretung nicht strafbar. Die Jagdpolizeibehörde kann aber durch eine polizeiliche Verfügung eine Strafe androhen.

e) Die Entscheidung, ob eine Grundfläche im Sinne von Ziff. 1 Abs. 1 ausreichend eingefriedigt ist, sowie ob und unter welchen Bedingungen hier die Jagd auf Flugwild ausgeübt werden darf, erfolgt erst auf Antrag eines Beteiligten. Nach bisherigem Rechte (§ 2 b PrJPolG., § 4 b, NassO. § 6 b LauenbgG.) war die Entscheidung über die Einfriedigung obligatorisch. Vorher bestand kein Jagdbezirk (OVG. 36 360, PrVerwBl. 15 158, RGSt. 9 474, 17 363).

f) Beteiligte im Sinne von Abs. 3 sind einerseits der Eigentümer oder Nutzungsberechtigte der eingefriedigten Grundfläche, anderseits der Inhaber oder Vertreter des benachbarten Jagdbezirks, jeder, der ein rechtliches Interesse an der Feststellung hat. Der Jagdpächter ist kein Beteiligter. Er hat aber gem. § 14 Abs. 1 ein Kündigungsrecht, und nach §§ 323, 537, 538, 581 BGB. steht ihm ein Anspruch auf verhältnismäßigen Nachlaß des Jagdpachtzinses zu.

g) Inhaber des benachbarten Jagdbezirks (§ 4 Abs. 2) kann nur sein entweder der Eigentümer oder Nutzungsberechtigte, wenn es sich um einen Eigenjagdbezirk handelt, oder die Jagdgenossenschaft, wenn ein gemeinschaftlicher Jagdbezirk in Frage steht. Der Pächter ist kein Inhaber. Auf Grund seines Pachtvertrages wird er aber, wenn in demselben nichts anderes bestimmt ist, Herausgabe des erlegten Flugwildes gegen Erstattung des gezahlten Schußgeldes von seinem Verpächter im Zivilwege fordern können.

5. Ein nach Ziff. 2 Abs. 1 zu bildender Eigenjagdbezirk muß

I. mindestens 75 ha Grundfläche aufweisen. Ausnahmen sind nur in den besonderen Fällen der §§ 9 und 10 zugelassen,

II. und diese Fläche muß land- oder forstwirtschaftlich benutzbar sein,

III. muß das ganze Areal in sich zusammenhängen.

6. a) Die Mindestfläche von 75 ha muß forst- oder landwirtschaftlich benutzbar sein. Eine solche Benutzung braucht tatsächlich nicht stattzufinden, muß aber nach der Natur der Grundstücke möglich sein (vgl. Begr. d. Entw. eines G., betr. d. Ausüb. d. Jagdrechts, DrucksAH. 10/07 1268. — Vgl. auch die jetzt noch zutreffenden OVG. 40 319: Truppenübungsplatz; v. 15. VI. 91 [Kunze-Kautz 2 167]: Mühlenteich). Es entscheidet vielfach die Bestimmung des Grundstücks; so würde ein öffentlicher Schmuckplatz, auf dem Gras geschnitten oder Zierbäume wachsen, nicht als landwirtschaftlich benutzbarer Raum anzusehen sein.

b) Auch Seen, Teiche und andere Wasserstücke sind landwirtschaftlich benutzbare Grundflächen. Dies war früher streitig (vgl. Kunze-Kautz 2 167 und RG. 9. VI. 81).

7. Der Zusammenhang braucht nicht durch land- oder forstwirtschaftlich benutzbare oder benutzte Grundflächen hergestellt sein. Auch eine öde Sandfläche bewirkt die erforderliche Verbindung (OVG. im PrVerwBl. 25 162 und StriethArch. 58 88). Ebensowenig kommt es auf Form und Gestaltung des Jagdbezirks an (schmale Streifen werden nach Abs. 2_2 ausgesondert). Das Gesetz verlangt nur, daß keine der Grundflächen, aus denen der Jagdbezirk gebildet werden soll, durch ein fremdes, dh. im Eigentum eines anderen stehendes Grundstück von den übrigen völlig losgelöst ist (vgl. OVG. 37 294; Kunze-Kautz 2 170).

8. Das JPolG. § 2a, die NassVd. und das FranksG. nennen als nicht trennend Wege und Gewässer. Das BayG. bezeichnete allgemein Straßen, Wege, Flüsse und Bäche als keine Unterbrechung des Zusammenhanges. Das G. v. 29. IV. 97 ergänzt diese Bestimmungen durch die Hinzufügung der Schienenwege und Eisenbahnkörper, darunter auch Pferde-, Arbeits- und Industriebahnen. Hieran schloß der Entw. des G., betr. d. Ausüb. d. JR., an. Die Kommission des Abgeordnetenhauses erweiterte Satz 2 von Ziff. 2 Abs. 1 zu seiner jetzigen Fassung.

9. Die Gewässer, Wege, Deiche usw. müssen zwischen den Grundstücken hindurchführen dergestalt, daß die Grundstücke unmittelbar aneinander grenzen würden, wenn die Gewässer oder Wege fortgedacht wären. Nicht gemeint sind solche Gewässer und Wege, die nicht zwischen den Grundstücken liegen, sondern nur die Verbindung von einem Grundstück zum anderen herstellen (so schon für das frühere Recht OVG. 16 344; PrVerwBl. 16 527 und StriethArch. 80 13).

10. Unter den Wegen von Satz 2 Ziff. 2 Abs. 1 sind solche Wege zu verstehen, auf denen eine öffentlich-rechtliche Wegegerechtigkeit ruht (Kunze-Kautz 2 169; OVG. 29 294), auch sog. Interessentenwege. Die im Eigentum eines Eigenjagdberechtigten stehenden reinen

Privatwege sind keine fremden Grundstücke und unterbrechen schon aus diesem Grunde den Zusammenhang tatsächlich nicht. Es bedarf daher für sie nicht erst einer besonderen gesetzlichen Bestimmung. Hierher sind auch diejenigen Wege zu rechnen, welche der Eigentümer nur kraft einer privatrechtlichen Verpflichtung für einen Privaten als Wege zu erhalten gezwungen ist (vgl. Kunze-Kautz 2 170; PrVerwBl. 18 382).

11. Deiche, Kanäle und Eisenbahnen stehen regelmäßig in einem von den angrenzenden Grundstücken verschiedenem Eigentumsverhältnis, daher bedarf es für sie der gesetzlichen Best. in Satz 2 Ziff. 2 Abs. 1.

Folgerichtig hat das Gesetz die nur schmalen Schutzstreifen. Ausschachtungs- und Anschüttnugsflächen den Bahnkörpern angereiht. Daß auch die Bahnhöfe mit ihren oft recht großen Flächenkomplexen vom Gesetze in gleicher Weise behandelt werden, ist eine weitere logische Folge, obwohl es manchmal zu Unzuträglichkeiten führen wird, wenn dem Jagdberechtigten auf der anderen Seite des Bahnhofes nur kleine Grundstücke gehören.

12. Die nicht im Eigentum des Eigenjagdberechtigten stehenden Wege, Deiche und Privatflüsse gehören nach § 7 zum gemeinschaftlichen Jagdbezirke und bilden Teile desselben (OVG. 10 156, 16 344). Sie unterstehen daher an sich dem Jagdausübungsrechte des Inhabers des gemeinschaftlichen Jagdbezirks (OVG. 19 319). Um nun zu verhindern, daß dadurch die Eigenjagdberechtigung gegen den Willen ihres Inhabers durchschnitten werde, hat das G. in Satz 3 und 5 Ziff. 2 Abs. 1 Fürsorge getroffen. Diese Flächen werden, insoweit sie zwischen ein- und demselben Jagdbezirke liegen, diesem angeschlossen. Liegen sie zwischen verschiedenen Jagdbezirken, so erfolgt der Anschluß bis zur Mitte der Fläche an jeden Bezirk. Sie gelten dann gemäß § 12 Abs. 2 als dem Eigenjagdberechtigten verpachtet, und er hat dafür ein freiwillig oder gem. § 19 JO. festzustellendes

Pachtgeld an den Eigentümer der angeschlossenen Fläche zu zahlen. Ueber die Dauer des Anschlusses verhält sich § 11.

Lehnt der Eigenjagdberechtigte den Anschluß ab, so verbleiben die Flächen Teile des gemeinschaftlichen Jagdbezirks.

13. Satz 4 von Ziff. 2 Abs. 1 stellt das eigentlich selbstverständliche Jagdrecht des Eigenjagdberechtigten an denjenigen an seinen eigenen Jagdbezirk angrenzenden eigenen Wegen fest, die in seinem Privateigentum stehen und nur dem öffentlichen Verkehr dienen.

14. Nach der bisherigen Rspr. (OVG. 41 299) war es zulässig, aus Privatwegen, Deichen, sowie schmalen Zubehörstreifen einen Eigenjagdbezirk zu bilden. Da aber eine ordnungsmäßige Ausübung der Jagd wegen der geringen Breite eines solchen Bezirkes nicht möglich ist, so hat die JO. in § 4 Abs. 1 Ziff. 2 Satz 6 derartige Neubildungen verboten.

Aus dem gleichen Gedanken heraus bestimmt die JO. weiter, daß derartige Flächen auch den Zusammenhang zur Bildung eines Eigenjagdbezirkes nicht mehr herstellen sollen. Wird im Einzelfalle streitig, ob eine solche Fläche breit genug ist, so entscheidet die Jagdpolizeibehörde auf Antrag eines Beteiligten, zu denen der Jagdpächter nicht gehört. Der Rechtszug geht in Form einer Beschwerde an den BezAussch., der endgültig entscheidet (§ 4 Abs. 3).

15. Das VerwStreitVerf. ist lediglich über die Frage, ob die unter Ziff. 2 Abs. 2 im § 4 aufgeführten Grundflächen zur Bildung eines Eigenjagdbezirks oder zur Herstellung des Zusammenhangs geeignet sind, ausgeschlossen.

16. Der letzte Abs. von § 4 ist dem für die ganze Monarchie ergangenen G. v. 7. VIII. 99 entnommen. Er konnte nicht entbehrt werden, weil die Prov. Hannover von der Geltung dPrJO. ausgeschlossen ist und die HannJO. v. 11. III. 59 die Eigenjagdberechtigung an das zusammenhängende Eigentum von 300 hann. Morgen

= 76,63 ha anknüpft. Ein Eigenjagdbezirk, der teils in Hannover, teils in einer anderen Provinz liegt, muß danach mindestens 76,63 ha groß sein. Nur Landesteile der Preuß. Monarchie, nicht anderer Bundesstaaten, kommen in Betracht (OVG. 46 332, anders Braunschw. G. v. 16. IV. 52 § 1).

17. Das Recht, isoliert gelegene Höfe von dem gemeinschaftlichen Jagdbezirk auszuschließen, das die frühere Gesetzgebung kannte, ist in die JO. nicht aufgenommen. Dasselbe gilt von dem Recht des Eigentümers von Seen, zur Fischerei eingerichteten Teichen und Inseln aus diesen Flächen, ohne Rücksicht auf ihre Größe, einen eigenen Jagdbezirk bilden zu dürfen. Die Interessen Fischereiberechtigter haben aber durch §§ 13 und 67 einen sehr weitgehenden Schutz erhalten.

18. Schon das frühere Recht hatte angenommen, daß Gutsbezirke in jeder Beziehung den Gemeindebezirken gleichstehen (Kunze-Kautz 2 174ff.). Dies hat die JO. beibehalten.

§ 5. Die Bildung des Eigenjagdbezirkes erfolgt durch den Eigentümer, der auf ihm zur Ausübung des Jagdrechts befugt ist.

Erklärt er für alle oder einzelne Grundflächen auf die Bildung eines Eigenjagdbezirkes zu verzichten, so erfolgt die Jagdbezirksbildung aus den freigegebenen Grundflächen nach Maßgabe der §§ 7 bis 10. Der Verzicht ist, wenn die Jagdausübung auf den Grundflächen verpachtet wird, für die Dauer der Pachtverträge bindend und gilt als fortbestehend, wenn er nicht spätestens sechs Monate vor deren Ablauf zurückgenommen wird; er bindet auch den Rechtsnachfolger.

Besteht an den, einen Eigenjagdbezirk bildenden Grundflächen ein erbliches oder ein zeitlich nicht beschränktes Nutzungsrecht oder ein Nießbrauch, so tritt an die Stelle des Eigentümers der Nutzungsberechtigte.

1. Die Bildung des Eigenjagdbezirks erfolgt, sofern unter den Beteiligten (§ 4 Abs. 3) kein Streit besteht, ohne behördlichen Akt durch den Eigentümer der für die Bildung in Aussicht genommenen Grundflächen. (Eine Ausnahme machen § 9 Abs. 2 und § 10 mit Rücksicht auf § 17 Abs. 1.) Es ist keine ausdrückliche Erklärung nötig (vgl. KommBHH. Drucks. 122/07 11 § 3: vgl. Anm. 1 zu § 4). Der Inhaber hat die Fristen aus § 14 abzuwarten.

2. Der Eigenjagdberechtigte kann aus seinen Grundflächen so viele Eigenjagdbezirke bilden, als er Flächenkomplexe besitzt, die den Erfordernissen des § 4 entsprechen. Der Antrag der Regierung, für solche Teiljagdbezirke eines Eigentümers eine Mindestgröße von 150 ha vorzuschreiben, wurde von der KommAH. abgelehnt.

3. Der Eigenjagdberechtigte kann für alle oder einzelne seiner Grundflächen auf die Bildung eines Eigenjagdbezirks verzichten. Der Verzicht kann nicht, wie nach früherem Recht, stillschweigend durch schlüssige Handlungen erfolgen (KommBAH. Drucks. 322/07 17 § 3). Der Fall, daß ein Eigenjagdbezirk ipso jure zu bestehen aufhört, wird in § 14 Abs. 2 geregelt.

4. Der Verzicht auf die eigene Jagdausübung ist der Natur der Sache nach kein dauernder. Deshalb regelt Satz 2 Abs. 2 die zeitliche Wirkung des Verzichtes. Er bindet auch den Rechtsnachfolger.

5. Grundsatz ist, daß auf einem und demselben Eigenjagdbezirk nur ein Jagdberechtigter vorhanden sein kann. Abs. 3 setzt an Stelle des Eigentümers den dort genannten Nutzungsberechtigten.

Voraussetzung ist entweder ein erbliches oder zeitlich nicht beschränktes Nutzungsrecht, wie beim Lehns- und Fideikommißbesitzer, oder ein Nießbrauch (BGB. §§ 1030 ff.), wie beim Ehemann am Frauengut, beim Pfarrer am Pfarrland, beim Lehrer am Schulland (OVG. 9 149, 28 319; auch Kunze-Kautz 2 165).

Für die Bildung des Eigenjagdbezirks kommt, wenn ein Nutzungsberechtigter vorhanden ist, der Eigentümer nicht in Betracht. Der Eigentümer muß sich die Verfügungen des Nutzungsberechtigten gefallen lassen, da die Ausübung der Jagd letzterem zukommt. Ist mehr als ein Nutzungsberechtigter vorhanden, so gilt § 6 ebenfalls.

6. Hat der Nutzungsberechtigte die Nutzung oder den Nießbrauch auf einer Fläche unter 75 ha, besitzt er aber die dazu fehlende Fläche zu eigen, so kann er aus der Gesamtfläche einen eigenen Jagdbezirk bilden. Es besteht dann rechtliche Einheit im Sinne des § 5 Abs. 1 u. 2. Die gegenteiligen Ausführungen in OVG. 9 149 sind nicht richtig.

§ 6. Steht ein Eigenjagdbezirk im Miteigentume von mehr als drei Personen, so darf die Ausübung des Jagdrechts nur von höchstens dreien der Miteigentümer erfolgen.

Juristische Personen, Aktiengesellschaften, Kommanditgesellschaften auf Aktien, eingetragene Genossenschaften und Gesellschaften mit beschränkter Haftung dürfen das Jagdrecht auf Eigenjagdbezirken nur durch Verpachtung oder durch höchstens drei angestellte Jäger ausüben, oder sie müssen es ruhen lassen.

Im ehemaligen Kurfürstentum Hessen sind die Jagden in allen Halbegebrauchs-, Märkerschafts-, Interessenten- und dergleichen Waldungen öffentlich meistbietend zu verpachten.

1. Von den Miteigentümern eines Eigenjagdbezirks dürfen nur **drei** nach § 745 BGB. aus ihrer Mitte gewählte Personen die Jagd gleichzeitig ausüben. Im Wege der Vereinbarung ist aber die sonst nach § 746 BGB. bindende Wahl jederzeit zu verändern. Eine Namhaftmachung der Jagdberechtigten bei der Jagdpolizeibehörde ist nicht nötig (vgl. KommBHH. Drucks. 122/07 12 § 4). Wird die Vorschrift umgangen, so kann dagegen die Jagdpolizeibehörde einschreiten.

2. Die JO. hätte die Anzahl der **Pächter** von Eigenjagdbezirken beschränken müssen, wie sie früher vorgeschrieben war. Da sich aber die Überwachung der betr. Bestimmungen als nicht durchführbar herausgestellt hat, hat das G. bewußt alle früheren Beschränkungen der Verpachtung von Eigenjagdbezirken fortgelassen. Zulässig ist also jetzt die Verpachtung jedes Eigenjagdbezirks an beliebig viele gemeinschaftliche Pächter, an Jagdvereine, auch an **Ausländer**.

3. Die Pachtdauer ist, wie dies schon nach den bisherigen Gesetzen im Geltungsbereiche der JO. der Fall war, zeitlich unbeschränkt. Dies gilt auch für die Realgemeinden Kurhessens, für welche bisher nach §§ 19 und 21 KurhJG. eine Höchst- und Mindestdauer wie bei der Verpachtung der Gemeinden vorgeschrieben war. Der § 22 JO. gilt nur für **gemeinschaftliche Jagdbezirke**.

4. Streitig ist die rechtliche Zulässigkeit von Abschußverträgen und die Teilung der Jagdausübung nach Wildarten. Abschußverträge sind Verträge, bei denen der Abschußberechtigte von dem Jagdeigentümer oder Pächter das Recht erwirkt, eine bestimmte Stückzahl einer bestimmten Wildgattung gegen ein zu zahlendes Entgelt zu erlegen. Sie gelten als Pacht- oder Afterpachtverträge. Die Teilung der Jagdausübung nach Wildarten kommt häufig in der Weise vor, daß der Jagdeigentümer die Niederjagd verpachtet, sich aber die Jagd auf Hochwild vorbehält. Ferner ist es bei den Gemeindever-

pachtungen fast immer üblich, daß dem Gemeindeförster in den Pachtverträgen die Befugnis, Schwarzwild und jagdbares Raubwild zu erlegen, vorbehalten wird.

Als sicher ist festzustellen, daß der Pächter eines Jagdbezirks keine Abschußverträge ohne Genehmigung seines Verpächters und außerdem bei gemeinschaftlichen Jagdbezirken des KrAusſch. schließen darf, da diese Abschußverträge als Afterverpachtungen bei Eigenjagdbezirken unstatthaft (§§ 549, 581 BGB.) und bei gemeinschaftlichen Jagdbezirken nichtig sind (§ 24 diesG.), wenn sie ohne Genehmigung erfolgen.

Rotering, Wild- und Jagdschutz, ZfJagdR. 1 173, hält die Teilung der Jagdausübung nach Wildarten und damit wohl auch die Abschußverträge allgemein für ungültig, da eine Teilung des Jagdrechts begrifflich ausgeschlossen sei. Dieselbe Ansicht hat das KG. in der Entsch. v. 30. III. 05 29 C 79 ausgesprochen. Nach der JO., die begrifflich zwischen Jagdrecht und Jagdausübung unterscheidet, wird man annehmen müssen, daß solche Teilungen der Jagdausübung zulässig sind; denn die Jagdausübung ist selbstverständlich sehr wohl teilbar. Für Eigenjagden wird man daher mangels gesetzlichen Verbotes die Gültigkeit von Abschußverträgen und Pachtverträgen über die Jagdausübung auf einzelne Wildgattungen bejahen können. Zu untersuchen ist dagegen, ob nach § 20 Satz 1 eine Teilung der Jagdnutzung möglich ist. Da der Wortlaut weder dafür noch dagegen spricht, dürfte anzunehmen sein, daß eine Teilung der Jagdnutzung insoweit zulässig ist, als dabei die gesetzlichen Bestimmungen für die Verpachtung gemeinschaftlicher Jagdbezirke beobachtet werden. Danach kann zB. der Jagdvorsteher mit Genehmigung des KrAusſch. die Jagd auf Schwarzwild und jagdbare Raubtiere durch angestellte Jäger ausüben lassen und die übrige Jagd verpachten. Oder er kann die Jagd derartig teilen, daß er die Jagd auf Rot-, Dam- und Schwarzwild gesondert und die Jagd auf anderes Wild ebenfalls gesondert verpachtet. Er könnte auch die Jagd in der Weise ausbieten, daß Gebote für beide Ausübungen zusammen angenommen werden. Wegen der Schwierigkeit der Kontrolle wird praktisch von der Teilung meist abgesehen werden, sie kommt aber auf Eigenjagdbezirken vielfach, zB. auf Domänen und in Staatsforsten vor. Das HannWSchadG. (§ 3) kennt ebenfalls eine Teilung nach Wildgattungen.

§ 7. Alle Grundflächen eines Gemeinde- (Guts-) Bezirkes, welche nicht zu einem Eigenjagdbezirke gehören und im Zusammenhange wenigstens 75 Hektar umfassen, bilden den gemeinschaftlichen Jagdbezirk.

Mit Genehmigung des Kreisausschusses und, wenn eine Stadtgemeinde beteiligt ist, des Bezirksausschusses können jedoch aus ihnen auch mehrere, selbständige gemeinschaftliche Jagdbezirke gebildet werden, von denen in der Regel aber keiner weniger als 250 Hektar im Zusammenhang umfassen darf. Ausnahmsweise kann im Interesse der Jagdgenossenschaft eine Herabsetzung bis zu 75 Hektar stattfinden.

Mit Genehmigung des Kreisausschusses und, wenn eine Stadtgemeinde beteiligt ist, des Bezirksausschusses können die zur Bildung eines gemeinschaftlichen Jagdbezirkes geeigneten Grundflächen eines Gemeinde- (Guts-) Bezirkes oder Teile von ihnen mit gleichartigen im räumlichen Zusammenhange mit ihnen stehenden Grundflächen eines oder mehrerer anderer Gemeinde- (Guts-) Bezirke oder den Teilen solcher zu gemeinschaftlichen, im Zusammenhange wenigstens 75 Hektar umfassenden Jagdbezirken vereinigt werden.

Die Zerlegung eines Gemeinde-(Guts-)Bezirkes in mehrere gemeinschaftliche Jagdbezirke, die Bildung gemeinschaftlicher Jagdbezirke aus mehreren ganzen Gemeinde- (Guts-) Bezirken oder aus Teilen solcher darf auf keinen kürzeren Zeitraum als auf sechs Jahre erfolgen und gilt, wenn eine Verpachtung der Jagd in dem gemeinschaftlichen Jagdbezirke stattfindet, wenigstens für die Dauer des Jagdpachtvertrags.

Diejenigen Grundflächen, welche von einem über 750 Hektar im Zusammenenhange großen Walde, der eine einzige Besitzung bildet, zu mindestens 90 Prozent begrenzt werden, müssen dem Eigenjagdbezirke, zu dem dieser Wald gehört, auf Verlangen seines Inhabers angeschlossen werden. Dieses Verlangen ist spätestens bis zum Ablaufe der Auslegungsfrist der Pachtbedingungen (§ 21) beim Jagdvorsteher anzumelden. Vorstehende Bestimmung findet keine Anwendung, wenn die umschlossenen Flächen wenigstens 75 Hektar im Zusammenhange groß sind, oder wenn nach ihrer Abtrennung die übrigbleibenden Flächen des Gemeinde-(Guts-)Bezirkes 75 Hektar nicht mehr umfassen würden.

1. Nach den bisherigen Jagdgesetzen Preußens bildeten diejenigen Grundstücke eines **Gemeinde-** oder **Gutsbezirkes**, welche nicht zur eigenen Jagdausübung be-

rechtigten, und nicht als Enklaven besonderen Vorschriften unterlagen, ohne Rücksicht auf Größe und Zusammenhang einen gemeinschaftlichen Jagdbezirk. Ein Mindestumfang mit Zusammenhang der Grundflächen war nur für Nassau und Lauenburg vorgeschrieben. Es gibt nun einerseits, namentlich im oberschlesischen Industriebezirk, eine große Anzahl von Gemeinden, deren Bezirke nicht 75 ha Bodenfläche umfassen, anderseits liegen in einer Reihe von Provinzen die Grundstücke der verschiedenen Gemeindebezirke noch häufig im Gemenge. Da nun von der Möglichkeit des früheren Rechts, im Wege freiwilliger Vereinbarung ganze Gemeinden oder Teile einer Gemeinde mit einem anderen Gemeindebezirke behufs Bildung eines gemeinschaftlichen Jagdbezirks zu vereinigen, fast gar kein Gebrauch gemacht wurde, so gab es sowohl sehr viele Zwergjagdbezirke, als auch Jagdbezirke, deren einzelne Teile in räumlicher Trennung von einander lagen. Diese Tatsachen zeitigten so große Mißstände, daß die Regierung Veranlassung nahm, ihnen im Wege der Gesetzgebung Abhilfe zu verschaffen (vgl. Ziff. 9 AusfAnw.).

2. Nach der JO. ist ein Gemeindebezirk zur Bildung eines gemeinschaftlichen Jagdbezirkes nur geeignet, wenn seine geographische Fläche nach Ausscheidung der Eigenjagdbezirke mindestens 75 ha im Zusammenhange aufweist. Die Mindestfläche braucht nicht forst- oder landwirtschaftlich benutzbar zu sein. Auch die Land- und Wasserflächen, sowie die Ortslage, die Wege und Eisenbahnkörper mit ihren Zubehörstreifen, die schiffbaren Flüsse und Kanäle werden bei der Berechnung der 75 ha mitgezählt, und zwar auch dann, wenn die Jagd auf ihnen aus irgend welchen Gründen nicht ausgeübt werden darf (Begr. d. Entw. dG., DrucksAH. 10/07 1270). Hierdurch ergibt sich mittelbar wiederum die Möglichkeit, daß die nutzbare Fläche unter 75 ha herabsinkt.

3. Das Erfordernis des Zusammenhanges ist

anders als bei § 4_2 zu beurteilen. Die einzelnen Teile eines gemeinschaftlichen Jagdbezirks dürfen zwar durch kein politisch nicht zum Gemeindebezirke gehörendes Grundstück voneinander losgelöst sein. Wege, Deiche, Eisenbahnkörper nebst Zubehörstreifen verbinden aber, da sie politisch zum Gemeindebezirk gehören und § 7 nicht wie § 4_2 verbietet, daß durch sie der Zusammenhang hergestellt werden dürfe. Die Verbindung hört indessen auf, wenn diese Wege, Deiche usw. gemäß § 4_2 einem Eigenjagdbezirk angeschlossen sind.

4. Das jagdliche Schicksal der von der Hauptfeldmark getrennt liegenden Grundflächen bestimmt sich nach § 8.

5. Sehr große Gemeinden können ihre Flächen in mehrere, je in sich zusammenhängende Jagdbezirke zerlegen. Die Mindestgröße jedes einzelnen Teilbezirks soll aber mindestens 250 ha umfassen. Nur als Ausnahme ist im Interesse der Jagdgenossenschaft ein Heruntergehen bis auf 75 ha zulässig. Die Zerlegung in Teilbezirke untersteht in jedem Falle der Genehmigung des Kr.- bzw. BezAussch. Der Beschl. ist endgültig (§ 26).

6. Jagdgenossenschaften können das Bedürfnis haben, Grundflächen mit anderen Gemeindebezirken oder Teilen derselben behufs Schaffung besserer Jagdverhältnisse und Steigerung der Pachterträgnisse zu vereinigen. Ebenso kann sich die Notwendigkeit ergeben, Teile eines Gemeindebezirks behufs Abrundung der Jagdbezirke mit Teilen eines anderen Gemeindebezirks zusammenzulegen (vgl. Ziff. 10 AusfAnw.). Beides ist nach der JO. zulässig. Vorausgesetzt wird dabei, daß die zu vereinigenden Grundflächen mit den anderen Grundflächen ihres Gemeindebezirks zusammenhängen, daß sie ferner auch unter sich im räumlichen Zusammenhange stehen und daß der aus den vereinigten Flächen zusammenzulegende gemeinschaftliche Jagdbezirk mindestens 75 ha groß wird.

7. Die Vereinigung kann lediglich im Wege freier Ver-

einbarung der Jagdgenossenschaften erfolgen. Ein Zwangsmittel für die in § 7 vorgesehenen Zusammenlegungen ist nicht gegeben (vgl. DruckſAH. 10/07 1273 zu § 18 und 1274 zu § 19).

Nach dem Wortlaut dG. können die zu vereinigenden Gemeindeteile in verschiedenen Kreisen, ja sogar in verschiedenen Provinzen liegen.

8. Für die Vereinigung bedarf es der gleichen behördlichen Genehmigung, wie für die Zerlegung.

Um eine gewisse Ständigkeit für die Jagdbezirke und ihre Pachtverhältnisse zu schaffen, ist eine Mindestzeitdauer von 6 Jahren für den Bestand einer Teilung aus Abs. 1 § 7 und einer Zusammenlegung aus Abs. 2 § 7 vorgeschrieben. Dieser Zeitabschnitt deckt sich mit der Mindestdauer der Pachtverträge über gemeinschaftliche Jagdbezirke (§ 22 Ziff. 4). Hat eine längere Verpachtung der Teiljagdbezirke oder des vereinigten Jagdbezirks stattgefunden, so gilt die Pachtdauer als Zeitmaß (Begr. DruckſAH. 10/07 1270 bei § 6 aE.).

9 Abs. 5 von § 7 behandelt die sog. Waldenklaven nach dem Vorbilde von § 7 JPolG. Insoweit beide Bestimmungen übereinstimmen, sind die für das frühere Recht ergangenen oberstrichterlichen Entsch. noch jetzt zutreffend (vgl. im übrigen Kunze, JPolG. 23 ff. und Dalcke, PrJagdR. 32 ff.).

a) Als Waldenklaven kommen nur Grundflächen eines gemeinschaftlichen Jagdbezirks in Betracht; sie dürfen also weder Eigenjagdbezirke im Sinne von § 4 Ziff. 1 und 2 noch Teile davon sein.

b) Der Begriff der Grundfläche ist wie bei § 4 zu bestimmen.

c) Die Enklave muß zu mindestens 90% von dem Walde umgrenzt werden. Daraus ergibt sich ihre Gestaltung als Einsprung in den umklammernden Wald.

d) Gleichgültig ist, ob die Enklave kataster- oder grundbuchmäßig eine Einheit bildet, oder nur ein Teil einer solchen Grundstückseinheit ist, oder ob die durch die 90%ige Umschließung gefundene Grenzlinie der Enklave mit einer Grenzlinie gegen andere Grundstücke zusammenfällt (OVG. 36 348).

e) Unerheblich ist ferner, ob die Grundstücke der Enklave **einem oder mehreren Eigentümern** gehören.

f) Als Wald sind alle mit **Holz** bestandenen oder zur **Holznutzung** oder **Holzzucht gebrauchten Flächen**, nicht aber Vorländereien, zu behandeln (OVG. 9 143).

g) Der Anschluß der Enklave erfolgt nur auf **Verlangen des Waldeigentümers**. Das Verlangen ist spätestens bis zum Ablauf der Auslegungsfrist der Pachtbedingungen des gemeinschaftlichen Jagdbezirks (§ 21) anzumelden. Der Anschluß erfolgt **pachtweise** (§ 12 Abs. 2).

Der Pachtpreis wird nötigenfalls nach §§ 12, 19 und 26 durch den KrAussch. (BezAussch.) festgesetzt. Gegen den Beschluß ist binnen zwei Wochen der Antrag auf mündliche Verhandlung im VerwStreitVerf. gegeben. Des formellen Abschlusses eines Pachtvertrages bedarf es nicht, da die Anmeldung kraft Gesetzes den Anschluß herbeiführt.

h) Der Anschluß beginnt mit dem Pachtfreiwerden der Grundstücke der Enklave. Gehören die Grundstücke der Enklave zu verschiedenen Gemeindebezirken, deren Pachtverträge zu verschiedenen Zeiten ablaufen, so kann der Anschluß nur nach und nach in Wirksamkeit treten. Eine Bestimmung wie in § 11 Abs. 2 hat das G. für die Enklave des § 7 nicht getroffen. Wird für die Dauer des Anschlusses keine Zeit verabredet, so besteht er fort, bis entweder darauf verzichtet wird, oder die Erfordernisse der Enklave fortfallen. Der Verzicht wird nach Analogie der Anmeldung spätestens bis zum Ablauf der Auslegungsfrist der Pachtbedingungen für die Neuverpachtung des gemeinschaftlichen Jagdbezirks zu erklären sein. Seine Wirkung tritt mit dem Endtermine des laufenden Pachtvertrages über den gemeinschaftlichen Jagdbezirk, zu dem die Enklave an sich gehören würde, ein.

i) Die Jagdpolizeibehörde ist befugt, die Abtrennung einer Waldenklave vom gemeinschaftlichen Jagdbezirke bei Weigerung des Jagdvorstehers durch polizeiliche Anordnung zu erzwingen (OVG. 35 313; Kunze-Kautz 2 198). Der Waldbesitzer kann auch seine Ansprüche im VerwStreitVerf. gegen den Jagdvorsteher gem. § 71 geltend machen. Beteiligte sind in diesem Verfahren der Waldeigentümer, der Jagdvorsteher und die Grundstückseigentümer der Enklave (Nutzungsberechtigte). Der Pächter des gemeinschaftlichen Jagdbezirks ist kein Beteiligter (vgl. Kunze, JPolG. 29 Anm. 10). Wenn die Jagdpolizeibehörde zur Wahrung der öffentlichen Ordnung den Anschluß an den einschließenden Wald durch polizeiliche Verfügung erzwungen hat, so hört die Wirkung der polizeilichen Verfügung auf (OVG. 34 308), sobald der Verwaltungsrichter entschieden hat.

10. Der oder die Eigentümer der Waldenklavengrundstücke können den Anschluß an den Jagdbezirk des Waldeigentümers nicht dadurch vereiteln, daß sie, wie nach früherem Recht, ihren Willen dahin erklären, daß sie die Jagd ruhen lassen wollen (KommBAH. Drucks. 322/07 7).

11. Satz 3 von § 7 Abs. 5 schränkt das Anschlußrecht des Waldeigentümers doppelt ein. Der Anschluß der Enklave kann nicht verlangt werden, wenn:

entweder sie selbst einen Flächenraum von 75 ha im Zusammenhange umfaßt,

oder nach ihrer Abtrennung die übrig bleibenden Flächen des Gemeindebezirks 75 ha nicht mehr umfassen würden.

§ 8. Diejenigen Grundflächen eines Gemeinde-(Guts-)Bezirkes, welche nach §§ 4 und 7 zu einem Jagdbezirke nicht gehören, werden angrenzenden gemeinschaftlichen Jagdbezirken zugelegt oder angrenzenden Eigenjagdbezirken angeschlossen, oder es kann aus ihnen zusammen mit angrenzenden Grundflächen eines anderen Gemeinde-(Guts-) Bezirkes ein besonderer gemeinschaftlicher, im Zusammenhange wenigstens 75 Hektar umfassender Jagdbezirk gebildet werden.

Werden sie ganz oder größtenteils von demselben Jagdbezirk umschlossen, so sind sie zunächst dessen Inhaber oder Vertreter zum Anschluß anzubieten.

1. Häufig werden nicht sämtliche Grundstücke ein und desselben Eigentümers zu einem Eigenjagdbezirk vereinigt werden können, weil einzelnen von ihnen der Zusammenhang mit der Hauptfläche fehlt. Sind die übrig gebliebenen Stücke so klein, daß aus ihnen selbst kein selbständiger Eigenjagdbezirk gebildet werden kann, so werden sie mit angrenzenden Jagdbezirken vereinigt. Dasselbe gilt von den Grundstücken eines Gemeindebezirks, die räumlich getrennt von der Hauptfeldmark liegen oder von ganzen Gemeindebezirken, deren Gesamtfläche nicht 75 ha aufweist. Die in dieser Weise zur Bildung von Jagdbezirken ungeeigneten Grundstücke müssen mit angrenzenden Jagdbezirken vereinigt werden, oder es kann aus ihnen mit angrenzenden Grundflächen eines anderen Gemeindebezirks ein besonderer gemeinschaftlicher Jagdbezirk gebildet werden, der aber die Mindestanforderungen von § 7 erfüllen muß.

Eine einheitliche Behandlung eines zusammenliegenden Komplexes solcher Grundstücke ist nicht vorgeschrieben. Aus Zweckmäßigkeitsgründen kann ein Teil von ihnen mit dem einen, ein anderer Teil mit einem anderen Jagdbezirke verbunden werden.

2. Die Vereinigung solcher Flächen mit einem Eigen-

jagdbezirke bezeichnet das Gesetz als Anschluß, die Vereinigung mit einem gemeinschaftlichen Jagdbezirke als Zulegung.

3. Der Anschluß an einen Eigenjagdbezirk kann nur im Wege der freien Vereinbarung erfolgen.

Die Zulegung zu einem gemeinschaftlichen Jagdbezirk kann nach § 18 vom KrAussch. erzwungen werden (vgl. KommBHH. Drucks. 122/07 16).

4. Abs. 2 schafft ein weiteres Enklavenrecht. Wenn Grundstücke der im Abs. 1 bezeichneten Art ganz oder größtenteils von demselben Jagdbezirke umschlossen werden, so müssen sie zunächst dem Inhaber oder Vertreter des umschließenden Jagdbezirks, dh. bei Eigenjagdbezirken dem Eigentümer (Nutzungsberechtigten), bei gemeinschaftlichen Jagdbezirken dem Jagdvorsteher zum Anschluß oder zur Zulegung angeboten werden.

5. Erklärt der Inhaber des umschließenden Jagdbezirks, daß er zur Anpachtung bereit sei, so ist damit der Anschluß als erfolgt anzusehen. Der vorgängigen Einigung über die Höhe der Pachtsumme bedarf es nicht, da sie, wenn nötig, gemäß §§ 19, 26 zwangsweise festgestellt werden kann (Beschl. mit Antrag auf mündliche Verhandlung im VerwStreitVerf.).

6. Diese Art der Enklavengrundstücke braucht nur größtenteils, dh. zu mehr als zur Hälfte von dem umschließenden Jagdbezirk umklammert zu werden (vgl. OVG. 30 319). Die 90 % des § 7 gelten hier nicht.

7. Der umschließende Jagdbezirk kann aus Ackerstücken, Wiesen usw. bestehen.

8. Nach der Fassung von Abs. 2 kann es zweifelhaft erscheinen, ob der Inhaber der umschließenden Eigenjagd oder die Jagdgenossenschaft ein Recht auf den Anschluß oder die Zulegung hat. Die juristische Konstruktion führt indessen zur Bejahung des Anschlußrechtes. Aus der Begründung (DrucksAH. 10/07 1271) zu § 8 geht auch deutlich hervor, daß man mit der Fassung des damaligen

§ 8 ein Vereinigungs r e ch t des umschließenden Jagdbezirks hat schaffen wollen. § 8 dEntw. und dementsprechend die Begr. sahen allerdings diese Art des Enklavenanschlusses nur für Eigenjagden vor. Das Recht des umschließenden Jagdbezirks wird aber dadurch kein anderes, daß es nicht nur dem Eigenjagdbesitzer, sondern auch einer Jagdgenossenschaft zusteht (vgl. auch KommBHH. Drucks. 122/07 15 u. 19, wo ebenfalls von einem Anpachtungs r e ch t gesprochen wird). Insbes. ist anzunehmen, daß der Inhaber oder Vertreter des umschließenden Jagdbezirks nicht erst das Angebot abzuwarten braucht, sondern daß er dem Jagdvorsteher ohne weiteres erklären kann, er verlange den Anschluß. Streitigkeiten sind nach § 71 zu entscheiden.

9. Nach dem KommBAH. Drucks. 322/07 23 soll der Inhaber oder Vertreter des umschließenden Jagdbezirks noch nach F e s t s t e l l u n g der Pachtentschädigung das Recht haben, den Anschluß oder die Zulegung abzulehnen, wenn ihm die Pachtentschädigung zu hoch erscheint. Dies erscheint nicht zutreffend.

10. Der Inhaber des Eigenjagdbezirks k a n n n i ch t g e z w u n g e n werden, gemäß des Angebots die Enklave anzuschließen. Er kann den Antrag ablehnen.

§ 9. Wenn für den Fall, daß ein gemeinschaftlicher Jagdbezirk nicht angrenzt, der Anschluß an einen angrenzenden Eigenjagdbezirk nicht möglich ist oder nicht zustande kommt und auch die Bildung eines besonderen gemeinschaftlichen, im Zusammenhange wenigstens 75 Hektar umfassenden Jagdbezirkes nicht erfolgt, so sind die Grundflächen einem getrennt liegenden Jagdbezirk anzuschließen oder zuzulegen. Zu diesem Zwecke sind sie, wenn sie nur einem Eigentümer gehören oder im Miteigentume mehrerer stehen und der Eigentümer (Miteigentümer) zugleich Inhaber eines getrennt liegenden Eigenjagdbezirkes ist, auf Wunsch diesem zu überlassen, unter der Voraussetzung, daß sie mit den Grundflächen des Eigenjagdbezirkes eine land- oder forstwirtschaftliche Einheit bilden.

Auch kann aus ihnen — allein oder in Verbindung mit gleichartigen Grundflächen eines anderen Gemeinde-(Guts-)Bezirkes — ein selbständiger, nicht 75 Hektar im Zusammenhang umfassender gemeinschaftlicher Jagdbezirk und, wenn sie nur einem Eigentümer gehören oder im Miteigentume mehrerer stehen, Eigenjagdbezirk gebildet werden.

1. § 9 trifft Bestimmung für den Fall, daß der Anschluß an einen angrenzenden Eigenjagdbezirk und die Bildung eines wenigstens 75 ha umfassenden gemeinschaftlichen Jagdbezirks mit angrenzenden Flächen eines anderen Gemeindebezirks nicht zustande kommt und zugleich ein gemeinschaftlicher Jagdbezirk, an den der Zwangsanschluß erfolgen könnte, nicht angrenzt. Denkbar ist, daß an ein Grundstück oder einen Grundstückskomplex im Sinne von § 8 nur ein einzelner oder mehrere Eigenjagdbezirke angrenzen. Lehnen in diesem Falle der oder die Eigenjagdbesitzer den Anschluß an ihre Eigenjagden ab, so muß für das jagdliche Schicksal der betreffenden Grundstücke anderweitig Vorsorge getroffen werden, da die Zulegung zu einem gemeinschaftlichen Jagdbezirke oder zu Teilen desselben wegen des in § 8 vorgesehenen räumlichen Zusammenhanges nicht möglich ist. In einer solchen Zwangslage gestattet das G. drei verschiedene Ausnahmen der in §§ 4 und 7 aufgestellten Grundsätze für die Bildung von Jagdbezirken.

a) Stehen die Grundstücke sämtlich in der gleichen Herrschaftsgewalt eines Alleineigentümers oder mehrerer Miteigentümer, die zugleich Inhaber eines getrennt liegenden Eigenjagdbezirks sind, so sind die Grundflächen dem Eigenjagdbesitzer zum Anschlusse an seine Eigenjagd trotz der räumlichen Trennung zu überlassen. Voraussetzung ist dabei indessen, daß die anzuschließenden Grundstücke mit dem Eigenjagdbezirk eine land- oder forstwirtschaftliche Einheit bilden. Wann das der Fall ist, ist Tatfrage (KommBAH. Drucks. 322/07 24).

Der Anschluß erfolgt nur auf Wunsch des Eigenjagdbesitzers. Dessen Sache ist es, seinen Wunsch so rechtzeitig auszusprechen, daß ein Anschluß noch vor Beginn einer neuen Pachtperiode möglich ist. Eine Verpflichtung des Jagdvorstehers, die Grundflächen dem Eigentümer anzubieten, hat das Gesetz nicht ausgesprochen.

b) Die Grundflächen können auch einem getrennt liegenden gemeinschaftlichen Jagdbezirke zugelegt werden. Beanspruchen verschiedene Jagdvorsteher die Zulegung zu ihrem Jagdbezirk, oder verweigern sie die Zulegung, so entscheidet nach § 18 der KrAussch.

Eine Genehmigung zur Zusammenlegung ist nicht vorgeschrieben, doch ist von den Jagdvorstehern nach § 17 zu verfahren.

Wahlweise kann aus getrennt liegenden Grundflächen eines Gemeindebezirks entweder für sich allein oder in Verbindung mit eben solchen Streuparzellen eines anderen Gemeindebezirks ein besonderer gemeinschaftlicher Jagdbezirk gebildet werden, auch wenn das Gesamtareal des so zu bildenden Bezirkes 75 ha im Zusammenhange nicht enthält.

Zur Bildung dieses Jagdbezirks bedarf es nicht der Genehmigung des KrAussch.

c) Stehen die Grundstücke sämtlich im Einzeleigentume einer einzigen oder im Miteigentum mehrerer Personen, so kann aus ihnen ein Eigenjagdbezirk gebildet werden.

Die Bildung eines solchen Eigenjagdbezirks hängt ausnahmsweise nicht allein vom Willen des Eigentümers, sondern gem. § 17 Abs. 1 auch noch von dem Beschl. des Jagdvorstehers ab, zu dessen Gemeindebezirk die Grundflächen gehören. Dem Eigentümer steht nach § 17 ein Einspruchsrecht zu.

2. Ebenso zu behandeln sind Grundflächen, wenn sie weder an einen Eigenjagdbezirk, noch an einen gemeinschaftlichen Jagdbezirk angrenzen. Beispiele solcher Grundstücke sind kleine Meeresinseln und Enklaven in außerpreuß. Staatsgebieten (vgl. KommBAH. Drucks. 322/07 23 § 9).

3. Über die Dauer der getroffenen Maßregeln verhält sich § 11.

§ 10. Werden im Falle des § 8 Abs. 2 die Grundflächen von einem über 750 Hektar im Zusammenhange großen Walde, der eine einzige Besitzung bildet, ganz oder größtenteils umschlossen und lehnt der Inhaber des Eigenjagdbezirkes, zu dem der Wald gehört, den Anschluß ab, so kann aus ihnen, wenn die im § 8 Abs. 1 und § 9 Abs. 1 vorgesehenen Maßnahmen nicht zustande kommen, an Stelle der im § 8 Abs. 1 und § 9 Abs. 1 vorgesehenen Maßnahmen ein selbständiger, nicht 75 Hektar im Zusammenhang umfassender gemeinschaftlicher Jagdbezirk und, wenn die Grundflächen nur einem Eigentümer gehören oder im Miteigentume mehrerer stehen, ein Eigenjagdbezirk gebildet werden.

1. § 10 gestattet in Erweiterung der Vorschriften des § 9 die Bildung eines besonderen nicht 75 ha großen Jagdbezirks auch dann, wenn ein im Zusammenhang

über 750 ha großer Wald die betr. Grundfläche einschließt, dessen Inhaber die Verpachtung ablehnt und die sonst in §§ 8, 9 vorgesehenen Möglichkeiten nicht im Wege der Vereinbarung mit den Jagdvorstehern oder den Eigenjagdbezirksinhabern durchgeführt werden. Die Besonderheit dieser Bestimmung besteht darin, daß auch dann, wenn ein gemeinschaftlicher Jagdbezirk angrenzt, dieser nicht gegen seinen Willen gemäß § 18 gezwungen werden soll, die Fläche sich zulegen zu lassen, sondern daß, wenn der Jagdvorsteher die Zulegung nicht wünscht und die sonstigen Möglichkeiten erschöpft sind, der besondere Jagdbezirk zugelassen ist (Ziff. 10 AusfAnw.).

2. Die Bestimmung des § 10 ist deshalb erforderlich, weil nach § 53 Abs. 2 im Falle des § 10 den Waldeigentümer eine Wildschadenersatzpflicht auch dann trifft, wenn er den Anschluß der Enklave abgelehnt hat und ein selbständiger Jagdbezirk gebildet ist.

§ 11. Die nach §§ 8 und 9 getroffenen Maßnahmen bleiben in Kraft, bis eine anderweite Regelung erfolgt; vor Ablauf von 6 Jahren darf die Neuregelung — unbeschadet der Bestimmung im § 14 — nicht erfolgen. Dasselbe gilt von der Anpachtung der im § 4 Abs. 1 Ziffer 2 Satz 2 bezeichneten Flächen durch den Inhaber des angrenzenden Eigenjagdbezirkes.

Wenn im Falle des § 10 ein Jagdbezirk gebildet ist, ist der Inhaber des umschließenden Jagdbezirkes jederzeit befugt, den pachtweisen Anschluß der umschlossenen Flächen zu verlangen und zwar auch dann, wenn der Jagdbezirk verpachtet ist.

1. Zu Abs. 1 Satz 1 bemerkt die Begr. dEntw. (DrucksAH. 1271) etwa folgendes:

„Dieselben Gründe, welche zu Abs. 4 § 7 angeführt sind, sprechen auch hier dafür, daß die Maßnahmen für längere Zeit getroffen werden sollen. Die im einzelnen abweichende Regelung erklärt sich daraus, daß es sich im § 7 Abs. 2 und 3 um Maßnahmen handelt, die im Belieben der Beteiligten stehen, während im § 11 solche Fälle behandelt sind, in denen kraft Gesetzes eine Bestimmung getroffen werden muß."

2. Besonders geregelt ist in § 14 der Fall, daß ein Eigenjagdbezirk neu entsteht.

3. Satz 2 dehnt die Bestimmung von Satz 1 auf die in Satz 2 Ziff. 2 § 4 genannten Wege, Gewässer usw. aus, welche nach Satz 3 Ziff. 2 § 4 den angrenzenden Eigenjagdbezirken anzuschließen sind.

4. Zu Abs. 2 erklärte der Regierungsvertreter in der KommBeratung des HH. (DruckſHH. 122/07 17):

„Wenn der Besitzer des umschließenden Waldes die Anpachtung der Enklave abgelehnt habe, so müsse er nach § 53 Abs. 2 trotzdem den Wildschaden tragen. Darin könne eine gewisse Härte liegen. Es solle ihm daher durch den Abs. 2 des § 10 das Recht gegeben werden, jederzeit, dh. wenn er wolle, also auch unmittelbar, nachdem ein anderer die Jagd auf der Enklave erpachtet habe, die Jagd seinerseits zu pachten. Dies habe ausdrücklich im Gesetz ausgesprochen werden müssen."

Der Waldbesitzer hat also das Recht, seine Ablehnung des Anschlusses jederzeit beliebig zu widerrufen. Hat er den Widerruf ausgesprochen, so greift § 11 Abs. 1 Platz, dh. der Widerruf kann nicht etwa beliebig, ebenfalls nicht vorzeitig widerrufen werden.

5. Streitigkeiten werden gemäß § 71 im VerwStreitVerf. entschieden.

§ 12. Werden Grundflächen einem gemeinschaftlichen Jagdbezirke zugelegt, so gelten sie als dessen Teile.

Der Anschluß an einen Eigenjagdbezirk erfolgt pachtweise nach dem Werte der Jagdnutzung. Der Wert ist nach den Grundsätzen einer pfleglichen Behandlung der Jagd zu ermitteln. Der Preisermittelung sind, abgesehen vom Falle des § 4 Abs. 1 Ziffer 2 Abs. 1, mindestens die Pachtpreise benachbarter Jagdbezirke unter Berücksichtigung der besonderen jagdlichen Verhältnisse der zu verpachtenden Grundflächen zu Grunde zu legen.

1. Zu Abs. 1 bemerkt die Begr. dG. 1272:

„Durch die Bestimmung, daß Grundflächen, die einem gemeinschaftlichen Jagdbezirke zugelegt sind, als dessen Teile gelten, soll zum Ausdruck gebracht werden, daß es sich hier nicht wie bei dem Anschluß an Eigenjagdbezirke um Pachtverhältnisse handelt, sondern daß die zugelegten Grundflächen mit den anderen Grundflächen des gemeinschaftlichen Jagdbezirkes eine rechtliche Gemeinschaft hinsichtlich der Verwaltung und Vertretung, der Rechte (Jagdverträge) und Pflichten (Wildschadenersatz) der Jagdgenossen usw. bilden."

2. Selbstverständlich nehmen die Eigentümer der zugelegten Grundstücke als nunmehrige Jagdgenossen desjenigen Jagdbezirkes, dem ihre Bodenflächen zugelegt sind, an den Erträgnissen der Jagdnutzung teil (Komm-BHH. Drucks. 122/07 17 § 11).

3. Der Anschluß an einen Eigenjagdbezirk erfolgt pachtweise. Der Inhaber des Eigenjagdbezirks wird Pächter.

a) Die Vorschriften des bürgerlichen Rechtes finden auf einen solchen Pachtvertrag Anwendung, wenn der

Anschluß lediglich von der freien Vereinbarung zwischen dem Jagdvorsteher und dem Eigenjagdbesitzer abhängt (§ 8 Abs. 1, § 9 Satz 1). Die Pachtzeit darf jedoch nicht gegen § 11 JO. verabredet werden. Für den Abschluß des Pachtvertrages sind nicht die Vorschriften des § 23, sondern nur diejenigen des § 17 maßgebend.

Zweifelhaft kann sein, ob der Eigentümer des Eigenjagdbezirkes berechtigt ist, die seinem Jagdbezirke zugelegten Gemeindeflächen zusammen mit seinem Jagdbezirke zu verpachten, ohne die Genehmigung des Jagdvorstehers und des Kreisausschusses einholen zu müssen. Sicher dürfte eine Genehmigung des Kreisausschusses nicht erforderlich sein, weil § 22_2 offenbar nur die Verpachtung aus § 20 im Auge hat. Aber auch die Genehmigung des Jagdvorstehers aus §§ 581, 549, 596 BGB. dürfte, wenn der Pachtvertrag nicht ausdrücklich etwas anderes bestimmt, nicht notwendig sein. Der Anschluß erfolgt, um die angeschlossenen Grundstücke an dem Schicksal der Eigenjagd in der Jagdausübung teilnehmen zu lassen. Hierin dürfte eine allgemeine Ermächtigung zu finden sein, die angeschlossenen Grundflächen ohne weiteres zusammen mit dem Eigenjagdbezirke zu verpachten.

b) Kann der Anschluß wie im Falle von § 7 Abs. 5, § 8 Abs. 2 einschl. § 10 von dem Inhaber des Eigenjagdbezirkes erzwungen werden, so finden in erster Linie die für diesen Fall gegebenen besonderen Vorschriften dJO. Anwendung; die allgemeinen Vorschriften des bürgerlichen Rechtes über die Pacht haben nur insoweit Geltung, als sie damit in Einklang stehen.

Des formellen Abschlusses eines Pachtvertrages bedarf es, wie bei § 7 Abs. 2, § 8 auseinandergesetzt ist, nicht. Ebensowenig bedarf es einer vorherigen Vereinbarung der Pachtentschädigung, da der Pachtpreis nach §§ 19, 12 und 26 geeignetenfalls durch die Behörde im Beschluß- oder VerwStreitVerf. festgestellt werden kann.

Auch die Pachtdauer braucht nicht vereinbart zu werden, da die zeitliche Wirkung des Anschlusses durch § 11 bzw. dadurch bestimmt ist, daß der Eigentümer den Anschluß solange ausdehnen kann, als die gesetzlichen Vorbedingungen für den Anschluß vorhanden sind.

Eine Verpachtung der angeschlossenen Flächen zusammen mit dem Eigenjagdbezirke ist aus den oben angegebenen Gründen ohne weiteres zulässig; sie läßt sich auch aus § 25 Abs. 5 folgern.

Dagegen sind §§ 581, 554 BGB. nicht für anwendbar zu erachten, dh. dem Eigenjagdbesitzer können die angeschlossenen Grundstücke nicht wieder entzogen werden, wenn er mit zwei Terminen der Pachtzahlung im Rückstande ist. Dies würde seiner aus dem öffentlichen Rechte zu folgernden Berechtigung widerstreiten.

3. Satz 2 und 3 Abs. 2 geben leitende Grundsätze, nach denen die Behörde aus § 19 den Pachtpreis zu ermitteln hat. Die KommAH. erklärte solche Leitsätze mit Rücksicht auf besondere Fälle für erforderlich. „Sei zB. auf einer Enklave bislang die Ausübung der Jagd in der Weise erfolgt, daß durch Fütterung das Wild mit Absicht herübergezogen und dann ohne Schonung ein Abschuß desselben vorgenommen sei, so würde unter solchen Umständen es nicht als gerechtfertigt bezeichnet werden können, die Zahl des erlegten Wildes der Ermittelung des Preises zugrunde zu legen" (KommBAH. Druckf. 822/07 26 § 13).

Ausdrücklich ausgenommen von dieser Art der Preisermittelung sind die Wege, Eisenbahnkörper usw. aus § 4_2 Abs. 1. Hier ist je nach ihrer besonderen Beschaffenheit zu verfahren. Auf diesen schmalen Streifen ist eine Wildhege nur ausnahmsweise (zB. in Weidenwerdern an Flüssen) möglich. Es wäre deshalb unbillig, dem anschließenden Eigenjagdbesitzer den gleichen Pachtpreis abzuverlangen, wie er durchschnittlich zB. für die Feldmark des Gemeindebezirkes erzielt wird.

4. Der von dem Inhaber des Eigenjagdbezirkes zu zahlende Pachtpreis ist gemäß § 25 Abs. 5 lediglich unter die Eigentümer der angeschlossenen Grundflächen zu verteilen.

Wegen des eigentümlichen Rechtsmittels des Einspruchs und der Klage s. die Anm. zu § 25.

§ 13. Die Eigentümer sind befugt, zur Fischerei dienende Seen und Teiche, die zur Bildung von Eigenjagdbezirken nicht geeignet sind, einschließlich der in ihnen liegenden Inseln, soweit diese ganz ihnen gehören, von dem gemeinschaftlichen Jagdbezirk auszuschließen.

Durch die Jagdpolizeibehörde kann das gleiche Recht den Unternehmern von Schiffahrtkanälen für bestimmte Grundflächen zugestanden werden, sofern Tatsachen vorliegen, welche die Annahme rechtfertigen, daß die Ausübung der Jagd mit den Rücksichten der Betriebssicherheit unvereinbar ist.

Gegen die Verfügung der Jagdpolizeibehörde ist die Klage im Verwaltungsstreitverfahren zulässig.

Auf den ausgeschlossenen Grundflächen muß während der Dauer des Ausschlusses die Ausübung des Jagdrechts ruhen.

Spätestens bis zum Ablauf der Auslegungsfrist der Pachtbedingungen (§ 21) ist der Ausschluß beim Jagdvorsteher anzumelden.

Die ausgeschlossenen Flächen werden bei Fest-

stellung der Mindestgröße der gemeinschaftlichen Jagdbezirke (§§ 7 bis 9) angerechnet.

1. Vgl. früheres Recht: § 2c PrJPolG., § 4c NassVd., § 6c LauenbgG. und Art. 2 Ziff. 4 BayJG.

2. Da das FischG. v. 30. III. 74 nebst ErgG. v. 30. III. 80 den Fischereiberechtigten die Befugnis erteilt, Fischottern, Taucher, Eisvögel, Reiher, Kormorane und Fischaare ohne Anwendung von Schußwaffen zu töten oder zu fangen und für sich zu behalten, so erscheint ein so weitgehender Schutz der Fischereiinteressen, wie die Einräumung des vollen Jagdrechts, nicht mehr erforderlich.

3. Die Verpflichtung, die Jagd ruhen zu lassen, erfährt eine Einschränkung durch § 67, der dem Fischereiberechtigten einen größeren Schutz gewährt, als das für gewöhnlich ausreichende FischG. (KommBHH. Drucks. 122/07 20).

4. Das Recht, Seen und Teiche auszuschließen, erstreckt sich lediglich auf die Wasserfläche, nicht auch auf die Umgebung. Der weitergehende Wunsch des Fischereivereins wurde von der Regierung und dem Abgeordnetenhause zurückgewiesen (KommBHH. Drucks. 122/07 20). Doch damit die Fläche bei den verschiedenen Wasserständen nicht wechselt, wird anzunehmen sein, daß der regelmäßige höchste Wasserstand maßgebend ist.

5. Um eine stete Veränderung der Jagdbezirke zu vermeiden, ist es notwendig, den Ausschluß nicht zu jedem beliebigen Zeitpunkte, sondern nur so zuzulassen, daß bei der Neuverpachtung hiermit gerechnet werden kann (Begr. aaO. 1273). Der Ausschluß kann dementsprechend wider den Willen des Jagdvorstehers und des Pächters des gemeinschaftlichen Jagdbezirkes während des Laufes eines Pachtvertrages auch nicht rückgängig gemacht werden.

6. Die Zustimmung der Jagdpolizeibehörde gehört zum Ausschlusse von Teichen und Seen nicht.

7. Dagegen ist das den Unternehmern von Schiff-

fahrtskanälen für bestimmte Grundflächen zugestandene gleiche Recht von der Genehmigung der Jagdpolizeibehörde abhängig. Diese darf die Genehmigung nur erteilen, wenn die Annahme gerechtfertigt erscheint, daß die Ausübung der Jagd mit der Betriebssicherheit der Kanäle unvereinbar ist. In der Genehmigungsverfügung hat die Jagdpolizeibehörde die ausgenommene Fläche bestimmt zu bezeichnen, also auch den maßgebenden Wasserspiegel.

8. Gegen die Vf. der Jagdpolizeibehörde hat sowohl der Jagdvorsteher, als auch der Kanalunternehmer die Klage im VerwStreitVerf. Beklagte ist in beiden Fällen die Jagdpolizeibehörde. Die Klage ist bei dem BezAussch. binnen 2 Wochen anzubringen. Gegen die Entsch. findet mit gleicher Frist die Berufung an das OVG. statt. Dieser Instanzenzug ist gedankenlos in das Gesetz hineingebracht worden. Entweder mußten die gewöhnlichen Rechtsmittel, wie gegen polizeiliche Verfügungen (LVG. §§ 127f.) oder nur die Beschwerde an den BezAussch. zugelassen werden.

§ 14. Wenn Grundflächen, die zu einem verpachteten gemeinschaftlichen Jagdbezirke gehören, dauernd und vollständig gegen den Einlauf von Wild eingefriedigt (§ 4 Abs. 1 Ziffer 1) oder mit anderen Grundflächen zu einer zusammenhängenden Fläche von 75 Hektar im Sinne des § 4 Abs. 1 Ziffer 2 vereinigt werden, steht die eigene Ausübung des Jagdrechts auf ihnen dem Eigentümer mit Ablauf eines jeden Pachtjahrs zu, sofern er den Vertreter und den Pächter des gemeinschaftlichen Jagdbezirkes sechs Monate vorher von der Absicht in Kenntnis gesetzt hat, daß er von der ihm zustehenden Befugnis Gebrauch machen will. In diesem Falle erhält der Jagdpächter die Berechtigung, zum gleichen Zeitpunkte von dem Jagdpachtvertrage zurückzutreten, wenn er den Vertrag fünf Monate vorher aufkündigt.

Verlieren die Grundflächen die Eigenschaft eines Eigenjagdbezirkes, so fallen sie beim Vorliegen der Voraussetzungen des § 7 Abs. 1 dem gemeinschaftlichen Jagdbezirk ihres Gemeinde-(Guts-)Bezirkes von selbst zu; andernfalls ist über sie nach Maßgabe der Vorschriften in den §§ 7 bis 10 zu bestimmen, soweit nicht der Eigentümer sie nach § 13 vom gemeinschaftlichen Jagdbezirk ausschließt. Werden sie hierbei einem verpachteten gemeinschaftlichen Jagdbezirke zugelegt, so erhöht sich der zu zahlende Pachtpreis im Verhältnisse des neuen räumlichen Umfanges zum bisherigen Umfange des Jagdbezirkes. Der Pächter ist jedoch befugt, von dem Pachtvertrage zurückzutreten, wenn der neue räumliche Umfang den bisherigen Umfang des Jagdbezirkes um mehr als ein Zehntel übersteigt.

1. Die bisherigen Jagdgesetze mit Ausnahme des Kurh. G. enthielten keine ausdrückliche Best. darüber, ob der Eigentümer, der sich einen Eigenjagdbezirk neu schafft, mit diesem Augenblicke aus dem gemeinschaftlichen Jagdbezirk auszuscheiden berechtigt ist, oder nicht. Das OVG. hat diese Streitfrage in gleichmäßiger Rechtspr. bejaht (14 291, 20 320, 31 239, PrVerwBl. 14 319, 16 494, 21 316) und das RG. hat sich ihm schließlich nach vorher abweichenden Entsch. angeschlossen (RGZ. 52

127ff., JurW. 02 434 Nr. 53, 02 598 Nr. 35, 03 192 Nr. 67; Entsch. der Oberlandesgerichte s. bei Scherer, Das fünfte Jahr des BGB. 52 Ziff. 4).

Die Entscheidungen nehmen an, daß mangels ausdrücklicher gesetzlicher Regelung die auf dem öffentlichen Recht beruhende Befugnis zur eigenen Jagdausübung den vertraglichen Privatrechten vorzugehen habe. Die JO. hat aus Billigkeitsgründen den Interessen des Jagdpächters insoweit Rechnung getragen, als der Eigentümer des neu gebildeten Eigenjagdbezirks dem Jagdvorsteher und dem Pächter des gemeinschaftlichen Jagdbezirks, aus dem er seine Grundfläche aussondern will, 6 Monate vor Ablauf des Pachtjahres anzeigen muß, daß er von seinem Rechte Gebrauch machen werde. Ist die Anzeige rechtzeitig erfolgt, so beginnt das Jagdausübungsrecht auf dem neugebildeten Eigenjagdbezirke mit dem Ablaufe des Pachtjahres, in dem die Erklärung abgegeben wird (Begr. aaO. 1273, KommBAH. Drucks. 322/07 31 § 17).

Ein Streit über die Befugnis zur eigenen Jagdausübung ist zwischen dem Eigenjagdberechtigten und dem Jagdvorsteher gem. § 71 im VerwStreitVerf. auszutragen.

2. Der Jagdpächter hat seinerseits das Recht, von dem Jagdpachtvertrage zurückzutreten, wenn er den Pachtvertrag 5 Monate vor Auslauf des Pachtjahres kündigt. Der rechtzeitig ausgesprochene Rücktritt wird mit dem Ablauf des Pachtjahres wirksam.

Ein Streit zwischen dem Jagdvorsteher und dem Jagdpächter über das Fortbestehen oder Aufhören des Pachtvertrages ist im Wege des Zivilprozesses auszufechten, da weder § 24 Abs. 2 noch § 71 Anwendung finden.

3. Verliert ein Eigenjagdbezirk eines seiner gesetzlichen Erfordernisse, so hört damit seine Eigenschaft als Eigenjagdbezirk von selbst auf. Die Folgen sind verschieden geordnet.

a) Hängen die Grundflächen des früheren Eigenjagdbezirks mit den Grundflächen des gemeinschaftlichen Jagdbezirkes, in dem sie belegen sind, zusammen, so fallen sie diesem von selbst zu.

b) Haben die Grundflächen keinen räumlichen Zusammenhang mit einem gemeinschaftlichen Jagdbezirk ihrer Gemeinde, so ist mit ihnen nach § 7 bis 10 zu verfahren, soweit nicht der Eigentümer von seinem Ausschlußrechte aus § 13 Gebrauch macht.

Die Wirkung der Zulegung tritt sofort ein.

4. Der Jagdpächter ist nicht befugt, einer solchen Zulegung zu widersprechen. Er hat aber ein sofortiges Rücktrittsrecht, wenn durch die Zulegung der räumliche Umfang des gepachteten Jagdbezirkes um mehr als $^1/_{10}$ wächst. Ist dies nicht der Fall, so muß er die Vergrößerung des Jagdbezirks hinnehmen und den durch die Zulegung nach dem Verhältnisse des Zuwachses erhöhten Pachtpreis zahlen.

§ 15. Die Vorschrift in den §§ 5 und 6 des Kurhessischen Gesetzes, das Jagdrecht und dessen Ausübung betreffend, vom 7. September 1865 (Kurh. Gesetzsamml. S. 571), daß erst nach Erstattung des für ein Grundstück gezahlten Ablösungskapitals in die Jagdausübung eingetreten werden darf, bleibt bestehen mit der Maßgabe, daß an Stelle des dort zu Grunde gelegten Umfanges des Grundbesitzes von 100 Casseler Morgen ein solcher von 75 Hektar tritt, und daß die Jagdgenossenschaft an Stelle der Gemeinde tritt, soweit die Erträge der Jagd nicht mehr der Gemeindekasse zukommen.

1. Im ehem. Kurfürstentum Hessen (siehe Anm. 1 bei § 81) sind durch das JG. v. 7. IX. 65 in Verbindung

mit dem PrG. v. 1. III. 73 nur das fiskalische Jagdrecht auf fremdem Grund und Boden, die Jagdfolge und die Jagddienste ohne Entschädigung aufgehoben worden. Dagegen mußte eine auf fremdem Grund und Boden etwa bestehende Jagdberechtigung von „Gemeinden, Korporationen, Instituten, Standesherren, Gutsbesitzern und anderen Privaten“ abgelöst werden. Die Ablösung erfolgte nach einem Kapitalsbetrage von 2 Sgr. = 20 Pf. für den Casseler Morgen, abgerundet in § 3 G. v. 1. III. 73 auf 8 Sgr. 6 Pf. = 85 Pf. für den ha. Dementsprechend haben sowohl Inhaber von Eigenjagdbezirken (100 Casseler Morgen in zusammenhängender Grundfläche) als auch Gemeinden in Vertretung ihrer Grundeigentümer die Jagdberechtigung abgelöst und den Ablösungsschilling bezahlt.

2. §§ 5 u. 6 KurhJG. lauten:

§ 5. Derjenige, welcher in einer Gemarkung, in der die Gemeinde die Jagdberechtigung abgelöst hat, ein zusammenhängendes Grundeigentum von mindestens 100 Casseler Äckern besitzt oder nachträglich erwirbt, ist zur Jagdausübung auf demselben erst nach Erstattung des auf sein Grundeigentum entfallenden Betrages des von der Gemeinde gezahlten Ablösungskapitals und erst nach Ablauf der bestehenden Jagdpachtverträge berechtigt.

Das gleiche gilt hinsichtlich des Grundeigentums, durch dessen Erwerb der bereits im Besitz eines eigenen Jagdreviers nach § 4 befindliche Grundeigentümer letzteres nachträglich vergrößert, und zwar dergestalt, daß derselbe, falls eine Jagdablösung seitens der Gemeinde stattgefunden hat, an diese, andernfalls an den Jagdberechtigten den entsprechenden Ablösungsbetrag zu erstatten hat.

§ 6. Sobald durch Teilung oder Veräußerung ein Grundbesitz, auf welchem dem Eigentümer selbst nach § 4 die Jagdausübung zustand, kleiner als 100 Casseler Acker wird, hat die Gemeinde, vorausgesetzt, daß ihr die Jagdausübung in ihrer Gemarkung zusteht, gegen Erstattung des auf das fragliche Grundeigentum entfallenden Jagdablösungskapitals in die Jagdausübung einzutreten.

3. Zum § 15 bemerkt die Begr. (DruckſAH. 10/07 1274 bei § 24):

> „Diese Bestimmungen sollen aufrecht erhalten bleiben mit den durch Heraufsetzen der Mindestgröße der Jagdbezirke von 100 Casseler Acker auf 75 ha bedingten Änderungen. Das Recht des Eigentümers oder der Gemeinde, die Jagd auszuüben, wird entweder erst wirksam, wenn der Grundbesitz im Zusammenhange 75 ha erreicht, oder unter diesen Umfang sinkt, ebenso entsteht erst in diesem Augenblicke die wechselseitige Erstattungspflicht hinsichtlich des etwa gezahlten Ablösungskapitals. Ein Grundeigentümer, der bisher auf einem zusammenliegenden Besitz von bspw. 125 Casseler Morgen eigenjagdberechtigt war, würde in Zukunft dieses Recht verlieren, hätte aber einen Anspruch auf Erstattung des für den Grundbesitz zur Erlangung der Jagdberechtigung etwa gezahlten Ablösungskapitals. Ueber die Frage, ob und welches Ablösungskapital zurückzuzahlen ist, würde im VerwStreitVerf. nach § 105 des ZustG. zu entscheiden sein (jetzt § 71 JO.)."

4. Vgl. Ziff. 12 AusfAnw.

5. Wegen der Übergangszeit nach Inkrafttreten der JO. kommt auch § 84 in Betracht.

Der Zeitpunkt, zu dem nach § 15 die Jagd ausgeübt werden darf, bestimmt sich ebenfalls fortan nach § 14.

§ 16. Die Eigentümer der Grundstücke eines gemeinschaftlichen Jagdbezirkes bilden eine Jagdgenossenschaft, die Rechtsfähigkeit besitzt.

Die Verwaltung der Angelegenheiten der Jagdgenossenschaft sowie ihre gerichtliche und außergerichtliche Vertretung geschieht durch den Jagdvorsteher. Jagdvorsteher ist der Vorsteher der Gemeinde (Bürgermeister, Gemeindevorsteher, Gutsvorsteher, in der Rheinprovinz der Gemeindevorsteher). Sind die Grundstücke eines gemeinschaftlichen Jagdbezirkes in mehreren Gemeinde-(Guts-)Bezirken belegen, so bestimmt die Jagdaufsichtsbehörde (§ 70) den zuständigen Jagdvorsteher.

Der gesetzliche Stellvertreter des Vorstehers der Gemeinde (des Gemeindevorstehers in der Rheinprovinz) vertritt ihn in Behinderungsfällen auch in seiner Eigenschaft als Jagdvorsteher.

In Stadtkreisen ist der Bürgermeister befugt, die Wahrnehmung der Obliegenheiten des Jagdvorstehers und des Stellvertreters andern Magistratspersonen zu übertragen.

1. Die Eigentümer der Grundstücke bilden eine Genossenschaft. Dem Eigentume steht gleich: Lehns- und Fideikommißbesitz, das gemeine Eigentum des Staates (zB. an öffentlichen Flüssen), das dem Pfarrer zur Nutzung überlassene Pfarrland und das dem Lehrer ebenso überlassene Schulland (Kunze in Nr. 49 der DJägZ. v. 17. IX. 05); überhaupt treten für den Eigentümer ein die Nutzungsberechtigten, denen ein Nießbrauch oder ein erbliches oder ein zeitlich nicht beschränktes Nutzungsrecht zusteht (§ 5 Abs. 8). Die

Nutzungsberechtigten sind dann wirkliche Jagdgenossen (§ 16), Mitglieder der Genossenschaft. Es ist nicht angängig, die Nutzungsberechtigten etwa bei Bildung des Eigenjagdbezirks anders als bei Bildung des gemeinschaftlichen Jagdbezirks zu behandeln. Pächter treten nicht an Stelle des Eigentümers.

2. Die Jagdgenossenschaft besitzt Rechtsfähigkeit. Sie ist eine sog. Zwangsgenossenschaft des öffentlichen Rechts, nicht des Privatrechts. Ihre Zusammensetzung kann daher nicht durch Privatabmachungen geändert werden (jus publicum privatorum pactis mutari non potest). Das frühere Recht ist in dieser Beziehung nicht geändert worden und die Entscheidungen des OVG., welche schon nach bisherigem Rechte aussprechen, daß die Eigentümer der zu einem gemeinschaftlichen Jagdbezirke gehörigen Grundstücke eine öffentlich-rechtliche Genossenschaft bilden, behalten ihre Bedeutung (Kunze-Kautz 2 177 ff., 192).

3. Die Jagdgenossenschaft hat juristische Persönlichkeit, sie kann Rechte erwerben und veräußern, Verträge abschließen, Verpflichtungen auf sich nehmen, klagen und verklagt werden. Die Jagdgenossenschaft hat den Wildschaden nach § 52 zu ersetzen, der Anspruch geht gegen die Jagdgenossenschaft, sie wird in dem Wildschadenverfahren durch den Jagdvorsteher vertreten. Der § 52 hätte dahin lauten sollen, daß die Jagdgenossenschaft ersatzpflichtig sei.

4. Die Jagdgenossenschaft wird stets durch eine Einzelperson gerichtlich und außergerichtlich, ebenso im VerwStreitVerf., gesetzlich vertreten. Vertreter ist der Vorsteher der politischen Gemeinde, in deren Bezirk die Grundstücke liegen. Sind die Grundstücke eines gemeinschaftlichen Jagdbezirks in mehreren Gemeinde(Guts)bezirken belegen, so bestimmt die Jagdaufsichtsbehörde (der Landrat, bei Beteiligung von Stadtkreisen der Regierungspräsident) den zuständigen Jagdvorsteher, indem

einer der in Betracht kommenden Gemeinde- oder Gutsvorsteher oder Bürgermeister ausgewählt wird. Jagdvorsteher ist in Städten der Bürgermeister, in den Landgemeinden der Gemeindevorsteher (Schulze), in den Gutsbezirken der Gutsvorsteher, in der Rheinprovinz in den der StO. v. 15. V. 56 unterworfenen Städten der Bürgermeister, im übrigen der Gemeindevorsteher (niemals in Westfalen der Amtmann). Es ist zulässig, daß in Stadtkreisen (aber nicht in den zu einem Landkreise gehörigen Städten) der Bürgermeister eins der Magistratsmitglieder mit den Obliegenheiten des Jagdvorstehers und seines Stellvertreters betraut. Wo ein kollegialischer Gemeindevorstand nicht besteht, wird der sonstige Vertreter des Bürgermeisters (Schöffe, Beigeordnete, Ratmann) ernannt. Die Ernennung kann dauernd oder auf Zeit geschehen. Mit dem Ausscheiden aus dem Hauptamte erlischt auch die Bestellung als Jagdvorsteher. Wer nach den Gemeindeverfassungsgesetzen den Gemeindevorsteher (Bürgermeister) in Behinderungsfällen im Hauptamte zu vertreten hat, ist zugleich sein Stellvertreter bei der Jagdgenossenschaft in Behinderungsfällen. Im Gutsbezirke fungiert der ernannte Stellvertreter des Gutsvorstehers zugleich als Stellvertreter des Jagdvorstehers.

5. Die parlamentarische Vertretung der politischen Gemeinde (Stadtverordneten-, Gemeindeversammlung usw.) ist kein Organ der Jagdgenossenschaft, ebensowenig die Versammlung der Eigentümer oder Nutzungsberechtigten im gemeinschaftlichen Jagdbezirk. Auch dies ist altes Recht. Die Jagdgenossen treten nur im Einspruch oder in der Beschwerde auf; ob sie diese Rechtsmittel einzeln oder gemeinsam einlegen, ist gleichgültig.

6. Streitigkeiten der Beteiligten über die Frage, ob ein Grundstückseigentümer oder Nutzungsberechtigter mit dem Grundstücke zur Jagdgenossenschaft gehört, werden nach § 71 (wie bisher) im VerwStreitVerf. entschieden.

7. Der Gemeindevorsteher verwaltet das Amt des Jagdvorstehers in Personalunion mit dem Amte als Vorsteher der politischen Gemeinde. Ohne weiteres sind die formellen Vorschriften der Landgemeinde- und der Städteordnungen auf die Jagdangelegenheiten nicht anwendbar. Dies betrifft namentlich die Vorschriften über Vollmachten und die Form von Verträgen, die Vollziehung der letzteren. Die Verträge der Genossenschaft werden vom Jagdvorsteher allein unterzeichnet, sie bedürfen nicht der Beidrückung eines Siegels, insbesondere nicht des Gemeindesiegels, ebensowenig einer zweiten Unterschrift.

8. Da die Jagdgenossenschaft eine Korporation des öffentlichen Rechts ist, mußte sie der Staatsaufsicht unterworfen werden (§ 70). Siehe die Anm. zu § 70.

9. Die Genossenschaft wird gebildet, sobald in einem Gemeindebezirke Grundstücke vorhanden sind, die nicht Eigenjagdbezirke sind. Wird ein Eigenjagdbezirk durch Parzellierung in Parzellen unter 75 ha geteilt, so fallen diese Parzellen mit der Auflassung dem gemeinschaftlichen Jagdbezirke sofort zu (vgl. § 14 Abs. 2), soweit sie nicht der Eigentümer nach § 13 ausschließen darf.

10. Auch wenn nur ein Grundstück in einer Gemeinde oder in einem Gutsbezirke vorhanden ist, das keinen Eigenjagdbezirk bildet, wird ein gemeinschaftlicher Jagdbezirk damit geschaffen.

§ 17. Über die Bildung mehrerer selbständiger gemeinschaftlicher Jagdbezirke aus einem Gemeinde-(Guts-)Bezirke, die Vereinigung mehrerer ganzer Gemeinde-(Guts-)Bezirke oder einzelner Teile eines solchen mit einem andern Gemeinde-(Guts-)Bezirk oder Teilen eines solchen zu einem gemeinschaftlichen Jagdbezirke (§ 7 Abs. 2 und 3), sowie über den

Anschluß der nicht zu einem Jagdbezirke gehörigen Grundflächen an einen Eigenjagdbezirk, deren Zulegung zu einem gemeinschaftlichen Jagdbezirk oder die Bildung eines selbständigen Eigen- oder gemeinschaftlichen Jagdbezirkes aus ihnen (§§ 7 Abs. 5, §§ 8 bis 10) beschließen die Jagdvorsteher.

Ihnen liegt auch die Vereinbarung der Pachtentschädigung nach den §§ 7 Abs. 5, §§ 8 und 9 ob.

Die Beschlüsse und die Vereinbarung der Pachtentschädigung sind zwei Wochen lang öffentlich auszulegen. Ort und Zeit der Auslegung sind in ortsüblicher Weise bekannt zu machen.

Während der Auslegungsfrist kann jeder beteiligte Grundbesitzer beim Kreisausschuß und, wenn ein Stadtkreis beteiligt ist, beim Bezirksausschusse gegen sie Einspruch erheben.

Wenn im Falle des § 7 Abs. 2 und 3 Einspruch eingelegt ist, darf über die Genehmigung erst nach rechtskräftiger Erledigung des Einspruchsverfahrens, andernfalls erst nach Ablauf der Einspruchsfrist beschlossen werden.

1. Vgl. Ziff. 14 AusfAnw.

2. Durch den § 17 ist der § 2 G. v. 4. VII. 05 wesentlich erweitert worden.

3. Durch das Auslegungs- und das Einspruchsverfahren sollen keine Kollisionen geschehen, deshalb darf im Falle des § 7 Abs. 2 u. 3 die Genehmigung des Kr(Bez)Aussch erst nach rechtskräftiger Erledigung der Einsprüche erteilt werden.

4. Gegen den auf Einspruch ergangenen Beschluß des Kr(Bez)Aussch. (§ 26) steht den Jagdvorstehern und

den Eigentümern binnen zwei Wochen der Antrag auf mündliche Verhandlung im VerwStreitVerf. zu.

5. Die Genehmigung der Beschlüsse der Jagdvorsteher über Bildung eines gemeinschaftlichen Jagdbezirks aus Teilen mehrerer Gemeinden (§ 7 Abs. 3) hat nur einer der beteiligten Kr(Bez)Aussch. zu erteilen, der gem. § 58 LVG. zu bestimmen ist (vgl. Anm. 2 zu § 18).

§ 18. Wenn bei Beteiligung der Grundflächen aus zwei oder mehreren Gemeinde-(Guts-)Bezirken eine Einigung zwischen den Jagdvorstehern (§ 17 Abs. 1) nicht zustande kommt, beschließt in den Fällen der §§ 8 und 9 der Kreisausschuß und, wenn ein Stadtkreis beteiligt ist, der Bezirksausschuß.

1. Durch diese Best. wird die Möglichkeit gegeben, die in §§ 8 und 9 vorgesehenen Vereinigungen behördlich zu erzwingen. Über den Rechtszug vgl. § 26.

2. Liegen die Grundflächen in verschiedenen Bezirken (Kreis- oder Bezirksausschuß), so bestimmt nach § 58 LVG. der Regierungspräsident oder der Oberpräsident oder der Minister des Innern die zuständige Behörde, je nachdem die betreffenden Bezirke demselben Regierungsbezirke, derselben Provinz, oder verschiedenen Regierungsbezirken oder verschiedenen Provinzen angehören.

§ 19. Wenn im Falle des § 7 Abs. 5, § 8 Abs. 2 und § 11 Abs. 2 der Inhaber des umschließenden Eigenjagdbezirkes zur Anpachtung bereit ist, eine Einigung über die Höhe der Pachtentschädigung aber nicht erzielt wird, so beschließt darüber der Kreisausschuß und, wenn ein Stadtkreis beteiligt ist, der Bezirksausschuß.

Die Festsetzung der Pachtentschädigung erfolgt auf Grund der in § 12 Abs. 2 aufgestellten Grundsätze. Gegen die Festsetzung des KrAussch. oder BezAussch. ist gem. § 26 der Antrag auf mündliche Verhandlung im VerwStreitVerf. gegeben.

§ 20. Die Nutzung der Jagd in einem gemeinschaftlichen Jagdbezirk erfolgt in der Regel durch Verpachtung (§ 21).

Mit Genehmigung des Kreisausschusses, in Stadtkreisen des Bezirksausschusses, kann der Jagdvorsteher jedoch die Jagd auch gänzlich ruhen oder auf Rechnung der Jagdgenossenschaft durch höchstens drei angestellte Jäger ausüben lassen.

Die Genehmigung ist jederzeit widerruflich.

In gemeinschaftlichen Jagdbezirken, in denen Wildschäden vorkommen, darf die Jagd nicht ruhen, wenn ein Jagdgenosse dagegen Einspruch erhebt. Der Einspruch ist jederzeit zulässig und beim Jagdvorsteher anzubringen. Gegen dessen Bescheid findet innerhalb zwei Wochen die Beschwerde beim Kreisausschuß, in Stadtkreisen beim Bezirksausschusse, statt.

1. Es ist vielfach die Frage erörtert worden, ob Jagdpachtverträge als Verträge über Grundstücke aufzufassen sind. Dabei wird den Ausführungen von Wolfram (DJägZ. 02 Nr. 34) beizutreten sein. Das Jagdrecht charakterisiert sich nicht als ein besonderes, für sich bestehendes dingliches Recht, sondern es stellt sich als Ausfluß und Bestandteil des Eigentumes ebenso dar, wie die Befugnis, das Grundstück als Ackerland, Obstgarten, Wiese zu nutzen. Nach dem G. v. 31. X.

48 u. § 2 JO. ist das Jagdrecht das dem Grundeigentümer vermöge seines Eigentums zustehende ausschließliche Recht auf Aneignung des auf seinem Grundstücke angetroffenen jagdbaren Wildes. Dieses ist, wie Wolfram richtig ausführt, keine Frucht des Grundstücks, wohl aber ist die Jagdbeute die Nutzung, die das Grundstück dem Eigentümer vermöge des in dem Eigentumsrechte eingeschlossenen Rechts auf ausschließliche Aneignung des Wildes gewährt. Die Jagdpacht ist dann nichts anderes als die Überlassung des Grundstücks zwecks Gewinnung der durch die Ausübung der Jagd zu ziehenden Nutzung (BGB. § 99), Gegenstand der Jagdpacht ist also mittelbar das Grundstück, ein über Bestandteile des Grundstücks geschlossener Vertrag. Ebenso beurteilen die Sachlage die AllgVfFinM. v. 9. V. 97 (ZBlAB. 189), der Erl. v. 14. XII. 00, das RGZ. 51 250. Das BGB. hat darin nichts geändert (vgl. Vorbemerkung zur PrJO.).

Die ZfJagdR. 1 7, 22, 72 bespricht die Frage, ob Kauf den Jagdpachtvertrag bricht. Es ist den Ausführungen in dem LG. II Berlin 27. IV. 06 (5. O. 12/06) dahin beizutreten, daß § 581 Abs. 2 BGB. über die Miete entsprechend anzuwenden und ein Jagdpachtvertrag durch den Verkauf des Gutes, das einen Einzeljagdbezirk bildet, nicht gebrochen wird. Anders liegt der Fall bei der Zerstückelung des Guts dergestalt, daß der Einzeljagdbezirk aufhört oder einzelne Teile in den gemeinschaftlichen Jagdbezirk kraft öffentlichen Rechts fallen (RGZ. 52 126 u. RGSt. 37 48; PrVerwBl. 10 319); damit hört das Jagdrecht des Pächters auf.

2. Über die Eigenschaften der einzustellenden Jäger bestimmt § 27 das Nähere.

3. Wird die Genehmigung des KrAussch. (BezAussch.) zum Ruhenlassen oder zur eigenen Administration der Jagd versagt, so kann der Jagdvorsteher nach § 26 binnen 2 Wochen bei dem BezAussch. (ProvRate) die Beschwerde einlegen. Dasselbe muß gelten, wenn die

Genehmigung widerrufen wird, obwohl der § 26 den § 20 Abs. 3 nicht erwähnt.

4. Der Abs. 4 hat dem Jagdgenossen den Einspruch gegeben, wenn der Jagdvorsteher trotz entstandener Wildschäden die Jagd ruhen zu lassen beschlossen hat. Der Einspruch ist beim Jagdvorsteher selbst anzubringen. Der Jagdvorsteher erläßt darauf einen Bescheid, gegen den innerhalb 2 Wochen Beschwerde beim KrAussch. (BezAussch.) anzubringen ist. Der KrAussch. (BezAussch.) beschließt endgültig, jedoch hat der Jagdvorsteher die Beschwerde nach § 26.

5. Die Worte „in denen Wildschäden vorkommen" sollen heißen „in denen Wildschäden vorgekommen sind". Eine Frist zur Anbringung des Einspruchs besteht nicht. Wird der Einspruch oder die Beschwerde für begründet erachtet, muß der Jagdvorsteher über die Jagdnutzung anderweitig beschließen, die Jagd in Selbstverwaltung nehmen oder verpachten.

6. Das G. spricht nur allgemein von Wildschaden, es ist mithin jeder Schaden zu verstehen, den jagdbares Wild (§ 1) verursacht, also auch Hasen, deren Schaden nicht unter den § 51 fällt. Da wilde Kaninchen keine jagdbaren Tiere sind, kommt der von ihnen verursachte Schaden nicht in Betracht.

§ 21. Die Verpachtung ist durch den Jagdvorsteher vorzunehmen.

Für die Art der Verpachtung ist das Interesse der Jagdgenossenschaft maßgebend.

Der Jagdvorsteher hat die von ihm beabsichtigte Art der Verpachtung in ortsüblicher Weise bekannt zu machen. Die von ihm in Aussicht genommenen Pachtbedingungen sind zwei Wochen lang öffentlich auszulegen. Ort und Zeit der Auslegung sind in der Bekanntmachung über die Art der Verpachtung anzugeben.

Jeder Jagdgenosse kann gegen die Art der Verpachtung und gegen die Pachtbedingungen während der Auslegungsfrist Einspruch beim Kreisausschuß, in Stadtkreisen beim Bezirksausschuß, erheben.

Ort und Zeit der Verpachtung, sofern sie öffentlich meistbietend erfolgen soll, sind mindestens zwei Wochen vorher in ortsüblicher Weise und durch das von der Jagdaufsichtsbehörde bestimmte Blatt bekannt zu machen.

1. Daß die Verpachtung durch den Jagdvorsteher (§ 16) vorzunehmen, ist selbstverständlich; denn er verwaltet die Angelegenheiten der Jagdgenossenschaft.

2. Bei der Prüfung der Art der Verpachtung soll sich der Jagdvorsteher nur von dem Interesse der Jagdgenossenschaft (nicht der politischen Gemeinde) beeinflussen lassen; meist werden aber diese Interessen zusammenfallen. Jenes Interesse soll bestimmend dafür sein, ob die Verpachtung freihändig, öffentlich, meistbietend in einem beschränkten Kreise von Bietern erfolgt; gleiches findet bei dem Zuschlage statt, wenn unter mehreren Bietern der Zuschlag dem Jagdvorsteher freisteht. Es kann sehr wohl im Interesse der Genossenschaft liegen, die Jagd billiger an gewisse Persönlichkeiten abzugeben, von denen die Jagdgenossen sonst Vorteile haben oder die bessere Zahler usw. sind. Allgemeine Regeln lassen sich nicht aufstellen. Die Schonung der Feldfrüchte, die pflegliche Behandlung der Jagd, das gute Einvernehmen mit den Jagdgenossen werden Berücksichtigung verdienen. Auf keinem Fall sollen den Jagdgenossen Personen aufgedrängt werden, die ihnen unsympathisch sind oder mit denen sie in Feindschaft leben.

3. Hat sich der Jagdvorsteher über die Art und die Bedingungen der Verpachtung schlüssig gemacht, möglichst ein Jahr vor dem Ablaufe der bestehenden Verträge, so erläßt er eine Bekanntmachung in ortsüblicher Weise (Kurrende, Aushang usw.). Der Wortlaut könnte gegebenenfalls lauten:

„Als Jagdvorsteher mache ich hiermit bekannt, daß der bestehende Jagdpachtvertrag für den gemeinschaftlichen Jagdbezirk der Gemeinde A. am 1. August 1908 abläuft. Der Pachtpreis beträgt jetzt 2000 Mk. Die Fläche hat sich nicht verändert. Ich beabsichtige, die Jagd an die bisherigen Pächter . . . . . . auf sechs Jahre vom 1. August 1908 bis dahin 1914 weiter zu verpachten, den Pachtpreis aber auf 2500 Mk. zu erhöhen, womit die Pächter sich einverstanden erklärt haben. Die Pachtbedingungen liegen in meinem Amtslokale von . . . . . . bis . . . . . . täglich von 8 bis 12 Uhr zur Einsicht aus."

4. Während der Auslegungsfrist, die mindestens zwei Wochen betragen muß, kann jeder Jagdgenosse (Eigentümer oder Nutzungsberechtigte) Einspruch beim KrAussch. (in Stadtkreisen bei dem BezAussch.) erheben. Die Erhebung des Einspruchs beim Jagdvorsteher genügt nicht. Der Kreisausschuß beschließt endgültig, doch hat der Jagdvorsteher die weitere Beschwerde an den BezAussch. (§ 26). Die Begründung des Einspruchs kann nach mancherlei Seiten erfolgen, meist werden es Nützlichkeitsgründe sein.

5. Die Jagdaufsichtsbehörde (§ 70) bestimmt diejenigen öffentlichen Blätter, die zu benutzen sind, wenn die Jagd zur öffentlichen Ausbietung kommt. Diese Blätter sind neben der ortsüblichen Bekanntmachung zu benutzen. Die Jagdaufsichtsbehörde wird zweckmäßig handeln, wenn sie das Blatt ein für allemal benennt.

6. Ist kein Einspruch eingelegt oder der eingelegte

Einspruch verworfen, so schreitet der Jagdvorsteher zum Abschlusse des Pachtvertrages (§ 22).

§ 22. Für die Verpachtung gelten im übrigen folgende Bestimmungen:

1. die Pachtverträge sind schriftlich abzuschließen;
2. die Verpachtung der Jagd auf demselben Jagdbezirke soll in der Regel nicht an mehr als drei Personen gemeinschaftlich erfolgen, jedoch kann dieselbe mit Genehmigung des Kreisausschusses, in Stadtkreisen des Bezirksausschusses, im Interesse der Jagdgenossenschaft auch an mehr als drei Jagdpächter oder an eine Jagdgesellschaft (Verein, Genossenschaft) von nicht beschränkter Mitgliederzahl vorgenommen werden;
3. Weiterverpachtungen bedürfen der Zustimmung des Verpächters und der Genehmigung des Kreisausschusses, in Stadtkreisen des Bezirksausschusses;
4. die Pachtzeit soll in der Regel auf mindestens sechs und höchstens auf zwölf Jahre festgesetzt werden, jedoch kann dieselbe mit Genehmigung des Kreisausschusses, in Stadtkreisen des Bezirksausschusses, im Interesse der Jagdgenossenschaft bis auf drei Jahre herabgesetzt oder bis auf achtzehn Jahre erhöht werden;
5. die Verpachtung der Jagd an Personen, welche nicht Angehörige des Deutschen Reichs sind, bedarf der Genehmigung der Jagdaufsichtsbehörde.

1. Der § 22 stellt absolute Bestimmungen auf, die bei Vermeidung der Nichtigkeit (§ 24) beobachtet werden müssen.

2. Auch bisher mußten die Pachtverträge schriftlich abgeschlossen werden. Wegen der Stempelpflichtigkeit vgl. Ziff. 17 AusfAnw.

3. Werden mehr als drei Pächter angenommen, so hat dazu der KrAussch. (BezAussch.) die Genehmigung zu erteilen. Wird die Genehmigung vom Kreisausschusse versagt, so steht nur dem Jagdvorsteher die Beschwerde an den BezAussch. zu (§ 26). Neu ist die Vorschrift, daß auch an einen Jagdverein, dessen Mitglieder wechseln und dessen Mitgliederzahl nicht beschränkt ist, mit Genehmigung des KrAussch. verpachtet werden darf. Solche Jagdvereine gibt es viele, sie erlangen Rechtsfähigkeit (die Rechte einer juristischen Person) durch die Eintragung in das Vereinsregister beim Amtsrichter (§§ 55 ff. BGB.). Die Rechtsfähigkeit des Vereins bewirkt, daß für die Schulden des Vereins nicht die einzelnen Mitglieder, sondern das Vereinsvermögen haftet, daß in Angelegenheiten des Vereins nicht die einzelnen Mitglieder, sondern der Verein selbst durch seinen Vorstand auftritt, klagt usw. Der Vertrag wird somit vom Vorstand gezeichnet. Ist der Verein nicht eingetragen, so müssen alle Mitglieder unterschreiben, sie haften sodann persönlich.

Daraus, daß der § 22 die Worte braucht „Jagdgesellschaft (Verein, Genossenschaft)" ist zu folgern, daß sowohl bloße Personenvereinigungen wie juristische Personen und eingetragene Vereine pachten können. Nicht eingetragene Vereine sind also nicht ausgeschlossen, sie konnten schon nach früherem Rechte pachten; der Gesetzgeber hatte die Absicht, den Kreis der Pachtlustigen zu erweitern. Ist in der Bekanntmachung (§ 21) angegeben, daß an einen nicht eingetragenen Verein verpachtet werden soll, so darf der Vertrag, wenn inzwischen die Eintragung erfolgt ist, nicht ohne weiteres mit dem eingetragenen Verein abgeschlossen werden, weil dieser ein anderes Rechtssubjekt darstellt. Für diesen Fall empfiehlt es sich, in den Pachtbedingungen (§ 21) auszudrücken, daß der Verein seine Eintragung betreibt und der Vertrag mit dem eingetragenen Vereine später abgeschlossen werden soll.

4. Weiterverpachtungen müssen vom Jagdvorsteher und dem Kreisausschusse genehmigt werden. Wird die Genehmigung versagt, so hat nur der Jagdvorsteher die Beschwerde (§ 26). Unter Weiterverpachtungen sind Afterverpachtungen zu verstehen (vgl. §§ 549, 581 Abs. 2, 596 BGB.), d. i. die Annahme eines Unterpächters. Sollen die Rechte aus dem Pachtvertrage so abgetreten werden, daß der neue Pächter an Stelle des ersten Pächters tritt, so ist das Verfahren nach den §§ 21 ff. JO. zu erneuern, sofern nicht in dem Pachtvertrage eine Bestimmung enthalten ist, daß die Abtretung der Rechte in gewissen Fällen lediglich mit Zustimmung des Jagdvorstehers gestattet ist. Pachtverlängerungen fallen nicht unter den Begriff der Weiterverpachtung; auch sie können in dem Vertrage vorbehalten werden. Doch wird die Genehmigung des Kreisausschusses einzuholen sein, falls die zugelassene Prolongationszeit ohne Erhöhung des Pachtpreises zwölf Jahre (einschließlich der ersten Pachtzeit) übersteigt. Ein gesetzwidrig abgeschlossener Afterpachtvertrag ist nichtig.

5. Die Pachtzeit soll auf sechs bis zwölf Jahre gehen. Liegt es im Interesse der Jagdgenossenschaft, so kann die Pachtzeit bis auf drei Jahre herabgesetzt oder bis auf achtzehn Jahre ausgedehnt werden. Der Kreisausschuß hat dies indessen zu genehmigen. Die Rechtsmittel sind wie zu Anm. 4 geordnet.

6. Pächter, die nicht Angehörige des Deutschen Reiches sind, dürfen nur mit Genehmigung des Landrats, im Stadtkreise des Regierungspräsidenten (§ 70) zugelassen werden. Die Genehmigung stellt keine polizeiliche, sondern eine Aufsichtsverfügung dar. Die Ablehnung kann

mit der Beschwerde (§ 70 Abs. 2) an die höhere Aufsichtsbehörde binnen zwei Wochen angefochten werden.

§ 23. Der Jagdvorsteher hat den Pachtvertrag zwei Wochen lang öffentlich auszulegen. Ort und Zeit der Auslegung sind in ortsüblicher Weise bekannt zu machen.

Jeder Jagdgenosse kann während der Auslegungsfrist beim Kreisausschuß, in Stadtkreisen beim Bezirksausschusse, gegen den Pachtvertrag Einspruch erheben. Dieser darf sich jedoch gegen die Art der Verpachtung und gegen die Pachtbedingungen insoweit nicht richten, als dieselben durch das im § 21 vorgeschriebene Verfahren festgestellt sind.

1. Ist der Pachtvertrag zwischen dem Jagdvorsteher und dem Pächter abgeschlossen, auch die etwa erforderliche Genehmigung des KrAusſch. oder der Jagdaufsichtsbehörde (§ 22 Nr. 2, 3, 4, 5) eingeholt, so ist der Pachtvertrag nochmals zwei Wochen lang öffentlich auszulegen; der Jagdvorsteher hat den Ort, wo die Auslegung erfolgt, und die Zeit, wie lange der Vertrag ausliegen wird, ortsüblich bekannt zu geben.

2. Während der Auslegungsfrist kann gegen den abgeschlossenen Vertrag Einspruch erhoben werden. Doch ist ein Einspruch aus Gründen, die aus den Vorschriften in § 21 hergeholt werden, nicht zulässig, also es scheiden solche Pachtbedingungen aus, die in dem Verfahren nach § 21 nicht angegriffen worden, insbesondere darf zB. nicht deshalb, weil freihändig und nicht meistbietend verpachtet worden oder weil der Pachtschilling zu niedrig bemessen ist usw., Einspruch erhoben werden. Verstöße, die den Pachtvertrag nichtig machen, begründen stets den Einspruch.

Haben die Pachtbedingungen (§ 21) nicht alle wesentlichen Punkte eines Pachtvertrages enthalten, weil zB. erst die öffentliche Ausbietung die Höhe des Pachtschillings oder die Person des Pächters ergeben sollte, oder enthält der Pachtvertrag Abweichungen von den erst aufgestellten Bedingungen, so kann sich der Einspruch auch gegen diese Punkte richten.

3. Der Beschluß des KrAusch. ist **endgültig**, doch steht dem Jagdvorsteher die Beschwerde an den BezAusch. binnen zwei Wochen (§ 26) zu.

4. Während der Einspruchfrist und des Einspruchverfahrens bleibt die Gültigkeit des Pachtvertrages trotz der Vollziehung durch die Parteien ausgesetzt. Ist kein Einspruch eingelegt oder der Einspruch verworfen, so wird der vollzogene Vertrag perfekt. Es empfiehlt sich, daß der Vertrag schon vor der Auslegung von den Parteien vollzogen wird, damit nach fruchtlosem Ablaufe der Einspruchsfrist der Vertrag ohne weiteres besteht.

§ 24. Pachtverträge, die gegen die vorstehenden Vorschriften verstoßen, sind nichtig.

Streitigkeiten über die Frage der Nichtigkeit zwischen dem Jagdvorsteher und dem Jagdpächter unterliegen der Entscheidung im Verwaltungsstreitverfahren.

Zuständig zur Entscheidung ist in erster Instanz der Kreisausschuß, in Stadtkreisen der Bezirksausschuß.

Die Jagdaufsichtsbehörde ist befugt, dem Pächter für die Dauer eines über die Frage der Nichtigkeit eingeleiteten Verwaltungsstreitverfahrens die Ausübung der Jagd zu untersagen und wegen der anderweiten Nutzung der Jagd die erforderlichen

Anordnungen zu treffen. Gegen die Untersagung und die Anordnungen steht dem Pächter die Beschwerde nach näherer Maßgabe des § 70 zu.

1. Ist das Einspruchsverf. (§ 23) beendet oder ein Einspruch während der Auslegungsfrist nicht erhoben worden, so kann von seiten des Jagdvorstehers oder des Jagdpächters immer noch die Klage auf Nichtigkeitserklärung vor dem KrAussch. (BezAussch.) erhoben werden. Die Klage ist an keine Frist gebunden und bei dem Gerichte selbst vorzubringen. Eine Popularklage ist es nicht, sie steht daher andern Personen als dem Jagdvorsteher und dem Pächter, insbesondere den Jagdgenossen, nicht zu. Die Nichtigkeit kann darauf gegründet werden, daß die absoluten Vorschriften des Gesetzes nicht beachtet sind, zB. daß die erforderliche Genehmigung des Vertrags seitens des KrAussch. oder der Jagdaufsichtsbehörde (§ 22) fehlt, daß der Jagdvorsteher die beabsichtigte Art der Verpachtung entgegen dem § 21 nicht ortsüblich bekannt gemacht hat, daß über einen Einspruch (§§ 21, 23 Abs. 2) nicht Beschluß gefaßt worden. Selbstverständlich hat sich der Verwaltungsrichter darüber schlüssig zu machen, ob die gerügten Verstöße wesentlich sind.

2. Während die Klage der genannten Beteiligten über die Nichtigkeit des Vertrages, die lediglich aus der Nichtbeachtung der absoluten Vorschriften dG. herzuleiten ist, vor dem Verwaltungsgerichte ausgefochten wird, gehören etwa vorliegende andere Anfechtungsgründe (zB. arglistige Täuschung, §§ 123f., 143 BGB.) vor den ordentlichen Richter. Der letztere ist auch zuständig für die Klagen auf Zahlung des Pachtzinses, Aufhebung des Vertrages wegen Nichtbezahlung des letzteren usw.

3. Gegen die Entsch. des KrAussch. sind Berufung und Revision, gegen die Entsch. des BezAussch. in erster Instanz die Berufung an das OVG. zulässig.

4. Auffällig ist die Vorschrift in § 24 Abs. 4, daß die Jagdaufsichtsbehörde (Landrat, Regierungspräsident) dem Pächter für die Dauer des VerwStreitVerf. die Jagd untersagen und wegen anderweitiger Nutzung der Jagd Verfügung treffen kann. Gegen diese Anordnungen steht dem Pächter (nicht dem Jagdvorsteher, § 24 Abs. 4) nur die Beschwerde an die weitere Aufsichtsinstanz (§ 70) binnen 2 Wochen offen. Die Beschwerde ist bei der Aufsichtsinstanz (Regierungspräsidenten, Oberpräsidenten) anzubringen. Die Jagdaufsichtsbehörde hat somit ein Interimistikum herzustellen, eine vorläufige Verfügung zu erlassen. Dieses Interimistikum wird hinfällig, wenn der Verwaltungsrichter rechtskräftig erkannt hat. Es ist ein Unikum, daß die Behörde, die die staatliche Aufsicht ausübt, eine Anordnung gegenüber einer Privatperson, dem Pächter, erläßt. Richtiger wäre es gewesen, den KrAussch. als Verwaltungsgericht zum Erlasse der Anordnung zu ermächtigen (wie zB. in § 67 ZustG.), ohne dem Pächter ein Rechtsmittel zu geben.

5. Die Jagdaufsichtsbehörde kann ihre Anordnungen kraft ihrer obrigkeitlichen Zwangsgewalt (§ 132 LVG.) durchsetzen.

6. Es können Fälle vorkommen, wo auch die Jagdpolizeibehörde mit polizeilichen Mitteln (§§ 127ff. LVG.) aus polizeilichen Gründen einschreitet. In verschiedenen Entsch. des OVG., zB. v. 16. II. 01 3 305, v. 17. III. 81, 25. II. 99, 11. III. 99 (Kunze-Kautz[4] 2 196ff.) ist ausgesprochen, daß die Jagdpolizeibehörde die durch die Jagdgesetze im öffentlichen Interesse gegebenen Vorschriften zu kontrollieren und die durch diese Gesetze geschaffene öffentliche Ordnung zu schützen, deshalb zu ihrer Aufrechterhaltung polizeiliche Verfügungen zu erlassen befugt sei. Hat zB. keiner der Beteiligten Klage wegen Nichtigkeit des Vertrages erhoben, so kann die Jagdpolizeibehörde (nicht die Jagdaufsichtsbehörde) mit polizeilicher Verfügung die Ausübung der Jagd ver-

bieten, der Ausübung mit obrigkeitlicher Gewalt entgegentreten usw. Gleiches findet statt, wenn zwar kein nichtiger Vertrag vorliegt, aber zwei Prätendenten sich im Zivilprozesse gegenüber stehen und eine Störung der öffentlichen Ordnung deshalb zu befürchten ist, weil sich die Prätendenten mit Gewalttätigkeiten bedrohen. Daneben kann das Zivilgericht eine vorläufige Verfügung erlassen. Beide Verfügungen gelten; wer dagegen verstößt, wird nach der Androhung bestraft.

7. Hat die Jagdaufsichtsbehörde bei einem Streite des Pächters und des Jagdvorstehers ein Interimistikum hergestellt, so wird die Jagdpolizeibehörde mit ihren Maßregeln möglichst zurücktreten. Es wird nur ausnahmsweise ein Bedürfnis für eine polizeiliche Verfügung vorliegen. Die Jagdpolizeibehörde hat das Interimistikum ebenfalls zu beachten; es gilt auch ihr gegenüber.

8. Gegen die Anordnungen der Jagdpolizeibehörde sind die gewöhnlichen Rechtsmittel (§§ 127 ff. LVG.) zulässig (Klage oder Beschwerde, s. die Anm. zu § 37).

9. Da der Landrat die Aufgaben der Jagdpolizeibehörde und der Jagdaufsichtsbehörde in einer Hand vereinigt, wird er bei Erlaß von Anordnungen genau anzugeben haben, in welcher Eigenschaft er sie erläßt, damit der Betreffende weiß, welche Rechtsmittel er ergreifen kann.

§ 25. Der Jagdvorsteher erhebt die Pachtgelder und sonstige Einnahmen aus der Jagdnutzung und verteilt sie nach Abzug der der Genossenschaft zur Last fallenden Ausgaben unter die Jagdgenossen des Bezirkes nach dem Verhältnisse des Flächeninhalts der beteiligten Grundstücke.

Der Verteilungsplan, welcher eine Berechnung der Einnahmen und Ausgaben enthalten muß, ist zur Einsicht der Jagdgenossen zwei Wochen lang öffentlich auszulegen. Ort und Zeit der Auslegung sind vorher vom Jagdvorsteher in ortsüblicher Weise bekannt zu machen.

Gegen den Verteilungsplan ist binnen zwei Wochen nach Beendigung der Auslegung Einspruch bei dem Jagdvorsteher zulässig.

Gegen dessen Bescheid findet innerhalb zwei Wochen die Klage beim Kreisausschuß, in Stadtkreisen beim Bezirksausschusse, statt.

Vorstehende Bestimmungen gelten auch beim Anschlusse von Grundflächen an einen Eigenjagdbezirk (§ 4 Abs. 1 Ziffer 2 Abs. 1, § 7 Abs. 5, §§ 8, 9) mit der Maßgabe, daß die zu zahlende Entschädigung nach Abzug der Ausgaben nur unter die Eigentümer der angeschlossenen Grundflächen zu verteilen ist.

Sind die Erträge der Jagd bisher herkömmlich für gemeinnützige Zwecke verwendet worden, kann es hierbei verbleiben; es ist aber jeder Grundeigentümer befugt, die Auszahlung seines Anteils zu verlangen.

Die Kassengeschäfte der Jagdgenossenschaft sind durch die Gemeindekasse zu führen; hierfür kann eine vom Kreisausschuß, in Stadtkreisen vom Bezirksausschusse, festzusetzende angemessene Vergütung gewährt werden.

1. Der Jagdvorsteher erhebt die Pachtgelder, veräußert das der Genossenschaft gehörende Wild, bezahlt den Wildschaden, die Entschädigung für die Verwaltung der

Kassengeschäfte an die Gemeinde usw. Der Reinertrag wird unter die Jagdgenossen, Eigentümer und Nutzungsberechtigte, verteilt. Die Verteilung erfolgt, wie nach früherem Rechte, nach der Fläche.

2. Ist der gemeinschaftliche Jagdbezirk einer Gemeinde in mehrere selbständige Jagdbezirke geteilt worden (§ 7), so werden die Reinerträge jedes Bezirkes besonders festgestellt und unter die dazu gehörigen Genossen verteilt.

3. Alles wird in einem Verteilungsplane, der eine Berechnung der Einnahmen und Ausgaben nebst Belägen, sowie die Angabe des Gesamtflächeninhalts des Jagdbezirks und der Größe der einzelnen genossenschaftlichen Grundstücke enthalten muß, festgestellt. Der Verteilungsplan enthält die vollständige Rechnungslegung.

4. Nach der Feststellung macht der Jagdvorsteher ortsüblich bekannt, wo und wann der Plan zur Einsicht ausliegt. Der Plan muß mindestens 2 Wochen öffentlich ausliegen.

5. Binnen zwei Wochen nach Beendigung der bekannt gemachten Auslegung kann jeder Jagdgenosse (Eigentümer oder Nutzungsberechtigter) bei dem Jagdvorsteher Einspruch erheben. Der Einspruch richtet sich gegen Einnahme, Ausgabe, Berechnung des Anteils, Größe des ganzen Jagdbezirks, kurz gegen alles, was den Anteil des Genossen beeinträchtigt. Nur was den Einsprechenden betrifft, ist Gegenstand seines Einspruchs. Der Einspruch geht jetzt weiter, als er nach § 106 ZustG. zu begründen war. Der Jagdvorsteher hat auf den Einspruch Bescheid zu erteilen. Gegen den Bescheid findet innerhalb zwei Wochen die Klage beim KrAussch. (BezAussch.) statt. Die Klage ist bei dem Gerichte einzureichen.

Sind mehrere Klagen eingelegt, so empfiehlt es sich, die Sachen zu verbinden. Jeder Erfolg eines Einspruchs ändert den Plan, ohne daß durch diese Veränderung eine Möglichkeit besteht, sie wieder mit Einspruch oder Klage anzufechten.

Gegen die Entsch. des KrAussch. ist Berufung an den BezAussch. und Revision an das OVG. zulässig, gegen die in erster Instanz erfolgte Entsch. des BezAussch. (in Stadtkreisen) die Berufung an das OVG.

6. Die Ausschüttung der Masse wird durch das VerwStreitVerf. verzögert. Praktisch ist es, bei geringen Summen den Ausgleich im nächsten Plane zu bewerkstelligen und die Ausschüttung, die dann unter Vorbehalt geschieht, provisorisch zu bewirken.

7. Wenn der Jagdvorsteher in der Aufstellung des Planes oder in der Ausschüttung der Masse **säumig** ist, kann er von der Jagdaufsichtsbehörde (§ 70) zur Aufstellung usw. angehalten werden (§ 132 LVG.). Eine Klage mit dem Ziele, daß der Jagdvorsteher den Plan aufstellt, gibt es nicht. Ebensowenig eine **abstrakte Klage** mit dem Antrage, anzuerkennen, daß der Kläger an dem Reinertrage teilzunehmen berechtigt sei; es kann nur Einspruch und dann Klage erhoben werden mit dem Antrage, daß an den Kläger eine **ziffernmäßig anzugebende** Summe statt der vom Jagdvorsteher ausgerechneten gezahlt werde. Ferner kann der Genosse, dessen Zugehörigkeit zur Genossenschaft vom Jagdvorsteher überhaupt bestritten wird, gegen diesen (ohne vorherigen Einspruch) gem. § 71 auf Anerkennung der Zugehörigkeit zur Genossenschaft klagen (s. darüber das weitere bei § 71).

8. Hat der Jagdvorsteher unterlassen, Jagdeinkünfte einzuziehen, so kann er dazu nur durch die Jagdaufsichtsbehörde gezwungen werden. Dagegen kann mit Klage angefochten werden, daß der Jagdvorsteher von der Einnahme unrechtmäßige Abzüge gemacht hat, zB. wenn er sich für seine Mühewaltung eine Vergütung angesetzt hat.

9. Beim Anschlusse von Grundflächen an einen Eigenjagdbezirk (§ 4 Abs. 1 Ziff. 2 Abs. 1; § 7 Abs. 5; § 8; § 9) finden die Vorschriften in § 29 Abs. 1—4 ebenfalls Anwendung. Diese Vorschrift erscheint sehr unpraktisch und wird zu vielen Streitigkeiten Anlaß geben, indem

der Eigentümer des Eigenjagdbezirks den Verteilungsplan aufzustellen hat, dagegen bei ihm Einspruch und dann gegen ihn Klage zu erheben ist. Wie soll er aber den Verteilungsplan ortsüblich bekannt machen und öffentlich auslegen? Die Vorschrift ist in das G. unüberlegt hineingesetzt worden.

10. Die JO. gestattet, die Erträge der Jagd, wenn dies Herkommen ist, gemeinnützigen Zwecken zuzuwenden. Jeder Jagdgenosse ist aber befugt, die Auszahlung seines Anteils zu verlangen. Um diesen zu ermitteln, ist der Verteilungsplan aufzustellen und darin auszusprechen, daß die Reinerträge dem gemeinnützigen Zwecke zugeführt werden. Wird dagegen von einem Jagdgenossen kein Einspruch erhoben, so gilt dieser Vermerk, und der Jagdgenosse verliert nach Beendigung der Einspruchsfrist das Recht, seinen Anteil zu verlangen. Haben die Jagdgenossen sämtlich im voraus und für gewisse Zeit auf die Erträge verzichtet, so kann diese Erklärung für diese Zeit nicht zurückgenommen werden.

11. Der Verteilungsplan hat sich über ein Jagdpachtjahr zu erstrecken. Hat das Eigentum (Nutzungsrecht) in dem Pachtjahre gewechselt, so werden, vorbehaltlich einer anderen Abmachung der Eigentümer untereinander, die betr. Reinerträge verhältnismäßig nach der Zeit des Besitzes oder der Nutzung geteilt (vgl. §§ 99ff. BGB., insb. § 101 Nr. 2). In der Praxis ist stets so verfahren worden.

12. Solange der KrAussch. eine Vergütung für die von der Gemeinde geführten Kassengeschäfte nicht festgesetzt hat, darf der Jagdvorsteher eine solche nicht in Ansatz bringen. Die Höhe der festgesetzten Vergütung muß sich jeder Genosse gefallen lassen. Nur der Jagdvorsteher kann gegen die Festsetzung Beschwerde einlegen (§ 26).

§ 26. Der Beschluß in den Fällen des § 17 **Abs.** 4, 5, §§ 18, 19, 20 **Abs.** 2, 4, § 21 **Abs.** 4,

§ 22 Ziffer 2, 3, 4, § 23, § 25 Abs. 7, § 52 Abs. 2 ist endgültig, jedoch steht dem Jagdvorsteher und beim Anschluß an einen Eigenjagdbezirk (§§ 8 und 9) auch den Eigentümern der anzuschließenden Grundflächen innerhalb zwei Wochen gegen den Beschluß des Kreisausschusses die Beschwerde an den Bezirksausschuß, gegen den in erster Instanz ergehenden Beschluß des Bezirksausschusses die Beschwerde an den Provinzialrat, ferner in gleicher Frist, soweit es sich um die Höhe der Pachtentschädigung handelt (§ 17 Abs. 2 und § 19), dem Jagdvorsteher und den Eigentümern der anzuschließenden Grundflächen und im Falle des § 19 auch dem Inhaber des Eigenjagdbezirkes der Antrag auf mündliche Verhandlung im Verwaltungsstreitverfahren zu. Wenn der Antrag auf mündliche Verhandlung von mehreren hierzu Berechtigten gestellt wird, ist das Verfahren zu verbinden. Die ergehende Entscheidung hat Geltung für alle Beteiligten.

1. Vgl. Ziff. 21 AAnw.

2. Bei den in § 26 einzeln aufgeführten Paragraphen sind die Rechtsmittel besprochen.

3. Da der Einspruch und der Antrag auf mündliche Verhandlung in bestimmter Frist anzubringen ist, macht es keine Schwierigkeit, das Verfahren zu verbinden. Jeder Einsprechende ist aber Kläger für sich. Ob sie Streitgenossen sind, richtet sich nach dem materiellen Inhalte der Klage (§§ 59, 60 ZPO.).

4. Daß die ergehende Entsch. Geltung für alle Beteiligten hat, ist selbstverständlich. Wer an dem Streite als Partei nicht beteiligt ist, dessen Interessen vertritt der

Jagdvorsteher. Es ist nicht zulässig, daß, nachdem das Verwaltungsgericht entschieden hat, dagegen ein Jagdgenosse auftritt. Der Fall liegt hier, wie im Falle des § 25.

§ 27. Sowohl den Pächtern gemeinschaftlicher Jagdbezirke als auch den Inhabern von Eigenjagdbezirken ist die Anstellung von Jägern für ihre Reviere gestattet.

Als Jäger dürfen im Falle des § 6 Abs. 2 und des § 20 Abs. 2 nur solche großjährigen Männer angestellt werden, gegen welche keine Tatsachen vorliegen, die nach den §§ 34 und 35 die Versagung des Jagdscheins rechtfertigen.

1. Die Vorschrift in § 27 Abs. 1 ist aus § 13 JPolG. herübergenommen worden. An sich ist die Bestimmung überflüssig, ja ihre Fassung erregt den Zweifel, ob Pächter von Eigenjagdbezirken Jäger etwa nicht anstellen dürfen. Es geschieht dies alle Tage und kann nicht beanstandet werden. Die Aufnahme des Abs. 2 in das Gesetz hätte genügt.

2. Die Jäger, die von juristischen Personen (§ 6 Abs. 2) und vom Jagdvorsteher (§ 20 Abs. 2) angestellt werden, dürfen nur solche großjährigen Männer sein, gegen welche keine Tatsachen vorliegen, die nach den §§ 34 u. 35 die Versagung des Jagdscheins rechtfertigen. Der Sinn der Bestimmung ist der, daß, wenn die in den §§ 34 u. 35 erwähnten Tatsachen vorliegen, die Anstellung der Jäger nicht erfolgen darf, gleichgültig ist, ob etwa die Jagdpolizeibehörde im Falle des § 35 doch den Jagdschein erteilt hat oder erteilen würde. Der Abs. 2 ist nicht richtig gefaßt und wird zu Mißverständnissen Anlaß geben. Es wäre praktischer gewesen, wenn im Gesetze bestimmt worden wäre, daß nur

derjenige als Jäger zuzulassen sei, der sich im Besitze eines gültigen Jagdscheins oder einer Bescheinigung der Jagdpolizeibehörde befindet, daß der Erteilung des Jagdscheins nichts entgegensteht. Es empfiehlt sich, daß die KrAussch. nur dann die Genehmigung zur Anstellung der Jäger geben (§ 20 Abs. 2), wenn ihnen die anzustellenden Jäger benannt und gegen deren Person nichts zu erinnern ist.

3. Sind entgegen des Abs. 2 Jäger angestellt, so kann die Jagdpolizeibehörde auf ihre Entfernung dringen und ihnen die Ausübung ihres Amtes polizeilich verbieten. Die Jagdaufsichtsbehörde kann gegen den Jagdvorsteher einschreiten.

§ 28. In allen Festungswerken ist allein die Militärverwaltung befugt, die Jagd durch besonders dazu ermächtigte Personen ausüben zu lassen.

Außerhalb dieser Werke, desgleichen um die Pulvermagazine und ähnliche Anstalten werden auf Kosten der Militärverwaltung Umkreise oder Rayons von zusammenhängender Fläche gebildet und bezeichnet, innerhalb welcher die Jagd mit Feuergewehren nicht ausgeübt werden darf bei Vermeidung einer Geldstrafe von 15 bis 60 Mark.

Die weiteste Entfernung der Außenlinie von den ausspringenden Winkeln des Glacis, der Pulvermagazine und ähnlicher Anstalten wird auf dreihundert Schritte festgesetzt. Die Abgrenzung erfolgt gemeinschaftlich von der Festungsbehörde, einem Deputierten des Gemeinde-(Guts-)Vorstandes und einem der Kreisverwaltung.

1. Die Vorschrift in § 28 ist dem § 5 G. v. 31. III. 48 entnommen. Siehe die dazu gehörige Vorschrift in § 38 JO. und die Anm. dazu, sowie Ziff. 23 AAnw.

2. Die Militärverwaltung hat in allen Festungswerken das Jagdrecht, auch auf den ihr nicht gehörigen Grundstücken; durch diese Vorschrift wird ausnahmsweise gewissermaßen ein Jagdregal aus militärischen Gründen wiederhergestellt. Die Militärverwaltung (Reichsfiskus) ist Inhaberin des Regals (der Jagdgerechtigkeit). Sie ermächtigt den Kommandanten oder andere Personen, die Jagd auszuüben.

3. Außerhalb der Festungswerke, um die Pulvermagazine und ähnliche Anstalten, ist die Ausübung der Jagd nur beschränkt; das Jagdrecht und seine Ausübung richten sich sonst nach den Vorschriften der JO. Dies betrifft auch die Frage des Fallwildes, die Bildung eigener Jagdbezirke, die Zugehörigkeit zu einem gemeinschaftlichen Jagdbezirke. Innerhalb des bezeichneten, abgegrenzten Rayons darf die Jagd mit Feuergewehr aber nicht ausgeübt werden. Jede andere Jagdausübung ist gestattet. Doch die Jagdausübung hängt noch davon ab, daß der Jäger sich den Jagdschein von der Festungsbehörde mit einem Einsichtsvermerke versehen läßt (§ 38). Versagt die Festungsbehörde die Erteilung des Vermerks, so gibt es dagegen keine Rechtskontrolle, nur die Beschwerde an die höhere Instanz, zuletzt an den Kriegsminister.

Dritter Abschnitt.

Jagdscheine.

§ 29. Wer die Jagd ausübt, muß einen auf seinen Namen lautenden Jagdschein bei sich führen. Zuständig für die Erteilung des Jagdscheins ist der Landrat, in Stadtkreisen die Ortspolizeibehörde, desjenigen Kreises, in welchem der den Jagdschein Nachsuchende einen Wohnsitz hat oder zur Ausübung der Jagd berechtigt ist.

Personen, welche weder Angehörige eines deutschen Bundesstaats sind, noch in Preußen einen Wohnsitz haben, kann der Jagdschein gegen die Bürgschaft einer Person, welche in Preußen einen Wohnsitz hat, erteilt werden. Die Erteilung erfolgt durch die für den Bürgen gemäß Abs. 1 zuständige Behörde. Der Bürge haftet für die Geldstrafen, welche auf Grund dieses Gesetzes oder wegen Übertretung sonstiger jagdpolizeilicher Vorschriften gegen den Jagdscheinempfänger verhängt werden, sowie für die Untersuchungskosten.

1. Das JScheinG. v. 31. VII. 95 ist für den Umfang der ganzen Monarchie mit Ausnahme der Insel Helgoland erlassen worden. Mit seiner Einführung sind die entsprechenden Vorschriften verschiedener Gesetze außer Wirksamkeit gesetzt worden, ua. die der HannJO. v. 11. III. 59 §§ 17—21.

2. Das JScheinG. ist für den Geltungsbereich der JO. v. 15. VII. 07 nunmehr außer Kraft gesetzt (§ 80 Ziff. 4), es ist nur noch für die Prov. Hannover in Kraft geblieben. Für die Hohenzollernschen Lande ist es in § 14 JO. v. 10. III. 02 (GS. 33) aufrecht erhalten worden.

3. Helgoland ist von dem Geltungsgebiete des Gesetzes ausgeschlossen worden (siehe den Bericht der 21. Komm. S. 9). Helgoland hat seine eigene Jagdgesetzgebung, die in der PolVd. v. 21. XII. 92 (KrBl. für Süderdithmarschen Nr. 52) zusammengefaßt ist. Die Vd. ist unter Nr. 12 dW. abgedruckt.

4. Der Jagdschein enthält die polizeiliche Erlaubnis zum Jagen. Ohne einen gültigen („vorgeschriebenen") Jagdschein ist das Jagen verboten und strafbar. Mit dem OAppG. (Entsch. 14. IV. 69 — Goltd-

Arch. 17 428) ist aber anzunehmen, daß sich derjenige nicht strafbar macht, der mit einem von der örtlich unzuständigen Jagdpolizeibehörde ausgestellten Jagdscheine jagt. Ebensowenig macht sich ein Ausländer, dem versehentlich ohne Bürgschaft ein Jagdschein ausgefertigt ist, strafbar; denn er hat die polizeiliche Erlaubnis zum Jagen. Dagegen berechtigt ein von einer sachlich unzuständigen Behörde, zB. einem Amtsvorsteher, ausgestellter Jagdschein nicht zum Jagen. Wer dennoch jagt, besitzt keinen „vorgeschriebenen" Jagdschein (§ 73) und ist strafbar. Der Jagdschein gibt keine zivilrechtliche Berechtigung zum Jagen.

5. Ist der Jagdschein von einer örtlich unzuständigen Jagdpolizeibehörde ausgestellt worden, so ist er ungültig, er kann deshalb von der Jagdpolizeibehörde kassiert und zurückgefordert werden (Bernatzik, Rechtsprechung und materielle Rechtskraft 295). Ist die den Jagdschein kassierende Verfügung rechtskräftig, so ist das Jagen mit dem kassierten Jagdscheine strafbar. Die Ortspolizeibehörde wird gegen den Mißbrauch des kassierten Jagdscheins statt des Landrats (der Jagdpolizeibehörde) nur einschreiten dürfen, wenn besondere, ihrer Obhut anvertraute Interessen verletzt werden oder bedroht sind; die Abforderung des Jagdscheins als eines ungültigen Legitimationspapiers, welche zu dem Zwecke erfolgt, den Inhaber an der unbefugten Ausübung der Jagd zu hindern, bildet einen Akt der Jagdpolizei, der nur von dem Landrate, nicht auch — abgesehen von dringlichen, ein sofortiges Einschreiten erheischenden Umständen — von der Ortspolizeibehörde vorgenommen werden kann (OVG. 9. III. 91 — III A 30/90). Die Jagdpolizeibehörde kann ein unberechtigtes Jagen (sei es das Jagen ohne Jagdschein, sei es ohne zivilrechtliche Berechtigung) mit polizeilichen Mitteln verhindern, zB. durch unmittelbaren Zwang, durch Wegnahme der Schießgewehre.

6. OTr. 20. XI. 66: Zur Okkupation jagdbarer Tiere

auf dem Meere bedarf es keines Jagdscheins (Rspr. 7 667; GoltdArch. 15 77). Wer dagegen auf dem Meeresufer jagt, hat einen Jagdschein zu lösen (VerwArch. 6 475f.). Das Meeresufer steht im gemeinen Eigentume des Staates, wie die öffentlichen Flüsse.

7. Nach einem noch jetzt anwendbaren OTr. 4. III. 58 wird in § 14 JPolG. (jetzt § 29) nicht unterschieden, ob die Jagd durch Hetzen, mit Schießgewehr oder andern Werkzeugen ausgeübt werden soll. Deshalb gelten auch die Parforcejagden in freier Wildbahn als eine Art der Jagdausübung (RGSt. 26 216). Es müssen also alle Herren, die sich an der Parforcejagd beteiligen, einen Jagdschein haben, dagegen nicht die Piköre und Lanciers. Ist aber das Wild, auf das Jagd gemacht wird, gefangen gewesen und zum Zwecke der Jagd in Freiheit gesetzt worden, so wird es nur herrenlos, wenn der Eigentümer das Wild nicht unverzüglich verfolgt oder die Verfolgung aufgibt (§ 960 BGB.). Auf nicht herrenloses Wild findet keine Jagd statt, die Beteiligten brauchen also dann keinen Jagdschein. Der Bedienstete eines Jagdberechtigten (zB. ein Jagdaufseher) bedarf eines auf seine Person ausgestellten Jagdscheins (Ausnahme macht nur der § 30), wenn er die Jagd selbständig ausübt und nicht bloß bei der Ausübung des Herrn Hilfsdienste leistet (§ 30 Nr. 2, vgl. auch die folgenden Anm. und die Anm. 3 und 4 zu § 30). Die Mot. zum JScheinG. geben als Beispiele solcher Hilfsdienste an: die Hilfe bei dem Dachsgraben und bei dem Ausnehmen der Krammetsvögel aus den Schlingen im Auftrage des Jagdberechtigten.

8. Unter Ausübung der Jagd ist im allgemeinen zu verstehen jede Handlung, durch die jemand jagdbares Wild okkupiert oder auch nur aufsucht, verfolgt oder ihm nachstellt, um es lebend oder tot in Besitz zu nehmen (OVG. 19 321, 24 307; RGSt. 26 216). Es ist nicht notwendig, daß ein Schuß abgefeuert wird

(KG. 15. IV. 80 18 224; OTr. 17. X. 06 — JMBl. 462) oder daß der Jäger Eigentümer werden will. Peßler (Das Jagdrecht und die Jagdgesetze des Herzogtums Braunschweig 28) bezeichnet das Jagdrecht im subjektiven Sinne als das Recht einer Person, mit Ausschluß anderer in einem bestimmt begrenzten Bezirke jagdbare Säugetiere und jagdbare Vögel, auch solche zur selbständigen Sache gewordenen Teile derselben (Eier, Geweihe), die ihm zur ausschließlichen Okkupation durch einen Rechtssatz (allgemeines oder Provinzialgesetz, Gewohnheitsrecht) überwiesen sind, in Besitz zu nehmen und alle auf solche Inbesitznahme gerichteten Handlungen vorzunehmen. Wer also demnach jagdbare Tiere oder selbständige Teile derselben, die durch Gesetz den jagdbaren Tieren gleichgestellt sind, aufsucht usw., um sie zu okkupieren, übt die Jagd aus; wer dem Jagdausübenden dabei nur Hilfsdienste leistet, bedarf des Jagdscheins nicht. Die Hilfsdienste müssen in einem Mitwirken bei Ausübung der Jagd eines anderen bestehen. Geht jemand auf der Jagd allein oder zwar in Begleitung des Jagdberechtigten, schießt aber selbständig (wie ein Jagdgast) Wild, so leistet er keine Hilfsdienste dem Jagdberechtigten, sondern übt die Jagd selbst aus, dagegen fällt es unter den Begriff der Hilfsdienste, wenn er nur das Gewehr des Jagdausübenden ladet, das von diesem geschossene Wild holt, trägt oder vollständig tötet. Wer daher die Jagd nicht selbst ausüben, sondern nur dem Jagdberechtigten die Ausübung der Jagd durch Herstellung der dazu erforderlichen Hilfsmittel und Veranstaltungen ermöglichen oder erleichtern will, ist zur Lösung eines Jagdscheins nicht verpflichtet (KG. 22. VI. 91 — GoltdArch. 39 380). Auch das bloße Nachhauseschaffen der Jagdbeute gehört nicht zur Jagdausübung im Sinne des § 29 (KG. 13. III. 97 — DJurZ. 367). Im allgemeinen wird zur Beurteilung des Begriffs der Jagdausübung maßgebend sein, was von

§ 292 StGB. gilt. Das weitere vgl. in Anm. 3 zu § 30.

9. Wer nicht jagdbare Tiere okkupiert, übt die Jagd im Sinne des § 29 nicht aus. Nach dem WSchadG. v. 11. VII. 91 (§ 19) unterlagen wilde Kaninchen dem freien Tierfange, sie haben damit aufgehört, jagdbare Tiere zu sein (Holtgreven, WSchadG.[3] 127; Seherr-Thoß, JScheinG. 40). Der § 1 JO. nennt die Kaninchen ebenfalls nicht mehr als jagdbar.

Der freie Tierfang der wilden Kaninchen kann zum Schutze des Eigentums durch Polizeiverordnung eingeschränkt werden. Deshalb erachtete das RGSt. 3. XII. 94 26 266 eine PolVd. für gültig, welche lautete:

„Wer der Bestimmung des § 15 des Wildschadengesetzes v. 11. Juli 1891 zuwider wilde Kaninchen in Schlingen fängt oder zu fangen versucht, oder gar unbefugt auf fremden Grundstücken, ohne die schriftliche, von der Ortspolizeibehörde beglaubigte Erlaubniß des Grundeigenthümers und der Pächter oder Nutzungsberechtigten bei sich zu führen, wilde Kaninchen fängt oder zu fangen versucht, wird . . . bestraft."

Das WSchadG. fand keine Anwendung auf die Prov. Hannover und das vormal. Kurft. Hessen. Jetzt ist durch § 1 JO., der auch im letzteren Rechtsgebiete gilt, das wilde Kaninchen von der Jagdbarkeit ausgeschlossen. (Vgl. übrigens die Anm. zu § 15 WSchadG. bei Bauer, Jagdgesetze[3] 166f.).

10. Der Jagdschein kann nur einer physischen, nicht auch einer juristischen Person erteilt werden. Frauen sind ebenfalls berechtigt, einen Jagdschein zu fordern. Die Erteilung des Jagdscheins ist an sich von einem bestimmten Alter nicht abhängig. Wer zu jung ist und deshalb eine unvorsichtige Führung des Schießge-

wehres usw. befürchten läßt, darf einen Jagdschein nach § 34 nicht erhalten.

11. Der Jagdschein wird auf den Namen des Antragstellers ausgestellt. Blankojagdscheine oder Jagdscheine auf den Inhaber dürfen nicht erteilt werden.

12. Die KabO. v. 10. VIII. 29 untersagt den Geistlichen die Jagdausübung (vgl. § 67 Tit. 11 T. II ALR.) und ein Erl. v. 20. V. 53 die Erteilung von Jagdscheinen an Schullehrer. Letzteres ist durch einen Erl. des Kultusministers v. 5. IX. 85 an die Regierung zu Aachen dahin deklariert worden: „Auf die Berichte v. 24. VII. 84 und 17. VII. 85 erwidere ich der Kgl. Regierung, daß die ZirkVf. v. 20. V. 53, wenngleich zu einer ausdrücklichen Aufhebung derselben kein genügender Anlaß vorliegt, doch in ihrem ganzen Umfange nicht aufrecht erhalten werden kann. Die Lehrer sind durch keine gesetzliche Bestimmung von der Ausübung der Jagd ausgeschlossen. Sie ist daher zu gewähren, wenn nicht in der Persönlichkeit oder in der Amtsführung Gründe vorliegen, aus welchen sie im dienstlichen Interesse einem Lehrer zu untersagen ist. Aus allgemeinen Erwägungen oder Befürchtungen darf dies nicht geschehen. Es müssen vielmehr nachweisbare Tatsachen vorhanden sein, durch welche die Kgl. Regierung sich veranlaßt findet, von ihrer Disziplinarbefugnis Gebrauch zu machen.“ Die Jagdpolizeibehörde darf einem Geistlichen oder Schullehrer aus den obigen Gründen den Jagdschein nicht versagen. Eine Versagung, welche sich auf die nur Disziplinarvorschriften enthaltende KabO. v. 10. VIII. 29 oder den Erl. v. 20. V. 53 stützt, würde im VerwStreitVerf. aufzuheben sein, da die gesetzlichen, von der Jagdpolizeibehörde geltend zu machenden Versagungsgründe allein aus der JO. zu entnehmen sind.

13. Zuständig für die Ausstellung des Jagdscheines ist nur eine Jagdpolizeibehörde, in Landkreisen der Landrat und in Stadtkreisen die Ortspolizeibehörde.

Andere Ortspolizeibehörden, zB. die Amtsvorsteher, sind es nicht, der Landrat kann aber von ihnen Auskunft über die Person des Antragstellers fordern (OVG. 4 213; KrO. §§ 66, 59 Nr. 1). Der Antrag auf Erteilung eines Jagdscheins ist daher auch an die Jagdpolizeibehörde selbst zu richten, ob durch Vermittelung der Ortspolizeibehörde, hängt von den allgemeinen Anordnungen der betr. Kreispolizeibehörden ab. In Berlin vermitteln die Reviervorstände die Erteilung der Jagdscheine. Lehnt ein Organ der Jagdpolizeibehörde die Vermittelung ab, so sind dagegen die Rechtsmittel aus § 37 noch nicht gegeben.

In der AusfVf. v. 2. VIII. 95 zu 2 und 3 war vorgesehen, daß der Antragsteller zur Vermeidung von Rückfragen bei der Ortspolizeibehörde sich ein Attest der letzteren über seine Zuverlässigkeit ausstellen läßt; dies Attest ist stempelpflichtig nach Tfst. 77 StempStG. v. 31. VII. 95 in Höhe von 1,50 M. (ZBlAV. 96 Nr. 25).

14. Der Antragsteller hat jetzt die Wahl unter verschiedenen Jagdpolizeibehörden (die Gründe für diese Vorschrift sind aus den Mot. zu § 1 JScheinG. zu ersehen). Er kann sich an die Jagdpolizeibehörde desjenigen Kreises, in welchem er einen Wohnsitz hat oder in welchem er zur Ausübung der Jagd berechtigt (vgl. Anm. 16) ist, wenden. Die Worte des Entwurfs „oder Grundbesitz" wurden in der KommAH. gestrichen (KommB. 1, 2). Unter Umständen kann also eine ganze Anzahl von Jagdpolizeibehörden zuständig sein.

15. Zur Begründung eines Wohnsitzes gehört der Wille, einen bestimmten Ort zum dauernden Aufenthalte und zum Mittelpunkte seiner Lebensverhältnisse zu machen und außerdem die Verwirklichung dieses Willens durch entsprechende Tat (OVG. 2 185, 10 3, 13 170, 15 61; PrVerwBl. 15 483). Bekanntlich kann man

einen doppelten oder mehrfachen Wohnsitz haben (vgl. Stelling 126, 127; BGB. §§ 7—11).

16. Zur Ausübung der Jagd berechtigt im Sinne des § 29 ist nicht bloß derjenige, der die Jagd nach den Vorschriften der einzelnen Jagdpolizeigesetze auszuüben befugt ist (zB. § 3 JO., der Pächter eines Einzel- oder gemeinschaftlichen Jagdbezirks usw.), sondern auch ein Jagdgast (KommB. 2). Handelt es sich um einen Pächter der Jagd in einem gemeinschaftlichen Jagdbezirke (§§ 20 ff.), so ist dieser nur jagdberechtigt, wenn er die Jagd in einem den gesetzlichen Vorschriften entsprechenden Vertrage gepachtet hat. Ein nichtiger Vertrag (§ 24) gibt kein Recht zur Jagd (OVG. 4. III. 97 — III 324 — MBl. 101).

Zu beachten ist, daß auch derjenige, welcher die Jagd auf einem dauernd und vollständig eingefriedigten Grundstücke (§ 4) ausübt, des Jagdscheines bedarf. Der Begriff der Jagd fällt weg, wenn das Wild bereits als im Eigentum des Betreffenden anzusehen ist. Dagegen bildet der Nachweis der Berechtigung zur Ausübung der Jagd auf einem bestimmten Jagdgebiete an sich keine Vorbedingung für die Erteilung des Jagdscheines (OVG. 4 217). Soll der Jagdschein dagegen bei der Behörde, in deren Bezirk eine Berechtigung im Sinne des § 29 besteht, nachgesucht werden, so muß diese Berechtigung irgendwie der Behörde gegenüber dargetan werden, damit sie ihre Zuständigkeit prüfen kann.

Ist jemandem ein Freijagdschein von der Jagdpolizeibehörde versehentlich ausgestellt worden, so hat er die jagdpolizeiliche Erlaubnis zum Jagen und gilt nicht als ein solcher, der den vorgeschriebenen Jagdschein nicht besitzt (vgl. § 73).

17. Der Jagdschein wird auf den Namen des Nachsuchenden ausgestellt, also mit Vor- und Zunamen, Beschäftigung und Wohnort, und muß bei selbständiger

Ausübung der Jagd, nicht bei bloßen Hilfsdiensten, mitgeführt werden. Der Ausübende muß ihn bei sich führen (das JPolG. brauchte den Ausdruck „mit sich führen", was dasselbe ist). Ist die Jagd beendet und der Jäger auf dem Heimwege, so braucht er den Jagdschein nicht mehr bei sich zu haben. Er kann daher auch dem kontrollierenden Jagdpolizeibeamten auf dem Heimwege die Vorzeigung verweigern, ohne der Strafe des § 73 zu verfallen (vgl. Anm. zu § 73).

18. Angehörige eines Deutschen Bundesstaates und Ausländer (Nichtdeutsche), die in Preußen einen Wohnsitz haben, werden wie Preußen behandelt. Anderen Ausländern kann der Jagdschein gegen Bürgschaft einer in Preußen wohnenden Person erteilt werden. Ausländern, denen der Jagdschein versagt oder abgenommen wird, stehen die Rechtsmittel aus § 37 ebenfalls zu, dagegen nicht dem Bürgen; denn dessen subjektive Interessen werden durch die Versagung usw. noch nicht verletzt (OVG. 3 186, 4 229, 7 334, 8 194, 215).

19. Deutsche, die in Preußen keinen Wohnsitz haben, müssen den Jagdschein dort nachsuchen, wo sie zur Jagd berechtigt sind, also wo sie eine Jagdpachtung besitzen oder die Jagd als Gast ausüben wollen. Für die in Abs. 2 Satz 1 angeführten Personen, welche einer Bürgschaft bedürfen, ist der Jagdschein von denjenigen Jagdpolizeibehörden zu erteilen, welche zuständig für die Erteilung eines Jagdscheines an den Bürgen sind.

20. Nach dem ErlFinM. v. 6. V. 52 (MBl. 208) sind die Bürgschaften als schriftliche Kautionsinstrumente gemäß der gleichnamigen Position im Tf. z. Stempelgesetze v. 7. III. 22 einem Stempel von 15 Sgr. unterworfen.

Das StempStG. v. 31. VII. 95 hat darin nichts geändert. Der Wert eines Jagdscheines ist noch Geld nicht schätzbar. Dies trifft auch für die Versagung oder Entziehung des Jagdscheines und das sich daran anschließende

VerwStreitVerf. zu. Das OVG. pflegt in letzterem Falle den Wert des Streitgegenstandes mit 300 M. anzusetzen.

Die **Bürgschaft** hat keinen privatrechtlichen Charakter wie die Bürgschaft des BGB. (§§ 765 ff.), sie wird nicht einer physischen oder nichtphysischen Person gegenüber ausgesprochen, sondern gegen die Jagdpolizeibehörde. Sie ist also öffentlich-rechtlichen Charakters. Dennoch wird anzunehmen sein, daß sie der **schriftlichen Form** (§ 766) bedarf. In der Bürgschaft ist auszusprechen, daß der Bürge für die Geldstrafen, die auf Grund der JO. oder wegen Übertretung sonstiger jagdpolizeilicher Vorschriften gegen den Jagdscheinempfänger verhängt werden, sowie für die Untersuchungskosten hafte.

21. Die **Haftung des Bürgen** für die Geldstrafen usw. ist **vom Strafrichter auszusprechen.** Eine ähnliche Vorschrift haben der § 11 ForstDG. v. 19. IV. 78 und der § 5 Feld-u.ForstPolG. v. 1. IV. 80.

Die **Haftung des Bürgen** bezieht sich auch auf die Übertretung sonstiger **jagdpolizeilicher Vorschriften**; jagdpolizeilich ist eine Vorschrift, welche die Ausübung der Jagd selbst betrifft (zB. Verletzung der Schonzeiten, OVG. 20 332, vgl. die Anm. 5 zu § 35).

22. Nach der AusfVf. ist der gewöhnliche Jahresjagdschein gelb, der Tagesjagdschein rot, der Ausländerjahresjagdschein gelb mit grünem Kreuz, der Ausländertagesjagdschein rot mit grünem Kreuz und der unentgeltliche Jagdschein weiß herzustellen.

Jeder Jagdschein muß neben der Bezeichnung und Unterschrift der ausstellenden Behörde, welche auch durch Aufdruck mit einem **Faksimilestempel** geleistet werden kann, deren Amtssiegel, die Nummer, unter welcher der Jagdschein in die Jahreskontrolliste eingetragen ist, und die Angabe der dafür entrichteten Abgabe enthalten.

23. Die AusfVf. (IV) überläßt es den Jagdpolizeibehörden, den **Namen des Bürgen** auf dem Aus-

länderjagdscheine zu vermerken. Es dürfte sich empfehlen, den Bürgen immer auf dem Jagdscheine zu bezeichnen.

24. Die Eigenschaften, auf Grund deren ein Jagdschein nur erteilt werden kann, sind, abgesehen von der Großjährigkeit, auch maßgebend für die Anstellung als Jäger für den gemeinschaftlichen Jagdbezirk (§ 27 Abs. 2 JO., § 11 HohenzJO. v. 10. III. 02); in Hannover darf an Personen, die einen Jagdschein nicht erhalten können, nicht verpachtet werden (§ 6 G. v. 11. III. 59), vgl. auch BayJG. Art. 7 Abs. 4, Art. 10 Abs. 3, Art. 12.

§ 30. Eines Jagdscheins bedarf es nicht:

1. **zum Ausnehmen von Kiebitz- und Möweneiern;**
2. **zu Treiber- und ähnlichen bei der Jagdausübung geleisteten Hilfsdiensten;**
3. **zur Ausübung der Jagd im Auftrag oder auf Ermächtigung der Jagdpolizeibehörde in den gesetzlich vorgesehenen Fällen. Der Auftrag oder die Ermächtigung vertritt die Stelle des Jagdscheins.**

1. Kiebitze und Möwen gehören als „Sumpf- und Wasservögel" zu den jagdbaren Tieren. Bei der Jagd auf diese Tiere muß ein Jagdschein gelöst werden. Die Motive zu § 2 JScheinG. geben die Gründe an, weshalb zum Ausnehmen von Kiebitz- und Möveneiern die Lösung eines Jagdscheines ausnahmsweise nicht erforderlich ist.

2. Wer Eier von anderen jagdbaren Vögeln ausnimmt, bedarf des Jagdscheines.

3. Die Treiber und die zu ähnlichen Hilfsdiensten bei der Jagdausübung eines andern herangezogenen Personen stehen im Gegensatze zu dem, der die Jagd selbständig ausübt, dem Schützen, Jäger. Der Treiber führt den

Hund und läßt ihn zum Apportieren los, trägt das Gewehr und andere Jagdausrüstung, das gefangene oder erlegte Wild, hilft es dem Jäger fangen und töten, er scheucht das Wild auf, treibt es ein, errichtet Schirme, Löcher usw., begeht die Wechsel des Wildes im Interesse des Jägers, hält nach der Jagd Nachsuche usw. Ohne einen, der die Jagd selbst ausübt, kann es einen Treiber oder Jagdhilfsdienste nicht geben, während der Jäger zur Ausübung der Jagd keinen Treiber braucht (vgl. Stelling 131, 308, 309).

4. Wer einem Jagdausübenden Hilfsdienste leistet, bedarf keines Jagdscheines, wiewohl er im Sinne des StGB. Mittäter sein kann. Wird dies beachtet, so lösen sich die scheinbaren Widersprüche zwischen den Bestimmungen des JScheinG. und des Strafrechts (Stelling 122 ff.; Dalcke 277). Das G. befreit eben einen Treiber usw. einzig von der Pflicht zur Lösung eines Jagdscheines; wie weit er sich im übrigen zB. als Mittäter beim Wilddiebstahl strafbar macht, richtet sich nicht nach den Vorschriften der JO. — Vgl. RG. 18. X. 88 9 265: „Ausübung der Jagd als Mittäter ist auch darin zu finden, daß sich jemand bei einer Treibjagd in der Schützenlinie, wenn auch mit ungeladenem Gewehre, aufstellt, und seine Nachbarn auf das erkannte Wild aufmerksam macht," findet keine Anwendung bei der Frage, ob jemand im Sinne der JO. die Jagd ausgeübt hat. Im übrigen vgl. Anm. 7 und 8 zu § 29.

5. Die Jagd wird im Auftrage oder auf Ermächtigung der Jagdpolizeibehörde ausgeübt in folgenden Fällen:

a) Nach § 61 kann die Jagdpolizeibehörde die Grundbesitzer, deren Grundstücke in der Nähe von Forsten liegen, sofern sie vom Jagdpächter gegen Wildschaden nicht genügend geschützt werden, zum Abschusse auffordern, auch die Grundbesitzer zum Abschusse ermächtigen.

b) § 61 bestimmt dasselbe für die Besitzer von Waldenklaven, auf welchen die Jagdausübung dem Eigentümer des sie umschließenden Waldes überlassen ist (§ 7 Abs. 3, § 8, § 10); dasselbe gilt für den Abschuß von Kaninchen (§ 61 Abs. 2): § 67 gestattet die Erteilung einer Ermächtigung an die Eigentümer und Pächter von Seen und Teichen.

c) Die §§ 63, 64, 66 enthalten Bestimmungen über zwangsweisen Abschuß von Elch-, Rot- und Damwild, Benutzung von Schießwaffen zur Vertilgung von Schwarzwild, Polizeijagden gegen Schwarzwild, Abschuß von jagdbaren (und nicht jagdbaren) Vögeln und Wild in Baumschulen usw.

In allen diesen Fällen ersetzt die gebührenfreie Ermächtigung oder der Auftrag der Jagdpolizeibehörde den Jagdschein. Selbstverständlich darf der Auftrag nicht überschritten werden, weder dem Orte noch der Zeit noch der Wildgattung nach (vgl. die ähnlichen Vorschriften im § 28 KurhG. v. 7. IX. 65 und im § 25 HannJO).

6. Die Mot. z. JScheinG. weisen mit Recht darauf hin, daß derjenige, der infolge des Auftrags oder der Ermächtigung einer Jagdpolizeibehörde die Jagd ausübt, das betreffende Schriftstück bei sich zu führen habe, wie die Jagdscheine selbst. § 72_1 bestraft demgemäß den, der die nach § 30_3 an Stelle des Jagdscheines tretende Bescheinigung nicht bei sich führt.

7. Das G. hätte an dieser Stelle allgemein für alle Jagdrechtsgebiete bestimmen sollen, wem die Ermächtigung etwa nicht erteilt werden dürfe, wie dies in dem § 66 Abs. 2 und 67 Abs. 2 mit den Worten geschehen ist:

„(Die Ermächtigung) darf Personen, welchen der Jagdschein versagt werden muß, nicht ertheilt werden und ist widerruflich."

Die Bestimmung der §§ 66 Abs. 2 u. 67 bezieht sich nur auf § 66 Abs. 1, also auf Vögel und Wild, die in Ortsanlagen usw. Schaden anrichten, und auf § 67 Abs. 1. In den übrigen Fällen hat die Jagdpolizeibehörde freie

Hand. Allein bei Prüfung der Rechtmäßigkeit der Versagung der Ermächtigung usw. wird, da die Ermächtigung die Stelle des Jagdscheines vertritt, davon auszugehen sein, daß die Vorschriften in den §§ 34 und 35 sinngemäß anzuwenden sind. Was die Rechtsmittel gegen die Versagung einer Ermächtigung oder eines Auftrages anbelangt, so kommt, da in den §§ 66 u. 67 nur die Rechtsmittel gegen die in diesen Paragraphen benannten Anordnungen geregelt werden, die Vorschrift des § 69 Abs. 2 in Anwendung, wonach Beschlüsse der Jagdpolizeibehörde, durch welche Anordnungen wegen Abminderung des Wildstandes usw. getroffen oder abgelehnt werden, innerhalb zweier Wochen durch Beschwerde an den BezAussch., dessen Beschl. endgültig ist, angefochten werden können. Aus polizeilichen Gründen wird die Ermächtigung oder der Auftrag zurückgenommen werden können oder müssen. Gegen die Zurücknahme findet dasselbe Rechtsmittel Anwendung (früher § 103 Abs. 2 ZustG.).

8. Von den Kommentatoren des WSchadG. und anderen ist die Frage verschieden beantwortet worden, ob zum Abschusse von Schwarzwild durch den Grundbesitzer (§ 14 Abs. 2 WSchadG., jetzt § 64 JO.) die Lösung eines Jagdscheines erforderlich sei. Die richtige Ansicht dürfte folgende sein: Der Jagdschein ist erforderlich zum Jagen, dh. zur Verfolgung usw. von jagdbarem Wilde. Deshalb ist entscheidend, ob durch die Vorschriften in § 14 Abs. 2 und 3 aaO., jetzt § 64 JO. lautend:

> „Außer dem Jagdberechtigten darf jeder Grundbesitzer oder Nutzungsberechtigte innerhalb seiner Grundstücke Schwarzwild auf jede erlaubte Art fangen, tödten und behalten. — — Die Aufsichtsbehörde kann die Benutzung von Schießwaffen für eine bestimmte Zeit gestatten"

Schwarzwild aufgehört hat, jagdbares Wild zu sein. Dies muß verneint werden. Der Gegensatz von „jagdbaren Tieren" sind Tiere, die dem freien Tierfange unterworfen sind; letztere kann jedermann okkupieren, erstere nur der Jagdberechtigte. Das Schwarzwild ist nun durch die obige Vorschrift nicht dem allgemeinen Okkupationsrechte überliefert worden, wie im § 15 WSchadG. die Kaninchen, sondern das Schwarzwild hat insofern eine Mittelstellung erhalten, als es neben dem Jagdberechtigten auch noch von dem Grund- und Nutzungsberechtigten, nicht aber von jedermann gefangen usw. werden darf. Damit ist es aber jagdbares Wild geblieben, und aus diesem Grunde bedarf jeder, welcher Schwarzwild auf Grund des § 14 Abs. 2 jagt, des Jagdscheins. Während zB. auf den vollständig eingefriedigten Grundstücken dem Eigentümer die Jagd allein zusteht, sind hinsichtlich des Schwarzwildes 2 konkurrierende Jagdberechtigte da: der Grundbesitzer (bzw. der Nutzungsberechtigte) und der Jagdpächter. Würde der erstere keines Jagdscheins bedürfen, so wäre nicht erkennbar, warum der letztere eines solchen bedarf.

Im WSchonG. v. 14. VII. 04 (§ 1) war das Schwarzwild für jagdbar erklärt worden; ebenso ist es nach § 1 JO. jagdbar.

§ 31. Der Jagdschein gilt für den ganzen Umfang der Monarchie. Er wird in der Regel auf ein Jahr ausgestellt (Jahresjagdschein). Personen, welche die Jagd nur vorübergehend ausüben wollen, kann jedoch ein auf drei aufeinander folgende Tage gültiger Jagdschein (Tagesjagdschein) ausgestellt werden.

1. „Für den ganzen Umfang der Monarchie." Dies ist, da für die Insel Helgoland Jagdscheine im Sinne dG. nicht ausgestellt werden, nicht richtig. Auf dieser Insel muß die polizeiliche Erlaubnis zum Jagen nach den für sie bestehenden jagdpolizeilichen Vorschriften

(vgl. Anm. 3 zu § 29) nachgesucht werden; die Äußerungen in der Kommission (laut S. 9 KommB. z. JScheinG.) lassen ebenfalls keinen Zweifel darüber, daß die Helgoländer Jagdpolizeiverhältnisse unberührt bleiben sollten, dies kann übrigens auch aus allgemein rechtlichen Gesichtspunkten über die örtliche Begrenzung der Wirksamkeit von Gesetzen, nur dahin verstanden werden, daß die Voraussetzungen für die Ausübung der Jagd auf Helgoland durch das Gesetz nicht betroffen werden. Für die Provinz Hannover gelten die Jagdscheine.

2. Über die Gründe für die Einführung der Jahres- und Tagesjagdscheine siehe die Mot. und den KommB. zu § 3 JScheinG.

3. „Der Jagdschein wird in der Regel auf ein Jahr ausgestellt" (Jahresjagdschein). Über ein Jahr hinaus kann niemand einen Jagdschein verlangen. Die Gültigkeitsdauer wird auf dem Jagdscheine vermerkt (also zB. v. 2. Febr. 1907 bis 1. Febr. 1908). Über die Berechnung des Jahres bei polizeilichen Erlaubnisscheinen siehe OVG. 30 376. Der erste Tag der Erlaubnis zählt deshalb immer mit, weil an diesem Tage schon die Jagd ausgeübt werden darf (dagegen Berger, VerwArch. 6 83 und St. Hubertus 96 646, vgl. JurLitBl. 8 235, 236). Die Praxis schließt sich obigem an. Der Antragsteller kann im übrigen selbst bestimmen, von welchem Tage ab der Schein Gültigkeit haben soll, dies ist in dem Erl. v. 11. I. 95 (MBl. 20) und in der AusfB. (I 6) für das JScheinG. ausdrücklich anerkannt worden (vgl. KommB. 5).

Ist eine bestimmte Zeit der Gültigkeit des Jagdscheines nicht in Antrag gebracht, so ist seine Gültigkeit vom Tage der Ausstellung an zu bemessen und dementsprechend das Formular auszufüllen. Die Vorschriften über Fristen in §§ 187, 188 BGB. greifen hier nicht Platz.

4. Die beantragte Gültigkeitsdauer ist auch maßgebend für den Ablauf der in den §§ 34 und 35 in Verbindung mit § 17 angegebenen Fristen. Läuft demnach die 10jährige Frist (§ 34 Nr. 3) am 1. I. 07 ab, so kann doch im Dez. 06 für das Jahr vom 2. I. 07 ab die Erteilung des Jagdscheins beantragt werden. Wird der Jagdschein versagt, ohne daß eine bestimmte Gültigkeitsdauer beantragt war, so wird das Jahr, für dessen Dauer der Jagdschein abgelehnt ist, vom Tage der Verfügung ab zu rechnen sein; im anderen Fall gilt der Jagdschein für die beantragte Dauer als versagt.

5. Wegen der Listen zur Kontrolle der Jagdscheine, der Veröffentlichung in den KrBlättern, der Einreichung der Jahresübersichten siehe AusfBf. II 1—4.

§ 32. Für den Jahresjagdschein ist eine Abgabe von 15 Mark, für den Tagesjagdschein von 3 Mark zu entrichten. Personen, welche weder Angehörige eines deutschen Bundesstaats sind, noch in Preußen einen Wohnsitz oder einen Grundbesitz mit einem Grundsteuerreinertrage von 150 Mark haben, müssen eine erhöhte Abgabe für den Jahresjagdschein von 100 Mark, für den Tagesjagdschein von 20 Mark entrichten.

Neben der Jagdscheinabgabe werden Ausfertigungs- oder Stempelgebühren nicht erhoben.

Gegen Entrichtung von 1 Mark kann eine Doppelausfertigung des Jagdscheins gewährt werden.

Die Jagdscheinabgabe fließt zur Kreiskommunalkasse, in den Stadtkreisen zur Gemeindekasse. Über die Verwendung der eingegangenen Beträge hat

die Vertretung des betreffenden Kommunalverbandes zu beschließen.

1. Es kann hier unerörtert bleiben, welche Natur die Jagdscheinabgabe hat; ein Stempel ist sie jedenfalls nicht. Es liegt daher in der Ausübung der Jagd ohne Jagdschein nicht zugleich eine Stempelsteuerkontravention, sondern nur eine einfache Jagdübertretung (§ 73, vgl. StenBAH., 65. Sitz., 2043). Eine sog. Gebühr wird, wie hier bemerkt sein mag, entrichtet als Entgelt für die Tätigkeit der Behörde, für die Benutzung einer öffentlichen Einrichtung (OVG. 28 76, 29 58) usw. Die Gebühr ist ein Entgelt. Ein solches Entgelt ist die Jagdscheinabgabe auch nicht.

Werden von der Ortspolizeibehörde über die bisherige Führung des Antragstellers, seine Geschicklichkeit in der Handhabung der Waffen Atteste (in Privatangelegenheiten) ausgestellt, so sind sie mit 1,50 M. Stempel zu belegen.

2. Nichtpreußische Deutsche werden den preußischen Staatsangehörigen rücksichtlich der Höhe der Jagdscheinabgabe gleichgestellt, Ausländer (Nichtdeutsche) dann, wenn sie in Preußen qualifizierten Grundbesitz oder einen Wohnsitz haben. Besitzen Nichtdeutsche in Preußen keinen Wohnsitz, sondern nur Grundbesitz, so erfolgt die Ausstellung nicht in dem Kreise, in dem der Grundbesitz liegt, sondern in demjenigen, in dem die Jagd ausgeübt werden soll (eine Jagdberechtigung besteht, § 29 Abs. 1). Ob Ausländer, deren Staaten mit dem Deutschen Reiche Handelsverträge (vgl. Handelsvertrag mit Italien v. 6. XII. 91) abgeschlossen haben, die erhöhte Jagdscheingebühr zu zahlen haben, richtet sich nach dem Inhalte der Verträge (vgl. StenBAH. 2711 ff., Sitz. v. 5. VII. 95).

3. Wird die Zusendung der ausgefertigten Jagdscheine durch die Post beantragt, so hat sie bei unentgeltlichen Jagdscheinen für Staatsforstbeamte portofrei zu erfolgen; bei allen übrigen trägt der Empfangsberechtigte die Portokosten.

Ausfertigungsgebühren dürfen für den Jagdschein nicht erhoben werden; die Anschaffungskosten trägt der betreffende Kommunalverband, diejenigen der unentgeltlichen der Staat (Dispositionsfonds der Regierungen für polizeiliche Zwecke, MErl. v. 14. III. 50 — MBl. 107), sofern sie nicht von den Kreisen freiwillig übernommen werden.

4. Wenn die ABf. vorschreibt:

> Bei Erneuerung eines Jagdscheines ist thunlichst der abgelaufene, früher bezogene einzuziehen und zu vernichten

so hat diese Bestimmung nur die Bedeutung, daß die Jagdpolizeibehörde bemüht sein soll, die alten Jagdscheine einzuziehen. Ein Zwang hierzu gegenüber dem Inhaber des Jagdscheins steht ihr rechtlich nicht zu. Die Jagdpolizeibehörde darf daher auch die Ausstellung eines neuen Jagdscheins nicht rechtlich von der Beibringung des alten abhängig machen. Ein Zuwiderhandeln würde die Aufhebung der Verfügung im Beschwerde- oder Klagewege (§ 37) zur Folge haben.

5. Doppelausfertigungen. Nach den Mot. z. JScheinG. (S. 14) sollten „für verlorene, verbrannte, gestohlene oder sonstwie abhanden gekommene" Jagdscheine Doppelausfertigungen erfolgen dürfen, natürlich letztere mit derselben Gültigkeitsdauer, welche der ursprüngliche Jagdschein hatte. Die AusfBf. bestimmt, daß auch für noch vorhandene Scheine Doppelausfertigungen zulässig seien. Danach werden sich die Jagdpolizeibehörden zu richten haben. Wie steht aber die Frage vom rechtlichen Standpunkte? Sind gegen die Versagung die Rechtsmittel aus § 37 zulässig? Es wird letzteres zu bejahen sein. Der Entw. enthielt die Bestimmung: „Die Ausfertigung eines Duplikats für einen Jagdschein erfolgt gegen eine Gebühr von 1 M." In der Kommission ist nur aus redaktionellen Gründen (KommB. 4) dafür gesetzt worden: „Gegen Entrichtung von 1 M. kann eine Doppelaus-

fertigung des Jagdscheines gewährt werden." Es ist daher anzunehmen, zumal auch sonst nirgends eine Änderung des gesetzgeberischen Gedankens hervorgetreten ist, daß jeder, der 1 M. zahlt, das Recht hat, eine Doppelausfertigung des ihm bereits erteilten Jagdscheins zu verlangen. Die Gründe der Versagung einer solchen Ausfertigung können daher nur dieselben sein, die einer Erteilung der ersten Ausfertigung entgegenstehen. **Besondere**, von den §§ 34 f. JO. abweichende polizeiliche **Gründe** für die Versagung der Ausfertigung eines zweiten Jagdscheins sind somit nur anzuerkennen, wenn sie in der Natur der Sache liegen (vgl. Mot. 14).

6. Die **Doppelausfertigungen** müssen die Bezeichnung „Doppelausfertigung" tragen.

7. Der Landtag hat die Best. des Entw. z. JScheinG.

> „Die Jagdscheingebühr kann den Eingesessenen von Ostfriesland behufs Ausübung der im § 13 der JO. für Hannover v. 11. III. 59 gedachten Wasservögeljagd im Dürftigkeitsfalle von der zuständigen Behörde ganz oder teilweise erlassen werden"

gestrichen. Da das JSchG. auch in Ostfriesland galt, für die dortige in § 3 der JO. für Ostfriesland v. 31. VII. 38 näher bezeichnete Wasservögeljagd mithin die in § 13 HannJO. gemachte Ausnahme nicht mehr aufrecht erhalten ist, so muß der letzte Satz in § 22 der gen. JO. als aufgehoben angesehen werden, dh. auch für jene Wasservögeljagd muß ein entgeltlicher Jagdschein gelöst werden (StenBAH. 2660 und StenBHH. 364 ff.).

8. Die Bedeutung des Wortes „**Grundbesitz**" in § 4 JScheinG. war sehr fraglich. Jetzt sind durch die Einfügung der Worte „mit einem Grundsteuerreinertrage von 150 Mk." die bisherigen Mißstände beseitigt. Andere Steuern als die staatliche Grundsteuer kommen nicht in Betracht.

9. Die OVG. 23. IX. 99 36 365 kommt jetzt nicht mehr in Betracht.

§ 33. **Von der Entrichtung der Jagdscheinabgabe sind befreit:**

die auf Grund des § 23 des Forstdiebstahlgesetzes vom 15. April 1878 (Gesetzsamml. S. 222) beeidigten sowie diejenigen Personen, welche sich in der für den Staatsforstdienst vorgeschriebenen Ausbildung befinden. Der unentgeltlich erteilte Jagdschein genügt nicht, um die Jagd auf eigenem oder gepachtetem Grund und Boden oder auf solchen Grundstücken auszuüben, auf welchen von dem Jagdscheininhaber außerhalb seines Dienstbezirkes die Jagd gepachtet worden ist.

Die Unentgeltlichkeit ist auf dem Jagdscheine zu vermerken.

1. Der § 23 ForstDG. lautet:

„Personen, welche mit dem Forstschutze betraut sind, können, sofern dieselben eine Anzeigegebühr nicht empfangen, ein für allemal gerichtlich beeidigt werden, wenn sie

1) Königliche Beamte sind, oder
2) vom Waldeigentümer auf Lebenszeit, oder nach einer vom Landrat (Oberamtmann) bescheinigten dreijährigen tadellosen Forstdienstzeit auf mindestens drei Jahre mittelst schriftlichen Vertrages angestellt sind, oder
3) zu den für den Forstdienst bestimmten, oder mit Forstversorgungsschein entlassenen Militärpersonen gehören.

In den Fällen der Nr. 2 und 3 ist die Genehmigung des BezAussch. erforderlich . . .“

2. Betraut mit dem Forstschutze sind: die Inhaber etatsmäßiger Oberförsterstellen, die Inhaber etatsmäßiger Förster- und Waldwärterstellen (Revierförster, Hegemeister,

8*

Förster, Waldwärter), Forstassessoren, soweit sie amtliche Verwendung als Verwalter von Oberförstereien usw. finden, Forstreferendare als Gehilfen von Oberförstern und während ihres praktischen Bienniums, die im Besitze des unbeschränkten Forstversorgungsscheines befindlichen Anwärter, welche vom Jägerkorps verabschiedet und vereidet sind. In einem MErl. v. 23. III. 96 (MBl. Nr. 78) wird ausgesprochen, daß ebenso, wie die Reservejäger der Klasse A, wenn denselben staatlicherseits eine Forsthülfsaufseherstelle übertragen ist, und wie die vom Truppenteil zur Ausübung des Staatsforstschutzes abkommandierten Oberjäger (die sog. Kommandojäger), auch die zeitweise, insbesondere während der Absolvierung des sechsmonatlichen praktischen Försterkursus innerhalb des Bienniums, mit der gleichen Funktion betrauten Offiziere des Reitenden Feldjägerkorps als Kgl. Beamte im Sinne des § 23 Nr. 1 ForstDG. anzusehen sind. Eine Vf. v. 19. X. 95 (MBl. 254) bestimmt, daß die Jäger der Klasse A Anspruch auf einen unentgeltlichen Jagdschein haben. Unter die Nr. 3 des § 23 fallen die Mitglieder des Reitenden Feldjägerkorps und die Reservejäger der Klasse A, die den Staatsdienereid geleistet haben, vom Korps noch nicht verabschiedet sind.

In der für den Staatsdienst vorgeschriebenen **Ausbildung** befinden sich: Forstbeflissene und Forstreferendare, Forstlehrlinge, vorschriftsmäßig gelernte aktive Jäger bis zur Jägerprüfung, aktive Jäger der Klasse A, Reservejäger der Klasse A und Forstversorgungsberechtigte bis zur Försterprüfung. Scheiden die im Abs. 2 des § 33 genannten Personen aus dem Dienstverhältnisse aus, das sie mit dem Forstschutze betraute, so hört ihr Privilegium auf. So lange es aber besteht, berechtigt sie der Freischein zur Ausübung der Jagd auch auf Grundstücken, die unter ihrem Forstschutze nicht stehen, mit Ausnahme solcher Grundstücke, die der Inhaber zu eigen besitzt, oder auf denen er die Jagd allein gepachtet hat. Hat er die

Jagd auf Grundstücken gepachtet, auf denen er den Forstschutz ausübt, so bedarf er keines entgeltlichen Jagdscheines (zB. Oberförster, die die niedrige Jagd in ihrem Schutzbezirke gepachtet haben).

Der Erl. v. 19. X. 95 sagt sehr richtig: „Der unentgeltliche Jagdschein berechtigt den Inhaber zur Ausübung der Jagd nicht nur, wie bisher, innerhalb seines Schutzbezirkes, sondern überall, also zB. auch dann, wenn er von einem fremden Jagdherrn zur Jagd eingeladen oder um Unterstützung seines Jagdpersonals gebeten worden ist. Diese Befugnis findet nur in dem Falle eine Einschränkung, wenn der sonst zur Führung eines unentgeltlichen Jagdscheins Berechtigte selbst Gutsbesitzer, Gutspächter oder Pächter einer außerhalb seines Dienstbezirks belegenen Jagd ist und auf seinem eigenen Grund und Boden oder auf dem von ihm gepachteten Gute oder von ihm gepachteten Jagdterrain die Jagd ausüben will ..." Es ist nicht Sache der ausstellenden Jagdpolizeibehörden, bereits bei Ausfertigung des unentgeltlichen Jagdscheines zu ermitteln, in welchem Umfange der Empfänger von ihm Gebrauch zu machen beabsichtigt. Es genügt vielmehr festzustellen, ob für den Antragsteller die Voraussetzungen des § 33 vorliegen, während etwaige mißbräuchliche Benutzung eines Jagdscheines erst bei der Kontrolle der Jagdausübung durch die Organe der Jagdpolizeibehörden festgestellt werden kann.

3. Die Worte „oder gepachteten" sind eigentlich überflüssig, sie bedeuten, daß der Betreffende alle Nutzungen einschließlich der Jagd gepachtet habe; denn wenn er die Nutzungen mit Ausnahme der Jagd gepachtet hat, so kann er nur als Jagdgast die Jagd ausüben und als solcher braucht er keinen entgeltlichen Jagdschein.

Im VerwArch. 4 67 ist darauf hingewiesen, daß ein Oberförster, der Mitglied einer Regierung (Regierungsrat) wird, sein Privilegium verliert, weil er dann nicht mehr mit dem Forstschutz betraut ist. Die Regierung ist anderer Ansicht, und in der Praxis werden den Regierungs- und Forsträten, den Oberforstmeistern usw. unentgeltliche Jagdscheine ausgestellt (Erl. v. 5. II. 96 — MBl. 34).

4. Erl. v. 15. X. 95 (MBl. 256): „Auf den Bericht .... wird der Regierung erwidert, daß es der Absicht dG. nicht entsprechen würde, zum Dienstbezirke des betr. Revierverwalters im Sinne des § 5 JScheinG. (jetzt § 33 JO.) auch die den Kgl. Oberförstereien angeschlossenen Gemeinde-, Genossenschafts- und Institutswaldungen oder das Areal der von denselben auf nicht forstfiskalischen Grundstücken angepachteten Jagden zu machen, bei welchen die Nutzungen aus der hohen und mittleren Jagd zur Staatskasse fließen." Der Minister ist der richtigen Ansicht, daß die Forstbeamten auf den in dem Erlasse genannten Waldungen die Jagd mit Freischein ausüben dürfen.

5. Übt ein Privilegierter oder früher Privilegierter entgegen den Vorschriften im § 33 die Jagd aus, so verfällt er der Strafe aus § 73.

6. Den eigenen und gepachteten Grundstücken werden solche, die im Nießbrauche stehen, gleichzustellen sein. Die Voraussetzung der Anwendbarkeit der Vorschrift in Satz 2 ist, daß der Jagdscheininhaber auf den eigenen Grundstücken (wie auf den gepachteten) die Jagd selbst auszuüben befugt ist, daß er also zB. ein so großes Terrain zu eigen oder in Nießbrauch hat, daß ihm gemäß der gesetzlichen Vorschriften die Ausübung der Jagd zusteht. Gehören die eigenen oder gepachteten Grundstücke zu einem gemeinschaftlichen Jagdbezirke und der Jagdscheininhaber jagt als Gast darauf, so ist er von der Jagdscheinabgabe frei.

§ 34. Der Jagdschein muß versagt werden:

1. Personen, von denen eine unvorsichtige Füh-

rung des Schießgewehrs oder eine Gefährdung der öffentlichen Sicherheit zu besorgen ist;

2. Personen, welche sich nicht im Besitze der bürgerlichen Ehrenrechte befinden, oder welche unter polizeilicher Aufsicht stehen;

3. Personen, welche in den letzten 10 Jahren
   a) wegen Diebstahls, Unterschlagung oder Hehlerei wiederholt, oder
   b) wegen Zuwiderhandlung gegen die §§ 117 bis 119 und 294 des Reichsstrafgesetzbuchs mit mindestens 3 Monaten Gefängnis bestraft sind.

1. Der Jagdschein wird versagt von der im § 29 genannten Jagdpolizeibehörde (Landrat, Stadtkreispolizeibehörde). Die Versagung muß erfolgen, wenn die in § 34 Nr. 1—3 genannten Voraussetzungen vorliegen. Jedes Ermessen ist dabei ausgeschlossen.

2. Über die Rechtsmittel s. die Anm. zu § 37.

3. „Zu besorgen ist", dh. wenn Tatsachen vorliegen, aus denen der vernünftige Schluß zu ziehen ist, daß die betreffende Person künftig das Schießgewehr unvorsichtig führen oder die öffentliche Sicherheit gefährden werde. In dieser Beziehung sagt ein Erl. v. 3. V. 73 (MBl. 185) ganz richtig: „In der Regel hat ein jeder das Recht auf Erteilung des Jagdscheines. Nur in den im § 15 JPolG. v. 7. III. 50 bestimmten Fällen muß oder kann ausnahmsweise der Jagdschein versagt werden. Soll aber die Bestimmung des § 15a zur Anwendung kommen, so müssen bestimmte Tatsachen vorliegen, welche die Annahme rechtfertigen, daß von dem Extrahenten des Jagdscheines eine unvorsichtige Führung des Schießgewehres oder eine Gefährdung der öffentlichen Sicherheit zu besorgen ist. Eine förmliche Prüfung durch Sachverständige darüber anstellen zu

lassen, ob der Extrahent des Jagdscheins in der Führung des Gewehres eine hinreichende Geschicklichkeit besitze, ist nirgends vorgeschrieben und geht zu weit. Namentlich aber wäre eine solche Prüfung im vorliegenden Falle nicht am Orte, da die den Jagdschein nachsuchenden Personen schon eine Reihe von Jahren hindurch als Jagdpächter die Jagd ausgeübt hatten, ohne daß ihnen eine unvorsichtige Führung des Schießgewehrs oder eine Gefährdung der öffentlichen Sicherheit hätte zum Vorwurfe gemacht werden können."

Das OVG. verlangt stets, daß gem. § 127 Abs. 3 Nr. 2 LVG. die objektiven Gründe der Versagung nachgewiesen werden; hat die Jagdpolizeibehörde ihre Versagung auf nicht zu erweisende Tatsachen gestützt oder ist nach vernünftigem Ermessen aus erwiesenen Tatsachen eine künftige unvorsichtige Führung oder Gefährdung der öffentlichen Sicherheit nicht zu folgern, so erfolgt die Aufhebung der Verfügung (OVG. 22. I. 94 — III 87 — und 10. V. 94 — III 572).

4. Der Begriff der öffentlichen Sicherheit umfaßt nach dem OVG. 18. IX. 84 **11** 293 alles, was nach der Sprache des gewöhnlichen Lebens und der Gesetze darunter verstanden wird, insbesondere das Gesichertsein der Untertanen des Staats vor gewaltsamen und widerrechtlichen Angriffen in Ansehung ihrer Person, ihrer Ehre, ihrer Rechte und ihres Vermögens. Damit ist jedoch nicht schon jede Verletzung irgend welcher staatsbürgerlichen Pflichten, jeder Verstoß gegen die öffentliche Ordnung gemeint (OVG. **18** 299). Dagegen braucht nicht die Sicherheit des Staates gefährdet zu sein, es genügt die Gefährdung des einzelnen. Die OVG. **11** 293 enthält die Entstehungsgeschichte der Worte „von denen eine unvorsichtige Führung des Schießgewehres oder eine Gefährdung der öffentlichen Sicherheit zu besorgen ist". Es ist daraus zu entnehmen, daß im ersteren Falle diejenigen

Personen von der Jagd ausgeschlossen werden sollen, die durch Unerfahrenheit, Leichtsinn uä. Personen oder Eigentum mit dem Schießgewehre gefährden können, im letzteren Falle solche, bei denen der berechtigte Gebrauch des Schießgewehres beim Jagen zu gewaltsamen und widerrechtlichen Angriffen auf andere führen kann.

5. Das OVG. hat eine unvorsichtige Führung des Schießgewehres bzw. eine Gefährdung der öffentlichen Sicherheit ua. angenommen: bei einem Trunkenbolde (Erk. 15. V. 79), bei allgemeiner Neigung zu Gewalttätigkeiten (Erk. 20. VI. 81 u. 9. IX. 86), bei grober Fahrlässigkeit auf der Jagd (Erk. 27. III. 81, 12. XI. 91 u. 23. III. 91), sowie wiederholt bei unvorsichtiger Behandlung des Schießgewehres außerhalb der Jagdausübung, bei wiederholter Bestrafung wegen öffentlicher Beleidigung von Beamten (Erk. 10. II. 96 — III 182), ferner in dem Falle, wo jemand das geladene Gewehr an einem Orte hatte stehen lassen, der Kindern zugänglich war (Erk. 4. I. 97 — III 14), wo der Schütze in der Dunkelheit aufs Geradewohl nach der grauen Mütze eines in einem Schießloche sitzenden Jägers geschossen hatte (Erk. 19. III. 98 — III 407). In dem letzteren Erk. heißt es: „Der Tatbestand des § 6 Ziff. 1 des JScheinG. liegt vor, wenn aus bestimmten Tatsachen (Handlungen oder Unterlassungen) der vernünftige Schluß zu ziehen ist, die betreffende Persönlichkeit werde bei Ausübung der Jagd mit dem Schießgewehre unvorsichtig sein oder die öffentliche Sicherheit gefährden. Dieser Schluß läßt sich sowohl aus einer einzigen Tatsache und aus einer Reihe von Tatsachen gewinnen, nur müssen die Tatsachen einen sicheren Schluß auf den gänzlichen Mangel einer Eigenschaft des Betreffenden zulassen, nämlich der Zuverlässigkeit hinsichtlich der Handhabung des Schießgewehres oder der Achtung vor der Person, der Ehre und des Vermögens anderer. Ein vorsichtiger Schütze schießt nur auf

Gegenstände, die er schießen darf und als solche erkennt; er unterläßt den Schuß, wenn er den Gegenstand nicht mit Sicherheit erkennen kann. Wer dagegen handelt, dem fehlt die Zuverlässigkeit in der Handhabung des Schießgewehres, er ist von der Jagd so lange auszuschließen, als diese Besorgnis besteht."

Dagegen hat auch das OVG. die Forderung der Jagdpolizeibehörde, daß ein Antragsteller vorab sich einer Prüfung darüber unterziehe, ob er mit einem Schießgewehre umzugehen verstehe, entschieden abgelehnt in einem Erk. 19. XI. 91 — III 1028. Dort heißt es: „Was die in der Verfügung des Landrats gestellte Forderung anlangt, Kläger müsse den Nachweis führen, daß er mit Schießgewehr umzugehen verstehe, so findet dieselbe in der Vorschrift des § 15 JPolG. nicht ihre Rechtfertigung. Nach dieser Bestimmung ist der Jagdschein solchen Personen zu versagen, von denen eine unvorsichtige Führung des Schießgewehres zu besorgen ist. Um eine derartige Besorgnis hervorzurufen, bedarf es des ‚Vorliegens von Tatumständen, und es ist schlechthin unstatthaft, allgemein und ausnahmslos jedermann der unvorsichtigen Führung des Schießgewehres für verdächtig zu halten und von ihm eine Prüfung zu verlangen, durch deren Bestehen seine vorsichtige Führung der Waffe nachgewiesen werden soll. Ein solcher Nachweis ist auch gar nicht zu erbringen; es kann wohl Geschicklichkeit in der Handhabung des Schießgewehres, nicht aber auch dargetan werden, daß mit demselben stets mit Vorsicht werde umgegangen werden."

Hiernach ist die Forderung einer Prüfung über die Art der Handhabung des Gewehres vor Ausstellung des Jagdscheins im G. nicht begründet. Unterzieht sich allerdings freiwillig jemand der Prüfung und beweist er dabei seine Ungeschicklichkeit, so kann daraus die Jagdpolizeibehörde schließen, er werde künftig andere Personen gefährden, und deshalb den Jagdschein versagen.

6. Was die Handhabung des § 34_1 anlangt, so wird immer zu prüfen sein, ob die Handlungen oder Unterlassungen des Nachsuchenden, welche ihm zur Last gelegt worden und bewiesen sind, für die Zukunft das im § 34_1 Gesagte besorgen lassen. Hat sich der Nachsuchende gebessert und wird die bei Begehung der Tat gerechtfertigte Besorgnis durch ein späteres vorwurfsfreies Leben usw. beseitigt, so ist eine Versagung des Jagdscheines nicht gerechtfertigt. So sagt zB. ein OVG. 10. XII. 98 — III 1710: „Nicht jede Unvorsichtigkeit, die ein Schütze jemals begangen hat, berechtigt die Jagdpolizeibehörde zur Zurücknahme des Jagdscheines, vielmehr bedarf es zur Feststellung, daß von dem Betreffenden eine unvorsichtige Führung des Schießgewehres zu besorgen sei, des Nachweises, daß die Unvorsichtigkeit ein Ausfluß einer dem Betreffenden für immer oder bis auf weiteres anhaftenden Eigenschaft, nämlich der gewohnheitsmäßigen Unzuverlässigkeit bei der Führung des Schießgewehres, sei. Dieser Nachweis wird dann als geführt gelten müssen, wenn die Unvorsichtigkeit jedes Maß überschreitet oder zwar milder zu beurteilen ist, aber das Vorhandensein jener Eigenschaft klar dartut."

7. Zu Ziff. 2: Neben der Todesstrafe und der Zuchthausstrafe kann auf den Verlust der bürgerlichen Ehrenrechte erkannt werden, neben der Gefängnisstrafe nur, wenn die Dauer der erkannten Strafe 3 Monate erreicht und entweder das Gesetz den Verlust der bürgerlichen Ehrenrechte ausdrücklich zuläßt oder die Gefängnisstrafe wegen Annahme mildernder Umstände an Stelle der Zuchthausstrafe ausgesprochen wird.

Die Dauer dieses Verlustes beträgt bei zeitiger Zuchthausstrafe 2 und höchstens 10 Jahre, bei Gefängnisstrafe mindestens 1 Jahr und höchstens 5 Jahre (§ 32 StGB.).

Neben einer Freiheitsstrafe kann in den durch das

Gesetz vorgesehenen Fällen auf die Zulässigkeit von Polizeiaufsicht erkannt werden. Die höhere Landespolizeibehörde (Regierungspräsident) erhält durch ein solches Erkenntnis die Befugnis, nach Anhörung der Gefängnisverwaltung den Verurteilten auf die Zeit von höchstens 5 Jahren unter Polizeiaufsicht zu stellen. Die Zeit wird von dem Tage an gerechnet, an welchem die Freiheitsstrafe verbüßt, verjährt oder erlassen ist (§ 38 StGB.).

8. Zu Ziff. 3: Die §§ 117ff. StGB. lauten: § 117. „Wer einem Forst- oder Jagdbeamten, einem Waldeigentümer, Forst- oder Jagdberechtigten, oder einem von diesen bestellten Aufseher in der rechtmäßigen Ausübung seines Amtes oder Rechtes durch Gewalt oder durch Bedrohung mit Gewalt Widerstand leistet, oder wer eine dieser Personen während der Ausübung ihres Amtes oder Rechtes tätlich angreift, wird mit Gefängnis von 14 Tagen bis zu 3 Jahren bestraft. Ist der Widerstand oder der Angriff unter Drohung mit Schießgewehr, Äxten oder anderen gefährlichen Werkzeugen erfolgt, oder mit Gewalt an der Person begangen worden, so tritt Gefängnisstrafe nicht unter 3 Monaten ein. Sind mildernde Umstände vorhanden, so tritt in den Fällen des Abs. 1 Gefängnisstrafe bis zu 1 Jahre, in den Fällen des Abs. 2 Gefängnisstrafe nicht unter 1 Monat ein.“ — § 118. „Ist durch den Widerstand oder den Angriff eine Körperverletzung dessen, gegen welchen die Handlung begangen ist, verursacht worden, so ist auf Zuchthaus bis zu 10 Jahren zu erkennen. Sind mildernde Umstände vorhanden, so tritt Gefängnisstrafe nicht unter 3 Monaten ein.“ — § 119. „Wenn eine der in den §§ 117 und 118 bezeichneten Handlungen von mehreren gemeinschaftlich begangen worden ist, so kann die Strafe bis um die Hälfte des angedrohten Höchstbetrages, die Gefängnisstrafe jedoch nicht über 5 Jahre erhöht werden.“

9. Der § 294 StGB. schreibt vor:

„Wer unberechtigtes Jagen gewerbsmäßig betreibt, wird mit Gefängniß nicht unter 3 Monaten bestraft; auch kann auf Verlust der bürgerlichen Ehrenrechte, sowie auf Zulässigkeit von Polizeiaufsicht erkannt werden."

10. Im Falle der Nr. 3a muß der Nachsuchende in den letzten 10 Jahren wiederholt (mindestens 2mal) wegen Diebstahls usw. rechtskräftig bestraft sein. Dabei ist zu beachten, daß die Frist (§ 34_3) erst mit dem Tage beginnt, an welchem die Strafe verbüßt, verjährt oder erlassen ist (§ 74 und die dortige Anmerkung).

11. Der Diebstahl und die Unterschlagung werden in den §§ 242 ff. StGB. und die Hehlerei in den §§ 258 ff. das. behandelt. Auffällig ist es, daß nicht auch andere Vergehen gegen das Eigentum, gegen das Leben usw., wie in anderen Jagdordnungen, im § 34 genannt sind. Hat sich der Nachsuchende solcher Vergehen schuldig gemacht, so wird zu prüfen sein, ob daraus für die Zukunft eine Gefährdung der öffentlichen Sicherheit zu besorgen ist, zB. beim Raube, beim Totschlage, bei schwerer Körperverletzung, bei Erpressung, Hausfriedensbruch, Aufruhr, Begünstigung usw. Solange die Ehrenrechte nicht rechtskräftig aberkannt sind usw., darf der Jagdschein nicht versagt oder abgenommen werden (OVG. 8. VI 96 — III 787). Tritt die Rechtskraft des Erkenntnisses im Laufe des Beschwerde- oder Verwaltungsstreitverfahrens ein, so ist die Vf. der Jagdpolizeibehörde aufzuheben; denn für die Prüfung der Gesetzmäßigkeit einer polizeilichen Vf. scheiden alle diejenigen faktischen Vorgänge aus, die nach dem Erlasse der Vf. eingetreten sind (Erk. 11. XII. 86 – I 1452 und 15. XII. 90 — III 1002). Innerhalb der in Nr. 3 angegebenen Fristen darf niemals ein Jagdschein erteilt werden, selbst wenn der Bestrafte sich gebessert hat

und keine Gefährdung der öffentlichen Sicherheit mehr zu besorgen ist (über die dem Verwaltungsrichter zustehende Prüfung siehe Anm. 1, 7 und 8 zu § 35 und Anm. zu § 37).

12. Die Bestrafung wegen Diebstahls, Unterschlagung oder Hehlerei braucht nicht die Dauer von 3 Monaten Gefängnis erreicht zu haben. Forstdiebstahl (G. v. 15. IV. 78) steht dem Diebstahl nicht gleich (vgl. Anm. 2 zu § 35).

13. Es hätten praktischer Weise in § 34, wie in Bayern, alle von der Jagd ausgeschlossen werden sollen, die ihren Lebensunterhalt armutshalber aus öffentlichen Kassen und Anstalten erhalten.

§ 35. Der Jagdschein kann versagt werden:

1. Personen, welche in den letzten 5 Jahren
   a) wegen Diebstahls, Unterschlagung oder Hehlerei einmal, oder
   b) wegen Zuwiderhandlung gegen die §§ 117 bis 119 des Reichsstrafgesetzbuchs mit weniger als 3 Monaten Gefängnis bestraft sind;
2. Personen, welche in den letzten 5 Jahren wegen eines Forstdiebstahls, wegen eines Jagdvergehens, wegen einer Zuwiderhandlung gegen den § 113 des Reichsstrafgesetzbuchs, wegen der Übertretung einer jagdpolizeilichen Vorschrift oder wegen unbefugten Schießens (§§ 367 Nr. 8 und 368 Nr. 7 des Reichsstrafgesetzbuchs) bestraft sind.

1. Der § 35 unterscheidet sich von dem § 34 wesentlich dadurch, daß nach ersterem die Jagdpolizeibehörde pflichtmäßig zu ermessen hat, ob sie den Jagdschein versagen soll. Sie kann den Jagdschein versagen. Dieses

Ermessen selbst, dh. der Entschluß, von der Ermächtigung des § 35 Gebrauch zu machen, unterliegt nicht der Kritik des Verwaltungsrichters, dagegen hat letzterer zu prüfen, ob, wenn die Jagdpolizeibehörde von der ihr beigelegten Befugnis, den Jagdschein zu versagen, Gebrauch macht, die Voraussetzungen für eine solche Entschließung vorliegen (§ 127 Abs. 3 Nr. 2 LVG.), also zB. ob der Nachsuchende in den letzten 5 Jahren wegen Diebstahls bestraft ist, und ob das G. richtig angewendet ist (§ 127 Abs. 3 Nr. 1 aaO., vgl. die Anm. zu § 37). Es kann vorkommen, daß bei anscheinend ganz gleicher Sachlage die Jagdpolizeibehörde den Jagdschein bald versagt, bald erteilt hat. Sie ist nicht verpflichtet, im VerwStreitVerf. die inneren Gründe ihrer Entschließung mitzuteilen. Auf der anderen Seite hat der Verwaltungsrichter zu prüfen, ob die Ausübung des Ermessens auf Willkür oder Schikane beruht.

2. Forstdiebstahl (G. v. 15. IV. 78 § 1) ist der in einem Forst oder auf einem anderen hauptsächlich zur Holznutzung bestimmten Grundstücke verübte Diebstahl

a) an Holz, welches noch nicht vom Stamme oder vom Boden getrennt ist;

b) an Holz, welches durch Zufall abgebrochen oder umgeworfen und mit dessen Zurichtung noch nicht der Anfang gemacht worden ist;

c) an Spänen, Abraum oder Brocken, sofern dieselben noch nicht in einer umschlossenen Holzablage sich befinden oder noch nicht geworben oder eingesammelt sind;

d) an anderen Walderzeugnissen, insbesondere Holzpflanzen, Gras usw., sofern dieselben noch nicht geworben oder eingesammelt sind.

3. Das Jagdvergehen definiert der § 292 StGB.:

„Wer an Orten, an denen zu jagen er nicht berechtigt ist, die Jagd ausübt, wird mit Geldstrafe bis zu dreihundert Mark oder mit Gefängnis bis zu drei

Monaten bestraft. Ist der Thäter ein Angehöriger des Jagdberechtigten, so tritt die Verfolgung nur auf Antrag ein. Die Zurücknahme des Antrages ist zulässig."

4. Ebenda lautet der § 113: „Wer einem Beamten, welcher zur Vollstreckung von Gesetzen, von Befehlen und Anordnungen der Verwaltungsbehörden oder von Urteilen und Verfügungen der Gerichte berufen ist, in der rechtmäßigen Ausübung seines Amtes durch Gewalt oder durch Bedrohung mit Gewalt Widerstand leistet, oder wer einen solchen Beamten während der rechtmäßigen Ausübung seines Amtes tätlich angreift, wird mit Gefängnis von vierzehn Tagen bis zu zwei Jahren bestraft. Sind mildernde Umstände vorhanden, so tritt Gefängnisstrafe bis zu einem Jahre oder Geldstrafe bis zu eintausend Mark ein. Dieselben Strafvorschriften treten ein, wenn die Handlung gegen Personen, welche zur Unterstützung des Beamten zugezogen waren, oder gegen Mannschaften der bewaffneten Macht, oder gegen Mannschaften einer Gemeinde-, Schutz- oder Bürgerwehr in Ausübung des Dienstes begangen wird."

5. Jagdpolizeiliche Vorschriften sind in den §§ 72 und 73 dG. enthalten. Im allgemeinen ist das maßgebend, was das OVG. in den Entsch. 2 222 und 20 332 ausgesprochen hat; danach wird unter einer Übertretung jagdpolizeilicher Vorschriften ein jedes Zuwiderhandeln gegen eine in bezug auf die Jagd und deren Ausübung gegebene polizeiliche Vorschrift zu verstehen sein. Dazu gehören die Übertretungen der Vorschriften im § 17 JPolG. und derjenigen bezüglich der Schonzeit (§§ 2ff. WSchonG. v. 14. VII. 04, §§ 15f. HohenzJO. v. 10. III. 02), das unbefugte Betreten eines fremden Jagdreviers, das unbefugte Ausnehmen der Eier und Jungen von jagdbarem Federwild (§ 368 Nr. 10, 11 StGB.), Ausübung der Jagd in der Nähe von Pulvermagazinen (§ 5 G. v. 31. X. 48). Die Provin-

zialrechte enthalten ferner eine große Anzahl von jagdpolizeilichen Vorschriften. Keine Übertretung jagdpolizeilicher Vorschriften soll nach Ansicht des OVG. die Übertretung von Polizeivorschriften sein, welche bezüglich des Wildtransportes auf Eisenbahnen erlassen sind (OVG. 20 332). Der Minister für Landwirtschaft ist anderer Ansicht, der beizutreten sein wird. In einem Erl. v. 28. V. 98 heißt es:

„Nach § 15 des JPolG. v. 7. III. 50 konnte der Jagdschein denjenigen versagt werden, welche wegen eines Forst- oder Jagdfrevels oder wegen Mißbrauchs des Feuergewehrs bestraft sind.

Schon der Entw. einer JO. v. 1883 (Nr. 5 Drucks. HH.) erweiterte diese Bestimmung dahin, daß nach § 49 der Jagdschein versagt werden konnte: „Personen, welche wegen eines Forstdiebstahls, wegen eines Jagdvergehens, wegen einer Zuwiderhandlung gegen die §§ 117—119 StGB., wegen Übertretung einer jagdpolizeilichen Vorschrift oder wegen unbefugten Schießens (§ 367 zu 8, § 368 zu 7 StGB.) bestraft sind“ usw.

In den Mot. dazu heißt es ausdrücklich: „In Ansehung der Gründe für die Versagung des Jagdscheines liegt zu einer materiellen Änderung des JPolG. v. 7. III. 50 kein Anlaß vor. Weil jedoch der dort gebrauchte Ausdruck „Forst- und Jagdfrevel“ Zweifeln ausgesetzt gewesen ist, sind die in Betracht kommenden strafbaren Handlungen in § 49 bestimmter bezeichnet. Die Regierungsvorlage übernahm den Wortlaut dieses § 49 als § 7 in das JScheinG. „mit (wie die Begründung sagt) unwesentlichen, zum Teil nur redaktionellen Änderungen“. Nach der ganzen Tendenz des JScheinG., insbes. auch nach dem Gange der Beratungen über die §§ 6 und 7, sowohl im Plenum wie in der KommAH., die schließlich zu der jetzigen Fassung dG. geführt haben, ist deutlich die Absicht des Gesetzgebers zu ersehen, die Vorschriften wegen Versagung und Entziehung des Jagdscheines gegen früher zu erweitern und zu verschärfen. Deswegen wird man unter dem Begriffe der „Übertretung einer jagdpolizeilichen Vorschrift nach § 7 nicht bloß das zu verstehen haben, was das OVG. in der Entsch. 3. XI. 90 20 332, also vor Erlaß des JScheinG., dem Ausdrucke „Jagdfrevel" des JPolG. v. 7. III. 50 unterlegt, sondern jede Übertretung einer das Gebiet der Jagdpolizei berührenden Vorschrift. Zu diesen werden aber jedenfalls ebenso, wie die Bestimmungen des WSchonG., so auch Polizeivorschriften wegen des Wildtransportes und der Wildbretlegitimation zu rechnen sein, da diese nur bezwecken, den Wilddiebstahl und den unweidmännischen oder ungesetzlichen Betrieb der Jagd zu verhindern, demnach in das Gebiet der Jagdpolizei fallen" (DJägZ. 98 Nr. 46).

Die gleichen Gründe führen aber dahin, anzunehmen, daß die Ausübung der Jagd während des Gottesdienstes (§ 366 StGB.) keine Übertretung einer jagdpolizeilichen Vorschrift ist; denn die Ausübung der Jagd ist nicht im Interesse der Jagd, sondern im Interesse der Heilighaltung des Sonntags untersagt.

6. Der § 367 Nr. 8 StGB. lautet: „Mit Geldstrafe ... wird bestraft, wer ohne polizeiliche Erlaubniß an bewohnten oder von Menschen besuchten Orten ... mit Feuergewehr oder anderem Schießwerkzeuge schießt."

Und § 368 Nr. 7: „Wer in gefährlicher Nähe von Gebäuden oder feuerfangenden Sachen mit Feuergewehr schießt."

7. Die Jagdpolizeibehörde oder der Verwaltungsrichter haben den Tatbestand der genannten Gesetzesverletzungen, welche zur Bestrafung geführt haben nicht selbständig festzustellen; die Tatsache, daß der Nachsuchende wegen derselben rechtskräftig (Erk. 8. VI. 96 — III 787) bestraft ist, entscheidet allein; die Be-

strafung und nicht die Begehung der Tat ist die gesetzliche Voraussetzung der Versagung (§ 127 Abs. 3 LVG.). Wegen der rechtskräftigen Bestrafung siehe die Anm. 11 zu § 34. Auch derjenige ist rechtskräftig bestraft, gegen den ein rechtskräftiger Strafbefehl erlassen ist (Erl. 19. I. 98 — III 87).

8. Ist die Frist von 5 Jahren (zu beachten § 74: Beginn der Frist) verstrichen, so kann der Jagdschein nicht etwa noch unter Berufung auf § 34 Nr. 1 (Gefährdung der öffentlichen Sicherheit) versagt werden. Die Fassung des § 35 gibt klar zu erkennen, daß der Gesetzgeber mit der Bestrafung wegen der in § 35 benannten Vergehen und Übertretungen, also mit der Begehung der betreffenden Straftat, als Folge die Jagdscheinversagung nur dann verknüpfen wollte, wenn 5 Jahre noch nicht verstrichen sind. Es darf daher nach Ablauf von 5 Jahren aus derselben der Strafe zugrunde liegenden Handlung nicht ein Schluß dahin gezogen werden, der Antragsteller werde, weil er diese Tat begangen, die öffentliche Sicherheit gefährden. Dadurch, daß das G. Bestrafungen wegen bestimmter Verfehlungen als Voraussetzung der fakultativen Versagung hingestellt hat, folgt, daß damit die Folgen eben derselben Straftat für die Frage der Jagdscheinerteilung vollkommen mitbestimmt sind. Das heißt, wenn jemand wegen Diebstahls zwar nicht in den letzten 5 Jahren, aber früher einmal bestraft ist, so darf aus dem Diebstahl nicht die Besorgnis einer Gefährdung der öffentlichen Sicherheit (§ 34 Nr. 1) hergeleitet werden.

Anders liegt der Fall bei denjenigen Vergehen und Verbrechen, die in §§ 34 und 35 nicht genannt sind oder bei gewissen Begleitumständen, die in dem strafbaren Tatbestande nicht begriffen sind; rücksichtlich dieser hat die Jagdpolizeibehörde und bei der Nachprüfung der Verwaltungsrichter freie Hand, ob er daraus die künftige Gefährdung der öffentlichen Sicherheit herleiten will. Auf der anderen Seite hat der Verwaltungsrichter dabei selbständig zu prüfen, ob und unter welchen Umständen die Tat begangen ist. Er wird im allgemeinen davon ausgehen können, daß, wenn nicht besonderes Gegenmaterial beigebracht wird, die Feststellung des Strafrichters zutreffend sei.

§ 36. Wenn Tatsachen, welche die Versagung des Jagdscheins rechtfertigen, erst nach Erteilung des Jagdscheins eintreten oder zur Kenntnis der Behörde gelangen, so muß in den Fällen des § 34 und kann in den Fällen des § 35 der Jagdschein von der für die Erteilung zuständigen Behörde für ungültig erklärt und dem Empfänger wieder abgenommen werden.

Eine Rückvergütung der Jagdscheinabgabe oder eines Teilbetrags findet nicht statt.

1. Der Abs. 1 enthält geltendes Recht (OVG. 2 223, 6 205, 7 255, 12 329). Auch bei der Ungültigkeitserklärung des Jagdscheines hat die Jagdpolizeibehörde eine dahin gehende polizeiliche Verfügung zu erlassen und darin den Inhaber aufzufordern, den Jagdschein an eine bestimmte Amtsstelle oder an einen Beamten (Gendarmen, Amtsvorsteher) abzugeben. Ist die Verfügung rechtskräftig, mit Beschwerde und Klage wegen Fristablaufs nicht mehr anfechtbar, oder durch rechtskräftige Entscheidung des Verwaltungsrichters mittelst Abweisung der Klage aufrecht erhalten worden, so erfolgt die Abnahme im Wege des Zwangsverfahrens durch ein Organ der Jagdpolizeibehörde oder durch Requisition einer anderen Polizeibehörde. Die Zwangsmittel, die der Jagdpolizeibehörde behufs Abnahme des Jagdscheines zu Gebote stehen, enthält der § 132 LVG. (Androhung einer Geldstrafe oder unmittelbarer Zwang). Auch vor

der Rechtskraft der Vf. kann die Vollstreckung nach § 53 LVG. erfolgen:

„Die Anbringung der Beschwerde, sowie der Klage . . . hat, sofern nicht die Gesetze anderes vorschreiben, aufschiebende Wirkung. Verfügungen . . . können jedoch, auch wenn dieselben mit der Beschwerde oder mit der Klage . . . angefochten sind, zur Ausführung gebracht werden, sofern letztere nach dem Ermessen der Behörde ohne Nachteil für das Gemeinwesen nicht ausgesetzt bleiben kann . . ."

Bei der Ungültigkeitserklärung eines Jagdscheines wird die letztere Voraussetzung immer vorliegen. Dabei wäre zu beachten, daß der § 6 G. v. 11. V. 42 (GS. 192) vorschreibt: „Wird eine polizeiliche Verfügung im Wege der Beschwerde (oder durch rechtskräftige Entscheidung im Verwaltungsstreitverfahren, § 131 LVG.) als gesetzwidrig oder unzulässig aufgehoben, so bleiben dem Beteiligten seine Gerechtsame nach den allgemeinen gesetzlichen Bestimmungen über die Vertretungsverbindlichkeit der Beamten vorbehalten."

Aus diesem Grunde wird sich die Anwendung des § 53 zur Vermeidung eines Regresses nur dann empfehlen, wenn die Einwendungen des Inhabers gegen die jagdpolizeiliche Verfügung offensichtig unbegründet sind.

2. Der Jagdschein wird von der „für die Erteilung zuständigen Behörde" für ungültig erklärt; dies heißt nicht: von der Behörde, welche im gegebenen Falle den Jagdschein erteilt hat, sondern von der, die zur Zeit der Entziehung zuständig wäre, dem Betroffenen den Jagdschein zu erteilen. Das OVG. hat sich indessen dieser Auffassung nicht angeschlossen und in gleichmäßiger Rechtsprechung angenommen (zB. OVG. 2. II. 01 39 283), daß unter der „für Erteilung zuständigen Behörde" nur diejenige Jagdpolizeibehörde verstanden werden könne, die im gegebenen Falle den Jagd-

schein erteilt hat. Die Ministerialinstanz (Vf. v. 21. IX. 06 — MBl. 296) hat nunmehr die Beachtung dieser Entscheidung empfohlen.

3. Wer mit einem für ungültig erklärten Jagdscheine jagt, verfällt der Strafe des § 73 (vgl. Anm. 3 zu § 73).

§ 37. Gegen Verfügungen, durch welche der Jagdschein versagt oder entzogen wird, finden diejenigen Rechtsmittel statt, welche in den §§ 127 bis 129 des Gesetzes über die allgemeine Landesverwaltung vom 30. Juli 1883 (Gesetzsamml. S. 195) gegen polizeiliche Verfügungen gegeben sind.

1. Der § 37 entspricht ebenfalls dem bisherigen Rechtszustande. Die Verfügungen, durch welche die Jagdpolizeibehörde den Jagdschein versagt oder entzieht, sind polizeiliche im Sinne der §§ 127ff. LVG.

2. Es findet daher gegen die Verfügung des Landrats und der Ortspolizeibehörde eines Stadtkreises, mit Ausnahme von Berlin, die Beschwerde an den Regierungspräsidenten und gegen dessen Bescheid die weitere Beschwerde an den Oberpräsidenten mit darauf folgender Klage bei dem Oberverwaltungsgerichte statt. Die Klage kann nur darauf gestützt werden, daß der angefochtene Bescheid durch Nichtanwendung oder unrichtige Anwendung des bestehenden Rechts, insbesondere auch der von den Behörden innerhalb ihrer Zuständigkeit erlassenen Verordnungen, den Kläger in seinen Rechten verletze oder daß die tatsächlichen Voraussetznngen nicht vorhanden seien, welche die Polizeibehörde zum Erlasse der Verfügungen berechtigt haben würden. An Stelle der Beschwerde an den Regierungspräsidenten usw. kann auch die Klage bei dem Bezirksausschusse eingelegt werden. Die Klage darf nur auf die gleichen Behauptungen gestützt werden, wie die Klage bei dem Oberverwaltungsgerichte.

Gegen ortspolizeiliche Verfügungen in Berlin findet entweder die Beschwerde an den Oberpräsidenten mit darauf folgender Klage bei dem OVG. oder die Klage bei dem Bezirksausschusse statt.

3. Aus der Natur der Verfügung der Jagdpolizeibehörde als einer polizeilichen im Sinne der §§ 127 ff. LVG. folgt, daß der Verwaltungsrichter die dem Jagdscheine versagende Verfügung auch dort, wo die Versagung eine fakultative ist, nicht auf ihre Angemessenheit zu prüfen hat. Solange der § 93 ZustG. v. 26. VII. 76 in Geltung war, stand diese Prüfung dem Verwaltungsrichter allerdings zu. Die neuere Gesetzgebung hat diesen Rechtszustand geändert. Die Bestimmung des § 93 ist weder in das LVG. noch in das ZustG. v. 1. VIII. 83 übergegangen. Die OVG. 19. IX. 77 3 161 hat jetzt ihre Bedeutung verloren. Dagegen hat der Verwaltungsrichter, wie bei allen polizeilichen Verfügungen, auch jetzt noch zu prüfen, ob die Jagdpolizeibehörde im vorliegenden Falle das Ermessen (§ 35 „kann") pflichtmäßig geübt hat, ob die Versagung auf objektiven polizeilichen Motiven beruht. Eine auf nicht polizeilichen Gründen, insbesondere auf Schikane oder Willkür beruhende Verfügung ist aufzuheben (vgl. die Anm. 2 zu § 35).

4. Ein Erk. 26. I. 98 — III B 10/97 — OVG. 33 333 spricht folgendes aus: „Das Jagdscheingesetz behandelt (§ 9) die Versagung des Jagdscheines als Versagung einer polizeilichen Erlaubnis, also als polizeiliche Verfügung (§§ 127 ff. LVG.). Das VerwStreitVerf. findet nicht bloß dann statt, wenn der Jagdschein gänzlich versagt wird (§§ 6, 7), sondern auch dann, wenn die Erteilung an die Bedingung der Bürgschaftsstellung (§ 1 Abs. 2) oder der Zahlung einer erhöhten Jagdscheinabgabe (§ 4 Abs. 1) geknüpft oder die Erteilung eines unentgeltlichen Jagdscheines abgelehnt wird (§ 5)." Ebenso die Ressortminister in einem Erl. v. 12. V. 96 I B. 2681/I B. 4877.

5. Die Prüfung des Verwaltungsrichters im allgemeinen geht nach § 127 Abs. 3 dahin, ob die Verfügung den Kläger durch Nichtanwendung oder unrichtige Anwendung des bestehenden Rechts in seinen Rechten verletzt oder ob die tatsächlichen Voraussetzungen vorhanden sind, welche die Jagdpolizeibehörde zum Erlasse der Versagung berechtigt haben würden. Beruht demnach im ersteren Falle die Versagung auf falscher Anwendung des Gesetzes, so ist sie aufzuheben. Im zweiten Falle hat der Verwaltungsrichter zu prüfen, ob die erforderlichen tatsächlichen Voraussetzungeu vorliegen, also bei Anwendung des § 34 Nr. 1, ob aus bestimmten erwiesenen Tatsachen die Besorgnis der künftigen Unvorsichtigkeit oder Gefährdung der öffentlichen Sicherheit logisch zu folgern ist. Irrt sich die Jagdpolizeibehörde in der Existenz der Tatsachen oder kann aus den erwiesenen Tatsachen vernünftiger Weise jener Schluß nicht gezogen werden, so muß der Kläger obsiegen. Im Falle des § 34 Nr. 2 u. 3 und des § 35 muß ausdrücklich feststehen, daß die darin angegebenen rechtskräftigen Bestrafungen vorliegen oder daß der Kläger im Besitze der bürgerlichen Ehrenrechte nicht ist oder unter polizeilicher Aufsicht steht.

6. Wenn dem Verwaltungsrichter auch nicht zusteht, zu prüfen, ob mit Rücksicht auf die soziale Stellung, die Geringfügigkeit der Bestrafung die Versagung des Jagdscheines usw. zu hart erscheint, so kann dies doch der Beschwerdeinstanz Veranlassung geben, die Verfügung aufzuheben. Von diesem Gesichtspunkte aus wird der Betroffene zu ermessen haben, welches Rechtsmittel im gegebenen Falle das angemessene ist.

7. Die Verfügungen der Jagdpolizeibehörde und die Bescheide der Beschwerdeinstanzen sind nach der rechtlichen wie tatsächlichen Seite hin soweit zu begründen, daß daraus für den Betroffenen die Möglichkeit erwächst, die Verfügung und den Bescheid in ihren Grundlagen

durch das für den gegebenen Fall geeignet erscheinende Rechtsmittel anzugreifen (OVG. 5 355, 7 255).

8. Die Beschwerde gegen die Verfügung des Landrats und der Ortspolizeibehörde eines Stadtkreises, sowie die statt der Beschwerde bei dem BezAussch. eingelegte Klage sind bei derjenigen Behörde binnen 2 Wochen anzubringen, gegen deren Verfügung sie gerichtet sind (§ 129 Abs. 1 LVG.). Die Anbringung des einen Rechtsmittels schließt das andere aus. Wird die Beschwerde oder Klage obiger Vorschrift zuwider innerhalb der gesetzlichen Frist bei derjenigen Behörde angebracht, welche zur Beschlußfassung oder Entscheidung darüber zuständig ist, so gilt die Frist als gewahrt (§ 120 Abs. 5). Die Klage bei dem OVG. ist immer bei diesem anzubringen (§ 63 LVG.). Sie richtet sich gegen den Bescheid der letzten Beschwerdeinstanz, und als Beklagter erscheint der Oberpräsident.

9. Nach der OVG. 9 389 ist die Beschwerde gegen den Beschwerdebescheid des Regierungspräsidenten bei diesem und nicht bei dem Oberpräsidenten oder der ersten Instanz anzubringen.

10. Wird gegen die Verfügung rechtzeitig ein Rechtsmittel (Beschwerde oder Klage) nicht eingelegt, sondern bei der Jagdpolizeibehörde nur remonstriert, so läuft der Betroffene Gefahr, seine Rechtsmittel zu verlieren, sofern die Jagdpolizeibehörde es ablehnt, in eine materielle Prüfung der Sache nochmals einzutreten. Anderseits hat das OVG. in zahlreichen Entsch. ausgesprochen, daß, wenn die Polizeibehörde in Veranlassung einer wider ihre Verfügung erhobenen Gegenvorstellung den Gegenstand der Verfügung einer erneuten Prüfung unterzogen und das Ergebnis dieser Entschließung durch einen neuen, obschon die frühere Verfügung inhaltlich aufrecht erhaltenden Bescheid zum Ausdrucke gebracht hat, dann gegen diesen anderweiten Bescheid von dessen Zustellung ab, ohne Rücksicht auf die Zeit des Erlasses und

die Zustellung der ersten Verfügung, die gesetzlichen Rechtsmittel zulässig seien, daß in einem solchen Falle an die Stellen der ursprünglichen Verfügung die spätere getreten und erst von dem Tage der Zustellung der letzteren ab die Rechtsmittelfrist zu berechnen sei (OVG. 7 254).

Wer sich die Rechtsmittelfrist erhalten will, hat daher in der Gegenvorstellung den Antrag zu stellen, daß diese im Falle der Ablehnung als Beschwerde (oder Klage) an die zuständige Instanz abzugeben sei.

11. Für die Prüfung der Gesetzmäßigkeit einer polizeilichen Verfügung (§ 127 Abs. 3) scheiden alle diejenigen tatsächlichen Vorgänge aus, welche erst nach Erlaß der Verfügung eingetreten sind; bei jener Prüfung sind aber alle erheblichen, zur Zeit des Erlasses bereits vorhandenen tatsächlichen Verhältnisse zu berücksichtigen, einerlei, ob sie der verfügenden Behörde bereits damals oder erst später bekannt geworden sind (Entsch. 11. XII. 86 — I 1452 — und 15. XII. 90 — III 1002).

12. Darauf, ob die Behörde selbst bei Erlaß der angefochtenen Versagung überall von zutreffenden rechtlichen Gesichtspunkten ausgegangen ist (OVG. 6 310, 366) oder richtige gesetzliche Bestimmungen zitiert hat, kommt es nicht an, wenn die Vf. überhaupt nur gesetzlich begründet ist.

13. Gegen die versäumte Einlegung der Klage kann die Wiedereinsetzung beantragen, wer durch Naturereignisse oder andere unabwendbare Zufälle verhindert worden ist, die Frist innezuhalten. Als unabwendbarer Zufall ist es anzusehen, wenn der Antragsteller von einer Zustellung ohne sein Verschulden keine Kenntnis erlangt hat. Das Nähere siehe § 112 LVG. Diese Bestimmungen gelten nicht für das Beschwerdeverfahren, die Beschwerdeinstanzen stehen freier in der Beurteilung der Gründe für die Wiedereinsetzung. Haben die Beschwerdeinstanzen den Fristenmangel nicht gerügt,

sondern stillschweigend übergangen und sachlich entschieden, so hat darin das OVG. wiederholt eine Wiedereinsetzung gefunden.

§ 38. Wer die Jagd innerhalb der abgesteckten Festungsrayons (§§ 8, 24 des Reichsrayongesetzes vom 31. Dezember 1871, Reichs-Gesetzbl. S. 459) ausüben will, muß vorher seinen Jagdschein von der Festungsbehörde mit einem Einsichtsvermerke versehen lassen.

1. Der § 38 enthält einen Druckfehler. Das RayG. ist vom 21. XII., nicht vom 31. XII. 71. Der Fehler fand sich schon im JScheinG.

2. Wer die Jagd innerhalb der abgesteckten Festungsrayons ausüben will, bedarf eines Jagdscheins und des Einsichtsvermerks (visum, Gesehen) der Festungsbehörde (Kommandantur), also einer doppelten Erlaubnis, der polizeilichen und der militärischen. Auch die letztere hat der Jäger bei Vermeidung von Strafe (§ 72 Nr. 2) stets bei sich zu führen. Wird der Einsichtsvermerk verweigert, so gibt es keine Rechtskontrolle, nur die Beschwerde an die vorgesetzte Militärbehörde.

3. Die §§ 8 und 24 RayG. v. 21. XII. 71 lauten:

§. 8. „Bei Neu-Anlagen von Befestigungen werden die denselben zunächst gelegenen beiden Rayons, sowie etwaige Esplanaden und Zwischenrayons durch die Kommandanturen unter Mitwirkung der Polizeibehörden und Zuziehung der Ortsvorstände, sowie der Besitzer selbständiger Gutsbezirke abgesteckt und durch feste Marken (Rayonsteine) bezeichnet. — Von diesem Zeitpunkte an treten die gesetzlichen Beschränkungen in der Benutzung des Grundeigenthums in Wirksamkeit.“ — — § 24. „Die bisherigen, von diesen Bestimmungen abweichenden Rayons bestehender Befestigungen, insbesondere die der vorhandenen detachierten Forts, verbleiben bis zur Ausführung eines Neu- oder Verstärkungsbaues unverändert

— Die vorhandenen Esplanaden bleiben in ihrer bisherigen Ausdehnung unverändert; bei Neubau einer Citadelle wird über den Umfang der Esplanade in jedem Falle besondere Bestimmung durch die Reichs-Rayonkommission getroffen. — Ebenso verbleiben alle übrigen zur Zeit vorhandenen besonderen Rayons, wie die von verschanzten Lägern, Städtebefestigungen, inneren Abschnitten in und bei Festungen unverändert."

4. Der § 38 und der § 28 gelten nicht in Hannover, auf Helgoland und in den Hohenzollernschen Landen, doch ist der Inhalt des § 38 als § 10 JScheinG. auch in Hannover eingeführt worden; nichteingeführt ist dort und auf Helgoland und den Hohenzollernschen Landen der § 5 G. v. 31. X. 48 (jetzt § 28 JO.), so daß in Hannover und auf Helgoland weder der § 28 JO. noch der § 5 G. v. 31. X 48 gilt. Es fehlt sonach in Hannover an einer Bestimmung, wonach in allen Festungswerken allein die Militärverwaltung befugt ist, die Jagd ausüben zu lassen (vgl. über die ganze Materie Kunze, JScheinG.[2] 58ff. u. 62ff. und DJägZ. 04 Nr. 34f.).

5. Durch die Ausübung der Befugnis der Militärverwaltung, die Jagd **in den Festungswerken** durch geeignete Personen betreiben zu lassen (§ 28), wird keine **Ermächtigung** im Sinne des § 30 erteilt; denn letztere soll immer von der **Jagdpolizeibehörde** ausgehen. Derjenige, der die Jagd auf Grund einer Ermächtigung der **Militärverwaltung** ausübt, dürfte aber auch nicht unter § 29 fallen und nicht als solcher anzusehen sein, der die **Jagd selbst ausübt**, sondern als solcher, der gem. § 30 Ziff. 2 bei der Jagdausübung der **Militärverwaltung Hilfsdienste** leistet. Der § 28 überweist nämlich abweichend von den sonstigen jetzt geltenden Vorschriften der Militärverwaltung das **alleinige** Recht zur Ausübung der Jagd **in** allen Festungswerken. Da die Militärverwaltung aber keine physische Person ist, muß sie sich solcher zur **faktischen** Ausübung der Jagd

bedienen; sie „ermächtigt", bevollmächtigt sie zur Jagd; die Betreffenden sind ihre notwendigen Organe, Hilfskräfte und wenn sie auch tatsächlich dasselbe tun, wie ein Jagdgast, stehen sie rechtlich anders. Sie bedürfen also keines Jagdscheins.

Anders stehen diejenigen, welche von den ermächtigten Personen zur Jagd geladen werden. Diese sind Jagdgäste und müssen einen Jagdschein haben.

Vierter Abschnitt.

Schonvorschriften.

§ 39. Mit der Jagd zu verschonen sind:

1. männliches Elchwild vom 1. Oktober bis 31. August;
2. weibliches Elchwild und Elchkälber das ganze Jahr hindurch;
3. männliches Rot- und Damwild vom 1. März bis 31. Juli;
4. weibliches Rotwild, weibliches Damwild sowie Kälber von Rot- und Damwild vom 1. Februar bis 15. Oktober;
5. Rehböcke vom 1. Januar bis 15. Mai;
6. weibliches Rehwild und Rehkälber vom 1. Januar bis 31. Oktober;
7. Dachse vom 1. Januar bis 31. August;
8. Biber vom 1. Dezember bis 30. September;
9. Hasen vom 16. Januar bis 30. September;
10. Auerhähne vom 1. Juni bis 30. November;
11. Auerhennen vom 1. Februar bis 30. November;
12. Birk-, Hasel- und Fasanenhähne vom 1. Juni bis 15. September;

13. Birk-, Hasel- und Fasanenhennen vom 1. Februar bis 15. September;
14. Rebhühner, Wachteln und schottische Moorhühner vom 1. Dezember bis 31. August;
15. wilde Enten vom 1. März bis 30. Juni;
16. Schnepfen vom 16. April bis 30. Juni;
17. Trappen vom 1. April bis 31. August;
18. wilde Schwäne, Kraniche, Brachvögel, Wachtelkönige und alle anderen jagdbaren Sumpf- und Wasservögel mit Ausnahme der wilden Gänse vom 1. Mai bis 30. Juni;
19. Drosseln (Krammetsvögel) vom 1. Januar bis 20. September.

Die im vorstehenden als Anfangs- und Endtermine der Schonzeiten bezeichneten Tage gehören zur Schonzeit.

Beim Elch-, Rot-, Dam- und Rehwild gilt als Jungwild das Kalb bis einschließlich zum letzten Tage des auf die Geburt folgenden Februars.

Vorstehende Vorschriften über Schonzeiten finden auf das Fangen oder Erlegen von Wild in eingefriedigten Wildgärten keine Anwendung.

1. Das WSchonG. v. 14. VII. 04 war für den ganzen Umfang der Monarchie, mit Ausnahme der Hohenzollernschen Lande erlassen, also auch für die Insel Helgoland (Schnepfen, Drosseln). In Hohenzollern gelten jetzt die Vorschriften der JO. v. 10. III. 02. Für Hannover bleiben die Bestimmungen des WSchonG. bestehen.

2. Die Schonvorschriften sind jagdpolizeilicher Natur. Ihre Übertretung fällt unter § 35₂ JO.

3. Ob und inwieweit die Schonvorschriften Aneignungsverbote im Sinne des § 958 Abs. 2 BGB. sind, ist streitig. Der richtigen Meinung nach sind sie es nicht (vgl. § 958 BGB. u. die Anm. dazu).

4. Die Schonvorschriften sind öffentlichen Rechts; Vereinbarungen über Aufhebung und Verkürzungen der Schonzeiten sind nichtig.

5. Eine Durchbrechung der Schonzeiten kann erfolgen wegen Wildschadens (JO. §§ 61—64), wegen Schadens an Obst-, Gemüse-, Blumen- und Baumschulanlagen (JO. § 66), und wegen Schadens an der Fischerei (JO. § 67, vgl. FischG. § 45).

6. Wird für eine Wildgattung oder die weiblichen oder jungen Tiere derselben eine fortwährende Schonzeit festgesetzt, so wird dadurch die Jagdbarkeit derselben nicht berührt, RG. 15. VI. 96 (RGSt. 29 8 und JurW. 25, 548, 41).

7. Keine Schonzeit haben das Schwarzwild (JO. § 64), Füchse, Ottern, wilde Katzen, Edelmarder, Schneehühner, wilde Tauben, Adler und wilde Gänse. Für Dachse und wilde Enten kann die Schonzeit aufgehoben werden (JO. § 40 Abs. 2c).

8. Über die Schonzeit der (nicht jagdbaren) Robben siehe ReichsG. v. 4. XII. 76 (RGBl. 233) und Bd. v. 29. III. 77 (das. 409), über die der nicht jagdbaren Vögel siehe VogSchG. § 3. Vgl. auch § 5 VogSchG. und JO. § 48.

9. Die Schonzeiten gelten nicht für Wild, das nicht mehr herrenlos ist, also nicht für solche wilden und gezähmten jagdbaren Tiere, die sich im Eigentum jemandes befinden (BGB. § 960), daher nicht für Tiere in Tiergärten, ferner nicht für Tiere in eingefriedigten Wildgärten. Über den Unterschied zwischen Tiergärten und eingefriedigten Wildgärten gehen die Ansichten auseinander (vgl. das hierüber bei § 4_1 und § 960 BGB. Gesagte; die HannJO. führt in §§ 27, 30 Tier- und Wildgärten auf).

Auch für Fallwild gilt keine Schonzeit.

Die Schonzeit für Eier und Junge ist in § 42 JO. bestimmt.

10. Die Schonzeiten für weibliches Elchwild, für die in § 39 unter Ziff. 12—14 genannten Wildarten, für Rehböcke, Drosseln, Dachse, wilde Enten, Rehkälber und Biber können nach § 40 JO. abweichend von § 39 festgesetzt werden.

11. Über die Schonzeiten bei Einführung oder Einwanderung neuer Wildarten siehe § 50 JO.

12. Die Strafvorschriften siehe §§ 76—80 JO.

§ 40. **Aus Rücksichten der Landeskultur oder der Jagdpflege kann der Minister für Landwirtschaft, Domänen und Forsten den Abschuß weiblichen Elchwildes für die Zeit vom 16. bis 30. September gestatten.**

Aus denselben Gründen können durch Beschluß des Bezirksausschusses

a) **der Anfang und der Schluß der Schonzeiten für die in § 39 unter 12 bis 14 genannten Wildarten und der Schluß der Schonzeit für Rehböcke anderweit, jedoch nicht über 14 Tage vor oder nach den dort bestimmten Zeitpunkten festgesetzt,**

b) **das Ende der Schonzeit für Drosseln (Krammetsvögel) bis 30. September einschließlich hinausgeschoben,**

c) **die Schonzeiten für Dachse und wilde Enten eingeschränkt oder gänzlich aufgehoben sowie für Rehkälber und Biber verlängert oder auf das ganze Jahr**

ausgedehnt werden.

Die hiernach zulässige Abänderung oder Aufhebung der Schonzeiten darf für den ganzen Umfang oder nur für einzelne Teile des Regierungsbezirkes, die Abänderung für die einzelnen Teile desselben Regierungsbezirkes in verschiedener Weise erfolgen.

Der Beschluß zu a kann nur für die Dauer eines Jahres gefaßt werden.

1. Vgl. AusfAnw. Ziff. 28.

2. Über die Bekanntmachung und rechtliche Natur der abändernden Beschlüsse und die Kenntnis von denselben siehe Anm. 8 zu § 76 JO.

3. Der Beschluß nach Abs. 2 ist endgültig (JO. § 49).

4. Die in § 40 genannten Anfangs- und Endtermine gehören zu den Schonzeiten (JO. § 39 Abs. 2).

5. Zu Abs. 2c vgl. Bd., betr. die Schonzeit der Rehkälber, v. 22. IX. 05 (LwMBl. 287).

6. Von der Ermächtigung in Abs. 3 wird dahin Gebrauch gemacht, daß für einzelne Städte eine andere Schonzeit festgesetzt wird, als für den umliegenden Landbezirk. Auf diese Weise wird die Verkaufszeit (§ 43) dem Bedürfnisse entsprechend geregelt.

§ 41. Das Aufstellen von Schlingen, in denen sich jagdbare Tiere oder Kaninchen fangen können, ist verboten.

Unter dieses Verbot fällt nicht die Ausübung des Dohnenstiegs mittelst hochhängender Dohnen. Die Art der Ausübung des Dohnenstiegs kann durch den Regierungspräsidenten im Wege der Polizeiverordnung geregelt werden.

1. Vgl. AusfAnw. Ziff. 29.

2. Die jagdbaren Tiere sind in § 1 JO. aufgeführt.

3. Der § 15 WSchadG. v. 11. VII. 91, nach welchem wilde Kaninchen dem freien Tierfange mit Ausnahme des Fangens mit Schlingen unterliegen, ist in die JO. nicht aufgenommen. Kaninchen sind nicht jagdbar (JO. § 1), doch wird das verbotswidrige Aufstellen von Schlingen, in denen sich Kaninchen fangen können, nach § 77 bestraft.

4. Die Strafvorschriften befinden sich in JO. § 77 Abs. 1 Ziff. 2, Abs. 2, 3.

5. Über den Krammetsvogelfang vgl. VogSchG. § 8 Abs. 2, 3.

6. Zur Ausübung des Dohnenstiegs bedarf es eines Jagdscheins.

Wer nur Hilfsdienste leistet, braucht keinen Jagdschein; siehe die Anm. zu § 39.

§ 42. Kiebitz- und Möweneier dürfen nur bis 30. April einschließlich eingesammelt werden.

Durch Beschluß des Bezirksausschusses kann dieser Termin bis zum 10. April einschließlich zurückverlegt oder für Möweneier bis zum 15. Juni einschließlich verlängert werden.

Das Sammeln der Kiebitz- und Möweneier darf von anderen Personen als dem Jagdberechtigten nur in dessen Begleitung oder mit dessen schriftlich erteilter Erlaubnis, welche der Sammelnde bei sich zu führen hat, vorgenommen werden.

Eier oder Junge von anderem jagdbaren Federwild auszunehmen, ist auch der Jagdberechtigte nicht befugt, mit Ausnahme derjenigen Eier, welche ausgebrütet werden sollen.

Zum Ausnehmen von Eiern, welche zu wissenschaftlichen oder zu Lehrzwecken benutzt werden sollen, bedarf es der Genehmigung der Jagdpolizeibehörde.

1. Vgl. AusfAnw. Ziff. 30 und JO. § 83.
2. Der Beschluß des BezAussch. nach Abs. 2 ist endgültig (JO. § 49).
3. Zu Abs. 3 vgl. JO. § 75.
4. Ein Jagdschein ist zum Ausnehmen von Kiebitz- und Möweneiern nicht erforderlich (JO. § 30 Ziff. 1).
5. Zu Abs. 4 wird allgemein angenommen, daß der Jagdberechtigte die Eier auch zu dem Zweck verkaufen darf, damit der Käufer sie ausbrüten läßt.
6. Die Genehmigung nach Abs. 5 kann nur dem Jagdberechtigten erteilt werden. Jagdpolizeibehörde, siehe JO. § 69.
7. Strafvorschriften im StGB. § 368 Ziff. 11 für die Zuwiderhandlungen gegen die Vorschriften des § 42 JO., in § 78 JO. für Inverkehrbringen der Kiebitz- und Möweneier während der Schonzeit.
8. In der Prov. Hannover, wo die Jagd ohne Begleitung des Jagdberechtigten (bei Pachtjagden § 14 JO. v. 11. III. 59) nicht zugelassen ist, kann danach das Sammeln der Eier gemäß § 5 WSchonG. v. 14. VII. 04 mit einem Erlaubnisschein geschehen.

§ 43. **Vom Beginne des fünfzehnten Tages der für eine Wildart festgesetzten Schonzeit bis zu deren Ablauf ist es verboten, derartiges Wild in ganzen Stücken oder zerlegt, aber nicht zum Genusse fertig zubereitet, in demjenigen Bezirke, für welchen die Schonzeit gilt, zu versenden, zum Verkaufe herumzutragen oder auszustellen oder feilzubieten, zu**

verkaufen, anzukaufen, oder den Verkauf von solchem Wild zu vermitteln.

Vorstehenden Beschränkungen unterliegt nicht der Vertrieb einzelner Arten von Wild aus Kühlhäusern, wenn er unter Kontrolle nach Maßgabe der von den zuständigen Ministern zu erlassenden Bestimmungen stattfindet. Die Kosten der Kontrolle fallen den Inhabern der Kühlhäuser zur Last und können in Form einer Gebühr nach Tarifen erhoben werden.

Ferner dürfen Ausnahmen, wenn es sich um die Versendung, den Verkauf, den Ankauf und die Verkaufsvermittelung von lebendem Wilde zum Zwecke der Blutauffrischung oder Einführung einer Wildart handelt, durch den für den Empfangsort zuständigen Regierungspräsidenten gestattet werden.

Die Bestimmungen des ersten Absatzes finden auf Kiebitz- und Möweneier entsprechende Anwendung.

1. Vgl. zu §§ 43—46 AusfAnw. Ziff. 31, 32. Siehe ferner JO. § 47.

2. Der § 7 G. v. 26. II. 70 ist erweitert, indem jetzt auch das Versenden, der Verkauf und der Ankauf verboten sind, womit jede Tätigkeit erschöpfend bezeichnet sein soll, welche im Verkehrsleben beim Vertreiben von Wild in Betracht kommen kann (KGJ. 29 C 75).

3. Die Beschränkung gilt nicht für Wild, das keine Schonzeit hat (Anm. 6 zu § 39) oder für das nach § 40 JO. die Schonzeit aufgehoben ist, wohl aber für das in eingefriedigten Wildgärten erlegte oder gefangene Wild (JO. § 47), und nicht nur für totes, sondern auch für

lebendes Wild (KGJ. 16 408), ebenso für Fallwild (vgl. Vd. v. 2. XII. 05 — LwMBl. 06 8), nach Abs. 4 auch für Kiebitz- und Möweneier. Ausnahme in § 45 JO.

4. Über den Vertrieb von Wild aus Kühlhäusern sind ergangen:

a) ABest., betr. den Vertrieb von Wild aus Kühlhäusern während der Schonzeit, v. 15. VIII. 04 (MBl. 269 und LwMBl. 05 46);

b) Erweiterung der ABest. v. 15. VIII. 04, v. 1. XII. 04 (MBl. 05 13 und LwMBl. 05 47);

c) Vf., betr. Polizeiverordnungen über die Versendung von Wild aus Kühlhäusern während der Schonzeit nach außerhalb, v. 23. XII. 04 (LwMBl. 05 48);

d) Vf., betr. Versendung von Wild aus Kühlhäusern während der Schonzeit nach außerhalb, v. 23. 1. 05 (LwMBl. 49).

5. Strafbest. in JO. § 78.

6. Das aus dem Auslande einzuführende Wild soll durch den § 43 ebenfalls betroffen werden, dagegen nicht Wildkonserven, die Verabreichung von Wildspeisen in Speisewirtschaften.

7. Es kommt bei verschiedener Schonzeit des Versand- und des Empfangsorts darauf an, wo der Kauf, Verkauf, die Absendung, der Empfang stattfindet. Ist an einem Orte die Versendung bereits gestattet, der Empfang aber am Ankunftsorte verboten, so darf die Versendung trotzdem nicht stattfinden.

§ 44. Vom Beginne des fünfzehnten Tages der für das weibliche Elch-, Rot-, Dam- und Rehwild festgesetzten Schonzeiten bis zu deren Ablauf ist es verboten, unzerlegtes Elch-, Rot-, Dam- und Rehwild, bei welchem das Geschlecht nicht mehr mit Sicherheit zu erkennen ist, zu versenden, zum Verkaufe herumzutragen oder auszustellen oder feilzubieten, zu verkaufen, anzukaufen oder den Verkauf von solchem Wilde zu vermitteln.

1. Vgl. JO. § 47. Ausnahme § 45 JO.

2. Durch die Vorschrift soll verhindert werden, daß das in § 44 genannte Wild der geschlechtlichen Erkennungsmerkmale beraubt und als männliches in den Handel gebracht wird. In Hohenzollern (HohenzJO. § 17 Abs. 3) gilt die Vorschrift nur für Rehwild.

3. Strafbest. in JO. § 78.

§ 45. Die Vorschriften der §§ 43 und 44 finden auf Wild keine Anwendung, welches im Strafverfahren in Beschlag genommen oder eingezogen, oder welches mit Genehmigung oder auf Anordnung der zuständigen Behörde oder in Fällen erlegt ist, in denen besondere gesetzliche Vorschriften es gestatten.

Wer jedoch solches Wild in ganzen Stücken oder zerlegt versendet, zum Verkaufe herumträgt oder ausstellt oder feilbietet, verkauft, oder den Verkauf von solchem Wilde vermittelt, muß mit einer befristeten Bescheinigung der Ortspolizeibehörde oder des von ihr mit Genehmigung des Landrats zur Ausstellung einer solchen ermächtigten Gemeinde-(Guts-)Vorstehers versehen sein.

Der Käufer muß sich die Bescheinigung vorzeigen lassen.

1. Vgl. JO. § 47.

2. Durch die Vorschriften des § 45 soll die Verwertung des Wildes in den hier genannten Fällen ermöglicht werden. Zur Vermeidung von Mißbrauch wird jedoch eine

Bescheinigung verlangt, wenn das Wild in Verkehr gebracht werden soll.

3. Über Beschlagnahme im Strafverfahren siehe StPO. §§ 94 ff., über Einziehung JO. § 78 Abs. 3, über Erlegen mit Genehmigung oder auf Anordnung der zuständigen Behörde JO. §§ 61 ff. und KurhJG. § 26. Ein Erlegen auf Grund besonderer gesetzlicher Vorschrift kommt für das Geltungsgebiet der JO. nicht in Betracht; denn ohne Genehmigung der Jagdpolizeibehörde darf nur Schwarzwild erlegt werden (JO. § 64), und dieses hat keine Schonzeit; Bedeutung hat die Vorschrift nur für Hannover (JO. v. 11. III. 59 § 27).

4. Über die Bescheinigungen siehe Vd., betr. Ausstellung befristeter Bescheinigungen nach dem WSchonG., v. 9. VI. 05 (MBl. 100 und LwMBl. 190).

5. Die Bescheinigung muß einen Endtermin angeben, KG. 12. II. 06 (DJZ. 11 545). Ist der Vordruck „Gültigkeitsdauer bis zum . . .“ nicht ausgefüllt, so bleibt die Bescheinigung gültig, falls nur aus ihrem sonstigen Inhalt die Frist zweifellos zu ersehen ist, KG. 18. XII. 05 (Schultz 3 85).

6. Strafbest. in JO. § 78. Auch der Käufer, der sich die Bescheinigung nicht vorzeigen läßt (JO. § 45 Abs. 3), macht sich strafbar.

7. Aus praktischen Gründen ist der Ortspolizei und dem Gemeindevorsteher statt der sonst zuständigen Jagdpolizeibehörde gestattet, die Bescheinigungen auszustellen.

§ 46. Die Versendung von Wild darf nur unter Beifügung eines Ursprungsscheins erfolgen.

Die näheren Vorschriften werden von dem Oberpräsidenten oder dem Regierungspräsidenten im Wege der Polizeiverordnung erlassen; hierbei können von dem Erfordernisse des Ursprungs-

scheins bezüglich einzelner kleinerer Wildarten Ausnahmen gestattet werden.

1. Vgl. JO. § 47.

2. Die Vorschrift soll hauptsächlich den Wilddiebstahl verhindern, sie bezieht sich auch auf solches Wild, das keine Schonzeit hat (vgl. auch JO. § 47). Zweck der Vorschrift ist die Wildlegitimationskontrolle.

3. Die bei Erlaß des WSchonG. v. 14. VII. 04 in Kraft gewesenen Polizeiverordnungen sind, soweit sie mit dem WSchonG. übereinstimmen, nicht aufgehoben, KG. 22. VI. 05 30 C 21.

4. Der Ursprungsschein ist eine öffentliche Urkunde nur in soweit, als der Beglaubigungsvermerk des Amtsvorstehers in Frage steht; der Amtsvorsteher beglaubigt zwar nicht bloß die Unterschrift, sondern bescheinigt auch die Erklärung des Jägers über die vorhandene Jagdberechtigung, die Bescheinigung beruht jedoch auf einer Mitteilung des Jägers, also einer Privatperson. Möglicherweise ist die Erklärung des Jagdberechtigten allein oder in Verbindung mit derjenigen des Amtsvorstehers eine Privaturkunde. Es kommt darauf an, was im einzelnen Falle in dem Ursprungsschein gefälscht ist. RGSt. 11. VII. 01 34 114. Rührt die Beglaubigung von einer dazu nicht befugten Person her, so ist der Schein keine beweiserhebliche Urkunde, RGSt. 11. VII. 03 36 327.

5. Die Postanstalten dürfen nach der Vf. v. 9. VIII. 73 (MBl. 274) kein Wild ohne Ursprungsschein zur Beförderung annehmen. Die Eisenbahnverwaltungen sind durch Vf. v. 30. VIII. 73 (MBl. 274) und v. 20. VIII. 97 auf die Vorschriften über die Wildlegitimationskontrolle aufmerksam gemacht und verweigern ohne Ursprungsschein die Beförderung von Wild als Fracht- und Passagiergut.

6. Die Strafvorschriften befinden sich in den Polizeiverordnungen.

§ 47. Die Vorschriften der §§ 43 bis 46 finden auch auf Wild, welches in eingefriedigten Wildgärten erlegt oder gefangen ist, Anwendung.

Vgl. Anm. 9 zu § 39 JO. und die Anmerkungen zu § 4 Ziff. 1 u. § 960 BGB.

§ 48. Der Bezirksausschuß ist befugt, für den Umfang des ganzen Regierungsbezirkes oder einzelne Teile des letzteren diejenigen nicht jagdbaren Vögel zu bezeichnen, auf welche die Ausnahmebestimmung des § 5 Abs. 1 des Reichsgesetzes, betreffend den Schutz von Vögeln, vom 22. März 1888 (Reichs-Gesetzbl. S. 111) dauernd oder vorübergehend Anwendung finden darf.

1. S. AusfAnw. Ziff. 33.
2. Der Fischereiberechtigte ist außer durch § 45 FischG. jetzt auch noch durch JO. § 67 geschützt.
3. Der Beschl. des BezAussch. ist endgültig (JO. § 49).

§ 49. Der Beschluß des Bezirksausschusses ist in den Fällen der §§ 40, 42 und 48 endgültig.

Der § 107 ZustG. hatte dasselbe verordnet. Er gilt noch für Hannover und die Hohenzollernschen Lande.

§ 50. Bei Einführung oder Einwanderung bisher nicht einheimischer Wildarten kann durch Königliche Verordnung Bestimmung getroffen werden über ihre Jagdbarkeit, die Festsetzung von Schonzeiten für sie und die Androhung von Strafen bei Verletzung der festgesetzten Schonzeiten.

Durch die Vorschrift soll ein schneller Schutz einer eingeführten oder eingewanderten neuen Wildart ermöglicht werden, indem der umständliche Weg der Gesetzgebung vermieden wird. Es kommt besonders das Steppenhuhn in Frage, wenn es wieder einwandern sollte.

Fünfter Abschnitt.

Wildschadenersatz.

§ 51. Für den nach § 835 B.G.B. zu ersetzenden, durch Schwarz-, Rot-, Elch-, Dam- oder Rehwild oder durch Fasanen angerichteten Schaden gelten folgende Bestimmungen.

1. Die Ersatzpflicht für den durch andere als in § 51 JO. genannten Tiere angerichteten Schaden kann durch Vertrag begründet werden; die Geltendmachung geschieht im ordentlichen Rechtswege (GVG. § 23 kommt aber nur für Hannover, JO. v. 11. III. 59 § 23, und Kurhessen, WSchadG. v. 26. I. 54 § 6, in Betracht). Auch auf unerlaubte Handlungen (BGB. §§ 823 ff.), zB. übermäßige Hege, Aussetzen von Tieren, kann ein Ersatzanspruch gestützt werden (OLG. Zweibrücken in „Das Recht" 10, 803, 1930); dieser Art ist auch die Haftung für Schwarzwild nach § 64 JO.

2. Der gesetzliche Anspruch aus §§ 51 ff. JO. ist nicht von einem Verschulden abhängig, er kann aber nach § 254 BGB. durch mitwirkendes Verschulden des Beschädigten ganz oder teilweise beseitigt werden; ein solches liegt vor, wenn besonders wertvolle, dem Wildschaden ausgesetzte Hölzer gezogen werden oder die von dem Ersatzpflichtigen angebotene Herstellung von Schutzvorrichtungen abgelehnt wird, Erk. 17. XI. 02 (OVG. 42 269; PrVerwBl. 24 311, DJurZ. 03 225 und Kunze-Kautz 2 207). In der Regel wird es dem Ersatz-

pflichtigen überlassen werden können, die erforderlichen Abwehrmaßregeln zu treffen, unter Umständen hat aber auch der Verletzte die Verpflichtung dazu, zB. wenn die Kosten verhältnismäßig gering sind; es kommt darauf an, ob im einzelnen Fall die Unterlassung gegen Treu und Glauben verstößt, RG. 24. X. 02 (RGZ. 52 349 und JurW. Beil. 03 1) und 24. III. 05 (JurW. 05 367, 4). Oft wird der Verletzte von vorgekommenem Schaden dem Verpflichteten Anzeige machen müssen, damit dieser Verhütungsmaßregeln treffen kann; auch muß er von den ihm nach §§ 61 ff. JO. zustehenden Befugnissen Gebrauch machen.

3. Zu ersetzen ist der Schaden am Grundstück, seinen Bestandteilen (BGB. §§ 93 ff.) und Erzeugnissen (BGB. § 99), und zwar auch den getrennten, aber noch nicht eingeernteten; Feldfrüchte in Mieten und Staken sind eingeerntet (vgl. Anm. 3 zu § 835 BGB.).

4. Für die Art und den Umfang des Ersatzes gelten die §§ 249 ff. BGB. (entgangener Gewinn: OVG. 17. XI. 02, s. Anm. 2). Bei Bäumen ist der Schaden nicht nach dem Wert zur Zeit der Beschädigung, sondern nach dem bei Eintritt der normalen Abtriebszeit erzielbaren Wert unter Abzug der Zwischenzinsen zu bestimmen, OVG. 3. XII. 96 (OVG. 31 245, DJurZ. 97 267 und Kunze-Kautz 2 209). Über Zier- und Weihnachtsbäume s. OVG. 17. XI. 02, oben Anm. 2. Feldfrüchte, JO. § 54.

5. Die gesetzliche Ersatzpflicht findet statt für Wildschäden auf gemeinschaftlichen Jagdbezirken (JO. § 52) und den an einen Eigenjagdbezirk angeschlossenen Grundstücken (JO. § 53).

6. Vgl. Ziff. 35 ff. AusfAnw.

§ 52. Ersatzpflichtig sind in einem gemeinschaftlichen Jagdbezirke die Grundbesitzer des Jagdbezirkes nach Verhältnis der Größe der beteiligten

Fläche. Dieselben werden durch den Jagdvorsteher vertreten.

Hat bei Verpachtung der Jagd in gemeinschaftlichen Jagdbezirken der Jagdvorsteher die vollständige Wiedererstattung der zu zahlenden Wildschadenbeträge durch den Jagdpächter nicht ausbedungen, so müssen solche Jagdpachtverträge nach ortsüblicher Bekanntmachung zwei Wochen öffentlich ausgelegt werden (§ 23). Sie bedürfen zu ihrer Gültigkeit der Genehmigung des Kreisausschusses, in Stadtkreisen des Bezirksausschusses, wenn seitens auch nur eines Nutzungsberechtigten während der Auslegungsfrist Einspruch erhoben wird.

1. Die Bildung des gemeinschaftlichen Jagdbezirks ist in §§ 7, 10 JO. geregelt; dazu gehören auch die Flächen, welche gemäß §§ 8, 9 JO. einem gemeinschaftlichen Jagdbezirk zugelegt sind (JO. § 12).

2. Die Gesamtheit der Grundbesitzer des Jagdbezirks, bei Teilung des Gemeindebezirks (JO. § 7 Abs. 2) des Teilbezirks ist ersatzpflichtig; sie wird durch den Jagdvorsteher (JO. § 16) vertreten. Die Grundbesitzer bilden nach § 16 die Jagdgenossenschaft. Die JO. hätte besser statt „Grundbesitzer" „Jagdgenossenschaft" sagen sollen. Der Zusatz, daß die Grundbesitzer nach Verhältnis der Größe der beteiligten Flächen ersatzpflichtig sind, hatte in § 2 WSchadG. v. 11. VII. 91 Sinn, hier versteht er sich von selbst, nachdem § 25 festgesetzt hat, daß die Nutzungen nach Verhältnis des Flächeninhalts verteilt werden. Die Jagdgenossenschaft trägt aber den Wildschaden, wie alle anderen Lasten und Ausgaben der Genossenschaft; was als Reinertrag übrig bleibt, wird

nach Verhältnis des Flächeninhalts verteilt. Alle Klagen gehen gegen die Genossenschaft.

3. Die Auslegung des Vertrags nach Abs. 2 ist die Auslegung nach § 23; unterbleibt sie, so ist der Vertrag nichtig (§ 24).

4. Die Frist zur Auslegung beträgt jetzt 2 Wochen; während derselben muß der Einspruch erhoben werden (anders im WSchadG. § 2). Der Einspruch ist bei dem Kr(Bez)Aussch. einzulegen.

5. Der Beschl. des Kr(Bez)Aussch. ist endgültig, doch steht dem Jagdvorsteher die Beschwerde zu (JO. § 26).

6. Vgl. Ziff. 36 AusfAnw.

§ 53. Für Wildschaden ist bei Grundflächen, die einem Eigenjagdbezirk angeschlossen sind (§ 4 Abs. 1 Ziffer 2 Abs. 1, § 7 Abs. 5, §§ 8, 9), der Inhaber des letzteren als Pächter ersatzpflichtig.

Ersatzpflichtig ist im Falle des § 10 der Inhaber des umschließenden Eigenjagdbezirkes auch dann, wenn er den angebotenen Anschluß abgelehnt hat und ein selbständiger Jagdbezirk gebildet ist. Auf das Verfahren finden die Vorschriften über Wildschadenersatz Anwendung.

1. Zu den Grundflächen des § 53 gehören:

a) die Gewässer, Deiche, Wege usw. (JO. § 4 Abs. 1 Ziff. 2 Abs. 1);

b) die Waldenklaven (JO. § 7 Abs. 5); ein Ruhenlassen der Jagd auf ihnen ist nicht mehr gestattet;

c) die getrennt liegenden nicht 75 ha großen Enklaven, die einem angrenzenden (§ 8) oder getrennt liegenden (§ 9) Jagdbezirk angeschlossen sind;

d) die nach § 10 gebildeten gemeinschaftlichen oder eigenen Jagdbezirke.

2. Über den Anschluß durch Pachtung s. JO. § 12 Abs. 2.

3. Hat der Inhaber des Eigenjagdbezirks diesen verpachtet, so haftet für den Wildschaden gesetzlich nicht der Pächter, sondern der Inhaber des Eigenjagdbezirks; der beschädigte Nutzungsberechtigte hält sich direkt an den Verpächter, gegen ihn richten sich die Klagen. Ist der Pächter des Eigenjagdbezirks vertraglich verpflichtet, dem Verpächter für den Wildschaden aufzukommen, so kann der Pächter im VerwStreitVerf. beigeladen werden (§ 70 LVG.).

4. Der letzte Satz des § 53 will besagen, daß der Wildschadenanspruch gegen den Inhaber des Eigenjagdbezirks formell ebenso verfolgt wird, wie der Anspruch gegen die Jagdgenossenschaft (§§ 55 f.). Es gilt auch die Bestimmung wegen der binnen drei Tagen zu bewirkenden Anmeldung.

§ 54. Sofern Bodenerzeugnisse, deren voller Wert sich erst zur Zeit der Ernte bemessen läßt, vor diesem Zeitpunkte beschädigt werden (§ 51), so ist der Schaden in demjenigen Umfange zu erstatten, in welchem er sich zur Zeit der Ernte darstellt.

1. Bei Wildschaden ist der volle Wert, auch der entgangene Gewinn (BGB. § 252) zu erstatten. Bei Bodenerzeugnissen, die geerntet werden, also Feldfrüchten, läßt sich der ganze Umfang eines längere Zeit vor der Ernte angerichteten Schadens nicht immer mit Sicherheit erkennen, es soll deshalb die Zeit der Ernte maßgebend sein.

2. Der erste Termin (JO. § 56) ist unter allen Umständen anzuberaumen, und es hat darin auch die Ermittelung, was das Wild getan, zu erfolgen. Nur die Abschätzung und die Berechnung der Ersatzsumme können ausgesetzt werden.

3. Die Aussetzung kann von Amts wegen oder auf Antrag eines Beteiligten (§ 57) erfolgen, dem Antrag muß stattgegeben werden.

§ 55. Der Beschädigte, welcher auf Grund der §§ 51 bis 53 Ersatz für Wildschaden fordern will, hat diesen Anspruch bei der für das geschädigte Grundstück zuständigen Ortspolizeibehörde binnen drei Tagen, nachdem er von der Beschädigung Kenntnis erhalten hat, schriftlich oder zu Protokoll anzumelden. Bei Versäumung dieser Anmeldung findet ein Ersatzanspruch nicht statt.

1. Beruht ein Ersatzanspruch auf einem Vertrage oder auf einer unerlaubten Handlung, nicht auf den Vorschriften der §§ 51 ff., so erfolgt die Geltendmachung nicht nach den §§ 55 ff. JO., sondern im ordentlichen Rechtswege (vgl. Anm. 1 zu § 51).

2. Für die Berechnung der Frist gelten die §§ 187, 188, 193 BGB. Sie ist eine Präklusiv- und nicht eine Verjährungsfrist, bei ihrer Versäumung kommt es auf ein Verschulden nicht an, Erk. 3. XII. 96 (OVG. 31 245, DJurZ. 97 267 und Kunze-Kautz 2 208). Zur Wahrung der Frist genügt es, wenn das die Anmeldung enthaltende Schriftstück innerhalb derselben tatsächlich in die Gewalt der Ortspolizeibehörde gelangt ist, die Öffnung des Schriftstücks ist nicht notwendig, Erk. 6. I. 00 (OVG. 36 360, DJurZ. 00 398 und Kunze-Kautz 2 209).

3. Ist nach der Anmeldung ein weiterer Schaden entstanden, so hat ihn der Amtsvorsteher im Termin auf Antrag des Beschädigten mit abzuschätzen, sofern nicht die dreitägige Frist versäumt ist; einer besonderen Anmeldung und eines nochmaligen Termins bedarf es nicht, Erk. 3. XII. 96 (s. Anm. 2).

4. Ortspolizeibehörde ist in den Städten (außer denen mit königlicher Polizeiverwaltung) regelmäßig der Bürgermeister, im Gebiet der KrO. v. 19. III. 81 der Amtsvorsteher, in Posen der Distriktskommissar, in Westfalen (KrO. v. 31. VII. 86 § 29 Abs. 2) der Amtmann, in der Rheinprovinz (KrO. v. 30. V. 87 § 28) und Hessen-Nassau (KrO. v. 7. VI. 85 § 27; vgl. indessen §§ 28, 30—32) der Bürgermeister.

§ 56. Nach rechtzeitig erfolgter Anmeldung hat die Ortspolizeibehörde zur Ermittlung und Schätzung des behaupteten Schadens und zur Herbeiführung einer gütlichen Einigung unverzüglich einen Termin an Ort und Stelle anzuberaumen und zu demselben die Beteiligten unter der Verwarnung zu laden, daß im Falle des Nichterscheinens mit der Ermittlung und Schätzung des Schadens dennoch vorgegangen wird. Der Jagdpächter ist zu diesem Termine zu laden.

1. Über die Rechtzeitigkeit der Anmeldung s. Anm. 2, 3 zu § 55. Der Beschädigte hat nicht die Beweispflicht dafür, daß er an einem bestimmten Tage den Schaden bemerkt hat. Die Beweispflicht im Verfahren fällt derjenigen Partei zu, die aus der Versäumung der Frist das Recht zur Ablehnung des Anspruchs herleitet, OVG. 3. XII. 96 (Anm. 2 zu § 55 JO.).

2. Beteiligt sind der Beschädigte und im Falle des § 52 der Jagdvorsteher als Vertreter der Genossenschaft, im Falle des § 53 der Inhaber des umschließenden Jagdbezirks. Der Jagdpächter (§ 52) ist nicht beteiligt, OVG. 3. X. 00 (Kunze-Kautz 2 209) und 29. IX. 04 (Schultz 3 86), er ist aber zu laden. Der Eigenjagdbesitzer (§ 53) muß als Beteiligter geladen werden.

3. Die Ladung wird zweckmäßigerweise schriftlich sein

und muß die in § 56 bezeichnete Verwarnung enthalten. Für die Zustellung der Ladung kann die Anwendung der Vorschriften der ZPO. nicht verlangt werden. Es wird so geladen, wie polizeiliche Ladungen sonst geschehen. Nur wird eine Beurkundung der Ladung stattfinden müssen. Ist ein Beteiligter vom Amtsvorsteher nicht gehörig geladen, so bedarf es im VerwStreitVerf. (JO. § 59) nicht einer Wiederholung der Schätzung, OVG. 3. XII. 96 (s. Anm. 2 zu § 55).

4. Der Vergleich findet zwischen den Beteiligten (Anm. 2) statt, der Jagdpächter braucht ihn nicht gegen sich gelten zu lassen, er wird zweckmäßig zum Vergleich zuzuziehen sein. Wird eine Einigung nicht erzielt, so ist ein Vorbescheid (JO. § 58) zu erlassen.

5. Die Ladung des Jagdpächters, der von der Jagdgenossenschaft oder von den Inhabern des Eigenjagdbezirks gepachtet hat, hat besonders dann zu erfolgen, wenn er in dem Jagdpachtvertrage für den Wildschaden dem gesetzlich Verpflichteten aufzukommen sich verpflichtet hat. Weiß die Ortspolizeibehörde, daß eine solche Verpflichtung nicht übernommen ist, so wird sie von der Ladung absehen. Antragsberechtigt (§§ 57, 59) ist der Jagdpächter in diesem Stadium der Sache nicht; er wird es erst, wenn er im VerwStreitVerf. beigeladen worden.

§ 57. Jedem Beteiligten steht das Recht zu, in dem Termine zu beantragen, daß die Schätzung des Schadens erst in einem zweiten, kurz vor der Ernte abzuhaltenden Termin erfolge. Diesem Antrage muß stattgegeben werden.

1. Beteiligter, s. Anm. 2 zu § 56. Im übrigen vgl. Anm. 1—3 zu § 54. Wird der Termin nicht vertagt, so ist der Antragsteller befugt, sich bei der der Ortspolizeibehörde vorgesetzten Dienstbehörde zu beschweren, um zu verhindern, daß die Ortspolizeibehörde einen

Vorbescheid vorzeitig erläßt. Für die Beschwerde ist eine Frist nicht gesetzt.

3. Hat die Ortspolizeibehörde dem Antrage nicht stattgegeben, so macht sich ihr Inhaber disziplinarisch und zivilrechtlich haftbar. In der Sache selbst, insbesondere wenn später Klage (§ 59) erhoben ist, wird der Vorbescheid nicht ungültig. Das Verwaltungsgericht wird auf Grund der ihm zu Gebote stehenden Beweismittel versuchen müssen, eine Schätzung vorzunehmen.

§ 58. Auf Grund des Ergebnisses der Vorverhandlungen hat die Ortspolizeibehörde einen Vorbescheid über den Schadenersatzanspruch und die entstandenen Kosten zu erlassen und den Beteiligten in schriftlicher Ausfertigung zuzustellen.

Die Zustellung erfolgt nach Maßgabe der für Zustellungen des Kreisausschusses geltenden Bestimmungen.

1. Der Vorbescheid ergeht nur unter den Beteiligten (Anm. 2 zu § 56). Ein Vorbescheid gegen den Jagdpächter darf nicht erlassen werden. Es ist aber zweckmäßig, ihm Abschrift zuzufertigen. Ist der Jagdpächter unzulässiger Weise durch den Vorbescheid verurteilt, so kann er ihn nach einem OVG. 9. X. 02 (DJurZ. 03 179; PrVerwBl. 24 328; Kunze-Kautz 2 211) nicht nach § 59 JO., sondern nur nach LVG. §§ 127 ff. anfechten (die damit aufgegebene gegenteilige Ansicht des OVG. in der Entsch. 22. IX. 97 — DJurZ. 98 23 und PrVerwBl. 21 504 — erscheint aber richtiger).

2. Der Vorbescheid ist schriftlich abzufassen und so mit Gründen zu versehen, daß eine Nachprüfung der Entsch. im VerwStreitVerf. erfolgen kann. Er ist den Parteien zuzustellen.

3. Gebühren für den Vorbescheid werden nicht erhoben, Erl. 31. V. 94 und 9. IV. 94 (OVG. 26

272 u. 275; Kunze-Kautz 2 212). Unter den Kosten sind in § 58 die Gebühren der Sachverständigen, Portoauslagen usw. zu verstehen. Über die Kosten des Vorverfahrens vgl. § 60 JO.

4. Der Vorbescheid ist keine polizeiliche Verfügung im Sinne der §§ 127 ff. LVG., sondern ein Akt der verwaltungsgerichtlichen Rechtsprechung zwischen bestimmten Privatpersonen, OVG. 9. X. 02 (s. Anm. 1).

5. Es empfiehlt sich, den Vorbescheid (wie bei Erkenntnissen) in Tenor und Gründe zu teilen und den Verurteilten genau anzugeben.

§ 59. Gegen den Vorbescheid findet innerhalb zwei Wochen die Klage bei dem Kreisausschuß, in Stadtkreisen bei dem Bezirksausschusse, statt.

Die Entscheidungen des Kreisausschusses und des Bezirksausschusses sind vorläufig vollstreckbar.

Wird innerhalb der zwei Wochen die Klage nicht erhoben, so wird der Vorbescheid endgültig und vollstreckbar.

1. Die Klage ist auch zulässig, wenn die Ortspolizeibehörde die Vornahme der in § 56 JO. angeordneten Ermittelungen und den Erlaß des in § 58 vorgesehenen Vorbescheides ablehnt, OVG. 6. I. 00 (s. Anm. 2 zu § 55), zB. wegen Fristversäumnis. Gleiches gilt, wenn die Ablehnung auf Vorschriften des Verfahrens, zB. über die Zuständigkeit, beruht.

2. Die Frist beginnt mit der Zustellung des Vorbescheides. Über die Berechnung der Frist s. Anm. 2 zu § 55 JO. Eine Wiedereinsetzung in den vorigen Stand ist nach LVG. § 112 zulässig.

3. Über den Inhalt der Klage s. LVG. § 63. Die bei dem Gerichte selbst einzureichende Klage kann nur von einem Beteiligten (s. Anm. 2 zu § 56 JO.) gegen einen solchen, nicht von dem Jagdpächter oder gegen ihn

erhoben werden (s. jedoch Anm. 1 zu § 58). Eine unrichtige Bezeichnung des Beklagten kann aber nicht zur Abweisung der Klage führen, wenn aus den vorausgegangenen Verhandlungen klar ersichtlich ist, gegen wen der Anspruch gerichtet werden soll, OVG. 6. 1. 00 (s. Anm. 2 zu § 55). Partei kann nur die Jagdgenossenschaft, vertreten durch den Jagdvorsteher (JO. §§ 16, 52 Abs. 1) sein.

4. Örtlich zuständig für die Klage ist nach § 57 LVG. derjenige Kr(Bez)Aussch., in dessen Bezirk das beschädigte Grundstück belegen ist.

5. Hat die Ortspolizeibehörde mangelhafte Feststellungen getroffen, so ist die Sache nicht an sie zurückzuverweisen, sondern das Verwaltungsgericht hat seinerseits Ermittelungen anzustellen, OVG. 6. I. 00 (s. Anm. 2 zu § 55).

6. Gegen die Entsch. des KrAussch. ist Berufung an den BezAussch. und darauf Revision an das OVG. binnen zwei Wochen, gegen die Entsch. des BezAussch. in erster Instanz (Stadtkreise) die Berufung an das OVG. binnen gleicher Frist gegeben.

7. Die Vollstreckung des rechtskräftigen Erkenntnisses erfolgt im Wege des VerwZwVerf. Der Vorsitzende verhängt die Vollstreckung (§ 60 LVG.).

Die Ortspolizeibehörde vollstreckt den rechtskräftigen Vorbescheid ebenfalls im Wege des Verwaltungszwangsverfahrens.

§ 60. Als Kosten des Verfahrens kommen nur bare Auslagen, insbesondere Reisekosten und Gebühren der Sachverständigen, Botenlöhne und Portokosten in Ansatz. Die Kosten des Vorverfahrens werden als Teil der Kosten des Verwaltungsstreitverfahrens behandelt.

1. Nach den in Anm. 3 zu § 58 angegebenen Entsch. des OVG. gilt die Gebührenfreiheit nur für das

polizeiliche Vorverfahren, während für das VerwStreitVerf. die §§ 103ff. LVG. anzuwenden sind.

2. Der § 60 führt nur Beispiele der baren Auslagen an, es können auch andere in Ansatz kommen. Trotz der Portoablösung sind die Portokosten zu berechnen und von dem Unterliegenden dem Gerichte zu erstatten (Vf. v. 20. IV. 97 — MBl. 90). Die bei der Ortspolizeibehörde entstandenen Portokosten sind ebenso zu behandeln.

3. Der letzte Satz des § 60 bedeutet, daß der im VerwStreitVerf. Unterliegende ebenso die im Vorverf. entstandenen ersatzpflichtigen Kosten zu tragen hat und zu ihrer Tragung zu verurteilen ist (OVG. 26 275).

Sechster Abschnitt.

Wildschadenverhütung.

§ 61. Wenn die in der Nähe von Forsten belegenen Grundstücke, welche Teile eines gemeinschaftlichen Jagdbezirkes bilden, oder solche Waldenklaven, auf welchen die Jagdausübung dem Eigentümer des sie umschließenden Waldes überlassen ist (§ 7 Abs. 5, §§ 8 und 10), erheblichen Wildschäden durch das aus der Forst übertretende Wild ausgesetzt sind, so ist die Jagdpolizeibehörde befugt, auf Antrag der geschädigten Grundbesitzer nach vorhergegangener Prüfung des Bedürfnisses und für die Dauer desselben den Jagdpächter selbst während der Schonzeit zum Abschusse des Wildes aufzufordern. Schützt der Jagdpächter, dieser Aufforderung ungeachtet, die beschädigten Grundstücke nicht genügend, so kann die Jagdpolizeibehörde den Grundbesitzern selbst die Genehmigung erteilen, das auf diese Grundstücke übertretende Wild auf jede erlaubte Weise zu fangen, namentlich auch mit Anwendung des Schießgewehrs zu töten.

Das Nämliche gilt rücksichtlich der Besitzer solcher Grundstücke, auf welchen sich die Kaninchen bis zu einer der Feld- und Gartenkultur schädlichen Menge vermehren, in betreff dieser Tiergattung. Wird gegen die Verfügung der Jagdpolizeibehörde die Beschwerde eingelegt, so bleibt erstere bis zur eingehenden höheren Entscheidung einstweilen gültig.

Das von den Grundbesitzern infolge einer solchen Genehmigung der Jagdpolizeibehörde erlegte oder gefangene Wild muß aber gegen Bezahlung des in der Gegend üblichen Schußgeldes dem Jagdpächter überlassen und die desfallsige Anzeige binnen 24 Stunden erstattet werden.

1. Die Vorschrift in § 61 stimmt materiell mit § 20 HohenzJO. v. 10. III. 02 überein. Vgl. AusfAnw. Ziff. 38—42.

2. Der § 61 betrifft alle Gattungen jagdbaren Wildes und die Kaninchen. Den Schutz sollen die in der Nähe von Forsten belegenen Grundstücke des gemeinschaftlichen Jagdbezirks und die Waldenklaven genießen; ob auch der Schutz gegen Kaninchen auf diese Grundstücke beschränkt ist, ist streitig, der Wortlaut des Abs. 2 spricht gegen die Beschränkung. Dem Eigenjagdbesitzer stehen die Rechte aus § 61 nicht zu.

3. Durch die Aufforderung der Jagdpolizeibehörde erhält der Jagdpächter zunächst das Recht, während der

Schonzeit (JO. §§ 39, 40) diejenigen Tiergattungen zu jagen, welche nach den Ermittelungen der Jagdpolizeibehörde erheblichen Wildschaden angerichtet haben; die Strafvorschriften der §§ 76, 77 JO. sind alsdann nicht anwendbar.

Die Erlaubnis zum Abschuß soll nur ausnahmsweise und für eine bestimmte Zeit erteilt werden, Erl. v. 11. XI. 73 (MBl. 305).

4. Ist der Abschuß durch den Jagdpächter nicht genügend, so können die Grundbesitzer zum Fangen und Töten auf die schädigenden Tiergattungen ermächtigt werden. Die Ermächtigung ist auf diese Tiergattungen und auf die Dauer des Bedürfnisses zu beschränken.

Unerlaubte Arten der Jagdausübung sind das Fangen mit Schlingen (JO. §§ 41, 77) und das Schießen in gefährlicher Nähe von bewohnten oder von Menschen besuchten Orten (StGB. § 367_8) und von Gebäuden (StGB. § 368_7).

5. Die Ermächtigung ist schriftlich zu erteilen und vertritt die Stelle des Jagdscheins. Der Ermächtigte muß sie bei sich führen (JO. § 30_3). Ob sie, wie nach JO. § 67 Abs. 2, denjenigen Grundbesitzern nicht erteilt werden darf, welchen der Jagdschein versagt werden muß (JO. § 34), ist streitig (vgl. Anm. 7 zu § 30).

6. Das von den Grundbesitzern gefangene oder erlegte Wild (nicht die Kaninchen) ist dem Jagdpächter auf dessen Verlangen zu überlassen; er muß es sich abholen. Der Grundbesitzer ist zur Anzeige verpflichtet, eine Strafe wegen Unterlassung der Anzeige ist nicht festgesetzt. Behält er das Wild, so kann darin eine Unterschlagung (StGB. § 246) liegen.

7. Gegen die Beschlüsse der Jagdpolizeibehörde ist Beschwerde an den BezAussch. zulässig (JO. § 69 Abs. 2).

8. Über den Handel mit dem erlegten Wild während der Schonzeit s. JO. § 45 Abs. 1.

§ 62. Ist während des Kalenderjahrs wiederholt durch Rot-, Elch- oder Damwild verursachter Wildschaden durch die Ortspolizeibehörde festgestellt worden, so muß auf Antrag des Ersatzpflichtigen oder der Jagdberechtigten die Jagdpolizeibehörde sowohl für den betroffenen, als auch nach Bedürfnis für benachbarte Jagdbezirke die Schonzeit der schädigenden Wildgattung für einen bestimmten Zeitraum aufheben und die Jagdberechtigten zum Abschuß auffordern und anhalten.

1. Nach dem Erk. 6. III. 93 (OVG. **24** 294 und Kunze-Kautz **2** 210) bezieht sich der § 62 JO. (früher § 12 WSchadG.) auch auf Eigenjagdbezirke. Dagegen Holtgreven (56) und Dickel (ZfForst-u.Jagdwesen **30** 20 ff.).

2. Der § 62 bezieht sich nicht auf Rehe und Fasanen (JO. § 51; Schwarzwild hat keine Schonzeit).

3. Kalenderjahr ist die Zeit vom 1. Jan. bis zum 31. Dez.

4. Die Feststellung des Schadens braucht nicht nach den Vorschriften der §§ 55 ff. JO. zu erfolgen, OVG. 6. III. 93 (s. Anm. 1).

5. Der Ersatzpflichtige ist in §§ 52, 53 JO. genannt. Nicht jeder einzelne Grundbesitzer ist antragsberechtigt, sondern nur die Jagdgenossenschaft (vgl. PrVerwBl. **26** 867). Anders Lehfeld in der ZfJagdR. **1** 52.

6. Die Anordnung muß getroffen werden. Beschwerden gegen Ablehnung gehen an den BezAussch. (JO. § 69 Abs. 2).

7. Die Anordnung ist für einen bestimmten Zeitraum zu treffen, der kalendermäßig, also nach Tagen, Wochen usw., zu bemessen ist und nicht auf eine bestimmte Stückzahl

von Wild beschränkt werden darf, OVG. 8. X. 06 (LwMBl. 07 148 und DJurZ. 07 718).

8. Das Anhalten des Jagdberechtigten zum Abschuß geschieht durch die Zwangsmittel nach LVG. §§ 132 f.

9. Vgl. Anm. 8 zu § 61.

§ 63. Genügen diese Maßregeln (§ 62) nicht, so hat die Jagdpolizeibehörde den Grundbesitzern und sonstigen Nutzungsberechtigten selbst nach Maßgabe des § 61 die Genehmigung zu erteilen, das auf ihre Grundstücke übertretende Elch-, Rot- und Damwild auf jede erlaubte Weise zu fangen, namentlich auch mit Anwendung des Schießgewehrs zu erlegen.

1. Erst wenn die Maßregeln des § 62 erschöpft sind und sich als ungenügend erwiesen haben, ist die Genehmigung nach § 63 zu erteilen.

2. Für die Erteilung der Genehmigung sind die Vorschriften des § 61 (s. Anm. 4—8) maßgebend, die Genehmigung bezieht sich aber nur auf Rot-, Elch- und Damwild.

Nur auf ihren eigenen Grundstücken dürfen die Grundbesitzer usw. übertretendes Elch-, Rot- und Damwild fangen oder mit Schußwaffen erlegen. Auch dürfen andere Wildgattungen nicht erlegt oder gefangen werden. Die Überschreitung der Befugnis ist als Jagdvergehen anzusehen (§§ 292 ff. StGB.).

§ 64. Schwarzwild darf nur in solchen Einfriedigungen gehegt werden, aus denen es nicht ausbrechen kann. Der Jagdberechtigte, aus dessen Gehege Schwarzwild austritt, haftet für den durch das ausgetretene Schwarzwild verursachten Schaden.

Außer dem Jagdberechtigten darf jeder Grundbesitzer oder Nutzungsberechtigte innerhalb seiner

Grundstücke auf jede erlaubte Art fangen, töten und behalten.

Die Jagdpolizeibehörde kann die Benutzung von Schießwaffen für eine bestimmte Zeit gestatten.

Die Jagdpolizeibehörde hat außerdem zur Vertilgung uneingefriedigten Schwarzwildes alles Erforderliche anzuordnen, sei es durch Polizeijagden, sei es durch andere geeignete Maßregeln oder Auflagen an die Jagdberechtigten des Bezirkes und der Nachbarforsten.

1. Es ist streitig, ob der Wildschaden, für welchen der Jagdberechtigte nach Abs. 1 des § 64 haftet, nach den Vorschriften der §§ 51 ff. JO. zu beurteilen, insbesondere also, ob der Nachweis eines Verschuldens nicht erforderlich ist und die Geltendmachung des Ersatzanspruchs nach §§ 55 ff. JO. zu erfolgen hat. Die Frage ist zu verneinen, weil in § 64 der Grund der Haftung in der ungenügenden Einfriedigung zu suchen ist, also auf einem Verschulden beruht. Die Ersatzpflicht richtet sich daher nach den §§ 823 ff. BGB., der Anspruch ist im ordentlichen Rechtswege geltend zu machen, der § 23 GerVerfG. ist nicht anwendbar (vgl. Anm. 1 zu § 51).

Die Haftung für Schaden, der durch nicht aus einem Gehege ausgetretenes Schwarzwild angerichtet ist, richtet sich nach den §§ 51 ff. JO.

2. Durch den Abs. 2 des § 64 wird das Schwarzwild nicht dem freien Tierfang überlassen, vielmehr haben lediglich die Grundbesitzer auf ihren Grundstücken neben dem Jagdberechtigten ein beschränktes Jagdrecht an diesem Wild, sie dürfen daher das gefangene oder erlegte Schwarzwild behalten. Über unerlaubte Arten der Jagdausübung s. Anm. 4 zu § 61.

3. Die Gestattung der Schußwaffe hängt vom Ermessen der Jagdpolizeibehörde ab; die Versagung der

Erlaubnis kann mit der Beschwerde an den BezAussch. angefochten werden, OVG. 8. V. 93 (Kunze-Kautz 2 212). Ist die Erlaubnis nicht eingeholt oder versagt, so ist die Benutzung der Schußwaffe nach § 368_{10} StGB. strafbar.

4. Die Grundbesitzer bedürfen eines Jagdscheins, weil ihre Rechte aus § 64 JO. nicht auf einem Auftrag oder einer Ermächtigung der Behörde (JO. § 30_3), sondern auf dem Gesetz beruhen; die abweichende Ansicht von Bauer (WSchadG. 64) geht unzutreffend davon aus, daß das Schwarzwild dem freien Tierfang unterliegt (vgl. JO. § 1 a).

Die Polizeijagden des Abs. 4 § 64 fallen dagegen unter den § 30_3.

5. Die Anordnungen der Jagdpolizeibehörde nach Abs. 4 sind gemäß § 69 Abs. 2 JO. durch Beschwerde an den BezAussch. anfechtbar.

6. Der Erl. v. 17. VI. 72 (MBl. 177) regelt den Abschuß des Schwarzwildes.

§ 65. Durch Klappern, aufgestellte Schreckbilder, sowie durch Zäune kann ein jeder das Wild von seinen Besitzungen abhalten, auch wenn er auf diesen zur Ausübung des Jagdrechts nicht befugt ist. Zur Abwehr des Rot-, Dam- und Schwarzwildes kann er sich auch kleiner oder gemeiner Haushunde bedienen.

1. Werden die im § 65 (früher § 21 JPolG.) genannten Maßregeln von Grundbesitzern eines gemeinschaftlichen Jagdbezirks vorgenommen, so hat der Jagdpächter kein Widerspruchsrecht, er kann sogar dem Anspruch auf Ersatz von Wildschaden die Unterlassung der Maßregeln unter Umständen als mitwirkendes Verschulden entgegenhalten (vgl. Anm. 2 zu § 51).

Wegen der Errichtung von Zäunen kann der Jagdpächter nicht Aufhebung des Pachtvertrages verlangen, RG. 13. XII. 93 (Bolze, Praxis des Reichsgerichts 17 52), er hat aber unter Umständen Anspruch auf Minderung des Pachtzinses.

2. Der § 65 gilt auch im Verhältnis der benachbarten Jagdberechtigten zueinander.

3. In der Erlaubnis, sich zur Abwehr des Rot-, Dam- und Schwarzwildes kleiner oder gemeiner Haushunde zu bedienen, liegt nicht die Befugnis, die Hunde frei herumlaufen zu lassen (vgl. § 143 I 9 ALR.).

4. Nur die Abwehr des Wildes ist gestattet, nicht das Töten; dieses ist nach §§ 292 ff. StGB. strafbar (RGSt. 10. VI. 82 6 375).

§ 66. Die Jagdpolizeibehörde kann die Besitzer von Obst-, Gemüse-, Blumen- und Baumschulanlagen ermächtigen, Vögel und Wild, welche in den genannten Anlagen Schaden anrichten, zu jeder Zeit mittels Schußwaffen zu erlegen. Der Jagdberechtigte kann verlangen, daß ihm die erlegten Tiere, soweit sie seinem Jagdrecht unterliegen, gegen das übliche Schußgeld überlassen werden.

Die Ermächtigung darf Personen, welchen der Jagdschein versagt werden muß, nicht erteilt werden und ist widerruflich.

1. Nach dem Erl. v. 24. VII. 99 (Holtgreven, WSchadG. 198) ist es zulässig, die Ermächtigung zum Abschusse dem Besitzer des gefährdeten Grundstückes mit der Maßgabe zu erteilen, daß er den Abschuß durch seinen persönlich geeigneten Vertreter ausüben lassen darf; wenn die Abschußerlaubnis dem Vertreter direkt erteilt wird,

so ist dies ein formeller Mangel, der aber unwesentlich ist und nicht zur Aufhebung des Beschlusses führen kann.

2. Als Obstanlage ist ein mit Obstbäumen bepflanztes Grundstück anzusehen, welches sich schon äußerlich als eine in sich abgeschlossene Anlage darstellt und deshalb in der Regel auch wird eingefriedigt werden müssen, Erl. v. 6. IV. 98 (Holtgreven 195). Die Einfriedigung muß eine dauerhafte sein, Erl. v. 31. VIII. 01 (das. 207), doch kann eine jeden Wildwechsel ausschließende Umwährung nicht verlangt werden, Erl. v. 24. VII. 99 (das. 198). Zu den Obstanlagen gehören auch kleinere Weinanlagen, nicht aber Weinberge.

3. Vögel sind hier nur die jagdbaren; für die nicht jagdbaren gilt der § 5 Abs. 2, 4 VogSchG. v. 22. III. 88.

4. Wild ist nach den Erl. v. 14. IX. 92 und v. 6. IV. 98 (Holtgreven 189 u 195) nur das jagdbare (ebenso Dalcke zu WSchadG. § 16 Anm. 74; Kohli Anm. 55 und Holtgreven Anm. 4); abweichend Bauer (WSchadG. 75) wegen der Worte: „soweit sie seinem Jagdrecht unterliegen".

5. Andere Jagdarten als der Gebrauch der Schußwaffe sind nicht gestattet, eine Strafe ist aber nicht festgesetzt; Jagdvergehen (§§ 292 ff. StGB.) dürfte nicht vorliegen, da nur bestimmte Jagdarten verboten sind.

6. Über die Überlassung der Tiere an den Jagdberechtigten vgl. Anm. 6 zu § 61. Eine sofortige Anzeige ist hier aber nicht ausdrücklich vorgeschrieben.

7. Die Ermächtigung ist schriftlich zu erteilen und vertritt die Stelle des Jagdscheins; sie darf Personen, welchen der Jagdschein versagt werden muß (JO. § 34), nicht erteilt werden. Sie ist mitzuführen (JO. § 30_3). Der Widerruf wird nur aus den Gründen des § 34 JO. erfolgen können.

8. Über die Beschwerde im Falle des § 66 s. § 68.

9. Über den Handel mit dem erlegten Wild während der Schonzeit s. § 45 Abs. 1.

§ 67. Die Jagdpolizeibehörde kann die Eigentümer und Pächter solcher zur Fischerei dienender Seen und Teiche, die nicht zu einem Eigenjagdbezirke gehören (§ 13 Abs. 1), selbst wenn die Jagd auf ihnen ruht, ermächtigen, jagdbare und nichtjagdbare Tiere, welche der Fischerei Schaden zufügen, zu jeder Zeit auf jede erlaubte Weise zu fangen, namentlich auch mit Anwendung von Schußwaffen zu erlegen. Mit Zustimmung der Jagdpolizeibehörde kann diese Ermächtigung auf bestimmt zu bezeichnende Beauftragte des Eigentümers oder Pächters übertragen werden. Der Jagdberechtigte kann verlangen, daß ihm die erlegten Tiere, soweit sie seinem Jagdrecht unterliegen, gegen das übliche Schußgeld überlassen werden.

Die Ermächtigung darf Personen, welchen der Jagdschein versagt werden muß, nicht erteilt werden und ist widerruflich. In ihr sind die Tierarten, zu deren Erlegung die Befugnis erteilt wird, bestimmt zu bezeichnen.

Die weitergehenden Bestimmungen der Fischereigesetze werden hierdurch nicht berührt.

1. Durch § 13 JO. ist den Eigentümern der zur Fischerei dienenden Seen und Teichen die Befugnis beigelegt, dieselben von dem gemeinschaftlichen Jagdbezirk auszuschließen; auf den ausgeschlossenen Grundflächen muß während der Dauer des Ausschlusses die Jagd ruhen.

Der durch § 45 FischG. der Fischerei gewährte Schutz erschien nicht ausreichend (KommB. 7 und 29), da er nur gegen einige Tiere gewährt ist und die Schußwaffe nicht angewendet werden darf. Durch den neuen § 67 JO. ist der Schutz ausgedehnt, indem mit Ermächtigung der Jagdpolizeibehörde die Eigentümer und Pächter sämtliche jagdbaren und nicht jagdbaren Tiere, und auch mit der Schußwaffe erlegen dürfen, sofern sie der Fischerei Schaden zufügen. Die vorherige Feststellung eines Schadens ist nicht Voraussetzung der Ermächtigung.

2. Die Ermächtigung ist nur den Eigentümern oder Pächtern der Seen und Teiche zu erteilen; da sie aber vielfach nicht in der Lage sind, das zugestandene Recht selbst auszuüben, zB. wenn Frauen und Minderjährige in Betracht kommen, so können mit Zustimmung der Jagdpolizeibehörde die Eigentümer und Pächter die Befugnis auf bestimmt zu bezeichnende Beauftragte übertragen (KommB. 30).

3. Personen, denen der Jagdschein versagt werden muß (JO. § 34), darf die Ermächtigung nicht erteilt werden. Der Widerruf erfolgt, sobald aus § 34 JO. dafür Gründe vorliegen.

4. Die Eigentümer und Pächter und ihre Beauftragten müssen einen Jagdschein haben; der Antrag, daß die Ermächtigung die Stelle des Jagdscheins vertreten solle, wurde abgelehnt, weil darin ein zuweitgehendes Entgegenkommen gegenüber dem Fischereiberechtigten erblickt wurde.

5. Über die Ablieferung der Tiere an den Jagdberechtigten vgl. Anm. 6 zu § 61.

6. Rechtsmittel: § 68 JO. (Beschwerde an den Bezirksausschuß).

7. Durch den Abs. 3 ist der § 45 FischG. aufrechterhalten; die dort genannten Tiere können auch ohne Ermächtigung, allerdings ohne Anwendung der Schußwaffe, getötet werden, und der Fischereiberechtigte kann sie

behalten. Bei der Beratung hat die Regierung erklärt, nach ihrer Ansicht finde der § 45 FischG. auch auf geschlossene, ein Besitztum bildende Fischteiche, insbesondere Kunstteiche Anwendung.

§ 68. Gegen die Anordnung oder Versagung obiger Maßregeln (§§ 66 und 67) seitens der Jagdpolizeibehörde ist nur die Beschwerde an den Bezirksausschuß und gegen dessen Entscheidung die Beschwerde zulässig, welche an den Minister des Innern und den Minister für Landwirtschaft, Domänen und Forsten geht.

1. Die weitere Beschwerde geht an die Minister, um zu verhindern, daß sich die Behandlung der Wildschadensfrage, namentlich in bezug auf die Anordnung des Abschusses, bei den einzelnen BezAusschüssen verschieden gestalte (KommBAH. v. 30. I. 91 S. 17).

2. Die Frist zur Beschwerde beträgt 2 Wochen (LVG. § 51).

Siebenter Abschnitt.

Behörden.

§ 69. Jagdpolizeibehörde ist der Landrat, in Stadtkreisen die Ortspolizeibehörde.

Gegen Beschlüsse der Jagdpolizeibehörde, durch welche Anordnungen wegen Abminderung des Wildstandes getroffen oder Anträge auf Anordnung oder Gestattung solcher Abminderung abgelehnt werden, findet innerhalb zwei Wochen die Beschwerde an den Bezirksausschuß statt; der Beschluß des Bezirksausschusses ist endgültig.

1. Der § 69 enthält früheres Recht, wie es der § 103 ZustG. bestimmt.

2. Die Beschwerde (Abs. 2) ist bei dem BezAussch. anzubringen. Die Vorschriften in § 129 LVG. gelten hier nicht.

3. An sich enthalten die Beschlüsse (Abs. 2) polizeiliche Verfügungen, ihre Anfechtung ist aber abweichend von den §§ 127f. LVG. geordnet.

4. Unter den Abs. 2 fallen die Vorschriften wegen Wildschadenverhütung in §§ 61—64, während für die Maßregeln nach §§ 66 u. 67 die Rechtsmittel in § 68 etwas abweichend geordnet sind. Wird demnach wegen Abschusses von wilden Kaninchen eine Anordnung erlassen (§ 61 Abs. 2), so ist dagegen nur die Beschwerde an den BezAussch. zulässig (vgl. für das frühere Recht OVG. 45 334 u. Kunze in der DJägZ. 05 Nr. 51).

5. Die Jagdpolizeibehörde kann nach wie vor gegen jeden mit einer polizeilichen Verfügung einschreiten, der die Jagd entgegen den polizeilichen, öffentlich rechtlichen Grundsätzen der JO. ausübt. Sie ist zB. berufen, darüber zu wachen, daß, wenn vor den Verwaltungsgerichten (§§ 24, 71) ein Streit ausgetragen ist, nach dem rechtskräftigen Erkenntnisse verfahren wird. Bei einem nach § 24 begonnenen, aber nicht ausgetragenen VerwStreitVerf. (siehe die Anm. 6f. zu § 24) wird die Jagdaufsichtsbehörde angemessener Weise meist ein Interimistikum herstellen, bei anderen Streitigkeiten kann die Jagdpolizeibehörde, wenn sonst ihrer Obhut anvertraute Interessen verletzt werden, eine jagdpolizeiliche Verfügung erlassen (Kunze-Kautz 2 197, 198).

Die Jagdpolizeibehörde hat namentlich die Bildung der Jagdbezirke zu überwachen; denn die dafür erlassenen Vorschriften sind absoluter, öffentlich-rechtlicher Natur. Hat der Verwaltungsrichter gesprochen, so hat sich danach auch die Jagdpolizeibehörde zu richten; denn die Erkenntnisse über Bildung der Jagdbezirke gelten inter omnes (Kunze-Kautz 2 198).

Werden polizeiliche Verfügungen vom Verwaltungsrichter aufgehoben oder wird die Klage gegen solche Verfügungen abgewiesen, so wirken die Entscheidungen nur inter partes.

6. Daß nur die Jagdpolizeibehörde und ihre Organe die Jagdscheinkontrolle haben, ist zu § 73 näher ausgeführt.

§ 70. Die Aufsicht über die Verwaltung der Angelegenheiten der gemeinschaftlichen Jagdbezirke wird, soweit in diesem Gesetze nicht etwas anderes bestimmt ist, in Landkreisen von dem Landrat, in höherer und letzter Instanz von dem Regierungspräsidenten, in Stadtkreisen von dem Regierungspräsidenten, in höherer und letzter Instanz von dem Oberpräsidenten geübt.

Beschwerden bei den Aufsichtsbehörden sind in allen Instanzen innerhalb zwei Wochen anzubringen.

1. Die Aufsicht über die Verwaltung der Angelegenheiten der gemeinschaftlichen Jagdbezirke ist nicht zu verwechseln mit der Jagdpolizei. Während gegen Verfügungen der Jagdpolizeibehörde (Landrat, Ortspolizeibehörde in den Stadtkreisen) die Rechtsmittel nach §§ 127 ff. LVG. (Beschwerde, Klage) gegeben sind, richten sich die Rechtsmittel gegen Verfügungen der Jagdaufsichtsbehörde (Landrat, Regierungspräsident) nach den Vorschriften über die Anfechtung von Verfügungen der Kommunalaufsichtsbehörden. Für Berlin ist der Oberpräsident Aufsichtsbehörde.

2. Daß der Staat die Jagdgenossenschaft als eine Genossenschaft des öffentlichen Rechts unter die staatliche Aufsicht stellt, entspricht dem preußischen Staats-

rechte. Der gemeinschaftliche Jagdbezirk hat die meiste Ähnlichkeit mit den Fischereigenossenschaften, die sich wieder in bloße Schutzgenossenschaften (§ 9 FischG. v. 30. VII. 74) oder in Wirtschaftsgenossenschaften (§ 10) teilen, welch letztere die gemeinschaftliche Bewirtschaftung und Benutzung der Fischwässer in die Hand nehmen; den Fischereigenossenschaften stehen die Waldschutz- und Wirtschaftsgenossenschaften nahe (G. v. 6. VII. 75). Die Bildung erfolgt aber bei allen diesen Genossenschaften nicht auf Grund von Tatsachen (Vorhandensein gewisser Grundstücke), sondern auf Grund eines zu erlassenden Statuts. Die staatliche Aufsicht über die Fischereigenossenschaft führt der Kr(St)Aussch. (§§ 100, 101 ZustG). Über öffentliche Wirtschaftsgenossenschaften (§§ 45ff. G. v. 1. IV. 79) wird die staatliche Aufsicht teils vom Landrate als Vorsitzenden des Kreisausschusses, in Stadtkreisen von der Ortspolizeibehörde, teils vom Regierungspräsidenten geführt.

3. Die Beschwerden nach § 70 Abs. 2 sind bei den Aufsichtsbehörden selbst anzubringen; die Frist beträgt 2 Wochen. In Berlin geht die Beschwerde an den Minister des Innern.

§ 71. Streitigkeiten der Beteiligten über ihre in den öffentlichen Rechten begründeten Berechtigungen und Verpflichtungen hinsichtlich der Ausübung der Jagd unterliegen, soweit dieses Gesetz nicht etwas anderes bestimmt, der Entscheidung im Verwaltungsstreitverfahren.

Zuständig im Verwaltungsstreitverfahren ist in erster Instanz der Kreisausschuß, in Stadtkreisen der Bezirksausschuß.

1. Der § 71 ist dem § 105 ZustG. nachgebildet. Die Streitigkeiten der Beteiligten betreffen die auf Grund der Vorschriften der JO. zugelassene oder erforderliche Bildung

von gemeinschaftlichen Jagdbezirken, Anschluß von Grundstücken an einen gemeinschaftlichen Jagdbezirk, Ausschluß von Grundstücken aus einem solchen usw., kurz alle solche Berechtigungen und Verpflichtungen, welche die JO. aufstellt und hinsichtlich deren das VerwStreitVerf. nicht ausgeschlossen ist. Der § 71 enthält eine Generalklausel. Es ist schon anderweitig, zB. bei § 24, darauf hingewiesen worden, daß in Jagdsachen auch der ordentliche Richter für gewisse Fälle zuständig bleibt. Seine Zuständigkeit ist aber nicht begründet, wenn die Beteiligten über die durch das öffentliche Recht (die JO.) begründeten Berechtigungen und Verpflichtungen streiten. Wer die Beteiligten sind, richtet sich danach, wer eine öffentliche Berechtigung hat und gegen wen diese öffentliche Berechtigung geltend gemacht werden darf, also wer der öffentlich-rechtlich Verpflichtete und Berechtigte ist. Der gemeinschaftliche Jagdbezirk wird dabei stets durch den Jagdvorsteher vertreten. Über das alte Recht s. Kunze-Kautz 2 175 ff.

2. Die Jagdpolizeibehörde oder die Jagdaufsichtsbehörde sind niemals Beteiligte im Sinne des § 71. Dagegen kann es die Militärverwaltung sein (§ 28 Abs. 1).

3. Gegen die Entscheidungen des KrAussch. ist Berufung an den BezAussch. mit nachfolgender Revision an das OVG., gegen die Entsch. des BezAussch. Berufung an das OVG. zulässig.

4. Im übrigen siehe die Anm. zu § 105 ZustG.

Achter Abschnitt.

Strafvorschriften.

§ 72. Mit Geldstrafe bis zu 20 Mark wird bestraft:

1. **wer bei Ausübung der Jagd seinen Jagdschein oder die nach § 30 Nr. 3 an dessen Stelle tretende Bescheinigung nicht bei sich führt;**
2. **wer die Jagd innerhalb der abgesteckten**

Festungsrayons ausübt, ohne einen von der Festungsbehörde mit dem Einsichtsvermerke versehenen Jagdschein bei sich zu führen (§ 38).

1. Da nach § 38 der Einsichtsvermerk der Festungsbehörde auf dem Jagdschein angebracht werden soll, ist nicht einzusehen, wie jemand sich nach § 72 Ziff. 2 strafbar machen kann, ohne auch der Strafe nach Ziff. 1 zu verfallen. Der § 72 ist sehr ungenau redigiert. Der § 28 JPolG. bestrafte mit 2 bis 5 Tl. den, der sich seinen Jagdschein nicht visieren ließ und dennoch jagte; hatte er keinen Jagdschein überhaupt oder den erteilten Jagdschein nicht bei sich, so verfiel er der Strafe aus § 16 Abs. 1 (5 bis 20 Tl.) oder 2 (bis 5 Tl.). Nichts deutet darauf hin, daß das JScheinG. und die JO. diese Straffälle nicht mehr sondern wollten. Es ist nur dadurch aus der Sache herauszukommen, daß folgendes angenommen wird: Wer, ohne einen visierten Jagdschein zu besitzen, in den abgesteckten Festungsrayons jagt, wird nach § 73 bestraft, wie einer, der überhaupt keinen Jagdschein hat (er hat keinen vorgeschriebenen Jagdschein); wer zwar das Visum besitzt, den visierten Jagdschein aber nicht bei sich hat, verfällt der Strafe von § 72. Bei dieser Auslegung ist die Strafe für das Nichtvisierenlassen jetzt härter als früher

2. Wenn der Jagdschein auf Aufforderung des zuständigen Beamten nicht vorgezeigt wird, so ist die Strafe verwirkt, gleichgültig, ob der Jäger den Jagdschein nicht vorzeigen will oder nicht bei sich hat (OppRspr. 7 361, 8 73). Dabei wird vorausgesetzt, daß dem Jäger ein Jagdschein erteilt ist und daß er sich in Ausübung der Jagd befindet (vgl. über Ausübung der Jagd Anm. 7 ff. zu § 29).

Nur derjenige führt den Jagdschein bei Ausübung der Jagd bei sich, der ihn in seiner Tasche, auf dem Hute usw. oder doch in unmittelbarer Nähe hat, daß man noch sagen kann, der Jagdschein sei „bei" dem Jäger.

Es wird ihn also auch ein Diener, der beim Herrn bleibt, tragen können. Wer den Jagdschein zwar bei sich führt, aber dem Jagdpolizeibeamten nicht so vorweist, daß er ihn lesen kann, verwirkt ebenfalls die Strafe (vgl. Anm. zu § 29, RGSt. 19. VI. 94 25 430 und KG. 1. XI. 92 13 347).

3. Wer für die Jagdscheinkontrolle zuständig ist, ist bisher eine Streitfrage gewesen. Sie ist in dem Aufsatze VerwArch. 2 550 ff. nach dem bisherigen Rechte eingehend geprüft und beantwortet worden. Die Gerichte werden nunmehr keine Bedenken tragen, sich der Anschauung anzuschließen, daß zur Jagdscheinkontrolle innerhalb ihres Amtsbezirks befugt sind die Jagdpolizeibehörden (§ 29) und die von ihnen bestellten jagdpolizeilichen Organe, sowie die Gendarmen (Ed. v. 30. XII. 20; vgl. Berger, Jagdkontrolle, in der Zsch. „St. Hubertus" 12 Nr. 9, Friedrich Mücke in der DJägZ. 95 Nummern v. 4. und 7. Juli, Freiherr von Seherr-Thoß, Kommt. zum JScheinG. 92 und Kritik im VerwArch. 4 67). Forst- und Jagdschutzbeamte sind auf Grund dieser ihrer Eigenschaft allein zur Jagdscheinkontrolle nicht befugt. Vor allem ist zu beachten, daß die Aufforderung, den Jagdschein vorzuzeigen, eine jagdpolizeiliche Verfügung ist; eine Verfügung dieser Art, mit der Rechtswirkung, daß im Falle der Nichtvorzeigung angenommen wird, der Jäger haben keinen Jagdschein bei sich, kann nur die Jagdpolizeibehörde oder eines ihrer Organe erlassen. Bei anderen Beamten fehlt jene Rechtswirkung gänzlich. Daraus folgt, daß sich niemand strafbar macht, der einem unzuständigen Beamten gegenüber die Vorzeigung des Jagdscheines verweigert, und dann, daß eine von einem unzuständigen Polizeibeamten gemachte Aufforderung im Wege der Klage oder Beschwerde (§§ 127 ff. LVG.) aufgehoben werden muß. Verlangt ferner ein Organ der Jagdpolizeibehörde, ein Gendarm, unberechtigter Weise von

jemandem, von einem Nichtjagenden, die Vorzeigung des Jagdscheines, so ist mittelst Klage gegen den Landrat die in der Aufforderung liegende jagdpolizeiliche Verfügung aufzuheben, es müßte denn der Landrat die Maßnahme des Gendarmen gemißbilligt, also aufgehoben haben. Stellt das gleiche Verlangen ein Beamter, der kein Organ der Jagdpolizeibehörde ist, zB. ein beliebiger Förster, so ist die Klage gegen den Landrat an sich nicht gegeben. Das Verlangen ist polizeilich und strafrechtlich pro nihilo.

4. In neuerer Zeit ist das KG. als sog. Kleines Obertribunal (vgl. DJägZ. 98 Nr. 39) von der eigenen Praxis und der des RG. insofern abgewichen, als es jetzt annimmt, daß die Förster und Forstaufseher auf Grund der vom Finanzminister als damaligen Minister für Forsten erlassenen DstInstr. v. 23. X. 68 nicht befugt seien, außerhalb ihres Schutzbezirkes nach dem Jagdschein zu fragen (DJägZ. 99 Nr. 28).

Wie wohl der Entscheidung dahin beizustimmen ist, daß die Förster außerhalb ihres Schutzbezirkes keine Befugnis zur Jagdscheinkontrolle haben, ist die Begründung doch rechtsirrtümlich. Das Kammergericht stützt die Befugnis zur Jagdscheinkontrolle innerhalb des Schutzgebietes auf die ministerielle Dienstinstruktion. Durch eine solche können aber, abgesehen von anderen Bedenken, gesetzliche Zuständigkeiten, wie anerkannten Rechts ist, nicht abgeändert werden. Zwischen den Gegnern und der diesseitigen Auffassung herrscht Einigkeit darüber, daß die Jagdscheinkontrolle Aufgabe der Jagdpolizei ist. Die Jagdpolizei gebührt aber den Landräten und den Verwaltern der Ortspolizei in den Stadtkreisen (§ 69). Dies war früher schon Rechtens (vgl. zB. § 27 JPolG. v. 7. III. 50). Die Gendarmen sind gesetzlich die Organe der Kreispolizeibehörden (Ed. v. 30. XII. 20). Selbstverständlich können sich die Kreispolizeibehörden noch andere solche Organe bestellen, wie dies in den Städten vielfach geschieht (Stadtwachtmeister, Sergeanten usw.). Aber wie soll der Minister für Forsten imstande sein, die sämtlichen Königlichen Förster zu Organen der Kreispolizeibehörde zu machen? Es ist nie Ansicht der Verwaltung gewesen, daß dies geschehen sei, und niemals haben die Landräte oder die Regierungen angenommen, daß die Förster in Jagdpolizeisachen unter ihnen stehen (im übrigen siehe den Aufsatz von Kunze „Die Jagdscheinkontrolle gehört zu den Aufgaben der Jagdpolizei" im PrVerwBl. 20 545 ff.). In dem Erl. v. 24. II. 00 (PrVerwBl. 21 Nr. 32) spricht sich die Ministerialinstanz für die hier vertretene Ansicht aus. Infolge davon haben die Jagdpolizeibehörden zahlreiche Organe, Feldhüter, Königliche und Privatforstbeamte, mit jagdpolizeilichen Aufgaben besonders betraut. Diese Organe der Jagdpolizei dürfen dann die Jagdscheinkontrolle ausüben, haben sich aber dabei zu legitimieren.

5. Die Festungsbehörde und ihre Organe sind zwar innerhalb des abgesteckten Festungsrayons befugt, danach zu fragen, ob der Jagdschein visiert ist, aber die Verweigerung der Vorzeigung des Jagdscheins macht den Jäger noch nicht nach § 72 Nr. 2 strafbar.

6. Auf Grund des Erl. v. 12. XII. 74 (MBl. 75 2) vereinnahmen die Staatskassen die seitens der Landräte wegen Jagdpolizeiübertretungen festgesetzten Geldstrafen (G. v. 23 IV. 83 — GS. 65). Den Amtsvorstehern kommt es nicht zu, in Jagdpolizeiübertretungssachen vorläufige Strafen festzusetzen; denn die Übertretungen der Jagdpolizeisachen fallen nicht in „ihren Verwaltungsbereich" (§ 1 G. v. 23. IV. 83, vgl. den § 1 der Anw. v. 8. VI. 83 zu diesem G. — JMBl. 223).

§ 73. Mit Geldstrafe von 15 bis 100 Mark wird bestraft:

wer ohne den vorgeschriebenen Jagdschein zu besitzen, die Jagd ausübt oder wer von einem gemäß § 36 für ungültig erklärten Jagdscheine Gebrauch macht.

Ist der Täter in den letzten 5 Jahren wegen der gleichen Übertretung vorbestraft, so können neben der Geldstrafe die Jagdgeräte sowie die Hunde, welche er bei der Zuwiderhandlung bei sich geführt hat, eingezogen werden, ohne Unterschied, ob der Schuldige Eigentümer ist oder nicht.

1. Die Worte „ohne den vorgeschriebenen Jagdschein zu besitzen" können zunächst zu dem Zweifel Anlaß geben, was das Wort „besitzen" bedeutet. Nach der Vorgeschichte und den sonst in den Jagdpolizeigesetzen gebräuchlichen Ausdrücken bedeutet „Jagdschein besitzen" so viel als „die polizeiliche Erlaubnis zum Jagen haben". Ist also der erteilte Jagdschein verloren gegangen, vernichtet usw., so hat der Jäger doch für die betreffende Zeit noch die polizeiliche Erlaubnis zum Jagen und kann nach § 73 nicht bestraft werden. Er unterliegt nur der Strafe aus § 72. Dies ist namentlich wegen der Folgen aus Abs. 2 des § 73 sehr wichtig. Ferner ist zu beachten, daß die Personen, die gemäß § 30 von der Jagdscheinabgabe bei gewissen Arten der Jagdausübung befreit sind, also die polizeiliche Erlaubnis zu diesen Jagdarten haben, sich doch gemäß § 73 strafbar machen, wenn sie die Jagd anderweitig ausüben. Dies wird durch das Wort: „vorgeschriebenen" mit ausgedrückt.

Die KommAH. hat bei Beratung des JScheinG. im Abs. 1 des § 12 hinter den Worten „erklärten Jagdscheine" die Worte „zum Zwecke der Jagdausübung" gestrichen, ohne dafür Ersatz zu schaffen. Dadurch hat die Vorschrift einen zu **allgemeinen** Wortlaut erhalten. Bei der Streichung ist wohl empfunden worden, daß die Worte „zum Zwecke der Jagdausübung" sprachlich bedenklich sind; jedenfalls sollte die von der Staatsregierung vorgeschlagene Strafvorschrift in ihrem Wesen nicht geändert werden. Danach ist strafbar gemäß der zweiten Alternative des Abs. 1 der, welcher bei Ausübung der Jagd den kontrollierenden Beamten einen gemäß § 36 für ungültig erklärten Jagdschein vorweist.

2. Der § 16 JPolG. bestrafte den, der „ohne einen Jagdschein gelöst zu haben, die Jagd ausübt" und der „es versucht, sich durch einen nicht auf seinen Namen ausgestellten fremden Jagdschein zu legitimieren, um sich dadurch der verwirkten Strafe zu entziehen". Die JGEntwürfe v. 1879 und 1883 bestraften (§ 76) den, „der, ohne einen Jagdschein erhalten zu haben, die Jagd ausübt" und „den, der von einem nicht auf seinen Namen ausgestellten oder von einem abgelaufenen oder von einem gemäß § 50 für ungültig erklärten Jagdscheine zum Zwecke der Jagdausübung Gebrauch macht". Die Staatsregierung hat die Absicht gehabt (vgl. Seherr-Thoß, JScheinG. Anm. 3 zu § 12, Mot. zu § 12, auch VerwArch. 4 614 ff.) alle diese Fälle im § 12 Abs. 1 JScheinG. zu treffen; der Wortlaut ist freilich nicht sehr glücklich gewählt. Betont muß das Wort „**vorgeschriebenen**" werden. Danach wird auch gemäß § 73 JO. derjenige Jäger bestraft, der den **gesetzlich erforderlichen Jagdschein nicht gelöst** hat, der „zum Zwecke der Jagdausübung" einen auf fremden Namen ausgestellten oder einen abgelaufenen oder einen rechtskräftig für ungültig erklärten Jagdschein bei der Jagd vorweist. Letztere Straftaten mit den **Betrugsstrafen** des StGB. zu belegen, ist nicht angängig (vgl. VerwArch. 4 Heft 6, 5 H. 1 u. 2 S. 192 ff., 6 82; GoltdArch. 43 H. 5 u. 6). Eine Analogie für die Auslegung des § 73 bietet der § 148 Ziff. 7 GewO.; danach wird der, der ein Gewerbe im Umherziehen ohne den ge-

setzlich erforderlichen Wandergewerbeschein betreibt, bestraft. Unter diese Vorschrift fällt, wer keinen für das betreffende Gewerbe erforderlichen Schein gelöst hat, wer einen abgelaufenen oder einen ihm nicht zustehenden Schein vorzeigt. Ein nach § 263 zu bestrafender Betrug würde nur dann vorliegen, wenn jemand nicht zum Zwecke der Jagdausübung, sondern bei anderer Gelegenheit, um sich einen rechtswidrigen Vermögensvorteil zu schaffen, zB. bei einer Zechprellerei, einen falschen Jagdschein behufs Erregung eines Irrtums über seine Persönlichkeit vorzeigt. Diese Vorzeigung ist nur ein Mittel zum Zwecke der Verübung einer besonderen strafbaren Handlung.

3. „Für ungültig erklärt", dazu gehört, daß die den Jagdschein für ungültig erklärende Vf. rechtskräftig, nicht mehr anfechtbar geworden ist. Hat die Jagdpolizeibehörde trotz des eingelegten Rechtsmittels (also vor der Rechtskraft der Vf.) den Jagdschein auf Grund des § 53 LVG. abholen lassen, also die Vf. ausgeführt, so findet der § 73 ebenfalls Anwendung; denn der Täter besitzt einen Jagdschein nicht, dh. die Erlaubnis zum Jagen nicht; durch die Abholung des Jagdscheins ist die Erlaubnis zurückgenommen.

4. Bei der Festsetzung der Höhe der Strafe wird sich der Strafrichter darüber schlüssig zu machen haben, ohne welchen vorgeschriebenen Jagdschein der Angeschuldigte gejagt hat; denn je nachdem letzterer einen solchen für 15 oder 100 Mk. oder einen für 3 oder 20 Mk. (Tagesjagdschein) hätte lösen und besitzen müssen, bemißt sich die Strafe. Einen Tagesjagdschein können lösen solche Personen, welche die Jagd nur vorübergehend, dh. höchstens in 3 auf einander folgenden Tagen ausüben wollen; kann der Strafrichter demgemäß letzteres feststellen, so wird darauf bei der Strafzumessung Rücksicht zu nehmen sein. Jedenfalls ist der Einwand des Angeklagten, daß er nur eines Tagesjagdscheines bedurft habe, zu prüfen.

5. „Wegen der gleichen Uebertretung“, d. i. Ausübung der Jagd, ohne den vorgeschriebenen Jagdschein zu besitzen usw. Da solche Übertretungen schon vor Erlaß dieses Gesetzes begangen werden konnten, so werden auch diejenigen Bestrafungen wegen Ausübung der Jagd ohne Besitz des erforderlichen Jagdscheines in Betracht kommen, die auf Grund der jetzt außer Kraft gesetzten Bestimmungen (Anm. 2 zu § 29) erfolgt sind.

6. Nach § 40 StGB. können Gegenstände, welche durch ein vorsätzliches Verbrechen oder Vergehen hervorgebracht oder zur Begehung eines vorsätzlichen Verbrechens oder Vergehens gebraucht oder bestimmt sind, eingezogen werden, sofern sie dem Täter oder einem Teilnehmer gehören. Diese Vorschrift gilt nur bei vorsätzlichen Verbrechen oder Vergehen, bei Übertretungen ist sie nur anwendbar, wenn das StGB. die Einziehung besonders vorschreibt, zB. in § 360 Abs. 2.

Die Vorschrift im § 295 (unberechtigtes Jagen) bestimmt, daß auf Einziehung des Gewehrs, des Jagdgeräts und der Hunde, welche der Täter beim Jagen bei sich geführt hat, erkannt werden muß. Der § 73 schreibt nur die fakultative Einziehung vor. Er unterscheidet sich, wie der § 295, von der Vorschrift in § 40 StGB. dadurch, daß das einzuziehende Jagdgerät usw. nicht zur Verübung der Übertretung „gebraucht und bestimmt“ gewesen zu sein braucht. Es genügt, wenn der Übertreter das Gerät bei sich geführt hat. Selbstverständlich muß das Jagdgerät während der Ausübung der Jagd bei dem Jäger gewesen sein (vgl. die zahlreichen Entsch. des OTr. und RG., zB. RGSt. 6. XII. 79 1 28, 16. VI 86 4 262 und die Kommt. des StGB. zu § 295). Zu den Jagdgeräten gehören das Gewehr, Netze, Schlingen, Fallen, auch solche Gegenstände, die zwar sonst nicht zur Jagd gebraucht werden, die aber der Jäger dazu benutzen will. Ein RGSt. 19. VI. 85 12 306 spricht aus: „Als Jagdgerät ist jedes Gerät anzusehen, welches an sich vermöge seiner Beschaffenheit geeignet ist, speziell als Werkzeug zum Zwecke der Jagdausübung zu dienen, sodann aber auch jeder Gegenstand, den der Jagende im einzelnen Falle zu diesem Zweck zu benutzen beabsichtigt und aus diesem Grunde bei sich führt, mag derselbe auch nicht zu den gebräuchlichen Werkzeugen der Jagdausübung gehören."

7. Bestrafung und Einziehung der Jagdgeräte und Hunde kann auch durch eine polizeiliche Straf-Vf. (G. v. 23. IV. 83 — GS. 65, Anw. v. 8. VI. und Vf. v. 2. VII. 83 — MBl. 152, 175) erfolgen. Wird das Gericht mit der Angelegenheit befaßt, so sind die Vorschriften der StPO. in den §§ 453 ff. und, was die Einziehung anlangt, §§ 477 ff. zu beachten; im übrigen siehe über diese Einziehung von Gegenständen Verstorbener und über die Natur dieser Nebenstrafen die Kommt. z. StGB. §§ 40, 42.

8. Die AusfVf. v. 2. VIII. 95 bestimmt zu VII:

> „Hinsichtlich der Ablieferung und Verwertung bzw. Vernichtung der beschlagnahmten Jagdgerätschaften und Hunde verbleibt es bei den bestehenden Vorschriften."

Nun bestehen aber keine Vorschriften, betr. Ablieferung usw. von Jagdgerätschaften und Hunden, für den Fall der Konfiskation infolge der Begehung einer der im § 73 genannten jagdpolizeilichen Übertretungen; die bestehenden Vorschriften beziehen sich nur auf das Vergehen der unerlaubten Ausübung der Jagd (§ 277 PrStGB., §§ 292, 295 RStGB.). Als Nebenstrafen dieses Vergehens war nach preußischem und nach Reichsrecht die Konfiskation der Jagdgeräte und Hunde verordnet. Die AusfVf. kann nur die Vorschriften gemeint haben, welche sich hierauf beziehen. Da indessen der Justizminister die AusfVf. nicht mitgezeichnet hat, wird seitens der Landesjustizverwaltung eine entsprechende allgemeine Anordnung (vgl. die Vorschriften des Justizministers v. 6. VII. 54, v. 28. XI. 60, v. 8. VIII. 68 u. 25. IV. 83, letzteres JMBl. 128) noch zu ergehen haben, damit die Gerichte die Best. der AusfBf. beachten. Die allgemeine Verwaltung wird sich nach der AusfBf. und den darin aufrecht erhaltenen Vorschriften zu § 277 PrStGB. und § 295 RStGB. jetzt schon zu richten haben. Folgende Bestimmungen kommen in Betracht:

a) In dem Erl. v. 26. VI. 54 (MBl. 146) wird angeordnet, daß die Jagdgerätschaften, falls das Vergehen auf einem Kgl. Jagdrevier begangen ist, dem Revieroberförster, falls es wo anders verübt worden, dem Landrat zu übersenden und den Regierungen Mitteilung zu machen sei. Der Erl. fährt dann fort: „Mit Rücksicht hierauf ermächtige ich die Kgl. Regierung, wenn derselben in der Folge eine solche Mitteilung zugeht, nach ihrem eigenen besten Ermessen über die konfiszierten Gewehre zu verfügen, um sie danach entweder aus freier Hand gegen eine Taxe an sichere Leute zu verkaufen oder an verdiente Forstschutzbeamte als Belohnung oder auch als Ersatz der ihnen von widersetzlichen Forstfrevlern zerschlagenen Gewehre abgeben, oder endlich im Falle völliger Wertlosigkeit und alleiniger Brauchbarkeit für Kontravenienten vernichten und als altes Eisen veräußern zu lassen. Hierbei bleibt der Erwägung der Kgl. Regierung anheimgestellt, ob sie es für nötig hält, in jedem einzelnen Falle den betreffenden Oberförster oder Landrat mit besonderer Anweisung zu versehen, oder es für genügend erachtet, eine diesfällige generelle Instruktion an diese Beamten zu erlassen und sich darin nur die eigene Disposition, im Falle besonders wertvolle Konfiskate vorkommen sollten, vorzubehalten. Der Erlös aus den Konfiskaten endlich ist in jedem Falle bei ihrer Hauptkasse zu verrechnen. In ähnlicher Weise hat die Kgl. Regierung über anderweitige Jagdgerätschaften, die zur Konfiskation gelangen, zu disponieren. Insbesondere hat dieselbe hierbei darauf zu achten, daß in Zukunft konfiszierte Hasenschlingen, die nur von Wilddieben, niemals aber von einem Jagdeigentümer oder Jagdliebhaber gebraucht werden, vielmehr als exklusive Diebesinstrumente anzusehen sind, nicht mehr öffentlich verkauft, sondern stets vernichtet werden. Hunde sind dagegen in der Regel zum öffentlichen Verkauf zu stellen und, wenn auf dieselben kein angemessenes Gebot erfolgt, totzuschießen."

b) Ein Erl. v. 4. V. 65 (MBl. 156) bestimmt dann, daß die besondere Abschätzung der konfiszierten Gewehre durch Sachverständige fortan unterbleiben und die vorgeschriebene Taxe durch eine jedesmal vom Landrat dahin zu erteilende Versicherung ersetzt werden könne, daß der gelöste Preis dem Werte des Konfiskats entspreche. Sollte der Landrat eine solche Versicherung nicht abgeben können, so bleibe es bei der Heranziehung von Sachverständigen.

c) Durch Erl. v. 19. V. 68 (MBl. 186) wurden jene Vorschriften auf die neuen Provinzen ausgedehnt.

d) Ein Erl. v. 6. IX. 76 (MBl. 123) bestimmt im besonderen wegen der konfiszierten Hunde wörtlich: „In den ZirkVfgen des MdI. v. 26. VI. 54 (MBl. 146) und v. 19. V. 68 (das. 186), betr. die Ablieferung der in Untersuchungen wegen unbefugter Ausübung der Jagd konfiszierten Gewehre und Jagdgeräte an die Revieroberförster bzw. an die Landräte, findet sich am Schlusse, in Anknüpfung an die Vorschrift der Vernichtung konfiszierter Hasenschlingen, die Bemerkung:

> „Hunde sind dagegen in der Regel zum öffentlichen Verkaufe zu stellen und, wenn auf dieselben kein angemessenes Gebot erfolgt, totzuschießen."

Diese Bemerkung hat in einzelnen Fällen zu der Annahme geführt, daß die in Untersuchungen wegen unbefugter Ausübung der Jagd konfiszierten Hunde ebenfalls an die Revieroberförster bzw. an die Landräte abzuliefern seien, und daß diese den Verkauf bzw. das Totschießen der Hunde zu verfügen haben. In den von dem

Kgl. JustM. an die Gerichtsbehörden erlassenen AllgVfgen v. 6. VII. 54 (JMBl 294) und v. 8. VIII. 68 (das. 265) ist aber nur die Ablieferung der konfiszierten Gewehre und Jagdgerätschaften an die Revieroberförster, bzw. an die Landräte angeordnet worden. Der konfiszierten Hunde ist darin keine Erwähnung getan, und es können dieselben in der Tat zu den Jagdgerätschaften nicht gerechnet werden. Sie sind daher — wie auch der Herr JustM. annimmt — seitens der mit der Urteilsvollstreckung befaßten gerichtlichen Behörde zu verkaufen, und nicht den Revieroberförstern bzw. den Landräten zur Verfügung zu stellen. Wir veranlassen die Kgl. Regierungen und Landdrosteien, die Landräte bzw. die Amtshauptmänner und die Revieroberförster mit entsprechender Benachrichtigung zu versehen."

e) Durch Erl. v. 18. IX. 83 wurde angeordnet, daß die Reviere des Kgl. Kron- und Hausfideikommisses den Kgl. Revieren gleichzustellen seien und daß nur bei stattgehabten Überweisungen an die Oberförster, nicht der betr. Regierung, sondern der Kgl. Hofkammer Mitteilung zu machen sei.

9. Wie stellt sich die Sache, wenn die Konfiskate nicht beschlagnahmt sind? Es ist der Fall zu unterscheiden, daß die Jagdgerätschaften im Besitz des Verurteilten oder eines Dritten sind. Im ersteren Falle erhält ein Gerichtsvollzieher von der Vollstreckungsbehörde den Auftrag, dem Verurteilten die Jagdgeräte wegzunehmen. Der Verurteilte kann, wenn die Geräte sich nicht vorfinden, angehalten werden, den Offenbarungseid zu leisten (§ 769 ZPO.). Ebenso ist zu verfahren, wenn sich die Gerätschaften im Gewahrsam eines zur Herausgabe bereiten Dritten befinden (§ 23 Vo. v. 15. XI. 99 — GS. 545). Ist der Dritte zur Herausgabe der dem Verurteilten gehörigen Gerätschaften nicht bereit, so greifen die Vorschriften in § 48 aaO. Platz. Sind die Gerätschaften in dem Gewahrsam und im Eigentum des Dritten und ist

gegen ihn die Konfiskation nicht ausgesprochen, so muß das Verfahren nach den §§ 477 ff. StPO. eingeleitet werden. Dabei kann sofort die Beschlagnahme der Sachen erfolgen.

10. Nach einem Erl. des MdI. v. 16. VII. 95 sind unter den verdienten Forstbeamten auch Kommunal- und Privatforstbeamte zu verstehen, doch sollen sie unter sonst gleichen Bedingungen den Kgl. Forstbeamten nachstehen.

11. Sind die Gewehre mit dem Prüfungszeichen nicht versehen (G. v. 19. V. 91), so ist dies nach erfolgter Probe nachträglich, ehe die Gewehre an Forstbeamte abgegeben werden, anzubringen.

12. Das Wort „vorgeschriebene" bezieht sich nicht auf alle Fälle, wo Vorschriften über Erteilung des Jagdscheines gegeben sind; denn weder derjenige Ausländer, welcher eines Bürgen bedarf, den Jagdschein aber ohne einen solchen erhalten hat, noch eine Person, welcher der Jagdschein von einer unzuständigen Jagdpolizeibehörde erteilt worden ist (Anm. 4 zu § 29) macht sich strafbar, wenn die Jagd mit solchen Jagdscheinen ausgeübt wird.

§ 74. Die Fristen im § 34 Ziffer 3, § 35 Ziffer 1 und 2, § 73 Abs. 2 beginnen mit dem Ablaufe desjenigen Tages, an welchem die Strafe verbüßt, verjährt oder erlassen ist.

1. Da die Straftaten nach § 35 Ziff. 2 zum Teil und die nach § 73 sämtlich mit Geldstrafe geahndet werden können, hätte hinter dem Worte „Strafe" in § 73 das Wort „gezahlt" eingeschaltet werden müssen.

2. Über die Verjährung der Strafen der in den §§ 34, 35, 73 bezeichneten Übertretungen bestimmt § 70 Nr. 6 StGB.:

„Die Vollstreckung rechtskräftig erkannter Strafen verjährt, wenn . . . auf Haft oder auf

Geldstrafe bis zu 150 M. erkannt ist, in 2 Jahren.
Die Verjährung beginnt mit dem Tage, an welchem das Urtheil rechtskräftig geworden ist."

Im übrigen verjährt die Vollstreckung von Strafen, wenn auf Gefängnis von 2—5 Jahren erkannt ist, in 10 Jahren, wenn auf Gefängnis bis zu 2 Jahren oder auf Geldstrafe von mehr als 150 bis 6000 M. erkannt ist, in 5 Jahren.

Diejenigen Vorschriften des StGB. bleiben außer Betracht, die von der Verjährung der Strafverfolgung handeln.

3. Bei der Bestimmung des § 74 handelt es sich darum, die 10- und 5jährige Frist, die sonst von der rechtskräftigen Bestrafung an laufen würde, zu verlängern, dergestalt, daß nicht der Tag der Rechtskraft, sondern der Tag der Verbüßung, Bezahlung, Verjährung oder des Erlasses entscheidet. Bis dahin ist die 10- oder 5jährige Frist nicht abgelaufen, und innerhalb derselben kann oder muß die Jagdpolizeibehörde den Jagdschein versagen.

§ 75. Wer zwar mit einem Jagdscheine versehen, aber ohne Begleitung des Jagdberechtigten oder ohne dessen schriftlich erteilte Erlaubnis bei sich zu führen, die Jagd auf fremdem Jagdbezirk ausübt, wird mit einer Strafe von sechs bis fünfzehn Mark belegt.

1. Der § 75 stimmt mit § 17 Abs. 1 JPolG. überein Es handelt sich darum, daß jemand mit Erlaubnis des Jagdberechtigten jagt, um den Jagdgast. Der Jagdgast soll die ihm erteilte Erlaubnis schriftlich erhalten und, wie den Jagdschein, bei sich führen. Der Erlaubnisschein muß, weil dies in der Natur der Sache liegt, erkennen lassen, in welchem Reviere der Jagdgast jagen darf.

2. Wenn einzelne PolVdgen bestimmen, daß der Erlaubnisschein hinsichtlich der Unterschrift des Jagdinhabers beglaubigt sein müsse, so geht dies zu weit und ist un-

gesetzlich, da das Gesetz nur die Schriftlichkeit vorschreibt und die Materie früher in § 17 JPolG., jetzt in § 75 JO., vollständig geordnet ist.

3. In dem Aufsatze „Über Jagderlaubnisscheine" in der ZfJagdR. 1 H. 1 u. 2 hat sich Kunze über die Erlaubnisscheine des weiteren ausgesprochen. Dort ist auch Material zur ganzen Frage angegeben.

4. Sind mehrere Jagdberechtigte vorhanden, so genügt es, wenn ein Jagdberechtigter den Jagdgast begleitet; ebenso genügt die schriftliche Erlaubnis eines der Berechtigten, es müßte denn aus dem zwischen den Jagdberechtigten bestehenden Rechtsverhältnisse hervorgehen, daß nur alle Berechtigten zusammen die Erlaubnis erteilen dürfen. Dies ist eine nach Zivilrecht zu entscheidende Frage.

5. Unrichtig ist die Ansicht des KG. (Erk. 7. V. 06 — Selbstverw. 33 683, KGJ. 11 282), daß ein Generalbevollmächtigter, der zB. die Jagd verpachten und mit bezug auf den Grundbesitz den Eigentümer nach allen Richtungen vertreten darf, nicht befugt sei, einen Jagderlaubnisschein auszustellen. In dem Mehr (Recht zur Jagdverpachtung) liegt das Geringere (Erteilung der Erlaubnis zum Jagen). Die Praxis schließt sich dem an.

6. Vgl. auch Bauer, Die Jagdgesetze Preußens[3] 149f.

§ 76. Mit den nachstehenden Geldstrafen wird bestraft, wer während der Schonzeit erlegt oder einfängt:

1. ein Stück Elchwild	150	Mark,
2. ein Stück Rotwild	150	"
3. ein Stück Damwild	100	"
4. einen Biber	100	"
5. ein Stück Rehwild	60	"
6. ein Stück Auerwild, eine Trappe, einen Schwan	30	"

7. einen Dachs, einen Hasen, ein Stück Birk- oder Haselwild, eine Schnepfe oder einen Fasan . . . . 10 Mark,
8. ein Rebhuhn, ein schottisches Moorhuhn, eine Wachtel, eine wilde Ente, einen Kranich, einen Brachvogel, einen Wachtelkönig oder einen sonstigen jagdbaren Sumpf- oder Wasservogel . . . . 5 „ .
9. eine Drossel (Krammetsvogel) . . 2 „ .

Sind mildernde Umstände vorhanden, so kann die Geldstrafe in den Fällen 1 bis 4 auf 15 Mark, 5 und 6 auf 5 Mark, in den Fällen 7 bis 9 bis auf 1 Mark für jedes Stück ermäßigt werden.

1. Die Schonzeit ist in den §§ 39 und 40 JO. bestimmt. Die Vorschrift gilt nicht für das Wild in eingefriedigten Wildgärten (JO. § 39 Abs. 4), auch nicht für Fallwild (RGSt. 15 268).

2. Erlegen ist nicht soviel wie das in § 5 G. v. 26. II. 70 genannte Töten; es genügt eine Verletzung, welche das Wild verhindert, sich dem Jäger zu entziehen. Nach der RG. 21. III. 07 (ZfJagdR. 1 165) bedeutet Erlegen: Wild zur Strecke und in einen Zustand bringen, in welchem es liegt, so daß ein infolge von Krankheit oder Verletzungen bereits darniederliegendes Stück Wild nicht mehr erlegt werden kann und der Fangschuß bei solchem Wild kein Erlegen und deshalb nicht strafbar ist. Mit dieser Entsch. ist das RG. von seinem früheren Standpunkt, daß das Töten von Wild aus Mitleid während der Schonzeit strafbar ist (RGJ. 5 330, 17 411, 22 C 54; Selbstverw. 30 299) teilweise abgewichen.

3. Eingefangen ist das Wild, wenn es sich selbst nicht mehr befreien kann. Ob und unter welchen Umständen das Offenlassen der Einsprünge in Wildparks als Einfangen angesehen werden kann, ist streitig. Das Einfangen eines kranken Tiers in der Absicht, es zu heilen und demnächst in den Wald zurückzubringen, ist straflos (KGJ. 15 303 und DJurZ. 97 167 Nr. 22).

4. Für das Erlegen und Einfangen ist nach der Ansicht des KG. die Absicht der Aneignung erforderlich.

5. Der Versuch des Erlegens oder Einfangens wird nach § 77 JO. bestraft.

6. Täter kann nur ein Jagdberechtigter sein. Für den Nichtjagdberechtigten vgl. StGB. § 293.

7. Auch bei Fahrlässigkeit tritt Bestrafung ein, KG. 12. XI. 96 (GoltdArch. 44 429). Fälle der Fahrlässigkeit: KGJ. 5 326, 11 283, 13 350; Schultz 4 119.

8. Der Irrtum (StGB. § 59) befreit nicht von Strafe, wenn er ein strafrechtlicher ist; als solcher gilt die Nichtkenntnis der Schonzeiten, KG. 31. V. 06 (Schultz 3 215), auch der nach § 40 JO. abgeänderten; für die Beschlüsse der Bezirksausschüsse besteht die unwiderlegbare Vermutung, daß sie vom Beginn des 8. Tages nach der Ausgabe des Amtsblatts jedermann bekannt sind, KG 8. VI. 05 29 C 49.

9. Die Strafe ist für jedes einzelne Stück festzusetzen. Ist bei einer Mehrheit von Stücken eine höhere Strafe als 150 M. verwirkt, so liegt ein Vergehen (StGB. § 1 Abs. 2) vor (anders Binding, Die Normen und ihre Übertretung); wegen der Umwandlung siehe Anm. 3 zu § 79. Haben mehrere Jäger auf ein Rudel Wild geschossen, so sind jedem sämtliche erlegten Stücke anzurechnen, wenn nicht festgestellt werden kann, wieviel Stücke der einzelne erlegt hat, KG. 1. II. 00 (DJägZ. 00 362).

10. Über die Umwandlung der Geldstrafe in Haft siehe JO. § 79.

11. Eine **Einziehung** ist nicht zulässig.

12. Der § 76 JO. ist eine jagdpolizeiliche Vorschrift im Sinne des § 35_2 JO.

13. Wegen Übertretung des § 76 JO. können polizeiliche Strafverfügungen auf Grund des G. v. 23. IV. 83 (GS. 65) durch die Jagdpolizeibehörde ergehen.

14. Über Strafverfolgung gegen Personen des Soldatenstandes siehe § 2 MilStGO. v. 1. XII. 98 (RGBl. 1189).

§ 77. Mit Geldstrafe bis zu 150 Mark wird bestraft, wer:

1. innerhalb der Schonzeit auf die durch diese geschützten Tiere die Jagd ausübt, ohne sie zu erlegen oder einzufangen,
2. den Vorschriften des § 41 zuwider Schlingen stellt, in denen jagdbare Tiere oder Kaninchen sich fangen können.

Ist in den Schlingen Wild gefangen worden, für welches eine Schonzeit vorgeschrieben ist, so darf eine niedrigere Strafe, als wie sie nach §§ 50 und 76 angedroht ist, nicht verhängt werden. Das Gleiche findet Anwendung auf Wild, für welches die Schonzeiten deshalb nicht gelten, weil es sich in eingefriedigten Wildgärten befindet.

Bei einer Zuwiderhandlung gegen den § 41 ist neben der Geldstrafe die Einziehung der Schlingen auszusprechen, ohne Unterschied, ob sie dem Schuldigen gehören oder nicht.

1. Siehe AusfAnw. Ziff. 45.

2. Der Abs. 1 Ziff. 1 behandelt das erfolglose Jagen während der Schonzeit, der Abs. 1 Ziff. 2 und die Abs. 2 und 3 betreffen das Schlingenstellen zu jeder Zeit.

3. Der Abs. 1 Ziff. 2 gilt für alles jagdbare Wild, der Abs. 2 nur für dasjenige, für welches eine Schonzeit vorgeschrieben ist (JO. § 39), sowie für das in eingefriedigten Wildgärten befindliche.

4. Die Einziehung erstreckt sich nur auf die Schlingen, nicht auf das Wild oder die Kaninchen (ebenso wie bei § 295 StGB.). Vgl. dagegen JO. § 78 Abs. 3 und VogSchG. § 7. Ob die Einziehung ohne Bestrafung (objektives Verfahren) zulässig ist, ist zweifelhaft (vgl. Dickel, WSchonG. 71 und 72f.).

5. Siehe a. Anm. 12—14 zu § 76 JO.

§ 78. Mit Geldstrafe bis zu 150 Mark wird bestraft:

> wer den Vorschriften der §§ 43, 44 und 45 zuwider Wild oder Kiebitz- oder Möweneier versendet, zum Verkaufe herumträgt oder ausstellt oder feilbietet, verkauft, ankauft oder den Verkauf von solchem Wilde (Eiern) vermittelt.

Hat der Täter gewerbs- oder gewohnheitsmäßig gehandelt, so ist eine Geldstrafe von nicht unter 30 Mark zu verhängen.

Neben der Geldstrafe ist das den Gegenstand der Zuwiderhandlung bildende Wild (die Kiebitz- und Möweneier) einzuziehen ohne Unterschied, ob der Schuldige Eigentümer ist oder nicht; von der Einziehung kann abgesehen werden, wenn der Ankauf nur zum eigenen Verbrauche geschehen ist.

1. Das Versenden findet, wenn die Absendung von einem außerpreuß. Ort nach einem preuß. erfolgt, auch

noch auf preuß. Gebiete statt, es dauert bis zur Ankunft am Bestimmungsort, ist also nicht gleichbedeutend mit Absenden, KG. 15. V. 05 (DJurZ. 05 917) und 20. XII. 06 (Schultz 4 120). Auch ein Spediteur kann Versender sein (vgl. erstere Entsch.). Es ist also strafbar, Wild aus einem Bezirk, wo die Schonzeit schon aufgehört, nach einem Bezirk zu versenden, wo sie noch andauert, KG. 29. XI. 94 16 411. Auch das Versenden zum Zweck eines Geschenks ist strafbar, KG. 27. IX. 06 (Selbstverw. 33 376).

2. Das Feilbieten erfordert im Gegensatz zum Feilhalten neben dem Bereitstellen und Zugänglichmachen noch positive, zum Kauf anregende Handlungen, KG. 23. V. 01 22 C 51; das Wild selbst muß feilgeboten werden, das Angebot der Lieferung genügt nicht, KG. 17. III. 02 24 C 50 Vgl. auch KG. 6. XI. 93 14 278. Feilbieten ist auch nicht die Übersendung von Wild an einen Wildhändler zum kommissionsweisen Verkauf, KG. 12. IV. 00 20 C 77; sie würde aber jetzt als Versendung (vgl. Anm. zu § 43 JO.) strafbar sein. Über das Auslegen von Wild in einem Kaufladen vgl. KG. 20. IV. 05 (DJurZ. 05 818).

3. Ankäufer ist auch derjenige, in dessen Verfügungsgewalt das Wild während der Schonzeit auf Grund eines in der Schußzeit abgeschlossenen Kaufvertrages gelangt, es kommt nur auf den Zeitpunkt der Lieferung an, KG. 30. III. 05 29 C 75 und 18. V. 05 (Schultz 2 184).

4. Als Verkauf dürfte auch die Hingabe an Erfüllungsstatt (BGB. § 364) anzusehen sein.

5. Verkaufsvermittelung ist nicht die Übersendung von Wild seitens des Jägers an einen Wildhändler zum Weiterverkauf, KG. 20. XII. 97 (GoltdArch. 45 451); vgl. auch KG. 12. IV. 00 20 C 77. Vermittler ist derjenige, der das Wild vom Jäger kauft, um es an einen Wildhändler zum Verkauf an den Konsumenten zu be-

fördern, sowie der Wildhändler selbst, RG. 5. V. 81 2 274 und OVG. 11. II. 93 24 419.

6. Die Verurteilung eines Gewerbetreibenden aus § 151 GewO. kann nur erfolgen, wenn ihm die nach den Verhältnissen vorhandene Möglichkeit der eigenen Beaufsichtigung nachgewiesen wird, RG. 28. IV. 05 (DJurZ. 05 818).

7. Gewerbsmäßigkeit (vgl. StGB. § 294) erfordert, daß die Tat selbst auf Erwerb gerichtet und mit der Absicht der Wiederholung verbunden ist; die Feststellung, daß der Täter ein Gewerbetreibender, ein Wildhändler ist, genügt unter Umständen nicht, RG. 28. IV. 05 (DJurZ. 05 818).

8. Gewohnheitsmäßigkeit ist ein durch Übung ausgebildeter selbsttätig fortwirkender Hang, dessen Befriedigung dem Täter bewußt oder unbewußt zur Gewohnheit geworden ist, also eine dauernde Eigenschaft, RGSt. 18. IV. 94 25 266 und 1. XII. 99 32 394.

9. Die Einziehung muß erfolgen, es kann aber von ihr abgesehen werden, wenn der Ankauf nur zum eigenen Verbrauch erfolgt ist. Über objektives Verf. siehe Anm. 4 zu § 77 JO.

10. Siehe auch Anm. 12—14 zu § 76 JO.

§ 79. An die Stelle einer nach Maßgabe der vorstehenden Bestimmungen zu verhängenden nicht beitreibbaren Geldstrafe tritt Haftstrafe nach Maßgabe der §§ 28 und 29 des Reichsstrafgesetzbuchs.

1. Der § 79 bezieht sich auch auf die Übertretung der Vorschriften über den Jagdschein und auf die Schonvorschriften. Über Gefängnisstrafe siehe Anm 9 zu § 76 JO.

2. Die Haft beträgt mindestens 1 Tag und höchstens 6 Wochen (StGB. § 18). Bei Umwandlung einer Geld-

strafe ist der Betrag von 1—15 M. einer eintägigen Freiheitsstrafe gleich zu achten.

3. Bei der ausdrücklichen Vorschrift des § 79, daß die Geldstrafen in Haft umzuwandeln sind, wird, wenn die erkannte Strafe den Betrag von 600 M. und die an ihre Stelle tretende Freiheitsstrafe nicht die Dauer von 6 Wochen übersteigt, stets auf Haft-, nicht auf Gefängnisstrafe erkannt werden müssen. Im andern Falle ist Gefängnisstrafe anzusetzen.

§ 80. Für die Geldstrafe und die Kosten, zu denen Personen verurteilt werden, welche unter der Gewalt, der Aufsicht oder im Dienste eines anderen stehen und zu dessen Hausgenossenschaft gehören, ist letzterer im Falle des Unvermögens der Verurteilten für haftbar zu erklären, und zwar unabhängig von der etwaigen Strafe, zu welcher er selbst auf Grund dieses Gesetzes oder des § 361 zu 9 des Strafgesetzbuchs verurteilt wird. Wird festgestellt, daß die Tat nicht mit seinem Wissen verübt ist oder daß er sie nicht verhindern konnte, so wird die Haftbarkeit nicht ausgesprochen.

Hat der Täter noch nicht das zwölfte Lebensjahr vollendet, so wird derjenige, welcher in Gemäßheit der vorstehenden Bestimmungen haftet, zur Zahlung der Geldstrafe und der Kosten als unmittelbar haftbar verurteilt. Dasselbe gilt, wenn der Täter zwar das zwölfte, aber noch nicht das achtzehnte Lebensjahr vollendet hatte und wegen Mangels der zur Erkenntnis der Strafbarkeit seiner Tat erforderlichen

Einsicht freizusprechen ist, oder wenn derselbe wegen eines seine freie Willensbestimmung ausschließenden Zustandes straffrei bleibt.

Gegen die in Gemäßheit der vorstehenden Bestimmungen als haftbar Erklärten tritt an die Stelle der Geldstrafe eine Freiheitsstrafe nicht ein.

1. Der Bestimmung hat § 11 ForstDG. v. 15. IV. 78 und der § 5 FeldForstPolG. v. 1. VIII. 80 zum Vorbilde gedient.

2. Der § 361 Nr. 9 StGB. lautet:

„[Mit Haft wird bestraft:] wer Kinder oder andere unter seiner Gewalt stehende Personen, welche seiner Aufsicht untergeben sind und zu seiner Hausgenossenschaft gehören, von der Begehung ... strafbarer Verletzungen der ... Gesetze zum Schutze der ... Jagd ... abzuhalten unterläßt. Die Vorschriften dieser Gesetze über die Haftbarkeit für die den Thäter treffenden Geldstrafen oder anderen Geldleistungen werden hierdurch nicht berührt.

In den Fällen der Nr. 9 ... kann statt der Haft auf Geldstrafe bis zu 150 M. erkannt werden."

Als Beispiel diene: „Der Vater hat seinen Sohn zur Ausübung der Jagd ohne Jagdschein angestiftet (§ 48 StGB.); es wird der Sohn nach § 73 bestraft und der Vater wegen Anstiftung zu dieser Übertretung ebenfalls nach § 73 in Verbindung mit § 48 StGB., außerdem nach § 361 Nr. 9, und ferner wird er nach § 80 für die Geldstrafe und Kosten für den Fall des Unvermögens des Sohnes für haftbar erklärt.

3. Derjenige, welcher unter der Gewalt oder Aufsicht oder im Dienste eines andern steht, muß zugleich zu dessen Haushaltung gehören. Der Vater ist demnach für einen in väterlicher Gewalt stehenden Sohn nicht haftbar, wenn dieser einer anderen Haushaltung, zB. als Pensionär, angehört. Unter Gewalt ist

jedes Verhältnis zu verstehen, kraft dessen ein gewisses Erziehungsrecht ausgeübt wird, das mit einer Gehorsamspflicht verbunden ist (OLG. Celle 9. VII. 00 — GoltdArch. 49 335). Das Wort „Aufsicht" hat eine allgemeine Bedeutung und ist wesentlich tatsächlicher Natur; zu verstehen ist, was der allgemeine Sprachgebrauch darunter versteht (vgl. OTr. 19. II. 63 — OppRspr. 3 298). Über elterliche Gewalt handeln §§ 1626ff., 1665f. BGB., über Aufsicht § 832, über Dienste §§ 611ff.; die GesindeO. und GewO.

4. Die Haftbarkeit muß entweder zugleich in dem Verfahren gegen den Hauptbeschuldigten oder in einem besonderen Verfahren, und zwar ausdrücklich gegen den für haftbar Erklärten, ausgesprochen werden.

5. Die Verurteilung muß wegen Übertretung aus den §§ 72—78 erfolgt sein.

6. Die Haftbarkeit setzt ein Verschulden voraus.

Neunter Abschnitt.

Übergangs- und Schlußbestimmungen.

§ 81. An Stelle der §§ 51 bis 66 gelten im ehemaligen Kurfürstentum Hessen die Vorschriften des kurhessischen Wildschadengesetzes v. 26. Januar 1854 (Kurhessische Gesetzsamml. S. 9) und die §§ 26, 28, 34 bis 37, 40 des kurhessischen Jagdgesetzes vom 7. September 1865 (Kurhessische Gesetzsamml. S. 571).

1. Das ehem. Kurst. Hessen ist nicht identisch mit dem in § 84 genannten RegBez. Cassel, sondern bestand:

a) aus dem jetzigen RegBez. Cassel mit Ausnahme der AGBez. Hilders, Orb und Weihers, welche zu den vormals bayer. Landesteilen gehören, und

b) aus den zum RegBez. Wiesbaden gehörigen Ortschaften Bockenheim, Eckenheim, Eschersheim, Gumheim, Praunheim, Prenngesheim, Beckersheim und Seckbach, sowie dem zum Obertaunuskreise gehörigen Praunheimer Gemeindewald.

2. Die für das Gebiet des ehem. Kurft. Hessen aufrecht erhaltenen Vorschriften des KurhJG. und des KurhWSchadG. lauten:

KurhJG. § 34 Abs. 1. Die in dem G. v. 26. Jan. 1854, den Ersatz des Wildschadens betr., angeordneten Beschränkungen, wonach eine Ersatzleistung wegen Wildschadens nur dann eintreten soll, wenn die desfallsigen Beschädigungen durch die daselbst bezeichneten Gattungen von Wild verursacht sind, sowie wenn dieselben auf einem Grundstück einen Verlust von mindestens 3 M. zur Folge haben, werden aufgehoben.

KurhWSchadG. § 1. Für die von Schwarz- oder Rotwild einschl. des Damwildes oder von wilden Kaninchen an ausgestellten Feldern, an Wiesen, an den in Gärten oder Weinbergen gebauten Gewächsen, desgleichen an Obstbäumen, sowie an den in Waldungen auf die Holzanzucht bezüglichen Anlagen verursachten Beschädigungen ist, insofern als solche auf einem Grundstücke einen wirklichen Verlust von mindestens einem Taler zur Folge haben und die beschädigten Grundstücke nicht Eigentum des Jagdberechtigten sind, von dem Jagdberechtigten bzw. Jagdpächter (siehe jedoch § 2) Ersatz zu leisten.

§ 2. Hinsichtlich der erwähnten Beschädigungen in Gärten und Weinbergen, in Baumschulen und den zur Erziehung von Waldpflanzen bestimmten Kämpen findet der Anspruch auf Schadensersatz nur dann statt, wenn die erwähnten Grundstücke und Anlagen mit 6 Fuß hohen dicht gebundenen Hecken oder Zäunen überall befriedigt sind.

Hinsichtlich der auf nicht befriedigten Grundstücken befindlichen Obstbäume ist die Bedingung des Ersatzanspruches, daß dieselben bis an die untersten Aeste verwahrt sind.

§ 3. Mehrere, welchen eine Jagd gemeinschaftlich zusteht, sowie im Falle einer Verpachtung derselben der Jagdberechtigte und Pächter, bei einer Verpachtung an mehrere Personen diese sämtlich, sind wegen Ersatz des Wildschadens solidarisch verpflichtet, es werden jedoch durch die Erhebung einer Klage (siehe § 5) gegen einen die übrigen, vorbehaltlich des Regresses, von der Klagforderung befreit.

Jagdpachtverträge sind innerhalb der nächsten sechs Wochen der Kündigung unterworfen.

§ 4. Ein jedes auf Ersatz des Wildschadens gerichtetes Verfahren setzt voraus, daß die Beschädigung durch Augenschein festgestellt werden kann.

§ 5. Der Anspruch auf Ersatz von Wildschaden ist unter Angabe des zum Ersatz Verpflichteten dem Ortsvorstand des Bezirks, in dem der Schaden geschehen ist, anzuzeigen.

Innerhalb der auf diese Anzeige folgenden 48 Stunden hat der Ortsvorstand entweder selbst oder durch ein zu beauftragendes Mitglied der Ortsbehörde, nach Befinden auch unter Hinzuziehung eines Sachverständigen, einen Augenschein einzunehmen, zu welchem beide Teile, der Ersatzpflichtige jedoch nur, wenn derselbe oder ein dem Ortsvorstande bekannt gemachter Vertreter nicht über $1^1/_2$ Meilen vom Wohnorte des ersteren entfernt wohnt, zu laden sind.

In diesem Verfahren ist der Tatbestand nebst den in Betracht kommenden örtlichen Verhältnissen möglichst vollständig mit Angabe der vorhandenen Spuren und der von beiden Parteien etwa vorgestellten Einreden zu Protokoll zu bringen, über das Vorhandensein eines Wildschadens, namentlich mit Rücksicht auf die Gattung des Wildes, sich gutachtlich zu äußern, und von dem betreibenden Teile eine bestimmte Forderung zu stellen.

Der Ortsvorstand ist verbunden, eine gütliche Vereinigung unter den Parteien zu vermitteln, oder doch dahin zu wirken, daß dieselben wenigstens über die demnächst etwa abzuhörenden Schätzer und Sachverständigen, wobei sie es überall auf den Ausspruch einer Person können ankommen lassen, sich einigen.

Das Protokoll ist binnen 24 Stunden dem Beschädigten gegen Zahlung der entstandenen Gebühren auszuhändigen, oder von dem Ortsvorstande zurückzubehalten, wenn von dem Jagdberechtigten die Beschädigung durch die im § 1 angeführten Wildgattungen anerkannt, jedoch verlangt ist, daß eine nochmalige Besichtigung zur Zeit der Ernte vorgenommen werden solle.

In diesem Falle hat der Beschädigte zur Zeit der Aberntung das vorbemerkte Verfahren nochmals einzuleiten und hat der Ortsvorstand hierbei die gütliche Vereinigung der Parteien zu versuchen und sodann das vervollständigte Protokoll binnen 24 Stunden gegen Zahlung der entstandenen Gebühren dem Beschädigten auszuhändigen.

Ein von beiden Teilen und dem Ortsvorstande unterzeichneter Vergleich ist vor Gericht (cfr. § 6) alsbald vollstreckbar, wenn er bei demselben innerhalb Jahresfrist nach seiner Aufnahme überreicht wird.

KurhJG. § 35. Das Protokoll, welches nach § 5 des vorerwähnten Gesetzes der Ortsvorstand aufzuweisen hat, ist dem Beschädigten auf dessen Verlangen behufs alsbaldiger Einleitung des gerichtlichen Verfahrens in jedem Falle, auch wenn eine nochmalige Besichtigung zur Zeit der Ernte bereits beantragt ist, alsbald auszuhändigen, zuvor jedoch dem Jagdberechtigten auf dessen Verlangen, oder wenn derselbe im Termin nicht vertreten war, in Abschrift zuzusenden.

Die in dem gedachten § 5 enthaltenen Vorschriften wegen Einnahme eines zweiten Augenscheins durch den Ortsvorstand finden in den Fällen keine Anwendung, in welchen bereits vor der Zeit der Ernte das gerichtliche Verfahren eingeleitet worden ist.

KurhJG. § 36. Den Beteiligten bleibt es nach der Augenscheinseinnahme zunächst überlassen, sich in Güte zu vergleichen, insbesondere auch sich über Sachverständige zu vereinigen, auf deren Ausspruch, ohne Mitwirkung des Gerichts sie es ankommen lassen wollen.

Die Ortsvorstände haben auf Angehen des einen oder anderen Teils die Herbeiführung gütlicher Einigung sich angelegen sein zu lassen, eintretenden Falles auch die Vereinbarung sowie den Ausspruch der Sachverständen, auf welchen sie verglichen worden, zu Protokoll zu nehmen.

Auf ein solches Protokoll, welches von beiden Teilen zu unterzeichnen ist, soll der Schlußsatz des § 5 des vorhergedachten Gesetzes anwendbar sein. Auch bedürfen die in dem obengenannten Paragraphen erwähnten Vertreter der Jagdberechtigten zum Abschluß von Vereinbarungen der hier in Rede stehenden Art keiner besonderen Vollmacht.

KurhWSchadG. § 6. Die gerichtliche Verfolgung des Klageanspruches wegen einer auf die im vorhergehenden Paragraphen bezeichnete Weise ermittelten Beschädigung ist bei Strafe des Verlustes binnen 3 Tagen nach Aushändigung des Protokolls (cfr. § 5) bei demjenigen Untergerichte, in dessen

Bezirk die Beschädigung sich ereignet hat, unter Vorlage des erwähnten Protokolles und Vorstellung des zur Klagebegründung etwa weiter Erforderlichen geltend zu machen.

KurhJG. § 37. Die gerichtliche Verfolgung eines Anspruchs auf Ersatz eines Wildschadens an Erntegegenständen darf stets bis zu der Zeit ausgesetzt werden, in welcher das Ernteergebnis und somit der Betrag des entstandenen Schadens sich schließlich feststellen läßt. Im übrigen tritt an die Stelle der in § 6 des mehrgedachten Gesetzes festgesetzten Frist von 3 Tagen eine vierzehntägige Frist.

KurhWSchadG. § 15. Der Verklagte hat in dem Falle, wo die Ernte eines Grundstücks von Wild beschädigt worden ist, die Befugnis, statt Leistung des Schadenersatzes (§ 1) die betr. Ernte gegen Bezahlung des vermutlichen, durch Abschätzung festzustellenden vollen Ernteertrages nach den zur Erntezeit bestehenden Preisen zu übernehmen.

Die Geltendmachung dieses Rechts ist dadurch bedingt, daß der Verklagte während der Verhandlung über die Abschätzung des Schadens davon Gebrauch machen zu wollen erklärt und die hiernach erforderliche Taxation durch die zugezogenen Schätzer veranlaßt.

KurhJG. § 34 Abs. 2. In denjenigen Fällen, in welchen ein Jagdpächter vertragsmäßig die Verpflichtung zum Ersatze des Wildschadens nach den gesetzlichen Vorschriften auch hinsichtlich der dem verpachtenden Eigentümer, bzw. der verpachtenden und deren Bewohnern zugehörigen Grundstücke übernommen hat, sollen die Vorschriften des G. v. 26. Jan. 1854 über das Verfahren behufs Feststellung des zu ersetzenden Betrages, sowie überhaupt über die Verfolgung der deshalbigen Ansprüche ebenwohl Geltung haben.

KurhWSchadG. § 16. Das Amt eines Schätzers oder Sachverständigen in diesem Verfahren kann ohne erhebliche Entschuldigungsgründe nicht abgelehnt werden.

KurhWSchadG. § 17. An Gebühren für die nicht zum Gerichtspersonal gehörenden Personen sind zulässig:

A. In dem Vorverfahren (§ 5):

1. Für die Aufnahme des in § 5 erwähnten Protokolls an Ort und Stelle, durch den Ortsvorstand oder dessen Stellvertreter
   in Städten . . . . 15 Sgr.
   in Landgemeinden . 10 „
2. Für die Mitwirkung bei dem im § 5 erwähnten Geschäft durch einen besonderen Sachverständigen 15 Sgr.
   Diese letztere Gebühr kann vom Gericht bis auf 2 Tl. auf Verlangen erhöht werden.
3. Die üblichen Bestellgebühren für den Ortsdiener.
4. Etwaige Auslagen für Boten.

§ 40. Die in § 17 des mehrgedachten G. v. 26. Jan. 1854 unter A 1 und 2 bestimmten Gebühren sind in den Fällen, wo es sich um Entschädigungsbeträge von weniger als 3 M. für den einzelnen Grundbesitzer handelt, nur in der Hälfte des daselbst bestimmten Betrages zulässig, wenn bei dem Ortsvorstande gleichzeitig Ansprüche auf Ersatz von Wildschaden wegen in derselben Feldlage gelegener Grundstücke von verschiedenen Grundeigentümern zur Anzeige gebracht sind.

KurhJG. § 26. Jedes übermäßige Hegen von Wild ist untersagt, und ist demgemäß jeder beteiligte Grundeigentümer berechtigt, zu verlangen, daß das Wild in den betreffenden Jagdrevieren

nicht in höherem Grade geschont werde, als solches zur Erhaltung der Jagd erforderlich erscheint.

§ 28. Schwarz- und Rot(Edel- und Dam)wild darf nur in Parks oder solchen Revieren unterhalten werden, welche dergestalt befriedigt sind, daß das Wild weder ausbrechen, noch an fremdem Eigentum irgend Schaden anrichten kann.

Die Jagdberechtigten haben daher die Verbindlichkeit, solches Wild in dergleichen befriedigte Reviere einzuschließen oder abzuschießen, widrigenfalls letzteres auf Requisition der Ortspolizeibehörde durch den zunächstwohnenden Staatsrevierförster alsbald bewirkt wird.

3. Hieraus ergeben sich folgende Rechtssätze:

a) eine Wildschadenersatzpflicht ex lege gibt es im ehem. Kurhessen überhaupt nicht mehr.

Als ersatzpflichtig werden in § 1 WSchadG. bezeichnet:

1. der Jagdberechtigte, wenn die beschädigten Grundstücke nicht in seinem Eigentum stehen,

2. der Jagdpächter eines solchen Jagdberechtigten.

Da nun durch das G., betr. die Aufhebung des Jagdrechts auf fremdem Grund und Boden in den vormals Kurf. Hess. Landesteilen usw., v. 1. III. 73 das Jagdrecht des Nichteigentümers beseitigt ist, so gibt es keine Jagdberechtigten oder deren Pächter in Kurhessen mehr, die im Sinne von § 1 KurhWSchadG. gesetzlich ersatzpflichtig wären.

Der Ersatz von Wildschaden muß also stets vertraglich ausbedungen werden.

b) Eine Wildschadenersatzpflicht ist nur denkbar, wenn die Befugnis zur Jagdausübung nicht mit dem Jagdrecht des betreffenden Jagdbezirks zusammenfällt.

Bei eigener Jagdausübung wäre der Eigenjagdberechtigte in bezug auf den Wildschaden zugleich Geschädigter und Ersatzpflichtiger, dh. ein Anspruch begrifflich unmöglich. Dasselbe gilt von den Lehns- und Fideikommißbesitzern, sowie von denjenigen Personen, die kraft eines Nießbrauchrechtes die Jagd auf einem Eigenjagdbezirk ausüben. Zudem sind beide Kategorien von Jagdberechtigten in § 5 Abs. 3 JO. dem Eigentümer ausdrücklich gleichgestellt.

Eine Ersatzpflicht für Wildschaden ist daher nur gegeben:

1. bei verpachteten Eigenjagdbezirken,

2. bei gemeinschaftlichen Jagdbezirken, gleichviel, ob die Jagd darauf ruht, oder von der Jagdgenossenschaft durch angestellte Jäger selbst bewirtschaftet wird (§ 20 Abs. 2), oder ob die Jagd verpachtet ist.

Bei verpachteten Eigenjagden hat es der Verpächter selbstverständlich in der Hand, sich, wenn er es für nötig hält, von seinem Pächter den Ersatz des Wildschadens versprechen zu lassen. In derselben Lage ist die Jagdgenossenschaft bei der Verpachtung ihres gemeinschaftlichen Jagdbezirks. In dem Falle aber, wo die Jagd auf dem gemeinschaftlichen Jagdbezirk ruht, oder für Rechnung der Genossenschaft durch angestellte Jäger bejagd wird, ist für den vorkommenden Wildschaden kein Ersatzpflichtiger vorhanden.

Diese Lücke hat sich erst durch die PrJO. ergeben, da bisher nach § 18 KurhJG. die Gemeinden ihre Eigen- und gemeinschaftlichen Jagdbezirke stets verpachten mußten. Die Lücke ist indessen nicht von besonderer praktischer Bedeutung, da sowohl ein Ruhenlassen, als auch die Selbstbewirtschaftung solcher Jagden für Rechnung der Jagdgenossenschaft nur höchst selten vorkommt.

c) Eine vertragliche Ersatzpflicht für Wildschaden kann selbstverständlich von den Vertragsparteien beliebig gestaltet werden. Die Best. d. KurhWSchadG. haben daher überhaupt nur Bedeutung, wenn der Pachtvertrag für die Normierung der Wildschadenersatzpflicht schlechthin auf die gesetzlichen Vorschriften verweist. Trifft dies zu, so ist folgendes rechtens:

1. Gemäß § 34 Abs. 1 KurhJG., § 1 KurhWSchadG. und Art. 71 Ziff. 1 EinfG. z. BGB. ist jeder Schaden zu

ersetzen, der von irgend einem Stücke jagdbaren Wildes (§ 1 JO.) angerichtet wird. Dagegen ist Kaninchenfraß überhaupt kein Wildschaden, weil Kaninchen nicht jagdbar sind. Um daher auch eine Entschädigung für Kaninchenschaden auszubedingen, genügt eine Bezugnahme auf die gesetzlichen Wildschadenvorschriften nicht mehr.

2. Zu ersetzen ist gemäß § 835 Abs. 1 BGB., der den § 1 KurhWSchadG. in dieser Beziehung abgeändert hat, aller an den Grundstücken selbst, ihren wesentlichen Bestandteilen (§ 93 BGB.), also auch an lebenden Hecken und den getrennten, aber noch nicht eingeernteten Erzeugnissen des Grundstücks, verursachte Schaden.

3. Nach Art. 71 Ziff. 4 EinfG. z. BGB. in Verbindung mit §§ 1 u. 2 KurhWSchadG. wird indessen eine Ersatzpflicht für Beschädigungen in Gärten, Weinbergen, Baumschulen usw., ferner eine Beschädigung freistehender Obstbäume nur dann gewährleistet, wenn der Beschädigte die ihm vom WSchadG. auferlegten Vorbeugungsmaßregeln angewendet und die Einrichtungen im guten Zustande erhalten hat.

4. Eine Mehrzahl von Jagdpächtern ist gemäß § 3 WSchadG. bzw. §§ 840, 420 ff. BGB. gesamtschuldnerisch haftbar. Wildschaden ist ein Quasidelikt.

5. Der Anspruch auf Ersatz des Wildschadens ist von dem Geschädigten gegen den Jagdpächter im Wege des bürgerlichen Rechtsstreites geltend zu machen. Die Erhebung der Klage ist aber unter Umständen von einem Vorverfahren abhängig.

Ein solches Vorverfahren muß stattfinden, wenn zwei Erfordernisse kumulativ erfüllt sind.

Zunächst muß die Ersatzpflicht den gesetzlichen Umfang haben. Ferner muß der geschädigte Grundbesitzer in der Gemeinde, wo das beschädigte Grundstück liegt, gemäß § 34 Abs. 2 KurhJG. seine tatsächliche Wohnung haben.

Findet der Ortsvorstand, der in seiner Eigenschaft als Ortspolizeibehörde in Frage kommt, beide Bedingungen vorliegend, so beraumt er auf Anzeige des Geschädigten eine Augenscheinseinnahme an, deren Termin innerhalb 48 Stunden nach der Anzeige liegen muß. Zu dem Termin ist jedenfalls der Geschädigte zu laden, der Pächter nur dann, wenn er oder sein für diese Zwecke bestellter Vertreter innerhalb $1^1/_2$ Meilen vom Ortsvorstand entfernt wohnt. Zu dem Termin ist, wenn nötig, ein Sachverständiger hinzuzuziehen.

Der Ortsvorstand nimmt über die örtlichen Verhältnisse, die vorgefundenen Spuren und die von den Parteien abgegebenen Erklärungen ein Protokoll auf, in das er auch seine gutachtliche Äußerung über den Grund des Anspruchs aufnimmt und die Forderung des Geschädigten ziffernmäßig niederlegt.

Auf Antrag einer Partei muß der Ortsvorstand eine gütliche Einigung versuchen oder mindestens auf die Verabredung eines Schiedsgutachtens hinwirken.

Ein abgeschlossener Vergleich ist zu Protokoll zu nehmen, das vom Ortsvorstand und beiden Parteien zu unterschreiben ist. Der Vergleich ist auf Grund von Abs. 7 des § 5 KurhWSchadG. iVerb. mit § 801 ZPO. von dem zuständigen Gerichte für vorläufig vollstreckbar zu erklären, wenn er bei demselben innerhalb Jahresfrist nach seiner Aufnahme eingereicht wird. Die Erteilung einer Vollstreckungsklausel gegen den Rechtsnachfolger ist indessen nicht zulässig, da § 795 ZPO. nur auf die vorher erwähnten Schuldtitel, nicht auch auf § 801 ZPO. verweist. Vollstreckbar ist indessen der Schuldtitel im ganzen Umfange der Preuß. Monarchie, da sich die Vollstreckungsgerichte nach §§ 157 ff. GerVerfG. Rechtshilfe zu leisten haben (aM. Klingelhöffer, JO. f. Kurhessen 570).

Kommt ein Vergleich nicht zustande, so hat der Ortsvorstand dem Jagdpächter, wenn dieser weder anwesend noch vertreten war, sonst auf dessen Verlangen eine Abschrift der Verhandlung zu erteilen und die Urschrift der Verhandlung dem Geschädigten gegen Zahlung der Gebühren binnen 24 Stunden auszuhändigen. Der Geschädigte muß dann gemäß § 6 KurhWSchadG. bzw.

§ 37 KurhJG. binnen einer Ausschlußfrist von 14 Tagen nach Aushändigung des Prot. Klage erheben. Für die Klage ist gemäß § 23_2 GerVerfG. das Amtsgericht des Erfüllungsortes oder des Wohnsitzes des Beklagten oder der unerlaubten Handlung ohne Rücksicht auf den Wert des Streitgegenstandes zuständig. Der Gerichtsstand der belegenen Sache (§ 26 ZPO.) ist nicht gegeben (aM. Klingelhöffer aaO. 60).

Beantragt der Jagdpächter in dem Augenscheinstermine unter Anerkennung des Grundes des Anspruches, das Vorverfahren über die Höhe des Anspruches zur Zeit der Ernte nochmals vorzunehmen, so muß der Ortsvorstand zur Zeit der Ernte einen neuen Schätzungstermin mit dem gleichen Verfahren anberaumen. Bis dahin hat er das Prot. in Verwahrung zu behalten. Der Geschädigte braucht dann gemäß § 37 Satz 1 KurhJG. seine Klage erst binnen 14 Tagen nach Aushändigung des Prot. über den zweiten Termin zu erheben. Er ist indessen in der Lage, den zweiten Augenscheinstermin dadurch zu vereiteln, daß er auf Aushändigung des Prot. über den ersten Termin besteht und sofort Klage erhebt.

Der Jagdpächter hat gemäß § 15 im Prozesse ein Einstandsrecht. Er muß nur seinen Willen, die geschädigte Ernte zum abgeschätzten Werte zu übernehmen, spätestens erklären, wenn die gerichtlichen Sachverständigen den Schaden abschätzen. Auf diese Erklärung hin haben dann die Sachverständigen den Wert der mutmaßlichen Ernte ohne Eintritt des Schadensfalles festzustellen. Über die Gebühren des Vorverfahrens trifft § 17a KurhWSchadG. iVerb. mit § 40 KurhJG. Anordnung.

6. Das Vorverfahren findet auch statt, wenn der Jagdpächter einer Eigenjagd sich zum Ersatz des Wildschadens nach den gesetzlichen Vorschriften verpflichtet hat. Die §§ 7—14 einschl. und 17b WSchadG. sind durch die ZPO. beseitigt.

7. § 16 KurhWSchadG. findet nur noch auf das Vor-

verfahren Anwendung. Für das gerichtliche Verfahren vgl. § 407 ZPO.

8. Von § 17 hat nur noch der Tf. zu A für das Vorverfahren auf Grund des von der JO. aufrecht erhaltenen § 40 KurhJG. mit der dort vorgesehenen Beschränkung Geltung.

d) §§ 26 und 28 KurhJG. treffen Best. über die Wildschadenverhütung. Als beteiligter Grundbesitzer ist auch ein Nachbar des in Selbstbewirtschaftung befindlichen oder verpachteten Jagdbezirks anzusehen (Ebner, JG. 147).

Vorbeugende Hilfe ist der beteiligte Grundbesitzer bei der Jagdpolizeibehörde durch polizeiliche Anordnung zu verlangen berechtigt. Der Instanzenzug bestimmt sich nach § 103 ZustG. Daneben kann auf Grund von § 823 Abs. 2 BGB., aber auch aus dem Gesichtspunkte der unerlaubten Handlung im bürgerlichen Rechtsstreite der Ersatz von Schaden verlangt werden, welcher durch übermäßige Hege von Wild aller Art oder durch Ausbrechen von Schwarz- oder Rotwild aus eingefriedigten Revieren entsteht.

In solchem Falle handelt es sich nicht um eigentlichen Wildschaden, deshalb ist kein Vorverf. erforderlich.

§ 82. Der Bezirksausschuß beschließt über die Erneuerung der auf den schleswigschen Westseeinseln bestehenden Konzessionen zur Errichtung von Vogelkojen sowie über die Erteilung neuer Konzessionen (§ 6 des Gesetzes vom 1. März 1873, Gesetzsamml. S. 27).

1. Der § 82 entspricht dem § 108 ZustG.

2. Da für den § 82 keine Vorschrift dahin erlassen ist, daß der Beschluß endgültig ist, wird gemäß § 121 LVG. die Beschwerde an den Provinzialrat offen stehen.

3. § 6 G. v. 1. III. 73 lautet:

„Die zum Schutze der auf den schleswigschen Westseeinseln landesherrlich konzessionierten Vogelkojen zu treffenden Maßregeln, die Erneuerung der bestehenden und die Erteilung neuer Konzessionen bleiben der Verordnung der Bezirksregierung vorbehalten."

§ 83. In denjenigen Landesteilen, in denen das Recht, Kiebitz- und Möweneier einzusammeln, anderen Personen als den Jagdberechtigten vor dem Inkrafttreten des Wildschongesetzes vom 14. Juli 1904 (Gesetzsamml. S. 159) zustand, bleibt dieses Recht bis zum Ablaufe der Jagdpachtverträge, die bei dem Inkrafttreten des letzteren Gesetzes bestanden haben, unberührt.

1. Die Vorschrift findet sich schon in § 19 WSchonG. v. 14. VII. 04 und ist hier beibehalten worden.

2. Die Bestimmung hat den Zweck, in denjenigen Landesteilen, in denen die Kiebitze und Möwen bisher nicht jagdbar waren, ihre Eier mithin von anderen Personen, als den Jagdberechtigten gesucht und genommen werden durften, diese Befugnis bis zum Ablaufe der zurzeit bestandenen Jagdpachtverträge zu erhalten. Erst vom Abschlusse neuer Verträge an wird das Recht, Eier zu sammeln, dem Jagdberechtigten allein vorbehalten.

§ 84. Die vor dem 1. Mai 1907 abgeschlossenen Verträge über die Verpachtung eines Jagdbezirkes bleiben bis zu ihrem Ablauf in Kraft. Im Regierungsbezirke Cassel sollen die nach dem 1. Mai 1907 bis zum Inkrafttreten dieses Gesetzes abgeschlossenen Verträge nicht über den 1. April 1914 hinaus Gültigkeit haben.

Während der Dauer dieser Pachtverträge können die in dem betreffenden Gemeinde-(Guts-)Bezirke belegenen, nach den bisher geltenden Vorschriften zu Recht gebildeten Eigenjagdbezirke auch dann bestehen bleiben, wenn sie nicht einen land- und forstwirtschaftlich benutzten Flächenraum von wenigstens 75 Hektar einnehmen. Während der gleichen Zeit kann aus Grundflächen, die zwar den Erfordernissen des § 4 Ziffer 2 genügen, nicht aber einen nach den bisher geltenden Vorschriften zur Bildung eines Eigenjagdbezirkes erforderlichen Flächenraum umfassen, ein Eigenjagdbezirk nicht gebildet werden.

Liegen solche Grundflächen in verschiedenen Gemeinde-(Guts-)Bezirken, für die mehrere Pachtverträge in Betracht kommen, so gilt als Zeitpunkt, bis zu dem die bisherigen Eigenjagdbezirke fortbestehen oder von dem ab Eigenjagdbezirke gebildet werden können (Abs. 2), der Ablauf des zuerst beendeten Pachtvertrags.

1. Vgl. Ziff. 46 AusfAnw. Die JO. ist am 11. VIII. 07 in Kraft getreten.

Die vorliegende Fassung des § 84 beruht bis auf Satz 2 von Abs. 1 auf den KommBeschlAH., Satz 2 von Abs. 1 ist vom Plenum des AH. eingefügt.

2. Sämtliche vor dem 1. V. 07 abgeschlossene Pachtverträge, gleichviel, ob sie die Jagdausübung auf Eigenjagd- oder gemeinschaftlichen Jagdbezirken zum Gegenstande haben, bleiben im vollen Umfange in Kraft. Ihre Rechtsfolgen sind lediglich nach denjenigen Gesetzen zu beurteilen, die zur Zeit des Pachtabschlusses für den fraglichen Jagdbezirk Geltung hatten. Eine durch die JO. etwa notwendig werdende Umgestaltung der zugrunde liegenden Jagdbezirke erlangt erst mit dem Ablauf der Pachtverträge Wirksamkeit.

3. Satz 2 von Abs. 1 schafft für den RegBz. Cassel, dh. den Hauptteil des ehem. Kurft. Hessen (vgl. Anm. 1

zu § 81) eine besondere Vergünstigung. Im RegBz. Cassel behalten danach alle bis zum Inkrafttreten d. JO. abgeschlossenen Jagdpachtverträge bis zum Ablauf ihrer Pachtzeit, spätestens jedoch bis zum 1. IV. 14 einschl. ihre Gültigkeit. Sie unterliegen bis zu ihrer Beendigung den bisher im RegBz. Cassel geltenden Jagdgesetzen (KurhJG. v. 7. IX. 65, KurhWSchadG. v. 26. I. 54 u. PrG. v. 1. III. 73) und schieben die Wirksamkeit von etwa nach der JO. erforderlich werdenden Neubildungen der in Betracht kommenden Jagdbezirke bis zum Endtermin ihrer Pachtzeit hinaus.

4. Während der Pachtdauer der zu 2 und 3 erwähnten Pachtverträge können die nach den bisherigen Gesetzen zu Recht gebildeten Eigenjagdbezirke bestehen bleiben, sofern sie in einem Gemeinde- oder Gutsbezirk liegen, dessen übriges Areal durch einen oder mehrere der aufrecht erhaltenen Pachtverträge bis auf weiteres vor der Einwirkung der JO. geschützt ist. Besteht der Gemeindebezirk aus mehreren auf verschiedene Zeit verpachteten Jagdbezirken, oder kommen verschiedene Gemeindebezirke mit verschieden ablaufenden Pachtverträgen in Frage, so dauert die Schutzzeit der bisherigen Eigenjagd nur bis zum Endtermin des zuerst ablaufenden Pachtvertrages. Umfaßt ein solcher Eigenjagdbezirk einen ganzen Gutsbezirk und ist er nicht auf Grund eines vor dem 1. V. 07 bzw. im RegBz. Cassel auf Grund eines bis zum Inkrafttreten der JO. abgeschlossenen Vertrages verpachtet, so untersteht er sofort der Einwirkung der JO. und verliert seine Jagdberechtigung, sofern er nicht den Erfordernissen von § 4 JO. entspricht.

5. Neubildungen von Eigenjagdbezirken aus dem Jagdgebiete von gemeinschaftlichen Jagdbezirken, die einem der zu 2 und 3 erwähnten Pachtverträge unterliegen, sind nur dort zulässig, wo bereits das bisherige Recht eine zusammenhängende Bodenfläche von 75 ha oder darüber vorschreibt. Dies war der Fall im Geltungsbereiche der NassVd. v. 30. III. 67 und des GrHessG. v.

26. VII. 46, die beide eine Fläche von 300 Feldmorgen, dh. 75 ha erfordern, ferner im Gebiete des PrJPolG. v. 7. III. 50, das eine land- oder forstwirtschaftlich benutzbare Bodenfläche von 300 Morgen = 76 ha 59 ar 6 qm verlangt, weiter in Lauenburg, wo das G. v. 17. VII. 02 300 Kalenberger Morgen, dh. 79,13 ha und in den vorm. bayr. Landesteilen, wo das G. v. 30. III. 50 im Flachlande 240 Tagwerke, dh. 81,77 ha, im Hochgebirge 400 Tagwerke, dh. 136,28 ha für die Bildung eines Eigenjagdbezirkes vorschreibt. Bis zum Ablauf der Pachtverträge müssen hier die von den bisherigen Gesetzen geforderten Mindestgrößen zur Bildung eines Eigenjagdbezirkes verlangt werden, damit die Lage des Pächters, der bei Abschluß des Vertrages nur mit solchen Neubildungen rechnen konnte, nicht durch die JO. verschlechtert wird. Unzulässig ist also bis zum Ablauf der besprochenen Pachtverträge eine Aussonderung von Eigenjagden aus bisher gemeinschaftlichen Jagdbezirken im Gebiete des LgrHessHombgG. v. 8. X. 49, wo 300 Homburger Morgen, dh. 57,192 ha genügen, ferner im ehem. Frankf. Gebiet, wo das G. v. 20. VIII. 50 300 Feldmorgen, dh. 60,75 ha zur Grundlage einer Eigenjagd macht und endlich im RegBz. Cassel, wo das KurhG. v. 5. IX. 65 nur 100 Casseler Morgen, dh. 26,86 ha voraussetzt.

Außer der besprochenen Mindestgröße müssen die neu zu bildenden Eigenjagdbezirke den Anforderungen von § 4₂ JO. genügen. Es müssen also, soweit das nicht bereits in den früheren Gesetzen (wie im PrJPolG., der NassVd. und dem LauenbgG.) vorgeschrieben war, in der zusammenhängenden Bodenfläche mindestens 75 ha land- und forstwirtschaftlich benutzbar sein. Auch darf der Zusammenhang der Grundflächen, oder gar der ganze Eigenjagdbezirk nicht aus den in § 4₂ JO. genannten schmalen Streifen gebildet werden.

Kommen mehrere zu verschiedenen Zeiten endigende Pachtverträge in Frage, so bestimmt der früheste Ablauf den Endtermin, wo die Neubildung eines Eigenjagdbezirkes sowohl die Vorschriften des früheren Rechtes, wie die der JO. erfüllen muß.

6. Pachtverträge (abgesehen vom RegBz. Cassel), die zwar schon zwischen dem 1. V. 07 und dem Inkrafttreten der JO. abgeschlossen worden sind, deren Pachtzeit aber erst nach eingetretener Gesetzeskraft der JO. beginnen soll, müssen selbstverständlich den Bedingungen der JO. genügen. Unterlage der Verpachtung muß also ein den Vorschriften der JO. entsprechender Jagdbezirk sein und die Verpachtung muß in den von der JO. vorgeschriebenen Formen erfolgt sein. Dagegen brauchen die Verträge die bisherigen gesetzlichen Erfordernisse nicht mehr zu erfüllen.

7. Ein nach dem 1. V. 07, aber noch vor dem Inkrafttreten der JO. abgeschlossener Pachtvertrag, der bereits in dieser Zeit seine Wirksamkeit begonnen hat, muß ebenso wie sein Jagdbezirk sowohl den bisherigen Gesetzen, als auch der JO. entsprechen. Ersteres war notwendig, damit er überhaupt gültig entstehen konnte, letzteres, damit er unter der Herrschaft der JO. Fortbestand haben kann(vgl. KommBHH. Drucks. 111/07 27 bei § 22 d. Entw.). Genügt ein in der kritischen Zeit geschlossener Pachtvertrag oder sein Jagdbezirk nur den bisherigen Gesetzen, so ist er mit dem Augenblicke, wo die JO. in Kraft trat, ex lege beseitigt.

8. Pachtverträge über gemeinschaftliche Jagdbezirke, die in der Zeit vom 1. V. bis zum 11. VIII. 1907 den bisherigen Gesetzen entsprechend geschlossen sind und für sich allein genommen auch die Anforderungen der JO. erfüllen würden, können trotzdem durch die Einwirkung benachbarter Jagdbezirke außer Geltung kommen. Dies trifft zu, wenn ein benachbarter Jagdbezirk entweder ganz oder teilweise gemäß § 9 zu dem in Mitleidenschaft gezogenen Jagdbezirk zugelegt werden muß. Durch diese Zulegung wird auch der erste Jagdbezirk verändert und damit auch der bisherige Jagdpachtvertrag hinfällig. Dies folgt aus dem Zwecke des Gesetzes, das in erster Linie im öffentlichen Interesse die Jagdbezirke neu regeln

will. Hauptsache ist daher, daß die Jagdbezirke dem Gesetze entsprechend umgestaltet werden, und nur insoweit die Pachtverträge dadurch nicht berührt werden, bleiben sie in Kraft.

Das Sonderrecht der isolierten Höfe (Anm. 7 zu § 4) ist mit dem Inkrafttreten der JO. erloschen. Ihre Grundflächen vergrößern also von selbst das Areal des gemeinschaftlichen Jagdbezirkes.

§ 85. Die vor dem Inkrafttreten dieses Gesetzes ausgestellten Jagdscheine behalten ihre Gültigkeit für die Zeit, auf welche sie ausgestellt sind.

1. Die vor dem 11. VIII. 07 ausgestellten Jagdscheine behalten ihre Gültigkeit.
2. Ebenso die billigeren Ausländerjagdscheine.

§ 86. Die nachstehend aufgeführten Gesetze werden, soweit sie nicht bereits anderweit aufgehoben sind, für den Geltungsbereich dieses Gesetzes hierdurch aufgehoben:

1. das Gesetz, betreffend die Aufhebung des Jagdrechts auf fremdem Grund und Boden und die Ausübung der Jagd, vom 31. Oktober 1848 (Gesetzsamml. S. 343);
2. das Jagdpolizeigesetz vom 7. März 1850 (Gesetzsamml. S. 165);
3. das Wildschadengesetz vom 11. Juli 1891 (Gesetzsamml. S. 307);
4. das Jagdscheingesetz vom 31. Juli 1895 (Gesetzsamml. S. 304);
5. das Gesetz, betreffend die Ergänzung einiger jagdrechtlicher Bestimmungen, vom 29. April 1897 (Gesetzsamml. S. 117);
6. das Gesetz, betreffend Ergänzung der gesetz-

lichen Vorschriften über die Ausübung der Jagd auf eigenem Grundbesitze, vom 7. August 1899 (Gesetzsamml. S. 151);

7. das Wildschongesetz vom 14. Juli 1904 (Gesetzsamml. S. 159);

8. das Jagdverwaltungsgesetz vom 4. Juli 1905 (Gesetzsamml. S. 271);

9. die Verordnung, betreffend das Jagdrecht und die Jagdpolizei im ehemaligen Herzogtume Nassau, vom 30. März 1867 (Gesetzsamml. S. 426);

10. die §§ 1 bis 5, 7 und 8 des Gesetzes, betreffend die Aufhebung des Jagdrechts auf fremdem Grund und Boden in den vormals Kurfürstlich Hessischen und Großherzoglich Hessischen Landesteilen und in der Provinz Schleswig-Holstein, vom 1. März 1873 (Gesetzsamml. S. 27);

11. das Gesetz, betreffend das Jagdrecht und die Jagdpolizei im Herzogtume Lauenburg, vom 17. Juli 1872 (Offizielles Wochenblatt für das Herzogtum Lauenburg S. 215);

12. das kurhessische Gesetz, betreffend die Aufhebung der Jagdgerechtsame und die Verhütung des Wildschadens, vom 1. Juli 1848 (Kurhessische Gesetzsamml. S. 47);

13. die §§ 1 bis 4, 8 bis 25, 27, 29, § 30 Ziffer 1 bis 5, §§ 31, 33, 38, 39 des kurhessischen Gesetzes, das Jagdrecht und dessen Ausübung betreffend, vom 7. September 1865 (Kurhessische Gesetzsamml. S. 571); die §§ 5 bis 7 desselben

Gesetzes, soweit sie nicht durch das vorliegende Gesetz aufrecht erhalten werden;

14. das Frankfurter Gesetz, die Ausübung der Jagd betreffend, vom 20. August 1850 (Gesetz- und Statutensamml. der freien Stadt Frankfurt, 10. Bd. S. 323);
15. die Artikel 1 bis 16 des Großherzoglich Hessischen Gesetzes, die Ausübung der Jagd und der Fischerei in den Provinzen Starkenburg und Oberhessen betreffend, vom 26. Juli 1848 (Regierungsblatt S. 209);
16. das Großherzoglich Hessische Gesetz, die Jagdberechtigungen in den Provinzen Starkenburg und Oberhessen betreffend, vom 2. August 1858 (Regierungsblatt S. 257);
17. das Großherzoglich Hessische Jagdstrafgesetz vom 19. Juli 1858 (Regierungsblatt S. 345);
18. die Artikel 1 bis 18 des hessen-homburgischen Gesetzes, die Jagd und Fischerei im Amte Homburg betreffend, vom 8. Oktober 1849 nebst Verordnung, die Verpachtung der Gemeindejagden im Amte Homburg betreffend, vom 8. Oktober 1849 (Regierungsblatt vom 14. Oktober 1849 Nr. 8);
19. das bayerische Gesetz, die Ausübung der Jagd betreffend, vom 30. März 1850 (Bayerisches Gesetzblatt S. 117);
20. die §§ 1 bis 16, 18 bis 21 der bayerischen Verordnung, polizeiliche Vorschriften über Ausübung und Behandlung der Jagden betreffend,

vom 5. Oktober 1863 (Bayerisches Regierungsblatt S. 1657);

21. die §§ 104, 105, Abs. 1 Ziffer 2 und 3, 106 des Gesetzes über die Zuständigkeit der Verwaltungs- und Verwaltungsgerichts-Behörden vom 1. August 1883 (Gesetzsamml. S. 237).

---

4. Ministerielle Anweisung vom 29. Juli 1907 zur Ausführung der Jagdordnung vom 15. Juli 1907

(HMBl. 297).

Die JO. enthält ein für den ganzen Umfang der Monarchie mit Ausschluß der Prov. Hannover, der Hohenz. Lande und der Insel Helgoland einheitliches Jagdrecht. Sie gibt im wesentlichen das Recht wieder, welches im Geltungsbereiche des G. v. 31. Okt. 1848 (GS. 343) bisher gegolten hat, und stellt somit eine Kodifikation dieses Rechts dar. Fast wörtlich übernommen sind die im § 86 unter Ziff. 3, 4, 6—8 und 21 bezeichneten Gesetze, während dieses bei den unter Ziff. 1 u. 2 aufgeführten Gesetzen nur insoweit der Fall ist, als sie nicht mit Rücksicht auf die jüngeren Gesetze als aufgehoben oder veraltet anzusehen waren. Gänzlich neu oder wesentlich verändert sind in der JO. nur die Vorschriften, betr. die Ausübung des Jagdrechts, nämlich die §§ 3–15, 17—19, 25—27, 53, 67, 84. Von den sonstigen Vorschriften des geltenden Rechts hat nur § 32 eine materielle Aenderung erfahren; die sonst vorgenommenen Aenderungen sind formaler Natur und zu dem Zwecke vorgenommen, die Unstimmigkeiten zwischen den einzelnen bisher geltenden Jagdgesetzen zu beseitigen oder eine gleiche Ausdrucksweise, insbesondere in der Benennung der Behörden, herbeizuführen. Dieses so gestaltete Recht ist auch, soweit es nicht dort schon gegolten hat, auf die Prov. Schleswig-Holstein und Hessen-Nassau ausgedehnt, mit der Ausnahme, daß für erstere Prov. im § 82 eine Spezialbestimmung hinsichtlich der Vogelkojen aufrecht erhalten ist und daß nach § 81 im ehem. Kurft. Hessen die dort geltenden Wildschadenbestimmungen in Kraft bleiben.

Die JO. ist für ihren Geltungsbereich die fast ausschließliche Quelle des Jagdrechts. Abgesehen davon, daß nach der ausdrücklichen Best. des § 86 die dort aufgeführten Gesetzesvorschriften aufgehoben werden, kommen neben der JO. nämlich nur noch die einschlägigen Best. d. BGB., insbesondere über den Wildschaden, und das geltende Recht über die Befugnis zum Töten von Hunden und Katzen in Jagdrevieren, in Betracht.

Mit der förmlichen Aufhebung der im § 86 benannten Gesetze kommen auch die zu ihnen erlassenen AusfAnwgen für den Geltungsbereich d. JO. in Wegfall. Ihr Inhalt ist, soweit er mit Bezug auf die kodifizierten Vorschriften materiell noch von Bedeutung ist, in die nachfolgende AusfAnw. übernommen worden, so daß auch dieser in Zukunft ausschließliche Bedeutung zukommt. Der leichteren Uebersicht halber wird bei jedem Paragraphen der JO. bemerkt, welchem der früheren Gesetze er entnommen ist.

Erster Abschnitt.

1. Der erste Abschn. begrenzt den Umfang des Jagdrechts sowohl nach der objektiven Seite (welche Tiere dem Jagdrecht unterliegen, § 1), wie nach

der subjektiven Seite (wer jagdberechtigt ist, §§ 2 u. 3).

2. Zu § 1. § 1 entspricht wörtlich dem § 1 des WSchonG. v. 14. Juli 1904 und bestimmt i. Verb. mit letzterer Gesetzesvorschrift einheitlich für den ganzen Staat (ausschl. Hohenzollern), welche Tiere jagdbar sind.

3. Zu § 2. § 2 gibt die Bestimmungen der §§ 1—4 des G. v. 31. Okt. 1848 wieder, soweit sie jetzt noch von Bedeutung sind, unter Fortlassung derjenigen Vorschriften, welche nur noch rechtsgeschichtlichen Wert haben (Aufhebung des Jagdrechts auf fremdem Grund und Boden und des Rechts der Jagdfolge, § 1 und § 4 Abs. 2), oder welche heute selbstverständlich sind (§ 3 Abs. 1 Satz 2) oder endlich, welche in der JO. selbst eine anderweite Regelung gefunden haben (§ 3 Abs. 2 und § 4 Abs. 1 des G. v. 31. Okt. 1848).

4. Zu § 3. § 3 regelt die Ausübung des jedem Eigentümer zustehenden Jagdrechts dahin, daß diese nur auf Jagdbezirken erfolgen darf und auf Grundflächen, welche mit solchen vereinigt sind. Die Vereinigung wird bei Eigenjagdbezirken „Anschluß" und bei gemeinschaftlichen Jagdbezirken „Zulegung" genannt, mit dem aus § 12 sich ergebenden sachlichen Unterschiede.

Zweiter Abschnitt.

5. Dieser Abschn. regelt sowohl die Bildung der Jagdbezirke wie die Verwaltung gemeinschaftlicher Jagdbezirke und enthält in ersterer Hinsicht neue, von dem bisher geltenden Rechte wesentlich abweichende Best., während er bezüglich des letzteren Gegenstandes die Vorschriften des G., betr. die Verwaltung gemeinschaftlicher Jagdbezirke, vom 4. Juli 1905 wiedergibt.

6. Zu § 4, Abs. 1—3. Die Best. über die Bildung der Eigenjagdbezirke weichen vielfach von den Vorschriften des § 2 d. JPolG. ab, so hinsichtlich der Arten der Eigenjagdbezirke, der Einschränkung der Flugwildjagd auf Eigenjagdbezirken unter 75 ha Umfang, des Verbots, aus gewissen schmalen Landstreifen besondere Eigenjagdbezirke zu bilden oder sie zur Herstellung des Zusammenhanges für Flächen, die sonst getrennt liegen würden, zu benutzen, sowie endlich der Regelung des Jagdrechts auf Wegen. Hierbei ist bei wichtigen Fragen der Jagdpolizeibehörde die Entsch. überlassen (Abs. 3), die häufig schwierig sein und eine pflichtmäßige Prüfung aller in Betracht kommenden Verhältnisse erfordern wird; es wird zu berücksichtigen sein, daß der Zweck der Bestimmungen darin besteht, die Bildung von Jagdbezirken zu verhindern, die zum ordnungsmäßigen Betriebe der Jagd ungeeignet sind, ohne daß anderseits hierbei weiter gegangen werden darf, als es dieser Zweck unbedingt erfordert. Bei der in Abs. 2 getroffenen Einschränkung der Jagd auf Flugwild auf solchen eingefriedigten Grundflächen, die nicht 75 ha im Zusammenhang umfassen, ist von folgenden Gesichtspunkten ausgegangen: die Zulassung derartiger kleiner Eigenjagdbezirke ist nur für solche Wildarten zu rechtfertigen, die durch die Einfriedigung derartig abgesperrt werden, daß ein Herüberwechseln von Wild von und nach dem eingefriedigten Jagdbezirke nicht erfolgen kann, daß also der Abschuß von Wild in letzterem auf den Wildbestand in den benachbarten Jagdbezirken ohne Einfluß bleibt. Dieses trifft bei Flugwild nicht zu; im allgemeinen wird es daher nicht gerechtfertigt sein, den Inhabern derartiger Jagdbezirke die Jagd auf dieses Wild zu gestatten. Ausnahmen sind nur dann gerecht-

fertigt, wenn Flugwild in den eingefriedigten Grundflächen selbst sich ständig aufhält (zB. wenn dort eine Fasanerie angelegt ist), wenn auf ihnen durch Flugwild aus den benachbarten Jagdbezirken Wildschaden angerichtet wird, oder wenn es sich um durchziehendes Wild handelt, welches auch in den benachbarten Jagdbezirken sich nicht dauernd aufhält (zB. Schnepfen, Krammetsvögel usw.). Auf jeden Fall muß verhindert werden, daß solche eingefriedigten Jagdbezirke als Wildfallen benutzt werden, um das Flugwild aus benachbarten Jagdbezirken durch Futter anzulocken und es dann abzuschießen. Bei Erteilung der Genehmigung wird auch zu berücksichtigen sein, daß nach § 39 letzter Abs. die Schonzeiten nicht für Wild in eingefriedigten Wildgärten gelten. Wenn es sich also um Wildgärten handelt, zu denen übrigens nicht jedes eingefriedigte Stück Land, auf dem sich Wild aufhält, sondern nur solche Gehege zu rechnen sind, die der Wildhege zu dienen bestimmt sind, wird regelmäßig zu erwägen sein, ob nicht die Genehmigung auf die Schießzeiten zu beschränken ist.

Eine neue Regelung hat im Abs. 1 Ziff. 2 die Ausübung der Jagd auf Wegen usw., die in oder an Eigenjagdbezirken liegen, erfahren. Es handelt sich hierbei nur um solche Wege usw., die nicht im Eigentume des Inhabers des Eigenjagdbezirks stehen, da sie anderenfalls zum Eigenjagdbezirk an sich schon gehören würden, wie im Satz 4 Ziff. 2 bezüglich der Grenzwege, um Zweifel auszuschließen, noch besonders hervorgehoben ist. Diese Wege usw. gehören kraft Gesetzes zum Eigenjagdbezirke, falls der Inhaber des Eigenjagdbezirks nicht auf die Zugehörigkeit verzichtet, jedoch kann der Eigentümer des Weges usw. eine Pachtentschädigung verlangen. Der Satz: „Diese Flächen werden dem angrenzenden

Eigenjagdbezirk angeschlossen" bedeutet nicht, daß es zum Anschluß eines besonderen Aktes bedarf; er soll zum Ausdrucke bringen, daß die sonst im G. an den Anschluß von Flächen an Eigenjagdbezirke geknüpften Folgen auch hier zutreffen (§ 12 Abs. 2: der Anschluß erfolgt pachtweise; § 26: Zulässigkeit des VerwStreitVerf. bei Streit über die Höhe des Pachtgeldes; § 53: Wildschadenersatz). Eine weitere Folge des gesetzlichen Anschlusses besteht darin, daß nicht der Jagdvorsteher wie sonst zur Vertretung der Grundstücke bei der Festsetzung der Pachtentschädigung befugt ist, sondern daß der Inhaber des Eigenjagdbezirks unmittelbar mit dem Eigentümer der Wege in Verbindung zu treten hat. Falls eine Einigung über die Pachtentschädigung nicht erzielt wird, entscheidet nach § 19 der KrAussch., gegen dessen Entscheidung nach § 26 das VerwStreitVerf. stattfindet. Wünscht der Inhaber des Eigenjagdbezirks den Anschluß der Wege usw. nicht, so gehören diese kraft Gesetzes zum gemeinschaftlichen Jagdbezirke des Gem(Guts)Bezirks (§ 7) oder es ist mit ihnen nach Maßgabe der §§ 8—10 zu verfahren.

Abs. 4 findet nur Anwendung auf solche Flächen, die teils in der Prov. Hannover, teils im Geltungsbereiche der JO. liegen, und entspricht dem G. v. 7. Aug. 1899 (GS. 151).

7. Zu § 5. Die in Abs. 1 vorgesehene Bildung des Eigenjagdbezirks durch den Eigentümer verlangt keine nach außen erkennbare Handlung des Eigentümers, insbesondere nicht eine dem Jagdvorsteher oder der Jagdpolizeibehörde gegenüber abzugebende Erklärung, sondern erfolgt allein durch den Entschluß, den Jagdbezirk zu bilden. Dagegen ist für das Verfahren nach Abs. 2 Voraussetzung, daß eine Erklärung gegenüber dem Jagdvorsteher

ausdrücklich abgegeben wird. Durch den Relativsatz im Abs. 1 wird dem Inhaber des Eigenjagdbezirks die Befugnis beigelegt, in dem von ihm gebildeten Jagdbezirke nunmehr die Jagd auszuüben, mit der stillschweigenden Voraussetzung, daß dieses innerhalb der gesetzlich gezogenen Schranken geschieht; insofern entsprechen diese Worte dem 2. Satz im Abs. 1 des § 3 des G. v. 31. Okt. 1848.

8. Zu § 6. Abs. 3 entspricht dem § 19 des KurhJG. v. 7. Sept. 1865. Eine bestimmte Form für die Vornahme der Verpachtung ist nicht vorgeschrieben.

9. Zu § 7. Abs. 1 bestimmt, daß alle nicht zu einem Eigenjagdbezirke gehörigen Grundflächen eines Gem(Guts)Bezirks den gemeinschaftlichen Jagdbezirk bilden, wenn sie wenigstens 75 ha im Zusammenhang umfassen, und zwar kraft Gesetzes, so daß eine besondere Bildung des Jagdbezirks durch den Jagdvorsteher nicht erforderlich ist. Zu diesem unmittelbar durch das Gesetz gebildeten Jagdbezirke gehören, wenn die Feldmark aus mehreren voneinander getrennt liegenden Teilen besteht, alle diejenigen Teile, die für sich im Zusammenhange wenigstens 75 ha umfassen. Daß die Grundflächen des gemeinschaftlichen Jagdbezirks land- oder forstwirtschaftlich benutzbar sein müssen, wie diejenigen, die allein zur Bildung eines Eigenjagdbezirks tauglich sind, ist nicht vorgeschrieben, es werden daher bei Berechnung der Mindestgröße auch alle übrigen Flächen mitgezählt, wie Wege, alle Wasserstücke, Eisenbahnen, Baustellen, Hofräume, Gärten, öffentliche Plätze, Friedhöfe usw., selbst wenn sie für die Ausübung der Jagd nicht in Betracht kommen. Als Grundflächen, die nicht zu einem Eigenjagdbezirke gehören, sind auch die-

jenigen anzusehen, die an sich zur Bildung eines Eigenjagdbezirks geeignet, aber nicht hierzu verwandt sind, entweder weil der Eigentümer auf sie verzichtet (§ 5 Abs. 2) oder weil er den Anschluß ablehnt (Wege § 4 Abs. 1 Ziffer 2).

Abs. 2 behandelt die Zerlegung eines gemeinschaftlichen GemJagdbezirks in mehrere selbständige Jagdbezirke, die vom Gesetze mit besonderen Sicherungen umgeben ist. Einmal ist die Genehmigung des Kr(Bez)Aussch. vorgeschrieben, sodann ist eine Mindestgröße von 250 ha für jeden einzelnen Jagdbezirk festgesetzt, die nur ausnahmsweise, wenn ein besonderes Interesse der Jagdgenossenschaft es verlangt, bis auf 75 ha herabgesetzt werden darf. Das Erfordernis der Mindestgröße von 250 ha ist nicht dahin zu verstehen, daß der KrAussch. in jedem Falle, wenn diese vorhanden ist, die Genehmigung erteilen muß, sondern auch in diesem Falle hängt es von seinem pflichtmäßigen Ermessen ab, ob er der Teilung zustimmen will oder nicht.

Abs. 5 behandelt diejenigen von Wald umschlossenen Grundflächen der GemFeldmark, welche mit dem aus der GemFeldmark gebildeten gemeinschaftlichen Jagdbezirk im Zusammenhange stehen, während § 10 in Verbindung mit § 8 Abs. 2 sich auf solche von Wald umschlossenen Flächen bezieht, die von der Feldmark durch andere Gem(Guts)Feldmarken oder Eigenjagdbezirke abgeschnitten werden, also Trennstücke der Gemeinde bilden. Der Waldbesitzer kann unter den im Gesetze vorgesehenen Bedingungen die Anpachtung derjenigen Grundflächen verlangen, welche mindestens 90% vom Walde begrenzt werden, während höchstens 10% der Grenzlinie nicht den Wald berühren. Innerhalb dieser Grenzen kann er sich die anzupachtenden Grundflächen beliebig herausschneiden, ohne Rücksicht darauf, ob die so geschaffenen Grenzen dieser Flächen mit den Katastergrenzen der einzeln beteiligten Grundstücke zusammenfallen.

10. Zu §§ 8—10. § 8 behandelt im Zusammenhange mit §§ 9 und 10 sowohl diejenigen Trennstücke der Feldmarken, die im Zusammenhange nicht 75 ha umfassen, als auch ganze Feldmarken, die diesen Umfang nicht erreichen. Es ist im § 8 bestimmt, daß diese Flächen, wenn es irgend tunlich ist, zur Bildung von Jagdbezirken, die wenigstens 75 ha umfassen, verwandt werden. Zu diesem Zwecke werden drei Möglichkeiten vorgesehen:

1. Zulegung zu einem angrenzenden gemeinschaftlichen Jagdbezirke,

2. Anschluß an einen angrenzenden Eigenjagdbezirk,

3. Bildung eines wenigstens 75 ha umfassenden gemeinschaftlichen Jagdbezirks mit angrenzenden Grundflächen eines anderen Gem(Guts)Bez., sei es, daß es sich bei letzterem auch um Flächen handelt, die für sich allein nicht zur Bildung eines gemeinschaftlichen Jagdbezirks geeignet sind, sei es, daß von den zur Bildung eines gemeinschaftlichen Jagdbezirks geeigneten Flächen des angrenzenden Gem(Guts)Bez. Teile abgetrennt werden. Zu dieser Regelung ist übrigens die Genehmigung des KrAussch. nicht erforderlich, da § 7 Abs. 3 diese Genehmigung nur für den Fall verlangt, daß von zwei oder mehreren Feldmarken, von denen jede nach § 7 Abs. 1 kraft Gesetzes einen gemeinschaftlichen Jagdbezirk bildet, Teile abgelöst werden sollen.

Die Regelung nach 2 und 3 ist fakultativ; zu 3 nach dem Wortlaute des Gesetzes, zu 2, weil der

Eigenjagdbesitzer nicht zum Anschluß gezwungen werden kann. Wenn daher nicht nach Maßgabe von 2 und 3 verfahren wird, muß die Zulegung, wenn ein oder mehrere gemeinschaftliche Jagdbezirke angrenzen, an einen von diesen erfolgen. Kommt eine Einigung zwischen den verschiedenen Jagdvorstehern nicht zustande, so beschließt an ihrer Stelle nach § 18 der KrAussch.

§ 9 trifft Bestimmung für den Fall, daß die zu 2 und 3 besprochene Regelung nicht zustande kommt und zugleich ein gemeinschaftlicher Jagdbezirk, an den der Zwangsanschluß erfolgen könnte, nicht angrenzt; hier ist die Zulegung zu einem getrennt liegenden Jagdbezirk oder die Bildung eines selbständigen, nicht 75 ha im Zusammenhange großen Jagdbezirks zugelassen.

§ 10 endlich gestattet in Erweiterung der Bestimmungen des § 9 die Bildung eines besonderen nicht 75 ha umfassenden Jagdbezirks auch dann, wenn ein im Zusammenhang über 750 ha großer Wald die betreffenden Grundflächen umschließt, dessen Inhaber die Anpachtung ablehnt und die sonst in §§ 8 und 9 vorgesehenen Möglichkeiten nicht im Wege der Vereinbarung mit den Vertretern der gemeinschaftlichen Jagdbezirke oder den Inhabern der Eigenjagdbezirke durchgeführt werden (das sind: Zulegung zu einem angrenzenden oder getrennt liegenden gemeinschaftlichen Jagdbezirke, Anschluß an einen angrenzenden oder getrennt liegenden Eigenjagdbezirk, Bildung eines wenigstens 75 ha umfassenden gemeinschaftlichen Jagdbezirks mit Teilen einer anderen Gemeinde).

Die Besonderheit dieser Bestimmung besteht darin, daß auch dann, wenn ein gemeinschaftlicher Jagdbezirk angrenzt, dieser nicht gegen seinen Willen gemäß § 18 gezwungen werden soll, die

Flächen sich zulegen zu lassen, sondern daß, wenn der Jagdvorsteher die Zulegung nicht wünscht und die sonstigen Möglichkeiten erschöpft sind, der besondere Jagdbezirk zugelassen ist. Der Grund für diese Ausnahmebestimmung besteht darin, daß der angrenzende gemeinschaftliche Jagdbezirk nicht gezwungen werden soll, Grundflächen, auf denen vielleicht ein erheblicher Wildschaden zu gewärtigen ist, zu übernehmen.

11. Zu § 12. Der Unterschied in der Best. des Abs. 1 und des Abs. 2 Satz 1 besteht darin, daß im Falle des Abs. 1 die zugelegten Grundflächen vollwertige Bestandteile des gemeinschaftlichen Jagdbezirks und ihre Eigentümer Jagdgenossen des letzteren mit den gleichen Rechten und Pflichten der sonstigen Jagdgenossen werden, während beim Anschluß an einen Eigenjagdbezirk es sich nur um ein Pachtverhältnis handelt.

12. Zu § 15. Die Bestimmung des KurhJG. v. 7. Sept. 1865, nach der

a) bei Neubildung und
b) bei Aufhebung

eines Eigenjagdbezirks zu a der Inhaber des Eigenjagdbezirks und zu b die Gemeinde (Jagdgenossenschaft) erst dann in die Jagdausübung eintreten darf, wenn von ihnen die etwa zu a von der Gemeinde (Jagdgenossenschaft), zu b vom Eigenjagdberechtigten gezahlten Ablösungskapitalien zurückerstattet sind, ist aufrechterhalten mit der Maßgabe, daß an Stelle von 100 Casseler Morgen 75 ha treten. Diese Bestimmung ist von besonderer Bedeutung, weil für das ehem. Kurhessen die Größe der Eigenjagdbezirke von 100 Casseler Morgen auf 75 ha erhöht ist; wenn also in Zukunft die Gemeinde (Jagdgenossenschaft) bei Eigenjagdbezirken, die letzterem Erfordernis nicht entsprechen, die Jagd ausüben will, muß sie zunächst die etwa gezahlten Ablösungskapitalien zurückerstatten. Das Umgekehrte gilt, wenn ein Eigentümer von seinem Recht, einen Eigenjagdbezirk nach § 4 Abs. 1 Ziff. 1 durch Einfriedigung zu bilden, Gebrauch macht.

Die weitere Bestimmung des § 5 KurhG. v. 7. Sept. 1865, daß erst nach Ablauf der bestehenden Jagdpachtverträge von dem Recht in die Jagdausübung einzutreten, Gebrauch gemacht werden kann, ist in die JO nicht übernommen; der Zeitpunkt, zu dem die Jagd ausgeübt werden darf, bestimmt sich vielmehr auch für das ehem. Kurhessen fortan nach § 14. Für die Uebergangszeit nach Inkrafttreten d. JO. kommt übrigens noch § 84 in Betracht.

13. Zu § 16 (§ 1 G., betr. die Verwaltung gemeinschaftlicher Jagdbezirke, v. 4. Juli 1905).

Abs. 1. Im Abs. 1 wird der leitende Grundsatz ausgesprochen, daß es sich bei der Verwaltung der Angelegenheiten eines gemeinschaftlichen Jagdbezirks um Interessentenangelegenheiten handelt. Was unter dem gemeinschaftlichen Jagdbezirke zu verstehen ist, richtet sich nach den vorhergehenden Bestimmungen.

Abs. 2 und 3. Die Verwaltung der Angelegenheiten der Jagdgenossenschaft und ihre Vertretung erfolgt allein durch eine Einzelperson, den Vorsteher der Gemeinde (Bürgermeister in den Städten sowie in den Landgemeinden der Prov. Hessen-Nassau, Gemeindevorsteher in den sonstigen Landgemeinden, Gutsvorsteher in den Gutsbezirken, in der Rheinprov. durch den Bürgermeister in den der StO. v. 15. Mai 1856 [GS. 406] unterworfenen Gemeinden, im übrigen durch den Gemeindevorsteher), und zwar kraft des ihm durch dies. G. erteilten Auftrags.

Die nach dem JPolG. v. 7. März 1850 und dem ihm nachgebildeten LauenbgG. v. 17. Juli 1872 vorgeschriebene Verwaltung oder Mitwirkung in einzelnen Fällen durch den Magistrat in den Städten, die Schöffen in den Landgemeinden, den Amtmann in Westfalen, den Bürgermeister in den nicht der StO. v. 15. Mai 1856 unterworfenen Gemeinden der Rheinprov., ferner die Verwaltung durch den Gemeinderat nach der Vd. für das ehem. Hzgt. Nassau v. 30. März 1867 und durch die Gemeindeorgane in den übrigen Teilen der Prov. Hessen-Nassau, ist in Fortfall gekommen.

Die nach dem JPolG. und der NassVd. v. 30. März 1867 freiere Stellung der Gemeindebehörde als Verwalterin der Angelegenheiten des gemeinschaftlichen Jagdbezirks ist nach folgenden Richtungen eingeschränkt:

1. Für die wichtigeren Beschlüsse des Jagdvorstehers ist die Genehmigung der Verwaltungsbeschlußbehörden vorgeschrieben.
2. Das G. stellt bestimmte Grundsätze auf, die von den Jagdvorstehern bei der Verwaltung der Jagdangelegenheiten zu beachten sind.
3. Den Jagdgenossen ist durch Einräumung eines formellen Beschwerderechts gegen gewisse Beschlüsse des Jagdvorstehers ein weitgehender Einfluß auf die Verwaltung gesichert.
4. Es ist eine besondere Jagdaufsichtsbehörde geschaffen worden, an welche ein allgemeines Beschwerderecht binnen gewisser Frist gegeben ist.

Jagdaufsichtsbehörde ist der zuständige Landrat (Regierungspräsident). Liegt der Jagdbezirk in verschiedenen Land(Stadt)kreisen, so wird die Zuständigkeit durch die nächst höhere, gemeinsam vorgesetzte Behörde bestimmt.

Obwohl der Wortlaut des § 16 mit dem des

§ 1 des G. v. 4. Juli 1905 wörtlich übereinstimmt, ist die Bedeutung des Satzes 2 im Abs. 2 doch jetzt eine etwas andere. Nach dem früheren Rechte bildeten alle Grundstücke eines Gemeindebezirks, die nicht zu einem Eigenjagdbezirke gehörten, den gemeinschaftlichen Jagdbezirk. Als Jagdvorsteher wirkte der im Satz 2 des Abs. 2 bezeichnete Beamte. Nach der JO. gehören gewisse Grundflächen (§§ 8—10) nicht kraft Gesetzes zu einem gemeinschaftlichen Jagdbezirke, sondern müssen erst einem Jagdbezirk angegliedert werden (s auch § 7 Abs. 5); ihre Vertretung liegt zunächst, bis die Vereinigung durchgeführt ist, oder, wenn ein Anschluß an einen Eigenjagdbezirk erfolgt, auch später noch in einem gewissen Umfange (§ 25 Abs. 5) dem Jagdvorsteher nach § 17 Abs. 1 und 2 ob. Auch diese Obliegenheiten hat der Vorsteher der Gemeinde, in der die Grundflächen liegen, als Jagdvorsteher wahrzunehmen, so daß er also wie nach dem früheren Recht alle Grundflächen der Gem(Guts)Feldmark, die nicht zu einem Eigenjagdbezirke gehören, zu vertreten hat mit Ausnahme von 2 Fällen:

1. Wenn Grundflächen nach §§ 8 und 9 einem anderen gemeinschaftlichen Jagdbezirke zugelegt werden, so werden sie Teile von diesem, so daß sie von dessen Jagdvorsteher mitverwaltet werden.
2. Wenn gemeinschaftliche Jagdbezirke aus Teilen mehrerer Gemeinden gebildet sind (§ 7 Abs. 3; §§ 8, 9, 10) bestimmt die Jagdaufsichtsbehörde den zuständigen Jagdvorsteher (§ 16, Abs. 3).

Abs. 5. Magistratspersonen sind die Mitglieder des Magistrats, wo ein kollegialischer Gemeindevorstand nicht besteht, die Beigeordneten.

14. Zu § 17.

§ 17 gibt den Inhalt des § 2 des G. v. 4. Juli 1905, jedoch mit wesentlichen Erweiterungen und

Veränderungen wieder. Zur Grundlage für die Beschlüsse der Jagdvorsteher sind nicht mehr, wie im letzteren Gesetze, die bei dessen Erlaß bestehenden Gesetze gemacht, sondern die JO. selbst. Die Jagdvorsteher haben nicht nur über die Bildung der Jagdbezirke zu beschließen, sondern auch über die Höhe der Pachtentschädigung (Abs. 2). Endlich ist das Verfahren insofern abgeändert, als das Genehmigungsverfahren nur in beschränktem Umfange beibehalten (§ 7 Abs. 2 und 3) und an dessen Stelle oder neben ihm das Einspruchsverfahren, wie es das G. v. 4. Juli 1905 schon für die Verpachtung der gemeinschaftlichen Jagdbezirke in §§ 4 und 6 vorgesehen hatte, für alle in Betracht kommenden Beschlüsse der Jagdvorsteher eingeführt ist. Kollisionen zwischen beiden Verfahren sollen durch die Bestimmung des Abs. 5 vermieden werden.

Zur Bildung eines gemeinschaftlichen Jagdbezirks aus Teilen mehrerer Gemeinden (§ 7 Abs. 3) bedarf es der Zustimmung der sämtlichen beteiligten Jagdvorsteher. Für die Genehmigung des Beschlusses dieser Jagdvorsteher ist nur erforderlich die Zustimmung eines Kr(Bez)Aussch., dessen Zuständigkeit erforderlichenfalls nach § 58 des G. über die allg. Landesverw. v. 30. Juli 1883 festzustellen ist.

15. Zu § 20 (§ 3 G. v. 4. Juli 1905).

Die Bestimmungen entsprechen im allgemeinen dem schon durch das JPolG. geschaffenen Rechte. Sie bedeuten eine wesentliche Neuerung nur für die ehemals kurh. Gebietsteile, wo die Jagd allein durch Verpachtung, und zwar durch öffentlich-meistbietende, genutzt werden durfte.

Der aus dem Abs. 2 des § 3 des G. v. 4. Juli 1905 fortgelassene letzte Satz findet sich im § 27 Abs. 2.

16. Zu § 21 (§ 4 G. v. 4. Juli 1905).

Abs. 1 u. 2. Die Art der Verpachtung (freihändig, öffentlich, meistbietend in einem vorher beschränkten Kreise von Bietern) ist zwar dem Ermessen des Jagdvorstehers anheimgestellt, jedoch soll für sie das Interesse der Jagdgenossenschaft maßgebend sein. Im allgemeinen wird dieses Interesse am besten durch die öffentlich-meistbietende Verpachtung gewahrt werden, da diese am wirksamsten die Willkür des Jagdvorstehers ausschließt und den höchsten Ertrag sichert. Jedoch erschöpft vor allem das letztere Moment nicht immer das Interesse der Jagdgenossenschaft und der einzelnen Jagdgenossen, da neben der Erzielung eines angemessenen Pachtzinses die Schonung der Feldfrüchte und die pflegliche Ausübung der Jagd zur Erhaltung der Nachhaltigkeit der Jagdnutzung in Betracht kommen und den Ausschlag für die freihändige Verpachtung oder die Verpachtung mit beschränkter Konkurrenz geben können.

Abs. 3 bis 5. Da die Jagdgenossen sowohl gegen die Art der Verpachtung und die Pachtbedingungen, wie gegen den Pachtvertrag selbst Einspruch erheben dürfen, wird das Verfahren in manchen Fällen längere Zeit in Anspruch nehmen. Die Aufsichtsbehörde wird deshalb darauf hinzuwirken haben, daß die Vorbereitungen zur Verpachtung so rechtzeitig betrieben werden, daß zwischen Ablauf des alten Pachtvertrags und Beginn des neuen Vertrags keine pachtfreie Zeit eintritt. Auch wird es zur Vereinfachung und Beschleunigung beitragen, wenn die Aufsichtsbehörde im Einvernehmen mit der Beschlußbehörde Normalpachtverträge entwirft, deren Inhalt den örtlichen Verhältnissen entspricht, und die der Verpachtung zugrunde gelegt werden, soweit nicht die Verhältnisse des einzelnen Falles eine Abweichung gestatten.

Der Jagdvorsteher wird sich rechtzeitig über die Art der Verpachtung und die Pachtbedingungen schlüssig zu machen haben; er hat sodann in ortsüblicher Weise eine Bekanntmachung zu erlassen, aus der die von ihm beabsichtigte Art der Verpachtung und Ort und Zeit der Auslegung der Pachtbedingungen zu ersehen sind.

Wenn die Jagdverpachtung öffentlich-meistbietend erfolgen soll, kann die ortsübliche Bekanntmachung des Termins der Verpachtung (Abs. 5) zugleich mit der ersten öffentlichen Bekanntmachung der Art der Verpachtung (Abs. 3) verbunden werden. Falls dieser Termin wegen des etwa eingeleiteten Einspruchsverfahrens nicht eingehalten werden kann, würde eine neue öffentliche Bekanntmachung erforderlich sein.

Die Bekanntmachung des Versteigerungstermins in einem Blatte hat den Zweck, Bieter auf den Termin aufmerksam zu machen. Die Jagdaufsichtsbehörde wird daher ein solches Blatt auszuwählen haben, welches größere Verbreitung in den Kreisen von Jägern hat. Es ist nicht erforderlich, daß in jedem einzelnen Falle das Blatt bestimmt wird, sondern es genügt, wenn für den Kreis ein für allemal bis auf weiteres ein Blatt bezeichnet wird. Es ist dem Jagdvorsteher unbenommen, auch noch in anderen als dem von der Aufsichtsbehörde bestimmten Blatte den Termin bekannt zu machen.

17. Zu § 22 (§ 5 G. v. 4. Juli 1905).

§ 22 enthält Vorschriften, welche bei der Verpachtung beachtet werden müssen, wenn der Vertrag nicht nichtig sein soll. Ob die etwaige, in den Ziff. 2 u. 4 vorgesehene Genehmigung der Beschlußbehörden gleich nach Auslegung der Pachtbedingungen (§ 21) oder erst nach Auslegung des abgeschlossenen Vertrags und Ablauf der Einspruchsfrist (§ 23) einzuholen ist, wird von der Beschaffenheit des einzelnen Falles abhängen.

Die gem. Ziff. 1 schriftlich abzufassenden Jagdpachtverträge sind dem Stempel 1/10 vH. des bedungenen Pachtzinses nach der Tfst. 48a des StempStG. v. 31. Juli 1895 unterworfen, wenn der nach der Dauer eines Jahres zu berechnende Pachtzins mehr als 300 M. beträgt. Die Jagdvorsteher sind hiernach verpflichtet, die stempelpflichtigen Verträge in das durch die Bekanntmachung, betreffend die Ausf. des StempStG., v. 13. Febr. 1896 in der Fassung des Nachtr. I vorgeschriebene Pachtverzeichnis (vgl. ZBlAB. f. 1900, Beil. z. 19. Stück S. 482—485) einzutragen und das Verzeichnis bei demjenigen Hauptamt oder Steueramt bzw. Nebenzollamt, in dessen Geschäftsbezirk die verpachteten Grundstücke belegen sind, oder bei einem benachbarten Stempelverteiler spätestens im Jan. jeden Jahres zu versteuern. Statt die Versteuerung durch die Steuerbehörden vornehmen zu lassen, steht es den Jagdvorstehern als Behörden nach Absatz 4 der StempTfst. 48a auch frei, die Versteuerung der von ihnen zu führenden Verzeichnisse selbst zu bewirken.

Im Interesse der gleichmäßigen Beachtung dieser Bestimmungen wird es sich empfehlen, hierauf besonders aufmerksam zu machen, auch die Normalpachtverträge (s. u. 16 zu § 21 Abs. 3—5) mit einem Zusatz über die Stempelpflichtigkeit der Verträge und die Art ihrer Versteuerung versehen zu lassen.

Unter der Weiterverpachtung aus Ziff. 3 ist nicht die Verlängerung des abgeschlossenen Vertrags mit demselben Pächter, sondern die Uebertragung eines Pachtvertrags während seiner Dauer auf einen anderen Pächter zu verstehen (§§ 549, 581 Abs. 2 BGB.).

Die Bestimmung der Ziff. 5 soll unerwünschte Ausländer an der Pachtung von Jagden hindern. Die weitergehenden Befugnisse der Behörden gegenüber Ausländern werden durch diese Vorschrift nicht berührt. Die seit Erlaß des G. v. 4. Juli 1905 gemachten Erfahrungen zeigen, daß immer noch aus den Jagdverpachtungen an Ausländer Mißstände mancherlei Art, und zwar sowohl auf jagdlichen wie auf anderen Gebieten entstanden sind. Es ist daher dringend notwendig, bei Erteilung der Genehmigung nach § 22 Ziff. 5 besondere Vorsicht walten zu lassen und in jedem Falle eingehend zu prüfen, ob die Persönlichkeit des Ausländers die erforderliche Gewähr gibt.

18. Zu § 23 (§ 6 des G. v. 4. Juli 1905).

Der nach Abs. 2 zulässige Einspruch soll sich nur gegen diejenigen Teile des Pachtvertrags richten dürfen, die noch nicht in dem Verf. des § 21 und § 22 festgestellt sind, damit nicht über dieselbe Angelegenheit ein doppeltes Verfahren stattfindet. Gegen die Art der Verpachtung und die Pachtbedingungen ist daher ein Einspruch nicht mehr zulässig, soweit sie dem ersten Verfahren zugrunde gelegen haben, sei es, daß sie gegenüber der Bekanntgabe des Jagdvorstehers unverändert geblieben oder daß sie im Einspruchsverf. abgeändert worden sind. Soweit bei der schließlichen Verpachtung von ihnen abgewichen ist, würde der Einspruch aus § 23 Abs. 2 nicht ausgeschlossen sein. Im allgemeinen wird sich der hier zugelassene Einspruch nur richten können gegen die Höhe des Pachtzinses und die Person des Jagdpächters.

19. Zu § 24 (§ 7 des G. v. 4. Juli 1905).

Die Entsch. über die Nichtigkeit der Jagdpachtverträge ist in den angegebenen Fällen zur Wahrung der Einheitlichkeit der Rechtsprechung den Verwaltungsgerichten überwiesen, weil diese Gerichte mit den inhaltlich gleichartigen Entscheidungen befaßt sind, wenn die Jagdpolizeibehörde es für angezeigt erachtet, die Ausübung der Jagd auf Grund eines nichtigen Vertrags im polizeilichen Interesse zu verbieten. Diese Befugnis der Jagdpolizeibehörde zum Einschreiten gegen nichtige Verträge wird durch die neugeschaffene ähnliche Befugnis der Jagdaufsichtsbehörde nicht berührt; inhaltlich unterscheidet sich letztere Befugnis von der ersteren dadurch, daß sie unter Beachtung der gesetzlichen Voraussetzungen lediglich von dem pflichtmäßigen Ermessen der Jagdaufsichtsbehörde abhängig ist und nicht an dieselben Voraussetzungen geknüpft ist, wie solche für ein polizeiliches Einschreiten bestehen.

Das Recht der Jagdaufsichtsbehörde, für die Dauer eines VerwStreitVerf. wegen der Nutzung der Jagd die erforderlichen Anordnungen zu treffen, wenn dem Pächter die Ausübung der Jagd untersagt ist, entspricht dem praktischen Bedürfnis, daß die Jagdgenossen während eines solchen, oft langwierigen Verfahrens nicht der Erträgnisse der Jagdnutzung verlustig gehen. Welche Anordnungen zu treffen sind, hängt von dem Ermessen der Behörde ab. (Zwischenverpachtung bis zur endgültigen Entsch., Abschießen durch Jäger, um Erträge zu erzielen und Wildschaden zu verhindern usw.)

20. Zu § 25. § 25 enthält den § 8 des G. v. 4. Juli 1905, neu ist der Abs. 5.

Auf die Pachtgelder und sonstigen Einnahmen der Jagdnutzung haben diejenigen Personen Anspruch, welche bei ihrem Fälligwerden Jagdgenossen, dh. Eigentümer oder Nießbraucher der Grundstücke des gemeinschaftlichen Jagdbezirks sind.

Die Verteilung der Pachtgelder an die Anteilsberechtigten erfolgt durch den Jagdvorsteher in der bisher ortsüblichen Weise.

Ob die Jagdeinkünfte, wenn sie herkömmlich für gemeinnützige Zwecke verwendet worden sind, fernerhin diesem Zwecke gewidmet werden sollen oder ob sie fortan unter die Jagdgenossen zu verteilen sind, bestimmt der Jagdvorsteher. Daß die bisher zu gemeinnützigen Zwecken verwendeten Erträge nun immer denselben Zwecken erhalten bleiben, ist nicht erforderlich. Es kommt nur darauf an, daß der Zweck ein gemeinnütziger ist, wenn er auch auf einem anderen als dem bisherigen Verwendungsgebiete liegt. Auch Gemeindezwecke gehören hierher. Von Bedeutung ist diese Bestimmung hauptsächlich für diejenigen Teile der Prov. Hessen-Nassau, auf die die Vorschriften des G. v. 4. Juli 1905 nunmehr ausgedehnt worden sind und wo bisher kraft gesetzlicher Bestimmung oder herkömmlich die Jagderträge in die Gemeindekasse geflossen und zu Gemeindezwecken verwandt worden sind. Es steht nichts entgegen, daß es hierbei verbleibt, allerdings mit der Einschränkung, daß jeder Grundeigentümer befugt ist, die Auszahlung seines Anteils zu verlangen.

Der Abs. 5 bestimmt, daß der Vorsteher der Gemeinde als Jagdvorsteher auch dann die Rechnungsgeschäfte führen soll, wenn Grundflächen des Gem(Guts)Bez. einem Eigenjagdbezirk angeschlossen sind und nicht zum gemeinschaftlichen Jagdbezirke gehören.

Die Vorschrift des Abs. 6 gilt übrigens auch für die Fälle des Abs. 5, da die im letzteren besprochenen Grundflächen früher in der Regel zum gemeinschaftlichen Jagdbezirke der Gemeinde gehörten und ebenso behandelt wurden wie deren übrige Flächen.

Wenn der gemeinschaftliche Jagdbezirk aus mehreren Gemeinden oder Teilen mehrerer Gemeinden besteht, sind die Kassengeschäfte von derjenigen Gemeindekasse zu führen, die dem zum Jagdvorsteher bestellten Gemeindevorsteher (§ 16 Abs. 3) untersteht.

21. Zu § 26. § 26 enthält die Bestimmungen des § 9 des G. v. 4. Juli 1905, jedoch mit den Erweiterungen, die durch die neu hinzugekommenen Vorschriften der JO. (§ 17 Abs. 4 und 5; § 18; § 19; § 52 Abs. 2) veranlaßt sind.

Die Vorschrift, daß der Beschluß in gewissen Fällen endgültig sein soll, jedoch von dem Jagdvorsteher angefochten werden darf, bedeutet eine Ausnahme von der Regel, daß die Beschlüsse der Beschlußbehörden entweder mit einem Rechtsmittel von seiten aller Beteiligten anfechtbar oder aber — in Ausnahmefällen — endgültig sind. Diese Ausnahme hat den Zweck, den Jagdgenossen, denen die unmittelbare Verwaltung der Jagdangelegenheiten nicht übertragen worden ist, durch die Person ihres gesetzlichen Vertreters, des Jagdvorstehers, ein weiteres Einwirkungsrecht auf diese Verwaltung einzuräumen. Es entspricht dem Zwecke dieser Bestimmung, daß der Jagdvorsteher nur in dringenden Fällen von dem Rechtsmittel Gebrauch macht.

22. Zu § 27. Abs. 1 gibt den § 13 des JPolG. v. 7. März 1850 wieder. Abs. 2 enthält den 2. Satz des Abs. 2 § 3 des G. v. 4. Juli 1905, während sein übriger Inhalt neu ist.

23. Zu § 28. § 28 entspricht dem § 5 des G. v. 31. Okt. 1848 mit geringer Abweichung, soweit er

noch gilt. Für die Verwandlung der Geldstrafe in Freiheitsstrafe (Abs. 2) kommt jetzt das RStGB. in Betracht (vgl. auch § 79 d. JO.); im Abs. 3 ist statt „Stadtvorstand" gesetzt: „Gemeinde(Guts)-vorstand", weil Festungswerke jetzt auch in Landgemeinden oder Gutsbezirken vorkommen.

Dritter Abschnitt.

24. Der dritte Abschn. (§§ 29—38) gibt den Inhalt der §§ 1—10 des JScheinG. v. 31. Juli 1905 unverändert wieder, mit der im § 32 der JO. vorgenommenen Aenderung des § 4 d. JScheinG. über die Höhe der Ausländerjagdscheine, sowie mit der formalen Aenderung im § 30 Ziff. 3, wo entsprechend der Fassung des sechsten Abschnitts die Erteilung der Ermächtigung zur Ausübung der Jagd nur der Jagdpolizeibehörde, nicht mehr der Aufsichtsbehörde vorbehalten ist. Die §§ 11—13 finden sich unverändert als §§ 72—74, § 14 als § 80 in erweiterter Form im achten Abschnitt während § 15 als § 85 im neunten Abschn. steht.

25. Zu § 29 (§ 1 des JScheinG. v. 31. Juli 1895).

I. Ausfertigung der Jagdscheine.

Zur Ausstellung der Jagdscheine sind die folgenden 5 verschiedenen Formulare nach Maßgabe der beiliegenden Muster*) zu benutzen:

a) für den Jahresjagdschein gelbe Farbe,

b) für den Tagesjagdschein rote Farbe,

c) für den Jahresjagdschein für Ausländer gelbe Grundfarbe mit schräg aufgedrucktem grünen Kreuz, Angabe des Bürgen mit Name und Wohnort und dem seitlichen Aufdrucke: „Für Ausländer",

---

*) Die Muster der Jagdscheine sind hier nicht abgedruckt.

d) für den Tagesjagdschein für Ausländer rote Grundfarbe mit schräg aufgedrucktem grünen Kreuz und gleichfalls mit Angabe des Bürgen und dem Aufdrucke: „Für Ausländer“,

e) für den unentgeltlich zu erteilenden Jagdschein weiße Farbe (wie bisher) mit dem Aufdrucke „unentgeltlich gemäß § 33 der Jagdordnung vom 15. Juli 1907“.

Die Rückseite hat das in der Anl. II*) mitgeteilte Muster zu enthalten. Die Wahl des Materials (zB. fester Pappdeckel oder Leinwand) bleibt den ausstellenden Behörden überlassen. Auch empfiehlt es sich, um Unglücksfällen vorzubeugen, auf einem Anhange zum Jagdscheinformulare die für das Verhalten der Schützen auf Treibjagden zu beobachtenden Hauptregeln zum Abdrucke zu bringen, wie dieses schon in einzelnen RegBezirken (zB. Trier) geschieht.

Jeder Jagdschein muß neben der Bezeichnung und Unterschrift der ausstellenden Behörde, welche auch durch Aufdruck mit einem Faksimilestempel geleistet werden kann, deren Amtssiegel, die Nummer, unter welcher der Jagdschein in der Jahreskontrollliste eingetragen ist, und die Angabe der dafür entrichteten Abgabe enthalten.

Ausfertigungsgebühren dürfen für den ausgestellten Jagdschein nach § 32 Abs. 2 nicht erhoben werden; die Anschaffungskosten sind von denjenigen Kommunalkassen zu decken, in welche nach § 32 Abs. 4 die Abgaben fließen, die Kosten für die unentgeltlich zu erteilenden Jagdscheine aus dem Dispositionsfonds der Regierungen für polizeiliche Zwecke (vgl. MErl. v. 14. März 1850, MBl. 107), sofern nicht auch diese freiwillig aus den Kommunalkassen bestritten werden.

Doppelausfertigungen (Duplikate) sind gegen

Entrichtung von 1 M. nach § 32 Abs. 3 zulässig, und zwar sowohl für abhanden gekommene, verbrannte, verlorene Exemplare, wie für noch vorhandene; sie sind jedoch mit dem ausdrücklichen und deutlichen Vermerke „Doppelausfertigung“ zu versehen.

Bei Erneuerung eines Jagdscheins ist tunlichst der abgelaufene, früher bezogene einzuziehen und zu vernichten. War der frühere Jagdschein in doppelter Ausfertigung ausgestellt, so sind, soweit angängig, beide Exemplare einzuziehen und zu vernichten.

Der Tag der Lösung des Jagdscheins braucht nicht mit dem Tage der Ausfertigung zusammenzufallen. Es steht also nichts im Wege, daß ein Jagdschein schon einige Tage, ehe seine Gültigkeitsdauer beginnen soll, ausgestellt und dem Nachsuchenden zugefertigt wird.

Wird die Zusendung der ausgefertigten Jagdscheine durch die Post gewünscht, so hat sie bei unentgeltlichen Jagdscheinen für Staatsforstbeamte portofrei zu erfolgen; bei allen übrigen trägt die Portokosten der Empfangsberechtigte.

II. Kontrollisten.

Ueber sämtliche, im Lauf eines Rechnungsjahrs ausgestellten Jagdscheine ist von den Landräten (Ortspolizeibehörden) eine Kontrolliste nach Maßgabe des in der Anl. III beigegebenen Musters*) zu führen.

In diese Liste sind sämtliche Jagdscheine nach der Reihenfolge der Ausstellungen unter laufender Nummer für das Rechnungsjahr vom 1. April bis 31. März einzutragen.

Die im Lauf eines Monats ausgegebenen Jagdscheine sind, namentlich in den Landkreisen, all-

*) Das Muster des Jagdscheins ist hier nicht abgedruckt.

monatlich in dem Kreisblatt oder dem für die amtlichen Publikationen bestimmten Organe zu veröffentlichen.

Nach Schluß eines jeden Rechnungsjahrs sind die einzelnen Kolonnen 7—13 aufzurechnen und das so gewonnene Resultat in einer Uebersicht an die Regierungspräsidenten einzureichen, welche das Gesamtergebnis für ihren RegBez., ebenso wie der Polizeipräsident von Berlin für seinen Bezirk, bis spätestens zum 1. Mai jeden Jahres dem Minister für Landwirtschaft, Domänen und Forsten vorzulegen haben.

III. Unentgeltliche Jagdscheine.

Unentgeltliche Jagdscheine sind gemäß § 33 nur an die auf Grund des § 23 des ForstDG. v. 15. April 1878 beeidigten, sowie an diejenigen Personen zu verabfolgen, welche sich in der für den Staatsforstdienst vorgeschriebenen Ausbildung befinden. Vor der Ausstellung hat sich die Jagdpolizeibehörde zu vergewissern, ob eine dieser Voraussetzungen vorliegt. Zu den Personen, die Anspruch auf einen unentgeltlichen Jagdschein haben, gehören auch die Angehörigen der Klasse A eines Jägerbataillons. Selbstverständlich erlischt die Befugnis zur Führung eines unentgeltlichen Jagdscheins, sobald diese Voraussetzungen aufhören. Für die Kgl. Oberförster und die ihnen untergebenen Forstschutzbeamten empfiehlt es sich, die Beschaffung der unentgeltlichen Jagdscheine in der Weise zu bewirken, daß der Oberförster für die Beamten seines Reviers gemeinsam die Ausfertigung der unentgeltlichen Jagdscheine bei der zuständigen Behörde beantragt und diese sie dem Oberförster zustellt.

Es wird zweckmäßig sein, dies Verfahren in analoger Weise auch für die Gemeinde- und Privatforstverwaltungen einzuführen, dergestalt, daß die betr. Gemeindebehörde oder der Privatforstbesitzer für seine sämtlichen zu berücksichtigenden Beamten gemeinsam die Ausstellung der unentgeltlichen Jagdscheine beantragt.

IV. Ausländerjagdscheine.

Ausländern, dh. Personen, welche nicht einem deutschen Bundesstaat oder den Reichslanden Elsaß-Lothringen angehören, kann dann, wenn sie in Preußen einen Wohnsitz oder einen Grundbesitz mit einem Grundsteuerreinertrag von 150 M. haben, ein Jagdschein zu denselben Sätzen verabfolgt werden, wie den Inländern; in diesem Falle ist dazu auch nicht das für Ausländer vorgeschriebene, sondern das gewöhnliche Formular zu verwenden.

Haben sie dagegen keinen Wohnsitz oder Grundbesitz in Preußen, so können sie nach § 32 einen Jahres- oder Tagesjagdschein nur zu dem erhöhten Satze von 100 M. oder 20 M. erhalten. Außerdem darf ihnen dann, wenn sie in Preußen keinen Wohnsitz haben, selbst wenn sie daselbst Grundeigentum besitzen, ein Jagdschein nur gegen die Stellung eines Bürgen, der gemäß § 29 Abs 2 haftbar ist, erteilt werden. Die Jagdpolizeibehörden haben hierbei die Zuverlässigkeit und Sicherheit des Bürgen ganz besonders sorgfältig zu prüfen, und wenn sie ihnen nicht ausgiebig genug erwiesen ist, die Verabfolgung des Jagdscheins zu verweigern. Ob der Name des Bürgen auf dem Jagdscheine mit anzugeben ist, bleibt im einzelnen Falle dem Ermessen der ausstellenden Behörde überlassen.

V. Zuständigkeit und Verfahren.

Hinsichtlich der Zuständigkeit für Erteilung der Jagdscheine ist nicht allein der Wohnsitz des Nachsuchenden maßgebend, sondern es genügt auch die Tatsache, daß er zur Ausübung der Jagd berechtigt ist. Dies wird zB. überall da der Fall sein, wo jemand einen zur selbständigen Ausübung der Jagd berechtigenden Grundbesitz, oder, wo er eine Jagd gepachtet hat, oder wo er auch nur zur Ausübung der Jagd durch einen Erlaubnisschein oder eine Einladung in Begleitung des Jagdinhabers ermächtigt ist. Vielfach wird dies also auch in Kreisen stattfinden, in denen der Betreffende keinen Wohnsitz hat. Danach kann es sich häufig ereignen, daß der Landrat (oder die im § 29 als zuständig bezeichnete Jagdpolizeibehörde) um Ausstellung eines Jagdscheins von Personen angegangen wird, die ihm, da sie nicht zu seinen Kreisinsassen gehören, gänzlich fremd sind.

In diesem Falle ist er um so mehr verpflichtet, zu prüfen und sich davon zu überzeugen, ob gegen den Antragsteller keinerlei Tatsachen vorliegen, welche nach §§ 34 und 35 die Versagung eines Jagdscheins bedingen oder rechtfertigen würden Dies wird sich unschwer durch Erkundigungen bei der Jagd- oder Ortspolizeibehörde des Wohnorts des Betreffenden feststellen lassen, die sich insbesondere auch darauf zu erstrecken haben, ob ihm etwa im Kreise seines Wohnorts die Erteilung eines Jagdscheins bereits versagt oder der erteilte Schein wieder entzogen worden ist, und ob er deshalb den Versuch gemacht hat, den Jagdschein in einem anderen Kreise zu erhalten. Im übrigen wird den für die Erteilung zuständigen Behörden selbst überlassen werden können, auf welche Weise sie sich die Ueberzeugung davon verschaffen wollen, ob gegen den einen Jagdschein Nachsuchenden keiner der gesetzlichen Versagungsgründe vorliegt.

Wünscht der den Jagdschein Nachsuchende im

Interesse einer schnellen Erlangung der Karte den durch die Nachforschungen über seine Persönlichkeit bedingten Zeitaufwand zu vermeiden, so ist es ihm unbenommen, dem Gesuch um Ausstellung des Jagdscheins gleich ein Attest der Jagd- oder Ortspolizeibehörde seines Wohnorts beizufügen, welches sich über die Zulässigkeit seines Antrags ausspricht. Es wird jedoch darauf hingewiesen, daß ein solches Attest den Zeugnisstempel von 1,50 M. nach der Tfst. 77 des StempStG. v. 31. Juli 1895 erfordert.

Für die Entziehung des Jagdscheins (§ 36) ist nicht jede Jagdpolizeibehörde zuständig, die nach § 29 zur Erteilung befugt gewesen wäre, sondern nur diejenige, welche tatsächlich den zu entziehenden Jagdschein ausgestellt hat. In allen Fällen, in denen nicht die Jagdpolizeibehörde am Wohnsitze des Jagdscheininhabers den Jagdschein erteilt oder entzogen hat, ist die letztere sowohl von der Erteilung als auch von der Entziehung jedes Jahresjagdscheins in Kenntnis zu setzen.

VI. Kontrolle der Jagdausübung.

Bei der Verschiedenartigkeit der einzelnen Jagdscheinsorten und der Höhe der Abgabe ist eine sorgfältige Ueberwachung der Jagdausübung dahin geboten, ob die Jagenden, insbesondere die Ausländer, mit einem richtigen, für ihre Person ausgestellten Jagdscheine versehen sind.

VII. Beschlagnahme der Jagdgeräte und Hunde.

Hinsichtlich der Ablieferung und Verwertung bzw. Vernichtung der beschlagnahmten Jagdgerätschaften und Hunde verbleibt es bei den bestehenden Vorschriften.

26. Zu § 31. Die im Gebiete der JO. ausgestellten Jagdscheine gelten auch in der Prov. Hannover und den Hohenz. Landen und umgekehrt.

Es ergibt sich das klar einmal aus dem Wortlaute des § 31 d. JO. und aus dem nicht abgeänderten Wortlaute des § 3 des JScheinG. v. 31. Juli 1895, sowie aus dem Umstande, daß mit der Herübernahme der Bestimmungen des JScheinG. in die JO. der Gesetzgeber nicht beabsichtigt hat, das bestehende Recht materiell zu ändern. Die formelle Aufhebung des JScheinG. für den Geltungsbereich der JO. hat nur den Zweck, das Nebeneinanderbestehen gleichlautender Gesetzesvorschriften zu verhindern; für die Führung, Ausstellung usw. der Jagdscheine gilt hier die JO., dort das JScheinG.; die nach dem einen oder dem anderen G. ausgestellten Jagdscheine gelten aber für den ganzen Umfang der Monarchie. Dieses bezieht sich auch auf die Ausländerjagdscheine, wenngleich für sie beide Gesetze verschieden hohe Abgaben vorschreiben.

Vierter Abschnitt.

27. Der vierte Abschn. (§§ 39—50) gibt unverändert die §§ 2—12 und 14 des WSchonG. v. 14. Juli 1904 wieder. § 1 letzteren G. ist § 1 d. JO., die §§ 13, 15, 16, 17, 18 sind unverändert als §§ 76, 77, 78, 79, 80 in den achten Abschn. übernommen, während § 19, soweit er noch Bedeutung hat, sich als § 83 im neunten Abschn. findet.

28. Zu § 40 (§ 3 WSchonG.)

1. Die im Herbste vom Norden nach dem Süden durchziehenden Drosseln erscheinen in den einzelnen Gegenden zu verschiedenen Zeiten. Abs. 2 zu b soll die Möglichkeit geben, den Krammetsvogelfang dann erst beginnen zu lassen, wenn die heimischen Drosseln bereits fortgezogen sind.

2. Die gänzliche Aufhebung der Schonzeit für wilde Enten wird sich nur dann rechtfertigen lassen,

wenn diese Vögel durch massenhaftes Auftreten der Fischerei ernstlich schädlich werden.

3. Der Beschluß Abs. 2 zu a hat nur Gültigkeit für die Dauer der jährlichen Jagdperiode; die Beschlüsse zu b und c können gefaßt werden für eine näher bestimmte Reihe von Jahren oder auf unbestimmte Zeit bis zu ihrer Wiederaufhebung.

4. Abs. 2 zu c gibt die Möglichkeit, die Schonzeit für Rehkälber zu verlängern oder auf das ganze Jahr auszudehnen. Wenn es nun auch richtig ist, hiervon in allen Fällen Gebrauch zu machen, in denen ohne Abänderung der Schonzeit ein übermäßiger Abschuß der Rehkälber zu erwarten ist, so hieße es doch die Absicht dieser Vorschrift verkennen, wenn ohne Unterschied für ganze RegBezirke die Schonzeit auf das ganze Jahr ausgedehnt wird. Abs. 3 des § 40 gestattet ausdrücklich eine verschiedene Behandlung der einzelnen Teile des RegBez. Da der ordnungsgemäß vorgenommene Abschuß von Rehkälbern ein vorzügliches Mittel ist, durch Beseitigung überzähliger und schwacher Stücke einen numerisch richtigen und kräftig entwickelten Bestand an Rehwild zu erzielen, würde es verfehlt sein, die Abschußmöglichkeit dann zu beseitigen, wenn eine weidmännische Handhabung des Abschusses gewährleistet ist. Es entspricht deshalb durchaus der Absicht d. G., auch dann, wenn im allgemeinen im Bezirke die Verhältnisse die Verlängerung oder Ausdehnung der Schonzeit auf das ganze Jahr notwendig machen, hiervon für einzelne Jagdbezirke, insbesondere größere Waldkomplexe, abzusehen und es bei der Bestimmung des § 39 zu 6 zu belassen.

29. Zu § 41 (§ 4 WSchonG.). Da die Drosseln (Krammetsvögel) zu den jagdbaren Tieren gehören, stellt die Ausübung des Dohnenstiegs eine Jagd-

ausübung dar. Wer diese Jagd ausübt, muß einen auf seinen Namen lautenden Jagdschein bei sich führen. Der Erlaß von PolVdgen soll der überflüssigen Tierquälerei bei Ausübung des Dohnenstiegs vorbeugen (vgl. RundErl. des Landwirtschaftsministers an die Regierungen v. 11. Febr. 1891 I B 1250/III 2033).

Kaninchen gehören, da sie im § 1 nicht aufgeführt sind, nicht zu den jagdbaren Tieren.

30. Zu § 42 (§ 5 WSchonG.). Kiebitze und Möwen gehören als Sumpf- und Wasservögel zu den jagdbaren Tieren. Das Sammeln der Eier dieser Vögel stellt eine Jagdausübung dar, zu der es aber nach § 30 der Lösung eines Jagdscheins nicht bedarf. § 83 hat den Zweck, in denjenigen Landesteilen, in denen die Kiebitze und Möwen bis zum Inkrafttreten des WSchonG. v. 14. Juli 1904 nicht jagdbar waren, ihre Eier mithin von anderen Personen als den Jagdberechtigten gesammelt werden durften, diese Befugnis bis zum Ablaufe der zur damaligen Zeit bestehenden Jagdpachtverträge zu erhalten. Erst beim Abschlusse neuer Jagdpachtverträge steht auch hier das Recht, die Eier zu sammeln, den Jagdberechtigten allein zu.

Damit, daß die Kiebitze und Möwen allgemein zu jagdbaren Tieren erklärt worden sind, sollte diesen für die Landwirtschaft nützlichen Vogelarten ein Schutz gegen ihre Ausrottung gegeben werden. Dieses würde, besonders bezüglich der Kiebitze, vereitelt werden, wenn das Eiersammeln stets bis zum 30. April gestattet sein sollte, da in einigen Gegenden der Kiebitz, seltener die Möwe, so zeitig im Jahre anfängt Eier zu legen, daß bei der ausnahmslosen Freigabe des Eiersammelns bis zum 30. April auch die letzten Gelege in Gefahr kämen, fortgenommen zu werden. In solchen Fällen ist es angezeigt, die Zeit des Eiersammelns einzuschränken.

Andererseits beginnt in manchen Gegenden, besonders im Osten, die Möwe erst im Anfang Mai mit dem Eierlegen, hier kann die Frist unbedenklich verlängert werden.

31. Zu § 43 Abs. 2 (§ 6 Abs. 2 WSchonG.). Für den Vertrieb von Wild aus Kühlhäusern gelten folgende Bestimmungen:

§ 1. Der Vertrieb von Wild aus Kühlhäusern wird in der Zeit vom Beginne des fünfzehnten Tages der für die betreffende Wildart festgesetzten Schonzeit bis zu deren Ablauf für folgende Wildarten, nämlich für Elch-, Rot-, Dam- und Rehwild sowie für Hasen, zugelassen.

§ 2. Das Wild, welches in der angegebenen Zeit aus den Kühlhäusern vertrieben werden soll, um versendet, zum Verkaufe herumgetragen oder ausgestellt oder feilgeboten oder verkauft zu werden, ist seitens der Ortspolizeibehörde am rechten Gehöre mit einer Ohrmarke zu versehen, die auf der einen Seite, dem Knopfe, den preußischen Wappenadler, umgeben von der Bezeichnung des Ortes, an dem die Ohrmarke ausgegeben und angebracht ist, zB. „Berlin", und dem Worte „Kühlhaus", auf der andern Seite, einer flachen Platte, eine fortlaufende Nummer zu enthalten hat. Der Adler ist erhaben zu prägen. Die Ohrmarke ist so einzurichten und zu befestigen, daß sie von dem Gehöre nicht entfernt werden kann, ohne daß der Knopf zerstört wird.

§ 3. Der Beauftragte der Polizeibehörde hat die Ohrmarke selbst an dem Wild anzubringen. Die Polizeibehörde hat in einer Liste zu vermerken, welche Nummern sie für jedes Kühlhaus verwendet hat. Die Inhaber der Kühlhäuser müssen darüber

Buch führen, wann und an welchen Abnehmer sie das betreffende Stück Wild aus den Kühlhäusern abgegeben haben und welche Nummer an diesem angegeben war. Bei Hasen kann mit Genehmigung der Landespolizeibehörde davon abgesehen werden, daß auf den Ohrmarken Nummern angebracht werden, und daß über die Abgabe des Wildes aus dem Kühlhause Buch geführt wird.

§ 4. Das aus den Kühlhäusern in der im § 1 angegebenen Zeit vertriebene Wild darf nur mit der Ohrmarke versehen und nur im unzerlegten und unabgehäuteten Zustande, wenn auch ausgenommen, versendet, zum Verkauf herumgetragen oder ausgestellt oder feilgeboten, verkauft oder angekauft werden.

§ 5. Die Landräte, in Städten mit mehr als 10000 Einwohnern die Ortspolizeibehörden, sind ermächtigt, für den Vertrieb von Wild in der im § 1 angegebenen Zeit aus solchen Kühlhäusern, deren Einrichtungen einen ordnungsmäßigen Betrieb gewährleisten, die nachfolgenden Erleichterungen, einzeln oder insgesamt, auf Widerruf zuzugestehen, wenn der Vertrieb der besonderen Kontrolle der Polizeibehörden unterstellt, namentlich den Beauftragten der Polizei jederzeit freier Zutritt zu den der Aufbewahrung des Wildes dienenden Räumen zugesichert wird:

1. Flugwild darf vertrieben werden, wenn es mit einer Plombe gekennzeichnet ist. Die Plombe ist durch die Nasenlöcher anzubringen. Es ist zulässig, mit derselben Plombe zugleich mehrere Stück Flugwild zu kennzeichnen.

2. Hasen können durch Anbringung einer Plombe an der Heese des rechten Hinterlaufs anstatt der Ohrmarke gekennzeichnet werden. Die so bezeichneten Hasen dürfen auch im abgehäuteten, im übrigen aber unzerlegten Zustande vertrieben werden.

3. Das mit der Ohrmarke versehene Elch-, Rot-, Dam- und Rehwild (§ 2) darf in zerlegtem Zustande vertrieben werden, wenn die einzelnen Teile, welche versendet, zum Verkaufe herumgetragen oder ausgestellt, feilgeboten, verkauft oder angekauft werden sollen, mit einer Plombe gekennzeichnet sind, bevor sie das Kühlhaus verlassen.

4. Für Wild oder Wildteile, welche mit einer Plombe vertrieben werden, ist die Anbringung einer Nummer und die Buchführung über die erfolgte Abgabe (§ 3) nicht erforderlich; jedoch ist die Abgabe von Elch-, Rot-, Dam- und Rehwild im zerlegten Zustande in dem Buche bei der betreffenden Nummer zu vermerken.

§ 6. Die amtlichen Plomben (§ 5) sind mittelst einer Schlinge so zu befestigen, daß sie nicht entfernt werden können, ohne daß die Schlinge zerstört wird.

Die Plombe trägt auf der Vorderseite den preußischen Wappenadler, auf der Rückseite das Wort „Kühlhaus" und den Namen des Ortes, an dem sie angebracht ist, zB. „Berlin", ferner an Orten, in denen für mehrere Kühlhäuser die vorstehenden Erleichterungen zugestanden worden sind, zur Bezeichnung des einzelnen Kühlhauses einen Buchstaben, welchen die Behörde bestimmt.

Die Anbringung der Plomben erfolgt durch Beauftragte der Ortspolizei oder in ihrer Gegenwart und unter ihrer Verantwortlichkeit durch Angestellte des Kühlhauses. Die Plombenzange bleibt im Gewahrsame der Polizeibehörde.

§ 7. Die durch die Ausführung vorstehender Bestimmung entstehenden Kosten sind von den Inhabern der Kühlhäuser zu tragen. Sie sind als Gebühren bei der Anbringung der Ohrmarken zu erheben, welche von den Landespolizeibehörden durch eine Gebührenordnung festzusetzen sind. Die Gebühren sind so zu bemessen, daß sie die Kosten ihrer Erhebung einschließlich einer Entschädigung für die Mühewaltung der mit der Anbringung der Marken betrauten Polizeibeamten, der Anbringung und Beschaffung der Ohrmarken und der Listenführung über die ausgegebenen Nummern nicht übersteigen.

Für die Festsetzung der Gebührenordnung gilt bis auf weiteres unser, des Ministers des Innern und des Finanzministers, Erl. v. 23. Dez. 1904 MdJ. IV b 2531, F M I 20466.

§ 8. Die Landespolizeibehörden haben die weiter noch erforderlichen Ausführungsbestimmungen für ihre Verwaltungsbezirke zu erlassen.

. 32. Zu §§ 43—46 (§§ 6—9 d. WSchonG.).

Das WSchonG. v. 14. Juli 1904 hatte es sich zur Aufgabe gestellt, durch Verschärfung der Bestimmung über die Kontrolle des Verkehrs mit Wild den Wilddiebstahl zu erschweren. Diese Aufgabe kann nur erfüllt werden, wenn die in den §§ 6—9 dies. G. — jetzt §§ 43—46 d. JO. — gegebenen Handhaben voll ausgenutzt werden. § 43 stellt zunächst das in einzelnen Gerichtsentscheidungen angezweifelte Recht der Verwaltungsbehörden, im Wege der PolVd. den Verkehr mit Wild zu regeln, außer Frage und schreibt eine solche Regelung vor. Solche PolVdgen sind nunmehr fast für sämtliche Prov. erlassen worden; es wird zunächst abzuwarten sein, ob ihre Bestimmungen sich in der Praxis bewähren oder ob eine Aenderung erforderlich ist. Wenn letzterer Fall vorliegt, ist davon auszugehen, daß im Interesse der Einheitlichkeit es bei ProvVdgen für den gesamten Umfang der Provinzen verbleibt und daß nur da, wo innerh. der Provinz so verschiedenartige Verhältnisse sich herausstellen sollten, daß ihre Berücksichtigung erforderlich ist, RegBezVdgen zu erlassen sind. Zu prüfen ist insbesondere, ob der Ursprungsschein für alle Wildarten vorgeschrieben werden muß, oder ob Ausnahmen für einzelne kleinere Wildarten zugelassen werden können. Besondere Aufmerksamkeit ist der Frage zuzuwenden, wie es verhindert werden kann, daß ein Mißbrauch der ausgestellten Bescheinigungen durch nochmalige Verwendung stattfindet. Als ein Mißstand ist es in einzelnen Gegenden empfunden worden, daß in den erlassenen Polizeiverordnungen die Befugnis zur Ausstellung der durch § 46 vorgeschriebenen Ursprungsscheine allgemein den Gemeindevorstehern zugestanden ist; es sind Fälle vorgekommen, wo letztere den Jagdpächtern schon von ihnen unterschriebene aber sonst unausgefüllte Blankoformulare in größerer Anzahl überlassen haben, und wo hiermit erheblicher Mißbrauch getrieben worden ist. § 46 enthält allerdings keine Bestimmung darüber, wer die Ursprungsscheine auszustellen hat. Aus Abs. 2 des § 45 ist aber zu folgern, daß es der Absicht d. G. entspricht, wenn die Gem(Guts)Vorsteher der Regel nach nur dann im einzelnen Falle mit dieser Obliegenheit zu betrauen sind, wenn nach Prüfung sich ihre Zuverlässigkeit ergibt. Als ein wirksames Mittel, die Identität des mittels Ursprungsscheins versandten Wildes festzustellen, hat sich bei dem größeren Wilde die Vorschrift erwiesen, daß in dem Scheine das Gewicht des Stückes Wild angegeben wird.

Die PolVdgen müssen regeln die Versendung des Wildes, dh. den Verkehr von Ort zu Ort; sie können auch Bestimmungen treffen für den Handel mit Wild, dh. den Verkehr an einem und demselben Orte. Endlich bedarf es der Erwägung, ob die

Ausstellung der Bescheinigung nach § 45 Abs. 2 d. JO. in den Vdgen näher zu regeln ist, andernfalls empfiehlt es sich, im Aufsichtswege für den VerwBez. eine einheitliche Frist vorzuschreiben, für welche diese Bescheinigung auszustellen ist und mit deren Ablaufe sie ihre Gültigkeit verliert.

Die Landräte sind darauf hinzuweisen, daß bei der Auswahl der Gem(Guts)Vorsteher, welche mit der Ausstellung der Bescheinigungen nach § 45 Abs. 2 oder auf Grund der gemäß § 46 erlassenen PolVdgen betraut werden, mit der äußersten Vorsicht zu verfahren ist.

Nach Erlaß der Vdgen ist von ihnen den Eisenbahn- und Oberpostdirektionen Kenntnis zu geben (vgl. ZirkVfgen v. 9. Aug. 1873 u. 30. Aug. 1873, MBl. 274).

33. Zu § 48 (§ 11 WSchonG.).

§ 48 will die bisher fehlende landesgesetzliche Bestimmung, welche die Voraussetzung für die Erlaubnis aus § 5 des RVogSchG. v. 22. März 1888 bildet, schaffen und wird vor allem für Störche, die an sich unter den Schutz dies. G. fallen, in Frage kommen. Es ist aber darauf zu halten, daß die neue Bestimmung nicht zur allgemeinen Ausrottung des Storches ausgenutzt wird, sondern nur dann zur Anwendung gelangt, wenn und so lange der Storch wirklich eine ernste Gefahr für das jagdbare Feder- und Haarwild bedeutet.

34. Zu § 50 (§ 14 WSchonG.).

Hier kommt vor allem das Steppenhuhn in Frage, wenn dieses wiederum nach Preußen einwandern sollte.

Fünfter Abschnitt.

35. Der fünfte Abschn. ist dem WSchadG. v. 11. Juli 1891 entnommen und entspricht dessen §§ 1—11. Das materielle Recht über die Ver-

pflichtung zum Ersatze des Wildschadens findet sich jetzt im § 835 BGB.; deshalb wird im § 51 hierauf verwiesen. Die in den folgenden Paragraphen enthaltenen Bestimmungen regeln nur das formelle Verfahren zur Verfolgung von Wildschadenersatzansprüchen. § 1 d. WSchadG. ist durch § 51 ersetzt; § 4 d. WSchadG. ist ganz fortgelassen, mit Rücksicht darauf, daß sein Inhalt durch § 254 BGB. aufgehoben ist, der übrigens die Jagdberechtigten in weiterem Umfang als der aufgehobene § 4 schützt, da dieser ein doloses Verhalten voraussetzte, während § 254 schon denjenigen Beschädigten schlechter stellt, der auch nur fahrlässig gehandelt hat. Die §§ 54—60 entsprechen wörtlich den §§ 5—11 d. WSchadG.

36. Zu § 52. § 52 gibt den § 2 d. WSchadG. wieder mit der Abänderung, daß die ersatzpflichtigen Grundbesitzer nicht durch die Gemeindebehörde, sondern durch den Jagdvorsteher vertreten werden und daß die Frist zur Auslegung der Verträge (Abs. 2) in Uebereinstimmung mit der Frist des § 23 auf 2 Wochen festgesetzt ist.

37. Zu § 53. § 53 entspricht dem § 3 d. WSchadG., ist aber entsprechend der anderen Behandlung der Enklaven anders gefaßt.

Sechster Abschnitt.

38. Der sechste Abschn. gibt die §§ 21 und 23 d. JPolG., die §§ 12—14, 16 u. 17 d. WSchadG. wieder und enthält im § 67 neues Recht. Sofern die ersteren Gesetze vom „Landrat“ oder der „Aufsichtsbehörde“ sprechen, sind diese Bezeichnungen durch das Wort „Jagdpolizeibehörde“, die hiermit gemeint war, ersetzt worden. § 15 d. WSchadG. ist durch §§ 1 und 41 Abs. 1 ersetzt.

39. Zu § 61. § 61 entspricht dem § 23 d. JPolG.

Die im Abs. 1 zur näheren Bezeichnung der Waldenklaven in Klammern beigefügten „§§ 8 und 10“ gehören zusammen. § 10 behandelt zwar den Fall, daß die Jagd auf Waldenklaven nicht vom Waldbesitzer übernommen ist; dieser § 10 ist aber hier angezogen, weil sonst von derartigen Waldenklaven in der JO. nicht gesprochen ist. Es sind gemeint Enklaven im Sinne des § 8 Abs. 2, die von einem im § 10 besprochenen 750 ha großen Walde umschlossen sind.

40. Zu §§ 62—66. §§ 62—64 und 66 entsprechen den §§ 12—14 und 16 d. WSchadG., § 65 dem § 21 d. JPolG.

41. Zu § 67. Die Bestimmung dieses Paragraphen ist dem § 66 nachgebildet und soll die Eigentümer und Pächter von Fischereiseen und Teichen an Stelle des ihnen entzogenen Eigenjagdrechts in die Lage bringen, sich der schädigenden Tiere zu erwehren. Abs. 3 hat den § 45 des FischG. v. 30. Mai 1874/30. März 1880 im Auge, nach dem es den Fischereiberechtigten auch ohne Ermächtigung der Jagdpolizeibehörde gestattet ist, die dort bezeichneten Tiere (Fischottern, Taucher, Eisvögel, Reiher, Kormorane und Fischaare) ohne Anwendung von Schußwaffen zu töten oder zu fangen und für sich zu behalten.

42. Zu § 68. § 68 gibt den § 17 d. WSchadG. wieder und ist zugleich auf den Fall des § 67 ausgedehnt.

Siebenter Abschnitt.

43. Dieser Abschn. gibt das geltende Recht wieder. § 69 entspricht dem Inhalte nach dem § 103 des ZustG. v. 1. August 1883, ebenso § 71 dem des § 105 d. ZustG., nur daß hier die Aufzählung der einzelnen Beispielsfälle, in denen das VerwStreit-

Verf. zur Anwendung kommen soll, weggefallen ist. § 70 stimmt wörtlich überein mit § 10 des G. über die Verw. gemeinschaftlicher Jagdbezirke v. 4. Juli 1905.

44. Zu § 70 (§ 10 G. v. 4. Juli 1905).

Der Umfang der Aufsichtsbefugnisse ist im G. nicht näher umgrenzt; er folgt mithin aus dem G. selbst und den übrigen hierher gehörigen gesetzlichen Bestimmungen. Aufgabe der Aufsichtsbehörde ist es, dafür zu sorgen, daß die Bestimmungen des Gesetzes, soweit sie nicht jagdpolizeilichen Charakters sind, beachtet werden; insbesondere liegt ihr ob, darüber zu wachen, daß die Vorschriften über die Verwaltung der Angelegenheiten der gemeinschaftlichen Jagdbezirke beachtet werden und die Geschäftsführung hierbei dem Gesetze gemäß gehandhabt und in geordnetem Gange gehalten wird. Da die JO. in dieser Hinsicht im wesentlichen zwingende Vorschriften gibt, wird die Aufsicht sich darauf beschränken können, deren Befolgung zu überwachen und erforderlichenfalls zu erzwingen. In den wenigen Fällen, in denen die JO. eine Rücksichtnahme auf das Interesse der Jagdgenossenschaft verlangt, wird die Jagdaufsichtsbehörde nicht minder die Aufgabe haben, darüber zu wachen, daß dieses Interesse gewahrt wird.

Die Mittel, den Jagdvorsteher zur Erfüllung seiner Pflicht anzuhalten, sind im § 132 d. G. über die allg. Landesverw. v. 30. Juli 1883 gegeben. Unberührt sind die bestehenden Vorschriften über die Dienstvergehen der Gemeindevorsteher, Bürgermeister und Gemeindebeamten (§ 20 und 36 des ZustG. v. 1. Aug. 1883) geblieben, nach denen die Dienstvergehen auch dann zu ahnden sein werden, wenn der Gemeindevorsteher usw. sich ihrer als Jagdvorsteher schuldig macht.

Achter Abschnitt.

45. Der achte Abschn. faßt die bisher in den verschiedenen Gesetzen (JPolG., JScheinG. und WSchonG.) enthaltenen Strafvorschriften zusammen und gibt sie im wesentlichen unverändert wieder. Entnommen sind: aus dem JPolG. (§ 17 Abs. 1) der § 75; aus dem JScheinG. (§§ 11—13) die §§ 72—74; aus dem WSchonG. (§§ 13, 15—17) die §§ 76—79. § 80 gibt den § 18 d. WSchonG. unverändert wieder und ersetzt in dieser Fassung zugleich den § 19 des JPolG. und den § 14 des JScheinG.

Neunter Abschnitt.

46. Zu § 84. Abs. 1. Die vor dem 1. Mai 1907 abgeschlossenen Verträge über die Verpachtung bleiben allgemein bis zu ihrem Ablauf in Kraft. Für die später bis zum Inkrafttreten der JO. geschlossenen Verträge wird unterschieden zwischen dem RegBez. Cassel und dem übrigen Geltungsbereiche d. JO. Im ersteren behalten sie nicht über den 1. April 1914 hinaus Gültigkeit; wenn ihre Vertragszeit noch länger läuft, enden sie doch zu diesem Zeitpunkt. Im sonstigen Geltungsbereiche d. JO. sind die zwischen dem 1. Mai 1907 und dem Tage des Inkrafttretens d. G. abgeschlossenen Verträge nur dann gültig, wenn die Jagdbezirke, die verpachtet sind, den Anforderungen der JO. entsprechend gebildet sind. Wenn dieses nicht der Fall ist, sind die Jagdvorsteher verpflichtet, ohne Rücksicht auf die bestehenden Verträge zur Bildung der Jagdbezirke zu schreiten und dann die Neuverpachtung vorzunehmen. Unter den Jagdbezirken, um die es sich im Abs. 1 handelt, sind sowohl Eigen- wie gemeinschaftliche Jagdbezirke zu verstehen, erstere aber nur dann, wenn

der Jagdbezirk als solcher verpachtet ist, nicht nur der Abschuß einer gewissen Anzahl von Wild. Abs. 2 hält während der Dauer der Pachtverträge einmal diejenigen Eigenjagdbezirke aufrecht, die nicht so groß sind, wie § 4 Abs. 1 Ziff. 2 es erfordert (dh. vornehmlich alle Jagdbezirke in Kurhessen von wenigstens 100 Casseler Morgen, aber unter 75 ha Umfang), anderseits verbietet er, daß in dieser Zeit aus Flächen, die wohl nach der JO., aber nicht nach dem bisherigen Rechte zur Bildung eines Eigenjagdbezirks ausreichen, ein solcher gebildet wird (ds. alle Flächen, die zwischen 75 ha und 300 preuß. Morgen im Zusammenhang umfassen).

47. Zu § 85. § 85 ist wichtig für die Ausländerjagdscheine, für die die Abgabe nach der JO. erhöht ist.

---

5. Helgoländer Polizeiverordnung vom 21. Dez. 1892

(Kreisbl. f. Süderdithmarschen Nr. 52).

§ 1. Während der Saison ist die Jagd untersagt:
Auf dem Oberlande nach 10 Uhr morgens,
Am Strande des Unterlandes,
Auf dem Wasser zwischen den Nordspitzen der Insel und der Dünen einerseits und den beiderseitigen Südspitzen anderseits,
Auf der Düne mit der im § 2 zugelassenen Ausnahme,
Auf dem Wasser in einem Umkreise von 270 m um die Düne während der täglichen Badezeit.

§ 2. Badegästen ist die Jagd an den Ufern der Düne außerhalb der täglichen Badezeit gestattet.

§ 3. Außerhalb der Saison ist nur die Jagd auf der Düne untersagt. Jedoch dürfen Besucher der Insel gegen Entrichtung der in der Ordinance Nr. 1 vom Jahre 1888 vorgeschriebenen Gebühr von 25 M. (vgl. § 4) an den Ufern der Düne jagen.

§ 4. Die Bestimmungen der Ordinance Nr. 1 vom Jahre 1888 über das zur Ausübung der Jagd erforderliche Alter und die Lösung von Jagd- und Gewehr-(Wasserjagd-)Scheinen, sowie die gewohnheitsrechtlichen Vorschriften über die Lösung eines Erlaubnisscheines zum Gebrauch eines Schnepfennetzes oder kleineren Vogelnetzes bleiben mit der Maßgabe unberührt, daß die Scheine von dem landrätlichen Hilfsbeamten auszustellen sind.

§ 5. Ebenso bleiben in Kraft die gewohnheitsrechtlichen Beschränkungen der Jagdausübung bei dem Entenfange, vor dem Schnepfennetze und an bzw. vor dem Drosselbusch.

§ 6. Die unentgeltliche Ausübung der Jagd, auch auf der Düne, ist den Beamten der biologischen Anstalt zu wissenschaftlichen Zwecken gestattet, sofern sie schriftlich von dem Direktor derselben hierzu beauftragt sind.

§ 7. Uebertretungen dieser Polizeiverordnung werden mit Geldstrafe bis zu 9 M. bestraft, an deren Stelle im Unvermögensfalle entsprechende Haft tritt.

6. Hannoversches Gesetz, betr. Aufhebung des Jagdrechts auf fremdem Grund und Boden und Ausübung der Jagd.

Vom 29. Juli 1850 (HannGS. 103 I 31).

§ 1. Das Jagdrecht auf fremdem Grund und Boden, soweit dasselbe als dingliches Recht besteht, ist aufgehoben und kann als solches nicht ferner erworben worden.

§ 3. Jedem Grundeigentümer — auch dem mit erblichem Nutzungsrechte versehenen Besitzer (dominus utilis) unter Ausschluß des Obereigentümers (dominus directus) — steht das Jagdrecht auf eigenem Grund und Boden zu.

1. Der § 2 der JO. v. 15. VII. 07 und des G. v. 31. X. 48 besagen dasselbe (s. die Anm. zu § 2 JO.).
2. Die übrigen Vorschriften des HannJG. (§§ 2, 4 bis 28) kommen nicht mehr in Betracht.

§ 29. Die oberen Verwaltungsbehörden sind zu provisorischen Anordnungen wegen Ausübung der Jagd ermächtigt, bis die nach dem Gesetze erforderliche, tunlichst zu beschleunigende Regelung der Verhältnisse eingetreten sein wird.

Dieselben haben auch in den Fällen, da das Grundeigentum streitig ist, mit Vorbehalt des Rechtsweges einstweilen festzustellen, welcher der streitenden Teile als Grundeigentümer jagdberechtigt sei.

1. Die Jagdpolizei übt der Landrat, in den selbständigen Städten der Magistrat aus; ihnen ist der Regierungspräsident vorgesetzt.

2. Das HannJG. u. die HannJO. v. 11. III. 59 legen die Verwaltung der Jagdpolizei und die Aufsicht über die Verwaltung der Angelegenheiten der gemeinschaftlichen Jagdbezirke in die Hand der Obrigkeit (Landrat, Magistrat). Landrat und Magistrat bilden die Jagdpolizeibehörde und Jagdaufsichtsbehörde. Bei dem Erlasse von Verfügungen dieser Behörden und einem Angriffe auf sie ist zu prüfen, in welcher Eigenschaft die Obrigkeit die Verfügung erlassen hat (OVG. 22. XI. 91 22 284). Gegen jagdpolizeiliche Vfgen sind die ordentlichen Rechtsmittel nach den §§ 127 f. LVG. (Beschwerde, Klage) gegeben, während wegen Jagdaufsichtsverfügungen nur die Beschwerde an den Regierungspräsidenten, in höherer und letzter Instanz an den Oberpräsidenten binnen zweier Wochen anzubringen ist (vgl. § 70 JO.).

3. Hat die Obrigkeit nach § 29 Abs. 2 eine einstweilige Verfügung erlassen, so hat sie gegen und für alle Beteiligte Geltung. Die JO. v. 15. VII. 07 (§ 24 Abs. 4) kennt diese einstweilige Regulierung ebenfalls in einem Falle durch die Jagdaufsichtsbehörde. Abgesehen von diesem Falle kann aus polizeilichen Gründen auch von der Jagdpolizeibehörde ein vorläufiges Eingreifen stattfinden, dessen Wirkung aufhört, wenn die Verwaltungsgerichte rechtskräftig entschieden haben. In Hannover werden die obrigkeitlichen Verfügungen bei einem Streite darüber, wer Grundeigentümer ist, fortfallen, wenn die ordentlichen Gerichte ihre Entscheidung getroffen haben. Die nach § 29 Abs. 2 zu erlassenden Verfügungen werden regelmäßig keine polizeilichen, sondern Aufsichtsverfügungen (vgl. OVG. 22 284) sein, es müßte denn ein polizeilich zu schützendes Interesse verletzt und deshalb die Obrigkeit (Jagdpolizeibehörde) eingeschritten sein.

7. Hannoversche Jagdordnung.

Vom 11. März 1859 (HannGS. I 159 Nr. 11).

§ 1. Die Ausübung der Jagd richtet sich vom 1. Sept. d. Js. an nach den folgenden Bestimmungen.

Dieselben treten an die Stelle der mit jenem Zeitpunkte wegfallenden §§ 4 bis 16 inkl. und § 30 des Jagdgesetzes v. 29. Julius 1850.

§ 2. Der Grundeigentümer, welcher eine zusammenhängende Fläche von mindestens 300 hann. Morgen besitzt, ist auf derselben zur Ausübung der Jagd berechtigt. Die Trennung, welche Wege oder Gewässer bilden, ist als eine Unterbrechung des Zusammenhanges einer solchen Jagdfläche nicht anzusehen.

Mehrere Miteigentümer einer solchen Fläche müssen sich über Einen einigen, der die Jagd üben soll, falls sie selbige nicht gemeinsam entweder verpachten oder sonst einem Dritten zur Ausübung überlassen, oder durch eigene Jäger nutzen. Besteht eine solche Fläche aus einer ungeteilten Gemeinheit, so ist dieselbe, wenn sie einer Gemeinde angehört, und mit dem Feldmarksjagdbezirke dieser Gemeinde zusammenhängt, als Teil dieses Jagdbezirkes, sonst aber, sofern sie nicht mit angrenzenden Jagdbezirken verbunden wird, als eigene Feldmark, nach den Regeln der §§ 4, 5 u. ff. zu behandeln. An der Beschlußfassung über solche

Verbindung, sowie über die Verwaltung der Jagd und an der Verteilung der Jagdaufkünfte nehmen in Beziehung auf diese Gemeinheiten die Interessenten nach Verhältnis ihrer Nutzungsrechte teil.

Wenn ein Grundeigentümer das ihm hiernach zustehende Jagdrecht durch Verpachtung nutzt, so kommen hierbei die im § 6, vorletzter und letzter Abs., und § 7 enthaltenen Vorschriften analog zur Anwendung.

1. Ein Hektar ist gleich 3,9 hann. Morgen.

2. Über zusammenhängende Flächen s. Anm. zu § 4 JO. v. 15. VII. 07.

3. Wenn die zusammenhängende Fläche teils in der Prov. Hannover teils in einer anderen Prov. liegt (G. v. 7. VIII. 99 — GS. 151), so kommen die für den größeren Teil der Grundstücke geltenden gesetzlichen Vorschriften zur Anwendung (s. § 4 JO. v. 15. VII. 07.

§ 3. Insofern die Ausübung der Jagd nach den vorstehenden Bestimmungen nicht den einzelnen Grundeigentümern zusteht, wird sie, vorbehaltlich der im § 4 bestimmten Ausnahmen, von der Gesamtheit der beteiligten Grundeigentümer jeder Feldmark (Feldmarksgenossen) verwaltet.

Jedoch soll jedem Grundeigentümer die Befugnis zustehen:

1. auf seinen Grundstücken den Vogelfang in hochhängenden Dohnen (den Dohnenstrich, Dohnenstieg) auszuüben;
2. in den mit seinen Wohngebäuden zusammenhängenden Höfen und Gärten Raubtiere,

Kaninchen, Eichhörnchen und Vögel — mit Ausnahme folgender jagdbarer Vögel: Feld- und Birkhühner, Fasanen, Enten, Schnepfen und Wachteln — bei Tage vermittelst der Schußwaffe, unter Beobachtung der polizeilichen Vorschriften, zu erlegen. Diese Höfe und Gärten werden im übrigen der Feldmarksjagd angeschlossen, falls nicht der Eigentümer erklärt, die Jagd in denselben beruhen lassen zu wollen. Diese Erklärung kann sowohl vor als nach der Verpachtung wirksam erfolgen;

3. seine sonstigen mit einer Mauer oder mit einer anderen hochstehenden wehrbaren Befriedigung umgebenen und mit verschließbaren Türen versehenen Grundstücke von der gemeinsamen Jagdausübung auszunehmen und die Jagd darauf beruhen zu lassen, vorbehaltlich jedoch des Rechtes der Erlegung nicht jagdbarer Vögel bei Tage. Als wehrbar sind nur solche hochstehende Befriedigungen anzusehen, welche einen anderen Zugang als den vermittelst der verschließbaren Türen nicht gestatten. Er hat seine Absicht, die Jagd auf solchen Grundstücken beruhen zu lassen, der Obrigkeit (Amt, bzw. Magistrat der selbständigen Städte) anzuzeigen, bevor die Gesamtheit der Feldmarksgenossen über die Verwaltung der Jagd beschlossen hat;

4. in seinen Gebäuden und Höfen Raubtiere in Fallen zu fangen.

1. Das SchonG. v. 14. VII. 04 gilt auch in der Prov. Hannover.

2. Die wilden Kaninchen werden darin nicht erwähnt.

3. Die Eigentümer der Grundstücke des gemeinschaftlichen Jagdbezirks bilden eine Jagdgenossenschaft des öffentlichen Rechts (vgl. § 16 JO. v. 15. VII. 07 u. die Anm. dazu).

4. Der Jagdvorstand vertritt die Jagdgenossenschaft nach außen, also vor Privatpersonen, Gerichten, Verwaltungsgerichten und Behörden (OVG. 20. IV. 98 33 336).

5. Die Gesamtflur jeder politischen Gemeinde bildet den gemeinschaftlichen Jagdbezirk, soweit nicht Einzeljagdbezirke bestehen.

6. Der Pächter der Feldmarksjagd verliert auch das Recht zur Ausübung der Jagd auf solchen Grundstücken, deren Eigentümer in den Besitz einer zusammenhängenden Fläche von über 300 hannoverschen Morgen kommt, sofort mit der Auflassung (Erk. 29. VI. 03 — Kunze-Kautz 2 204; siehe auch OVG. 28 316, 32 192).

7. Lediglich dem privaten Gebrauche des Eigentümers bestimmte Parzellen, die von ihm allein als Weg benutzt werden, trennen die neben denselben belegenen fremden Grundstücke (Erk. 10. VI. 95 — III 782 — Kunze-Kautz 2 170); dagegen fallen unter den § 2 alle öffentlichen und solche Wege, zu deren Benutzung außer dem Eigentümer auch andere Personen auf Grund eines öffentlich-rechtlichen Titels befugt sind, ferner Separationswege (OVG. 26. II. 03 43 281). Nach Erlaß des G. v. 29. IV. 97 (GS. 117) gehören auch Schienenwege und Eisenbahnkörper zu den Wegen, welche nicht trennen.

8. Beim Vorhandensein einer zusammenhängenden Fläche unter 300 Morgen geht die eigene Jagd-

ausübung verloren, und es erfolgt der Übergang der Jagdausübung auf die Feldmarksgenossen. Der Übergang dauert bloß so lange, als die maßgebende Tatsache, eine Grundfläche unter 300 Morgen vorhanden ist, er findet seine Erledigung, sobald das bisher weniger als 300 Morgen große Grundstück durch Zukauf zu einer zusammenhängenden Fläche von mindestens 300 Morgen vergrößert wird. Dann greift wieder die Regel des § 2 von selbst Platz, und es erlangt der Eigentümer mit dem Erwerbe das Recht zur eigenen Ausübung der Jagd, damit aber auch die Befugnis, die Anerkennung dieses Rechts trotz bestehenden Pachtvertrages mit Klage aus § 105 ZustG. gegen den Jagdvorstand zu verlangen (OVG. 24 285).

9. Nach der HannJO. ist das Bestehen von Jagdbezirken nicht von einer obrigkeitlichen Feststellung oder Anordnung abhängig. Die Jagdbezirke bestehen, soweit es nicht ausnahmsweise einer behördlichen Anordnung nach § 4 Abs. 3 letzter Satz bedarf, stets auf Grund bestimmter tatsächlicher Verhältnisse und Willensakte der Beteiligten und kraft Gesetzes (OVG. 20 377). Die Grundeigentümer können auf das Recht, einen Einzeljagdbezirk zu haben, verzichten, sowohl hinsichtlich aller Grundstücke als hinsichtlich einzelner, dergestalt, daß durch den Verzicht die davon betroffenen Grundstücke dem Feldmarksbezirke der politischen Gemeinde zufallen, ohne daß es einer Zustimmung der Jagdgenossenschaft bedarf. Die Erklärung ist gegenüber der Jagdaufsichtsbehörde (§ 11) abzugeben, bevor die Feldmarksgenossen über die Verpachtung der Jagd beschlossen haben (OVG. 20 322).

§ 4. Wenn 1. Feldmarken an und für sich oder nach Ausscheidung der darin belegenen Einzeljagdbezirke (§ 2) und ausgenommenen Grundstücke (§ 3, Nr. 3), oder 2. einzelne Grundstücke, welche von dem Jagdbezirke der Feldmark, zu der sie gehören, durch zwischenliegende Jagdbezirke (Einzeljagdbezirke, § 2, oder Feldmarksjagdbezirke, § 3) getrennt sind, oder 3. Grundstücke, welche einer Feldmark nicht angehören, eine zusammenhängende Fläche von 300 Morgen (siehe § 2) nicht bilden, so sind dieselben den sie umschließenden oder begrenzenden Jagdbezirken gegen einen entsprechenden Pachtpreis anzuschließen, und nur, wenn von den Eigentümern oder Interessenten der letzteren der Anschluß abgelehnt wird, als selbständige Jagdbezirke, oder im Falle der vorstehenden Ziff. 2 als Zubehörungen der Feldmarksjagd zuzulassen.

Der vorerwähnte Pachtpreis wird in Ermangelung der Vereinbarung durch die Obrigkeit nach Vernehmung beider Teile festgestellt. Es steht jedoch jedem Beteiligten zu, gegen diese Feststellung auf Ermittelung des Pachtpreises durch Schätzung zu provozieren. Die Kosten der letzteren trägt der Provokant, wenn das Ergebnis nicht mindestens 5 Prozent günstiger als die obrigkeitliche Feststellung für ihn ausfällt. Ist der Jagdbezirk, mit welchem die unter 1—3 erwähnten Grundstücke verbunden werden sollen, eine Feldmarksjagd (§ 3), so können die Eigentümer der ersteren statt pachtweiser Entschädigung auch verlangen, in den Verband der Feldmarksgenossen dieser Feldmark hinsichtlich der Jagd aufgenommen zu werden.

Werden die unter 1—3 bezeichneten Grundstücke von verschiedenen Jagdbezirken begrenzt, und sind die Eigentümer oder Interessenten von mehr als einem dieser Jagdbezirke zur Übernahme bereit, so steht den Eigentümern jener Grundstücke die Wahl zu. Besteht die anschließende Fläche aus örtlich zusammenhängenden Grundstücken mehrerer Eigentümer, so haben diese nach Stimmenmehrheit, die Stimmen nach der Größe der Grundstücke berechnet, über die Wahl zu beschließen. Wird von dem Wahlrechte binnen zu bestimmender Frist kein Gebrauch gemacht, so verfügt die Obrigkeit über den Anschluß.

1. Ein Streit über die an die Eigentümer von Feldenklaven zu gewährende Entschädigung ist vor dem Verwaltungsgerichte (§ 105³ ZustG.) auszutragen.

2. Sind die Enklavenbesitzer in den Verband der Feldmarksgenossen aufgenommen, so werden sie bei der Teilung der Jagdpachterträge wie die übrigen Genossen behandelt. Es muß zunächst bei dem Jagdvorstande Einspruch oder Beschwerde und dann gegen dessen Beschluß nach § 106 ZustG. Klage gegen die festgestellte Verteilung erhoben werden (OVG. 17 348).

3. Wenn zwei gemeinschaftliche Jagdbezirke darüber streiten (§ 105 ZustG.), zu welchem Jagdbezirke ein Grundstück gehört, so ist der Besitzer des Grundstücks als Partei im VerwStreitVerf. zuzuziehen. Die Beiladung genügt nicht (OVG. 41 306).

4. Die in § 4 bestimmten Befugnisse der Obrigkeit sind Befugnisse der Jagdaufsichtsbehörde (Landrat, Magistrat, vgl. § 11).

§ 5. Die Gesamtheit der beteiligten Grundeigentümer der Feldmark hat über die Verwaltung der Feldmarksjagd zu beschließen, und zwar dahin, daß selbige entweder verpachtet oder für Rechnung der Feldmarksgenossen durch Jäger beschossen werden, oder beruhen bleiben soll.

Der Beschluß erfolgt durch Stimmenmehrheit, die Stimmen nach Größe des Grundbesitzes berechnet. Jedoch kann die Verwaltung der Feldmarksjagd durch Jäger nur durch Stimmeneinhelligkeit beschlossen werden.

Zur gültigen Beschlußfassung ist erforderlich, daß sämtliche beteiligte Grundbesitzer vorgeladen sind. Grundbesitzer, welche nicht in der Gemeinde wohnen, zu deren Bezirke die Feldmark gehört, haben zur Entgegennahme der Ladungen einen Bevollmächtigten in der Gemeinde zu bestellen.

Der Beschluß der Erschienenen bindet die Ausbleibenden.

Die Obrigkeit ist befugt, wenn die Aufrechterhaltung der Ordnung es erfordert, die Verhandlung an Ort und Stelle kostenfrei zu leiten.

1. Im Gegensatze zu den Bestimmungen der JO. v. 15. VII. 07 hat die Jagdgenossenschaft nach der Hann. JO. eine parlamentarische Vertretung.

2. Die Obrigkeit ist hier Jagdaufsichts-, nicht Jagdpolizeibehörde.

§ 6. Die Verpachtung der Feldmarksjagd geschieht auf die Dauer von mindestens 6 und höchstens 18 Jahren.

Personen, welchen ein Jagdschein nicht erteilt werden darf (siehe § 18), sind als Pächter und bei öffentlichen Verpachtungen als Bieter nicht zuzulassen.

Afterverpachtungen ohne Zustimmung der Verpächter sind ungültig.

Stirbt der Pächter innerhalb der Pachtzeit, so soll in Ermangelung anderweiter Vertragsbestimmung der Pachtkontrakt mit dem Ablaufe des Pachtjahres, in welchem der Todesfall eingetreten ist, erlöschen. Während der zwischem dem Ableben des Pächters und dem Ablaufe des Pachtjahres liegenden Zeit kann die Jagd durch eine von den Erben des Pächters zu bestellende, den Verpächtern zu denominierende dritte Person ausgeübt werden.

Der § 18 ist durch das JScheinG. v. 31. VII. 95 aufgehoben. Jetzt dürfen als Pächter und Bieter die Personen nicht mehr zugelassen werden, denen der Jagdschein nach § 6 des letzteren G. versagt werden muß.

§ 7. Die Feldmarksjagd darf nur ungeteilt und an einen Pächter verpachtet werden. Jedoch können einzelne Grundstücke der Feldmark, die in einen fremden Jagdbezirk eingreifen, dem Inhaber dieses Bezirks, sowie kleinere Forstteile dem im angrenzenden Hauptforstorte Jagdberechtigten besonders verpachtet werden.

Ausnahmsweise können 1. für eine im ganzen verpachtete Feldmarksjagd bis zu drei Pächtern zugelassen werden, wenn auf jeden mindestens 1000 Morgen Fläche fallen, oder es kann 2. mit obrigkeitlicher Genehmigung die Feldmarksjagd in zwei oder drei, jedoch nicht unter 1000 Morgen haltende Bezirke eingeteilt werden, der jeder einem Pächter überlassen werden darf.

Nach § 104 hat der KrAussch., in Stadtkreisen der BezAussch. zu beschließen über die Genehmigung zur Bildung mehrerer für sich bestehender Jagdbezirke aus dem Bezirke einer Feldmark.

§ 8. Die Form der Verpachtung (öffentlich meistbietende Verpachtung, oder Verpachtung unter der Hand), sowie die sonstigen Modalitäten derselben werden durch Stimmenmehrheitsbeschluß der Feldmarksgenossen nach den Regeln des § 5 bestimmt.

Die Pachtkontrakte bzw. bei öffentlichen Verpachtungen die Pachtbedingungen müssen, bei Strafe der Nichtigkeit, schriftlich abgefaßt sein.

Die Pachtkontrakte sind der Obrigkeit mitzuteilen.

1. Der Landrat (Magistrat) hat zu prüfen, ob die öffentlich-rechtlichen Vorschriften durch die Pachtverträge etwa verletzt sind. Ist dies geschehen, so kann er zur Aufrechterhaltung der öffentlichen Ordnung auch polizeilich einschreiten, zB. die Ausübung der Jagd auf Grund eines ungesetzlichen Jagdpachtvertrages als Jagdpolizeibehörde verbieten. Ein solches polizeiliches Einschreiten liegt stets dann vor, wenn die Obrigkeit keine Regelung zwischen den Feldmarksgenossen unter sich oder gegenüber dem Jagdvorstande vornimmt, sondern ein Gebot oder Verbot gegen einen Dritten erläßt.

2. Die Frage, ob ein Vertrag nichtig ist, wird im ordentlichen Rechtswege zwischen den Beteiligten ausgetragen. Der § 24 JO. v. 15. VII. 07 überträgt diese Streitigkeit den Verwaltungsgerichten und die

interimistische Regelung der Jagdaufsichtsbehörde; in Hannover kann eine solche interimistische Regelung nur vom ordentlichen Richter oder beim Obwalten von polizeilichen Gesichtspunkten von der Jagdpolizeibehörde getroffen werden.

§ 9. Wenn die Feldmarksgenossen die Verwaltung der Jagd durch Jäger beschließen (siehe § 5), so ist der desfallsige Vertrag ebenfalls, bei Strafe der Nichtigkeit, schriftlich abzufassen. Es muß darin dem Jäger ein bestimmter Lohn ausgesetzt sein.

Das im § 7 über die Zahl der zuzulassenden Pächter Bestimmte gilt auch rücksichtlich der zur Administration der Feldmarksjagd angenommenen Jäger.

§ 10. Die Auskünfte aus der Benutzung der Feldmarksjagd werden nach Verhältnis des Stimmrechts geteilt (§ 5). Anderweite Verabredungen der Feldmarksgenossen sind nicht ausgeschlossen, binden jedoch die Nichtzustimmenden für ihren Anteil nicht.

Die Verteilung kann durch Einspruch und Klage (§ 106 ZustG.) angefochten werden.

§ 11. Die Ordnung und Aufrechterhaltung der Jagdverhältnisse nach den vorstehenden §§ 5, 6, 7, 8 und 9 ist Sache der Verwaltung.

1. Das Wort „Verwaltung" bedeutet „Obrigkeit", d. i. Landrat oder Magistrat in den selbständigen Städten. Vgl. dazu die Anm. zu § 29 G. v. 29. VII. 50.

2. Die Obrigkeit ist zugleich Jagdpolizeibehörde (§ 103 ZustG.). Gegen Verfügungen der Jagdaufsichtsbehörde

ist die Beschwerde an den Regierungspräsidenten und in letzter Instanz an den Oberpräsidenten gegeben, während gegen jagdpolizeiliche Verfügungen die Rechtsmittel nach §§ 127 f. LVG. (Beschwerde und Klage) zulässig sind. Das OVG. 12. XI. 91 22 284 läßt sich über diesen Unterschied dahin aus: „Es ist Aufgabe der Jagdaufsichtsbehörde, zu verhindern, daß die Rechte der einzelnen Feldmarksgenossen durch Beschlüsse der Gesamtheit verletzt werden, oder daß durch den Abschluß eines ungültigen Pachtvertrages Unzuträglichkeiten und Nachteile für die Feldmarkgenossenschaft entstehen."

3. Der Obrigkeit stehen die Zwangsbefugnisse nach § 132 LVG. zu.

§ 12. Ausnahmsweise ist eine andere Benutzung der Feldmarksjagd als durch Verpachtung oder eigene Jäger gestattet:

1. den Städten auf den innerhalb der städtischen Feldmark belegenen Grundstücken der Stadt, der Bürger und städtischen Einwohner, insoweit auf solchen das städtische Jagdrecht bisher durch die Bürger ausgeübt ist, wenn Magistrat und Bürgervorsteher die Fortdauer dieses Verhältnisses beschließen. Die Eigentümer anderer in der städtischen Feldmark belegenen Grundstücke, welche nicht mindestens 300 Morgen im Zusammenhange halten, können in diesem Falle verlangen, daß diese Grundstücke gegen eine nach § 4 festzustellende Pacht in den Bürgerjagdbezirk aufgenommen werden. Der desfallsige Anspruch ist gegen die Stadt zu richten;

2. in den Feldmarken, in welchen vor Erlaß des Jagdgesetzes vom 29. Juli 1850 die Jagd völlig frei war, oder das Jagdrecht allen Grundeigentümern oder doch gewissen Klassen derselben zustand. Das bisherige Verhältnis bleibt hier bestehen, kann jedoch für jede einzelne Feldmark durch Stimmenmehrheit (§ 5) in einer den Vorschriften dieses Gesetzes entsprechenden Weise geändert werden.

§ 13. An der Befugnis zur Jagd auf Wasservögel, wie sie in Ostfriesland besteht (§ 3 der Jagdordnung für Ostfriesland vom 31. Juli 1838) wird nichts geändert.

Der § 3 der JO. f. Ostfriesland (HannGS. 38 160) ist jetzt durch G. v. 26. VII. 97 (GS. 253) ersetzt, s. Nr. 10 dieses Werks S. 298.

§ 14. Die zur eigenen Jagdausübung berechtigten Grundeigentümer (§ 2), wenn sie die Jagd nicht verpachtet haben, dürfen Dritten erlauben, in ihrer Begleitung oder allein in ihrer Jagd zu jagen. Jagdpächter, der bebrotete Jäger und Jäger der Feldmarksgenossen können Begleiter mit sich nehmen, nicht aber Dritte ermächtigen, in den betr. Bezirken allein zu jagen. Jedoch dürfen Jagdpächter den zu ihrer Familie gehörigen Hausgenossen, sowie ihren bebroteten Jägern das Alleinjagen gestatten.

§ 15. Die Bestimmungen der vorstehenden Paragraphen beziehen sich nicht auf die Ausübung der nach § 2 des Jagdgesetzes vom 29. Juli 1850 bestehen bleibenden Jagdrechte auf fremdem Grund und Boden.

§ 16. Zur Ausübung der Jagd ist unzulässig, wer wegen eines nach der öffentlichen Meinung entehrenden Verbrechens eine Strafe, oder wegen gewaltsamer Widersetzung wider die Obrigkeit, Aufruhrs, Gewalttätigkeiten, Körperverletzung, Erpressung oder Wilddiebstahls mindestens die Strafe des Arbeitshauses oder des polizeilichen Werkhauses erduldet, oder sich des letztgenannten Vergehens unter erschwerendeu Umständen schuldig gemacht hat.

1. Vgl. OVG. 18. I. 86 12 331.

2. Die §§ 17, 18, 19. 20, 21, 22 Abs. 1 u. 2 fallen fort; vgl. jetzt JScheinG. v. 31. VII. 95.

§ 22 Abs. 3. Wer ohne Verletzung fremder Jagdrechte die Jagd unbefugt ausübt (vgl. zB. § 3 Nr. 2 u. 3, § 14), verwirkt eine Strafe von 1 bis 10 Tlr.

§ 23. Für den innerhalb eines Jagdbezirkes vorfallenden Wildschaden haften in Gemäßheit der Bestimmungen des Wildschadengesetzes bei verpachteten Jagden die Pächter — sofern im Pachtkontrakte nicht ein anderes verabredet ist — und aushilfsweise die Verpächter; bei Feldmarksjagdbezirken, in denen die Jagd beruht oder durch Jäger verwaltet wird, die Gesamtheit der Feldmarksgenossen nach dem im § 10 angegebenen Verhältnisse.

Für den Wildschaden in Gärten, in denen nach § 3 Nr. 2 die Jagd beruht, haften die Pächter des anliegenden Jagdbezirks, und wenn solcher nicht verpachtet ist, die Jagdberechtigten desselben.

In Hannover gilt das WSchadG. v. 21. VII. 48 (HannGS. 215). Vgl. auch EinfG. zum BGB. Art. 71 u. BGB. § 445.

§ 24. Jagdfolge findet nicht ferner statt; das Wild gehört demjenigen, in dessen Jagdbezirke es ergriffen wird.

§ 25. Das Schwarzwild außerhalb geschlossener Wildgärten ist auszurotten. Der Jagdberechtigte ist erforderlichenfalls im Verwaltungswege hierzu anzuhalten.

Die Regierung ist befugt, eine Beschränkung dieses Gebotes bei größeren Forsten des Harzes in den Fällen eintreten zu lassen, wo die Beibehaltung oder Wiedereinführung von Schwarzwild sich mit Rücksicht auf den Forst als nützlich und in Beziehung auf Grundstücke dritter Personen als unschädlich darstellt. Der durch Schwarzwild verursachte Schaden ist von demjenigen zu ersetzen, aus dessen Wildstande dasselbe ausgetreten ist.

§§ 26—31. Die §§ 26—31 handeln von der Setz- und Hegezeit und sind zum größten Teil aufgehoben und ersetzt durch das G., betr. die Schonzeiten des Wildes, v. 26. II. 70. Über das, was davon noch gilt, s. Stelling, HannJagdR., Anm. zu §§ 27f. und Ebner, Die Preuß. Jagdgesetze, Anm. zu §§ 26 f.

§ 32. Es ist bei einer, im Wiederholungsfalle zu verdoppelnden Strafe von 3 Mk. verboten,

Hunde in einem Jagdreviere herrenlos umherlaufen zu lassen.

Katzen, welche in einem Jagdreviere in einer Entfernung von mindestens 500 Schritten vom nächstbewohnten Hause getroffen werden, kann der Jagdberechtigte oder dessen Vertreter im ersten Betretungsfalle töten.

Auf Schweißhunde, Saufinder, Hühnerhunde, Windhunde und Teckel, welche während der Jagdzeit überjagen, findet diese Bestimmung keine Anwendung (vgl. § 35).

§ 33. Die Jagd mit Windhunden ist nur vom 1. Okt., diejenige mit Jagdhunden (Bracken) nur vom 15. Sept., oder, falls die betr. Obrigkeit solches verfügt, vom 1. Okt. an bis zum Jagdschlusse (§ 26 Nr. 5) gestattet. Die Jagd mit Jagdhunden darf nur von demjenigen, welcher auf einer Fläche von wenigstens 10000 Morgen im Zusammenhange zur Jagdausübung berechtigt ist, auf solcher Fläche ausgeübt werden. Die Übertretung dieser Vorschrift wird mit einer Strafe von 30 Mk. belegt.

Windhunde und Jagdhunde (Bracken), die während der für diese Jagdausübung geschlossenen Zeit in einem fremden Jagdreviere jagend betroffen werden, kann der Jagdberechtigte oder dessen Vertreter töten. Während der für diese Jagdausübung offenen Zeit ist ihm nur das Auffangen (Koppeln) der Hunde gestattet und hat der Eigentümer derselben für jeden überjagenden Hund eine Strafe von 3 Mk. — im Koppelungsfalle außerdem noch ein Pfandgeld von je 3 Mk. demjenigen, der den Hund gekoppelt hat — zu entrichten.

§ 34. Die Hirten sollen das Ablaufen ihrer Hunde von der Herde und das Umherstreifen derselben in Hölzern, Feldern usw. bei einer im Wiederholungsfalle zu verdoppelnden Strafe von 1 Mk. 50 Pf. verhindern.

§ 35. Auf gleiche Weise soll es in Ansehung der während der Jagdzeit überjagenden Schweißhunde, Saufinder, Hühnerhunde, Windhunde und Teckel, sowie derjenigen Hunde gehalten werden, welche jemand auf Reisen oder sonstigen Wegen mit sich genommen hat.

Wer nach vorgängiger Warnung, welche auf Anrufung des Jagdberechtigten oder Jagdpächters von dem Gemeindevorsteher vorzunehmen ist, einen Hund bei der Feldarbeit mit sich führt, verwirkt Strafe von 50 Pf. Die besondere Strafe des Umherstreifens (§ 34) ist dadurch nicht ausgeschlossen.

§ 36. Abs. 1—3 dieses Paragraphen sind aufgehoben, und es ist an deren Stelle die Nr. 10 des § 368 StGB. getreten.

Abs. 4. Wer einen Jagdbezirk, in welchem er zur Ausübung der Jagd nicht befugt ist, außer den (oben) genannten Straßen und Fahrwegen, mit Schießgewehr betritt, soll verpflichtet sein, auf

Erfordern des Jagdberechtigten oder seiner Vertreter oder der zur Wahrnehmung der polizeilichen Aufsicht Berechtigten auf der Stelle nachzuweisen, daß sein Gewehr ungeladen ist. Im Weigerungsfalle soll dasselbe als geladen angesehen werden.

Abs. 5. Auf diejenigen Personen, welche vermöge ihres Dienstes berechtigt sind, geladenes Schießgewehr zu führen, finden die vorstehenden Strafbestimmungen nur dann Anwendung, wenn deren Absicht auf unbefugte Ausübung der Jagd erweislich gerichtet gewesen ist.

§ 37 hebt die für einzelne Landesteile erlassenen JOrdnungen mit Ausnahme der JO. für Ostfriesland v. 31. VII. 38 auf.

§ 38. Die Ausübung der Jagd ist an den Sonntagen, an beiden Tagen der drei hohen Kirchenfeste (Weihnachten, Ostern und Pfingsten), am Karfreitage, am Feste der Himmelfahrt Christi und am Neujahrstage allgemein, an anderen kirchlichen Fest- und Bußtagen aber für die Angehörigen der betr. Kirche verboten.

Für die Übertretung dieses Verbotes gelten die in der Verordnung über die Feier der Sonn- und Festtage vom 25. Januar 1822 bestimmten Strafen.

§ 39. Die in diesem Gesetze angedrohten Geldstrafen sind Polizeistrafen.

§§ 40 und **41.** Diese Paragraphen haben jetzt ihre Bedeutung verloren.

8. Ausführungsanweisung zur Hannoverschen Jagdordnung

vom 11. März 1859.

Zur Vorbereitung und Ausführung der Vorschriften der JO. v. 11. März 1859 und Unserer Bekanntmachung vom selben Tage erteilen Wir den Obrigkeiten folgende nähere Anweisung.

I.

(Zu den §§ 2 uff. d. JO. und § 1 d. Bek.)

1. Die Obrigkeiten haben eine Revision der bestehenden Jagdbezirke zu dem Zwecke vorzunehmen, um dieselben mit den Vorschriften der §§ 2, 3 und 4 des neuen G. in Einklang zu bringen.

Die Revision ist sofort in Angriff zu nehmen und tunlichst zu beschleunigen. Spätestens am 1. Juni dJ. soll die Feststellung der neuen, mit dem 1. Sept. dJ. eintretenden Jagdbezirke erledigt sein.

2. Bei der Revision sind folgende Bestimmungen des neuen G. zu beachten, welche eine Abweichung von den bisherigen Vorschriften enthalten:

a) Während nach § 6 des früheren G. jede Feldmark ohne Ansehung der Größe und des Zusammenhanges einen besonderen Jagdbezirk bildet, tritt künftig (§ 4 Nr. 1 d. JO.) auch für die Feldmarksjagdbezirke das Erfordernis einer zusammenhängenden Fläche von mindestens 300 Morgen ein. Bei Berechnung dieser Fläche sind die in der Feldmark belegenen Einzeljagdbezirke (§ 2 d. JO.) und die zur Ausnahme geeigneten befriedigten Grundstücke (§ 3 Nr. 3 das.), nicht aber die mit den Wohngebäuden zusammenhängenden Höfe und Gärten

(§ 3 Nr. 2 das.) vorab abzusetzen. Die letzteren rechnen vielmehr dem Feldmarksjagdbezirke zu, wenngleich der Eigentümer befugt ist, die Jagd darauf beruhen zu lassen; und ebenso ist zu beachten, daß die nach § 6 des früheren G. jedem Grundbesitzer freigestellte Befugnis, auch diejenigen mit seinem Wohnhause zusammenhängenden Grundstücke, welche nicht mit fremden Grundstücken im Gemenge liegen, von der Feldmarksjagd auszuschließen, mit der neuen JO. wegfällt.

b) Hinsichtlich kleinerer zur Feldmark gehöriger, jedoch isoliert belegener Grundstücke enthält das frühere G. das Gebot des Anschlusses an den angrenzenden Jagdbezirk nur in dem einen Falle, daß dieselben durch eine zusammenhängende Fläche von mindestens 300 Morgen eines Grundeigentümers angeschlossen sind, also vollständige Enklaven eines Einzeljagdbezirks bilden. Nach der neuen JO. genügt die Trennung vom Feldmarksjagdbezirke durch zwischenliegende Jagdbezirke, um den Anschluß an einen der angrenzenden Jagdbezirke zu begründen (§ 4 Nr. 2 d. JO.).

3. Wo sich ergibt, daß die Voraussetzungen des § 4 d. JO. hinsichtlich des Anschlusses kleinerer Feldmarken oder einzelner Grundstücke an einen angrenzenden Jagdbezirk vorhanden sind, haben die Obrigkeiten die desfallsigen Verhandlungen unter den Beteiligten in Gemäßheit der ferneren Bestimmungen des § 4 cit zeitig einzuleiten.

4. Die erfolgte Feststellung der Bezirke ist den Beteiligten zu eröffnen, und für etwaige Rekurse eine höchstens 14tägige peremtorische Frist zu bestimmen.

II.

(Zu §§ 3 und d. Bek.)

1. Alsbald nach Feststellung der einzelnen Feldmarksjagdbezirke ist zu den Wahlen der Vorstände

der Feldmarksgenossenschaften nach Maßgabe des § 3 Unserer Bek. vom heutigen Tage zu schreiten. Die Obrigkeiten haben die desfallsigen Termine regelmäßig selbst abzuhalten. Wo jedoch einfache Verhältnisse vorliegen und Unordnungen nicht zu besorgen sind, ist ihnen gestattet, ausnahmsweise auch einen Unterbedienten oder den Gemeindevorsteher damit zu beauftragen.

2. In dem Termine ist zunächst zur Beschlußnahme zu bringen:

ob der Vorstand aus einem oder mehreren Mitgliedern bestehen, und:

ob ein besonderer Rechnungsführer bestellt werden solle.

Diese, wie alle übrigen Genossenschaftsbeschlüsse — soweit nicht ein anderes im Gesetze ausdrücklich bestimmt ist — erfolgen durch Stimmenmehrheit nach den Regeln des § 5 d. JO.

3. Nach Erledigung dieser Vorfragen ist die Wahl des Vorstandes und eventuell des Rechnungsführers vorzunehmen, sofern nicht die Versammlung beschließen sollte, die Bestellung des letzteren dem Vorstande zu überlassen.

4. Der Termin kann zugleich, wenn die Versammlung solches mit Stimmenmehrheit wünscht, zur Beschlußnahme der Feldmarksgenossenschaft über die Frage benutzt werden, auf welche der nach § 5 d. G. zulässigen Arten die Feldmarksjagd verwaltet werden solle.

Es ist auf diese Eventualität in der Ladung zum Termine hinzuweisen.

5. Die Obrigkeiten werden dahin sehen, daß tunlichst bis zum 1. Juli dJ. die Bestellung der Vorstände erledigt sei.

6. Die Ladung zu dem Termine behuf Wahl des Genossenschaftsvorstandes ist zu benutzen, um

zugleich den außerhalb der Gemeinde wohnenden Feldmarksgenossen die Bestellung eines Bevollmächtigten in der Gemeinde behuf Entgegennahme der Ladungen (wozu sie nach § 5 d. JO. verpflichtet sind) bis spätestens im Wahltermine selbst aufzugeben. Dieser Aufforderung ist das im § 4 Unserer Bek. vom heutigen Tage bezeichnete Präjudiz hinzuzufügen.

III.

(Zu § 7 d. JO.)

Die im ersten Abs. des § 7 d. JO. erwähnte besondere Verpachtung einzelner in einen fremden Jagdbezirk eingreifender Grundstücke der Feldmark, sowie kleinerer Forstteile an den benachbarten Jagdberechtigten ist zwar durch das Gesetz nicht geboten, und kann daher gegen den Willen der Beteiligten nicht erzwungen werden. Die Obrigkeiten werden jedoch bemüht sein, solche zur zweckmäßigeren Gestaltung der Jagdreviere dienenden Verpachtungen tunlichst zu befördern.

Die im Schlußsatze desselben Paragraphen bezeichnete Zerteilung eines Feldmarksjagdbezirks in mehrere Pachtbezirke soll nur ausnahmsweise eintreten. Die obrigkeitliche Genehmigung dazu ist nur in den Fällen zu erteilen, wo besondere örtliche Verhältnisse jene Maßregel empfehlen. Die Möglichkeit der Erzielung eines höheren Pachtertrages allein kann die Genehmigung nicht begründen.

IV.

(Zu § 11 d. JO.)

Zufolge des § 11 d. JO. sind die Obrigkeiten so berechtigt als verpflichtet, auf die Befolgung der Vorschriften d. G. zu halten und gegen Zuwiderhandlungen einzuschreiten. Sie haben ihren zu diesem Zwecke erlassenen Verfügungen nötigenfalls durch Androhung und Einziehung von Ungehorsamsstrafen Nachdruck zu geben (§ 23 d. AmtsO., § 72 der rev. StO.).

Wegen entdeckter Kontraventionen gegen die Strafbestimmungen der JO. dagegen ist das gerichtliche Strafverf. zu veranlassen.

Vermöge dieser Zuständigkeit beschränkt sich, was namentlich die Beschlußfassung der Feldmarksgenossen anlangt, die Befugnis der Obrigkeiten zum eigenen Einschreiten keineswegs auf den im § 5 aE. d. JO. besonders genannten Fall; dieselben sind vielmehr befugt, auch übrigens, namentlich in Beziehung auf die Verpachtung der Feldmarksjagden, einzuschreiten und mit eigener Leitung der Verhandlung einzutreten, wenn im einzelnen Falle die Aufrechthaltung der Ordnung solches notwendig erfordert.

In Ausübung des obrigkeitlichen Aufsichtsrechts ist den Kontrakten über Verpachtung der Jagden oder Anstellung eines Feldmarkjägers eine besondere Aufmerksamkeit zuzuwenden. Das G. bestimmt, daß diese Kontrakte — sowohl die bereits früher geschlossenen und noch über den 1. Sept. dJ. hinaus bestehen bleibenden (§ 40) als auch die demnächst abzuschließenden — der Obrigkeit vorgelegt werden müssen. Es ist streng darauf zu halten, daß diese Vorschrift überall befolgt werde, und wird es sich zu diesem Zwecke empfehlen, daß die Obrigkeiten in der ersten Hälfte des Monats Juli dJ. den gesetzlich bestimmten letzten Termin für die Einlieferung der bestehen bleibenden Jagdpachtkontrakte — den 20. Juli dJ. — in ihrem Bezirke in Erinnerung bringen (vgl. § 40 aE. d. JO.).

Die eingelieferten Jagdpachtkontrakte sind ohne Verzug einer sorgfältigen Prüfung zu unterziehen, und ist den Beteiligten darüber Eröffnung zu machen, ob und eventuell welche Bestimmungen sie enthalten, die gesetzlich unzulässig sind, und daher nicht zur Ausführung gelassen werden können.

V.

(Zu §§ 17—20 d. JO.)

1. Zur Erteilung des Jagdscheins ist die Obrigkeit des Wohnorts zuständig, dh. die Obrigkeit des Orts, wo die betreffende Person ihr juristisches Domizil hat, wenn auch das polizeiliche Wohnrecht anderorts begründet sein sollte.

2. Die ausnahmsweise gestattete Erteilung des Jagdscheins an Personen unter 18 Jahren setzt voraus, daß die Obrigkeit über die Einwilligung des Inhabers der väterlichen Gewalt oder des Vormundes vergewissert ist, und daß hinsichtlich der Persönlichkeit des Betreffenden keine Bedenken obwalten.

3. Die Formulare zu den Jagdscheinen werden von dem unterzeichneten Ministerium ausgegeben. Die Obrigkeiten haben ihre desfallsigen Anträge an die vorgesetzte Landdrostei (Berghauptmannschaft) zu richten.

VI.

(Zu § 21 d. JO.)

Die Kgl. Aemter haben die vereinnahmten Gebühren für Jagdscheine unter den Sporteln zu verrechnen, und alljährlich am 1. Febr. der vorgesetzten Landdrostei (Berghauptmannschaft) den Gesamtbetrag derselben berichtlich anzuzeigen.

Die Magistrate der selbständigen Städte haben über die erteilten Jagdscheine besondere Verzeichnisse zu führen, und den erhobenen Gesamtbetrag der Gebühren, nach Abzug von 5 Gr. für jeden Jagdschein, alljährlich am 1. Febr. der vorgesetzten Landdrostei (Berghauptmannschaft) einzusenden.

9. Bekanntmachung d. Hannoverschen Ministeriums des Innern, die Ausführung der Jagdordnung vom 11. März 1859 betr.

(HannGS. 171.)

Zur Ausf. d. JO. v. 11. dM. bestimmen Wir auf Grund des § 40 derselben unter Aufhebung der Bek. des unterzeichneten Ministeriums v. 31. Julius 1850 folgendes:

§ 1. Zu §§ 2—4 d. JO.

Die Feststellung der Jagdbezirke nach den Vorschriften der §§ 1—3 d. G. ist Obliegenheit der Obrigkeit. Die Feststellung der danach mit dem 1. Sept. dJ. eintretenden Jagdbezirke ist zeitig vor diesem Zeitpunkte zu erledigen.

§ 2. Zu § 3 Nr. 3 d. JO.

Die Befugnis des Grundeigentümers, die im § 3 Nr. 3 d. JO. bezeichneten Grundstücke von der Jagdausübung auszuschließen, ruhet, wenn die desfallsige Absicht nicht vor der Beschlußfassung der Feldmarksgenossen über die Verwaltung der Jagd der Obrigkeit angezeigt ist, für die ganze Dauer der Periode, welche der Beschluß der Feldmarksgenossen umfaßt.

Die Erklärung eines Grundeigentümers, die Jagd auf den mit seinen Wohngebäuden zusammenhängenden Höfen und Gärten beruhen lassen zu wollen (§ 3 Nr. 2 d. G.), ist an den Vorstand der Feldmarksgenossenschaft (siehe unten § 3) zu richten.

§ 3. Zu §§ 3, 5 u. folg. d. JO.

Jede Feldmarksgenossenschaft hat in Beziehung auf die Verwaltung der Feldmarksjagd

1. zur Vertretung der Genossenschaft bei der Obrigkeit,
2. zur Leitung der Beschlußfassungen der Feldmarksgenossen, und
3. zur Erhebung und Verteilung der Jagdaufkünfte (§ 10 d. JO)

einen Vorstand aus ihrer Mitte zu bestellen. Derselbe kann aus einer oder mehreren, jedoch höchstens sechs Personen bestehen. Im letzteren Falle steht dem von dem Vorstande zu erwählenden Vorsitzenden die Leitung der Beschlußfassungen (Nr. 2) zu.

Zur Erhebung und Verteilung der Jagdaufkünfte kann auch die Bestellung eines besonderen Rechnungsführers von der Genossenschaft beschlossen werden.

Der Vorstand wird von der Gesamtheit der Feldmarksgenossen durch Stimmenmehrheit nach den Regeln des § 5 d. JO. erwählt. Zu der erstmaligen Wahl sind die Beteiligten durch die Obrigkeit zu laden.

Diese Wahl soll nach Feststellung der neuen Jagdbezirke (siehe oben § 1) und noch vor dem 1. Sept. dJ. erfolgen. Sie ist an Ort und Stelle von der Obrigkeit oder einem Beauftragten derselben kostenfrei zu leiten.

Nach Bestellung des Vorstandes steht diesem die Zusammenberufung der Genossenschaft behuf der Beratung über die Verwaltung der Feldmarksjagd zu. Behuf der Ladung der einzelnen Genossen hat die Obrigkeit ihre Mitwirkung zu gewähren, wenn solche vom Vorstande beantragt wird.

Beschwerden gegen den Vorstand wegen verweigerter Zusammenberufung sind von der Obrigkeit zu entscheiden.

Die Befugnis der Obrigkeit in dem § 5 d. JO. erwähnten Falle, sowie in sonstigen Fällen, in welchen die Aufrechterhaltung der Ordnung solche erfordert, in Beziehung auf die Verhandlungen der Feldmarksgenossen selbst einzuschreiten, wird durch vorstehende Bestimmungen nicht geändert.

§ 4. Zu § 5 d. JO.

Die nicht in der Gemeinde, zu deren Bezirke die Feldmark gehört, wohnenden Feldmarksgenossen, welche der Pflicht zur Bestellung eines Bevollmächtigten in der Gemeinde behuf Entgegennahme der Ladungen binnen der von der Obrigkeit zu bestimmenden Frist nicht genügen, verlieren, solange dies nicht geschehen ist, den Anspruch darauf, zu den Beratungen der Feldmarksgenossenschaft über die Feldmarksjagd geladen zu werden.

§ 5. Zu § 21 d. JO.

Wenn in Gemäßheit des Schlußsatzes des § 21 d. JO. die Erteilung von Jagdscheinen behuf der Wasservögeljagd an Eingesessene der Prov. Ostfriesland gegen ermäßigte Gebühr oder unentgeltlich erfolgt, so gelten diese Jagdscheine nur für die Ausübung der gedachten Jagd und auch dafür nur in Ostfriesland. Für solche Fälle ist von der Obrigkeit nur ein solcher Jagdschein zu erteilen, worin sich jene Beschränkung ausdrücklich bemerkt findet.

10. Gesetz, betr. Abänderung der hinsichtlich der Jagd auf Wasservögel für Ostfriesland geltenden gesetzlichen Bestimmungen.

Vom 26. Juli 1897 (GS. 253).

Wildenten, Gänse und Schwäne und sonstige wilde Wasservögel darf jeder, auch zur Jagd nicht berechtigte Eingesessene der Provinz schießen und fangen, jedoch nur:

1. am Strande der See, an den Ufern der Ströme Ems und Leda, sowie auf und an dem großen Meere, der Hiewe und dem Loppersumer Meere; doch dürfen behufs Ausübung dieser Jagd überall fremde Grundstücke nicht betreten werden, soweit solches nach anderen Gesetzen verboten ist. Ferner muß

2. der Schütze auf dem Gange nach den vorstehend unter 1 bezeichneten Orten, sowie zurück, sich der nächsten gebahnten Wege, so weit diese führen, bedienen, und darf

3. bis er auf seinem Stand angelangt ist, nur die ungeladene Flinte, deren Schloß mit einem Tuche umwunden sein soll, führen, einen Windhund oder Bastardwindhund nicht bei sich haben, und wenn er einen Hund anderer Art mit sich führt, diesem das Ablaufen vom Wege oder von seiner Seite nicht gestatten; er soll diesen vielmehr stets an seiner Seite behalten.

1. Hannoversches Gesetz, den Wildschaden betreffend.

Vom 21. Juli 1848 (HannGS. 215).

§ 1. Jeder an Grundstücken und deren Erzeug-
issen durch jagdbares Wild verursachte Schaden
t nach den folgenden Bestimmungen zu ersetzen.

§ 2. Der Entschädigungsanspruch steht jedem
lutzungsberechtigten in dem Umfange der Beein-
:ächtigung seiner Nutzung zu.

§ 3. Entschädigungspflichtig ist derjenige, welchem
uf dem beschädigten Grundstücke die Jagd der
)attung des Wildes zusteht, von welchem der
;chaden verursacht ist.

§ 4. Ist der Schaden durch Wild verursacht,
›elches nicht in dem Jagdbezirke des Entschädigungs-
flichtigen seinen regelmäßigen Aufenthalt hat
Streif- und Wechselwild), so ist dieser berechtigt,
:rsatz von demjenigen zu verlangen, aus dessen
Bildstande dasselbe ausgetreten ist (Standwild).

§ 5. Bei verpachteten Jagden ist der Pächter
er Verpflichtete.

Der Jagdberechtigte ist verpflichtet, bei den von
›m verpachteten Jagden in subsidium zu haften,
ılls sich der Beschädigte an dem Pächter nicht
:holen kann.

§ 6. Jeder von mehreren Inhabern derselben
agd (Koppeljagd) haftet für den gesamten Schaden
n solidum). Er kann von den Mitberechtigten
inen ihrer Teilnahme an der Jagd entsprechenden
:rsatz verlangen.

§§ 7, 8 sind aufgehoben.

§ 9. Der Jagdinhaber hat jedem Gerichte, auf
essen Bezirk sich seine Jagd erstreckt, sofern er

nicht selbst darin wohnt, einen dort wohnhaften ständigen Bevollmächtigten zu seiner Vertretung gegen Klagen der Beschädigten namhaft zu machen.

Fehlt bei Erhebung der Klage dieser Bevollmächtigte, so hat das Gericht unter Benachrichtigung des Beklagten einstweilen einen solchen zu ernennen.

Handlungen oder Versäumnisse dieser Bevollmächtigten werden ausnahmslos denen der Partei gleich beurteilt.

§ 10 ist aufgehoben.

§ 11. Vor Anstellung der Klage hat der Beschädigte dem Jagdinhaber oder dessen Bevollmächtigten die stattgefundene Beschädigung nach ungefährer Schätzung anzuzeigen und seine Forderung zu stellen, worauf der Jagdberechtigte erforderlichenfalls ungesäumt einen Augenschein einzunehmen und eine schriftliche Erklärung sofort darüber abzugeben hat, ob er den Schaden als durch Wild verursacht anerkennt und eventuell welchen Ersatz er dafür zu leisten bereit ist.

Wird hierdurch die Sache nicht erledigt, so soll auf Antrag des einen oder anderen Teils eine Besichtigung und ein Güteversuch durch den Schiedsrichter oder durch den Vorstand der Gemeinde, worin das beschädigte Grundstück belegen, beide Male unter Zuziehung eines Feldgeschworenen oder eines Sachverständigen stattfinden; über das Ergebnis der Besichtigung und des Güteversuchs hat der Schiedsrichter oder Ortsvorstand ein schriftliches Zeugnis auszustellen.

Wählt der Jagdinhaber diesen Sühneversuch, so hat er dieses dem Beschädigten zugleich mit der Erklärung auf dessen Forderung anzuzeigen und die Vornahme desselben ungesäumt zu veranlassen.

§ 12. In der Klage hat der Kläger den Erfolg der stattgefundenen Benachrichtigung an den Jagdinhaber und das Ergebnis des etwa stattgefundenen Sühneversuchs unter Beilegung des erteilten Zeugnisses anzugeben und die von ihm vorzuschlagenden Sachverständigen zu benennen, widrigenfalls die Klage zurückzuweisen ist.

§§ 13 und 14 sind aufgehoben.

§ 15. Jede Partei ist in dem ersten Termine berechtigt, den Aufschub der Schätzung des Schadens an Früchten bis kurz vor deren Ernte zu verlangen.

Dadurch wird jedoch die sofortige Feststellung solcher Verhältnisse, welche einen Einfluß auf die demnächstige Schätzung äußern können, nicht ausgeschlossen.

§ 16. Bei Beschädigungen von Früchten ist der Schadensbetrag in der Weise zu ermitteln, daß festgestellt wird, welche größere Menge derselben ohne den Eintritt des schädlichen Ereignisses geerntet sein würde.

Von dem so ermittelten Betrage ist jedoch ein entsprechender Absatz zu machen, soweit der Schaden durch Wiederbestellung ausgeglichen ist.

Daneben ist zu ermitteln, um wie viel die Einerntungskosten vermindert oder vermehrt, und wie hoch die Kosten der etwaigen Wiederbestellung zu berechnen sind.

§ 17. Bei der Verurteilung des Beklagten ist der Betrag der zu erstattenden Früchte und der in Absatz zu bringenden Kosten auszusprechen.

Jedoch hat der Beklagte nicht die Früchte, sondern deren Geldwert zu bezahlen.

Dieser ist zu berechnen nach dem Durchschnitte der Fruchtpreise, welche durch die Regierung für den betreffenden Preisbezirk von dem Monate Oktober des Jahres der Ernte der beschädigten Früchte bekannt gemacht werden. Fruchtarten, deren Preise von der Regierung nicht bekannt gemacht werden, sind nach dem zur Zeit der Ernte derselben ortsüblichen Preise zu berechnen.

Vollstreckung des Urteils kann erst beantragt werden, wenn die hiernach zugrunde zu legenden Preise feststehen.

Die gerichtliche Ermittelung des Geldwertes der Früchte findet nur zum Zwecke der Exekution oder auf besonderen Antrag statt.

§ 18. Schaden an Baumpflanzungen usw. ist von Sachverständigen nach forstwirtschaftlichen Grundsätzen zu schätzen und festzustellen; eine wie lange Zeit für die Feststellung des Schadens nachzulassen ist, haben die Sachverständigen ebenfalls zu ermessen.

§§ 19 und 20 sind aufgehoben.

---

12. Jagdordnung für die Hohenzollernschen Lande.

Vom 10. März 1902 (GS. 33).

I. Ausübung des Jagdrechts auf eigenen und gemeinschaftlichen Jagdbezirken.

§ 1. Die Ausübung des nach dem Hohenzollern-Sigmaringenschen Gesetze vom 29. Juli 1848 (Gesetz-Samml. VIII S. 46) und dem Hohenzollern-Hechingenschen Gesetze vom 16. April 1849 (Verordnungs-Blatt S. 151) jedem Eigentümer auf seinem Grunde und Boden zustehenden Jagdrechts wird nachstehenden Bestimmungen unterworfen:

1. Die in § 1 angeführten beiden Gesetze entsprechen fast wörtlich dem PrG. v. 31. X. 48. Auch sie heben das Jagdrecht auf fremdem Grund und Boden ohne Entschädigung auf

und sprechen es jedem Grundstückseigentümer auf seinen Grundstücken zu (siehe § 2 PrJO. v. 15. VII. 07 und die Anm.).

2. Ueber den Begriff und Umfang des Jagdrechts vgl. die Vorbemerkung vor § 1 PrJO.

3. Dem Eigentümer ist derjenige gleichgestellt, dem kraft eines dinglichen Rechts am Grundstücke die Jagdausübung zusteht (§ 28, vgl. die Anm. dazu).

§ 2. Zur eigenen Ausübung des Jagdrechts auf seinem Grunde und Boden ist der Eigentümer nur befugt:

a) auf solchen Grundstücken, welche in einem oder in mehreren Gemeindebezirken einen land- oder forstwirtschaftlich benutzten Flächenraum von wenigstens 75 Hektar einnehmen und in ihrem Zusammenhange durch kein fremdes Grundstück unterbrochen sind. Die Trennung, welche Wege, Eisenbahnen und Gewässer bilden, wird als eine Unterbrechung des Zusammenhanges nicht angesehen;

b) auf allen dauernd und vollständig eingefriedigten Grundstücken.

Darüber, was für dauernd und vollständig eingefriedigt zu erachten ist, entscheidet der Oberamtmann.

1. § 2 entspricht im wesentlichen dem § 2a und b JPolG. v. 7. III. 50. Die HohenzJO. bezeichnet aber richtiger als Jagdberechtigten den Eigentümer statt des Besitzers und nennt bei lit. a als nicht trennend neben den Wegen und Gewässern die Eisenbahnen. Die Bestimmung des § 2c JPolG (Seen, Fischteiche, Inseln) ist hier fortgelassen.

2. Der Eigentümer von solchen Grundstücken, die den

Erfordernissen des § 2a entsprechen, ist mit dem Zeitpunkte zur eigenen Jagdausübung befugt, wo seine Grundstücke die gesetzlichen Bedingungen für die eigene Jagdausübung erfüllen, wo also der Eigentümer durch Auflassung, Erbschaft usw. Eigentümer einer Grundfläche wird, wie sie das G. in § 2a voraussetzt.

Da die HohenzJO. keine Bestimmungen über die Beachtung von etwa auf den Grundstücken ruhenden Pachtverträgen kennt (vgl. § 14 Abs. 1 PrJO.), so kann der Eigentümer sofort die eigene Jagdausübung in Anspruch nehmen. Diese Rechtslage ergibt sich aus den auch hier zutreffenden Entsch. des OVG. für das JPolG. und den letzten Entsch. des RG., weil § 2a HohenzJO. mit § 2a PrJPolG. übereinstimmt (vgl. OVG. 14 291, 31 239; PrVerwBl. 14 319, 16 494, 21 316; RGZ. 52 127 ff.; JurW. 02 434 Nr. 53, 02 598 Nr. 35, 03 192 Nr. 67, ferner Entsch. eines OLG. s. bei Scherer, Das fünfte Jahr des BGB. 52 Ziff. 4).

Wer mit der Klage auf Anerkennung des Jagdrechts vor den Verwaltungsgerichten in Anspruch zu nehmen ist, ergibt sich aus ZustG. § 105 (OVG. 11. VI. 98 in in Kunze-Kautz 2 176; § 71 PrJO. u. Anm. dazu).

3. Ob der Eigenjagdberechtigte befugt ist, seinen Grundbesitz zum Zwecke der Jagdausübung in einzelne Bezirke von mindestens 75 ha zu zerlegen, die auch im übrigen den Anforderungen von § 2a entsprechen, ist nach der HohenzJO. ebensowenig ganz unzweifelhaft, wie früher nach dem JPolG.; die Frage ist aber zu bejahen (vgl. OVG. 1. XI. 88 17 341). Es geschieht täglich.

4. Deiche und Kanäle sind in § 2a nicht neben den Wegen, Eisenbahnen und Gewässern genannt. Kanäle sind ohne weiteres zu den Gewässern zu rechnen.

5. Wege, Eisenbahnen und Gewässer trennen nicht, sie verbinden aber auch nicht (OVG. 19. IV. 88 16 344 u. die Entsch. bei Kunze-Kautz 2 169 ff.). Unter den Wegen sind solche zu verstehen, auf denen eine öffent-

liche Wegegerechtigkeit beruht. Reine Privatwege fallen nicht unter den § 2. Chausseen, Eisenbahnen, Kanäle, Flüsse sind keine land- oder forstwirtschaftlich benutzten Flächen. Zu den Flüssen und Kanälen gehören ihre Uferränder und Böschungen (OVG. 41 299). Vgl. die Anm. zu § 4 PrJO.

6. Die Körper der Wege, Eisenbahnen, Flüsse und Privatgewässer gehören zum gemeinschaftlichen Jagdbezirke, wenn sie Teile des Gemeindebezirks sind.

7. Der Eigentümer eines gemäß § 2b HohenzJO. eingefriedigten Grundstücks ist zur Jagd auf alle darin vorkommenden Wildarten berechtigt, also auch auf Flugwild.

Die Entscheidung über die Gesetzmäßigkeit der Einfriedigung ist vor der Jagdausübung beim Oberamtmann einzuholen. Gegen die Entsch. sind die Rechtsmittel (abweichend von § 4 PrJO.) wie bei jagdpolizeilichen Verfügungen (§§ 127 f. LVG.) zulässig. Der Oberamtmann entscheidet als Jagdpolizeibehörde.

§ 3. Wenn die im § 2 bezeichneten Grundstücke gemeinschaftliches Eigentum von mehr als drei Personen sind, so ist die Ausübung des Jagdrechts nicht sämtlichen Miteigentümern gestattet. Diese müssen sie vielmehr einem bis höchstens dreien unter ihnen übertragen. Doch steht ihnen auch frei, das Jagdrecht ruhen oder durch einen angestellten Jäger ausüben zu lassen, oder zu verpachten. Juristische Personen, insbesondere Gemeinden, dürfen das Jagdrecht auf solchen ihnen gehörenden Grundstücken (§ 2) nur durch Verpachtung oder durch einen angestellten Jäger ausüben. Das gleiche gilt von Gesellschaften, welche Grundeigentum besitzen.

1. § 3 entspricht im wesentlichen dem § 6 Abs. 1 und 2 PrJO.

2. Ein Unterschied besteht insofern, als die HohenzJO. sämtliche Gesellschaften den juristischen Personen gleichstellt.

§ 4. Alle Grundstücke eines Gemeindebezirkes, welche nicht zu den in § 2 bezeichneten gehören, bilden, auch wenn sie einen land- oder forstwirtschaftlich benutzten Flächenraum von 75 Hektar im Zusammenhange nicht umfassen, der Regel nach einen gemeinschaftlichen Jagdbezirk. Es ist aber den Gemeindevorständen gestattet, nach freier Übereinkunft mehrere ganze Gemeindebezirke oder Teile eines solchen mit einem anderen Gemeindebezirke zu einem gemeinschaftlichen Jagdbezirke zu vereinigen.

Auch ist der Gemeindevorstand befugt, mit Genehmigung des Amtsausschusses, aus dem Bezirk einer Gemeinde mehrere für sich bestehende Jagdbezirke zu bilden, von denen jedoch keiner eine geringere Fläche als 200 Hektar umfassen darf.

Den Eigentümern der im § 2 bezeichneten Grundstücke ist es gestattet, sich mit diesen Grundstücken dem Jagdbezirk ihrer Gemeinde anzuschließen. Die Beschlüsse über alle dergleichen Abänderungen der gemeinschaftlichen Jagdbezirke dürfen sich auf keinen kürzeren Zeitraum als auf sechs Jahre und keinen längeren als auf zwölf Jahre erstrecken.

1. Satz 1 Abs. 1 § 4 entspricht im wesentlichen dem Abs. 1 § 7 PrJO., vgl. die dortigen Bemerkungen.

Die Grundstücke brauchen in Hohenzollern nicht im Zusammenhange zu stehen.

2. Zulässig ist die Vereinigung mehrerer ganzer Gemeindebezirke oder einzelner Teile eines Gemeindebezirkes mit einem ganzen anderen Gemeindebezirk zu einem gemeinschaftlichen Jagdbezirk. Teile eines Gemeindebezirkes können nicht mit Teilen eines anderen Gemeindebezirkes zu einem gemeinschaftlichen Jagdbezirke vereinigt werden, ebensowenig können Teile eines Gemeindebezirkes einem Eigenjagdbezirke angeschlossen werden.

Die Vereinigung geschieht auf Grund freiwilliger Vereinbarung der Gemeindebehörden. Ein Zwang ist ausgeschlossen. Es braucht auch keine behördliche Genehmigung eingeholt zu werden.

3. Die Mindestfläche jedes der mehreren zu bildenden selbständigen Jagdbezirke eines Gemeindebezirks muß mindestens 200 ha betragen. Ausnahmen sind nicht gestattet. Gegen den Beschluß des Amtsaussch. ist Beschwerde an den BezAussch. zulässig.

4. Über die Form der Erklärung, ihre rechtzeitige Abgabe und ihre Wirkung gegenüber Dritten vgl. die Anmerkungen zu § 5 PrJO., ferner Kunze aaO. 15, 16—19. Der Anschluß kann auch stillschweigend durch konkludente Handlungen geschehen. Auch Teile von Grundstücken eines Eigenjagdbezirks können angeschlossen werden.

§ 5. Grundstücke, welche keinen eigenen Jagdbezirk bilden, aber von eigenen Jagdbezirken ganz oder größtenteils umschlossen sind, werden dem gemeinschaftlichen Jagdbezirke der Gemeinde nicht zugeschlagen. Die Eigentümer solcher Grundstücke sind verpflichtet, die Ausübung der Jagd auf ihnen dem Eigentümer des sie ganz oder größtenteils umschließenden eigenen Jagdbezirkes auf dessen Verlangen gegen eine nach dem Jagdertrage zu bemessende Entschädigung pachtweise zu übertragen oder die Jagdausübung gänzlich ruhen zu lassen.

Macht der Berechtigte von seiner Befugnis, die Jagd auf den umschlossenen Grundstücken zu pachten, beim Anerbieten des Eigentümers nicht Gebrauch, so steht diesem die Ausübung der Jagd auf den umschlossenen Grundstücken zu.

Stoßen mehrere derartige Grundstücke aneinander, so daß sie eine zusammenhängende Fläche von mindestens 75 Hektar umfassen, so bilden sie einen für sich bestehenden gemeinschaftlichen Jagdbezirk (§ 4).

1. Die HohenzJO. hat ihren § 5 dem § 7 JPolG. nachgebildet. Die zu diesem Paragraphen ergangenen oberstgerichtlichen Erkenntnisse finden daher zumeist entsprechende Anwendung für das Hohenzollernsche Jagdrecht (vgl. Kunze, D. preuß. JPolG. 23ff. u. Dalcke, Preuß. JagdR. 32f., Kunze-Kautz 2 185f.).

2. Die HohenzJO. macht keinen Unterschied zwischen Wald- und Feldenklaven.

3. Der Ausdruck „Grundstücke" ist gleichbedeutend mit „Grundfläche" (OVG. 36 348). Darunter sind auch Teiche und Seen zu verstehen.

4. Die Grundstücke müssen zungenartig in den umschließenden Eigenjagdbezirk einspringen. Der umschlossene Bezirk muß sie gewissermaßen umklammern (OVG. 30 319). Es kommt nicht darauf an, ob die Enklave kataster- oder grundbuchmäßig eine Grundstückseinheit bildet oder nur ein Teil einer solchen Einheit ist. „Springen zB. von einem 10 ha großen Grundstück eines Eigentümers nur 50 a sack- oder zungenartig in den umschließenden Wald ein, während die

übrige Fläche freiliegt, so sind nur die 50 a als Enklave anzusehen, gleichgültig, ob sie eine selbständige Grundbuch- oder Katasterbezeichnung haben, oder ob die dadurch gefundenen Grenzlinien für die Enklave mit einer Grenzlinie des Grundstücks gegen andere Grundstücke zusammenfällt" (OVG. 36 348).

5. Gleichgültig ist auch, ob die Enklave nur einem einzigen Eigentümer oder mehreren Eigentümern gehört. Auch können darunter Grundstücke sich befinden, welche Eigentum des auf dem umschließenden Eigenjagdbezirk jagdberechtigten Eigentümers sind, aber mit diesem Jagdbezirk keinen Zusammenhang haben (OVG. 36 348).

6. Die Grundstücke dürfen aber weder Eigenjagdbezirke im Sinne von § 2a oder 2b bilden, oder Teile eines solchen sein (OVG. 11 289, 18 294).

7. Die Enklave muß größtenteils, dh. jedenfalls zu mehr als zur Hälfte von dem umschließenden Jagdbezirk umgeben sein (OVG. 30 319).

8. Die Jagdpolizeibehörde wird im allgemeinen den Beteiligten die Regelung nach § 5 überlassen können. Sie darf aber auch polizeilich einschreiten, wenn entgegen den positiven Vorschriften des § 5, also unter Verletzung der öffentlichen Ordnung, von den Beteiligten verfahren wird (OVG. 11. III. 99 — III 409 u. 21. IV. 00 37 298, vgl. Kunze-Kautz 2 186, 198).

Der Eigentümer des umschließenden Jagdbezirks kann auf Grund von § 105 ZustG. seine Ansprüche im Verw-StreitVerf. geltend machen. Beteiligte in diesem Verfahren sind einerseits der Eigenjagdbesitzer, anderseits der Enklavenbesitzer und der Gemeindevorstand als Vertreter der Jagdgenossenschaft. Wird die Jagdgenossenschaft verklagt, so ist der Eigentümer der Enklave notwendiger Streitgenosse der Jagdgenossenschaft und Partei. Die Beiladung genügt nicht. Gehört die Enklave mehreren Personen, so sind sie sämtlich Partei.

9. Auch die Entschädigung ist gemäß § 105_3 ZustG. nötigenfalls im VerwStreitVerf. festzustellen. Die Wildschadenvergütung dagegen regelt sich nach § 3 WSchadG. v. 11. VII. 91 bzw. Satz 2 von Abs. 2 des § 38 BGB. und Art. 71 Ziff. 3 EinfG. zum BGB.

10. Der zwischen dem Enklaven- und Eigenjagdbesitzer abzuschließende Vertrag ist ein Jagdpachtvertrag, er bedarf der schriftlichen Form. Einigen sich die Beteiligten über die Höhe des Pachtzinses nicht, so entscheidet darüber das Verwaltungsgericht (§ 105 ZustG., s. das OVG. 11. X. 99 36 356).

11. Gehören die Grundstücke einer Enklave mehreren einzelnen Eigentümern, so wird man folgerichtig jedem derselben die Befugnis zur eigenen Jagdausübung einräumen müssen. Der Eigenjagdbesitzer kann später immer noch das Verlangen stellen, die Jagd anzupachten, er müßte denn auf bestimmte Zeit auf die Anpachtung verzichtet haben. Eine Verjährung des Rechts tritt nicht ein.

§ 6. Die Eigentümer der einen gemeinschaftlichen Jagdbezirk bildenden Grundstücke werden in allen Jagdangelegenheiten durch den Gemeindevorstand vertreten. Werden Grundstücke aus verschiedenen Gemeindebezirken zu einem Jagdbezirke vereinigt, so bestimmt die Aufsichtsbehörde denjenigen Gemeindevorstand, der die Vertretung zu übernehmen hat.

1. § 6 HohenzJO. entspricht inhaltlich dem § 16 PrJO., die dort die Rechtslage wiedergibt, wie sie sich auf Grund der Rspr. zum JPolG. entwickelt hat; vgl. insbes. OVG. 3 169, 28 315, Kunze-Kautz 2 177ff. u. die Anm. zu § 16 PrJO.

2. Auch in Hohenzollern bilden die Eigentümer der zum gemeinschaftlichen Jagdbezirke gehörenden Grundstücke eine Genossenschaft des öffentlichen Rechts.

3. Die Jagdgenossenschaft wird durch den Gemeindevorstand in Personalunion gesetzlich vertreten und die Genossenschaft durch den Oberamtmann als Kommunalaufsichtsbehörde beaufsichtigt.

§ 7. Nach Maßgabe der Beschlüsse des Gemeindevorstandes kann auf dem gemeinschaftlichen Jagdbezirk entweder

a) die Ausübung des Jagdrechts gänzlich ruhen, oder

b) die Jagd für Rechnung der Grundstückseigentümer durch einen angestellten Jäger beschossen werden, oder

c) die Jagd im Wege der öffentlichen Steigerung verpachtet werden.

1. Die Verpachtung eines gemeinschaftlichen Jagdbezirkes aus freier Hand ist nicht zugelassen.

2. Wenn ein der Jagdgenossenschaft genehmes Gebot bei der öffentlichen Versteigerung nicht abgegeben wird, so braucht der Gemeindevorstand den Zuschlag dem Bestbietenden nicht zu erteilen, es müßte denn in den Versteigerungsbedingungen eine solche Bestimmung enthalten sein.

3. Der Letztbietende bzw. die Bieter sind an ihr Gebot nur gebunden, wenn sie das Versteigerungsprotokoll, das die in Aussicht genommenen Pachtbedingungen mindestens als Anlage enthalten muß, unterschreiben.

Wenn keine Frist gesetzt ist, muß der Zuschlag sofort erteilt werden, sonst gilt er als abgelehnt. Andernfalls bleiben die Bieter so lange an ihre Gebote gebunden, als dies in dem von ihnen unterschriebenen Versteigerungsprotokoll ausbedungen ist.

4. Es ist zulässig, daß sich der Gemeindevorstand gemäß der aufgestellten Bedingungen die Auswahl unter mehreren

Bietern vorbehält. Hierdurch wird der Charakter der öffentlichen Versteigerung nicht geändert. Einen Zuschlag an den Meistbietenden schreibt das Gesetz nicht vor.

Der Amtsausschuß (§ 9) kann die Genehmigung schon im voraus für die ihm mitgeteilten Bedingungen erteilen.

§ 8. Die Pachtgelder und die Einnahmen von der durch einen angestellten Jäger beschossenen Jagd (§ 7) werden in die Gemeindekasse gezahlt und nach Abzug der etwa entstehenden Verwaltungskosten durch den Gemeindevorstand unter die Eigentümer der den gemeinschaftlichen Jagdbezirk bildenden Grundstücke nach dem Verhältnisse des Flächeninhalts dieser Grundstücke verteilt.

Durch Gemeindebeschluß kann bestimmt werden, daß die Erträge der Jagd der Gemeindekasse verbleiben sollen. Der Beschluß ist in ortsüblicher Weise bekannt zu machen. Er bedarf der Genehmigung des Amtsausschusses, wenn innerhalb zwei Wochen von der Bekanntmachung ab von seiten auch nur eines Eigentümers der den gemeinschaftlichen Jagdbezirk bildenden Grundstücke bei dem Gemeindevorstande Widerspruch erhoben wird.

1. Die Gemeindekasse verwaltet die Einnahmen als fremde Gelder. Zahlungsanweisungen erläßt der Gemeindevorstand.

2. Die politische Gemeinde kann, obwohl sie mit der Zwangsgenossenschaft der Grundbesitzer eines gemeinschaftlichen Jagdbezirks nicht identisch ist, beschließen, daß die Erträge der Jagd der politischen Gemeinde zugute kommen sollen. Die hierin liegende Abweichung wird dadurch gemildert, daß jeder Jagdgenosse des gemeinschaftlichen

Jagdbezirks innerhalb einer Ausschlußfrist von 2 Wochen Widerspruch erheben kann, worüber dann der Amtsausschuß zu entscheiden hat. Gegen die Entscheidung ist Beschwerde an den Bezirksausschuß gegeben. Der Rechtsweg oder das VerwStreitVerf. ist nicht eröffnet.

Dagegen haben die einzelnen Jagdgenossen (Eigentümer oder Nutznießer) das Recht, die **Verteilung der Reinerträge** nach § 106 ZustG. durch Einspruch und Klage anzufechten (Kunze-Kautz 2 190 und die dort angeführten OVG.). Mit diesen Rechtsmitteln kann aber der Beschluß der politischen Gemeinde (Abs. 2), gegen den kein Widerspruch erhoben ist, nicht mehr angegriffen werden.

§ 9. Jagdpachtverträge sind schriftlich abzuschließen und, sofern sie sich auf gemeinschaftliche Jagdbezirke beziehen, in den für Verträge der Gemeinden vorgeschriebenen Formen zu vollziehen. Sie bedürfen der Genehmigung des Amtsausschusses.

Die Verpachtung der Jagd, sowohl auf den im § 2 erwähnten Grundstücken, als auf gemeinschaftlichen Jagdbezirken, darf bei Strafe der Nichtigkeit des Vertrags niemals an mehr als höchstens drei Personen gemeinschaftlich erfolgen.

Die Verpachtung der Jagd darf auf keinen kürzeren Zeitraum als auf sechs Jahre und auf keinen längeren als auf zwölf Jahre erfolgen.

1. Die Pachtverträge müssen **schriftlich** abgeschlossen werden, gleichviel ob sie sich auf Eigenjagden beziehen oder nicht.

2. Die Pachtverträge bedürfen stets der Genehmigung des **Amtsausschusses**, eine Abweichung von dem sonst in Preußen geltenden Rechte.

3. Mehr als höchstens drei gemeinschaftliche Pächter sind weder für Eigenjagden, noch für gemeinschaftliche Jagdbezirke zugelassen. Vereine mit unbegrenzter Mitgliederzahl können nicht pachten.

4. Über Afterverpachtungen trifft die HohenzJO. keine Bestimmungen, sie sind daher nach den Vorschriften des BGB. zu beurteilen. Dasselbe gilt von einer Übertragung des ganzen Pachtvertrages, wozu stets die Genehmigung des Amtsausschusses gehört.

§ 10. Sowohl dem Pächter gemeinschaftlicher Jagdbezirke als auch den Eigentümern der im § 2 bezeichneten Grundstücke ist die Anstellung von Jägern für ihre Reviere gestattet.

§ 11. Als Jäger (§§ 3, 7 und 10) dürfen nur solche großjährigen Männer angestellt werden, gegen welche keine Tatsachen vorliegen, die nach §§ 6 und 7 des Jagdscheingesetzes vom 31. Juli 1895 (Gesetz-Samml. S. 304) die Versagung des Jagdscheins rechtfertigen.

1. § 11 HohenzJO. entspricht Abs. 2 von § 27 PrJO. (siehe die Anm. dazu).

2. Das auch in Hohenzollern gültige JScheinG. v. 31. VII. 95 ist bei § 14 behandelt; s. a. die §§ 29 ff. PrJO.

§ 12. Die Jagdausübung mittelst Aufstellens von Schlingen zum Fangen der im § 15 bezeichneten Wildarten ist verboten.

1. Dieser Paragraph unterscheidet sich von dem entsprechenden Abs. 1 von § 4 PrWSchonG. und Abs. 1 von § 41 PrJO. dadurch, daß in Hohenzollern nur diejenigen jagdbaren Tiere nicht in Schlingen gefangen werden dürfen, welche nach § 15 Schonzeiten haben. Die anderen jagdbaren Tiere, wie die Wildgänse und die

meisten Sumpfvögel, dürfen demnach in Schlingen gefangen werden. Gleiches gilt für wilde Kaninchen.

2. Krammetsvögel sind kein jagdbares Wild; daher ist der Dohnenstieg, weil üblich, zulässig; vgl. Anm. 5 zu § 15 und G. v. 22. III. 88, betr. den Schutz, von Vögeln, § 8 letzter Abs.

§ 13. An den Sonntagen und denjenigen Feiertagen, welche den Vorschriften über die Sonntagsheiligung unterworfen sind, ist die Abhaltung von Treibjagden verboten; in den Vormittagsstunden zwischen 8 bis 12 Uhr darf die Jagd an Sonntagen und an den bezeichneten Feiertagen überhaupt nicht ausgeübt werden.

1. Diese Best. besteht auf Grund des in § 366_1 StGB. für die Landesgesetzgebung enthaltenen Blankettgesetzes zu Recht.

2. Die Strafandrohung s. in § 26_2 HohenzJO.

3. Da die Vorschrift in die JO. aufgenommen ist, gilt sie als jagdpolizeilich im Sinne des JScheinG. (§ 7_2).

§ 14. Im übrigen unterliegt die Ausübung der Jagd den Vorschriften des Jagdscheingesetzes vom 31. Juli 1895 (Gesetz-Samml. S. 304).

Das JScheinG. ist in die neue PrJO. wörtlich bis auf Satz 2 Abs. 1 des § 4 übergegangen. Dieser lautet:

> „Personen, welche weder Angehörige eines deutschen Bundesstaates sind, noch in Preußen einen Wohnsitz oder Grundbesitz haben, müssen eine erhöhte Abgabe für den Jahresjagdschein von 40 M., für den Tagesjagdschein von 6 M. entrichten."

Mit dieser Maßgabe kann daher auf die §§ 29 bis 38 und 72, 73, 74, sowie § 80 PrJO. verwiesen werden. § 15 JScheinG. kommt als Übergangsbestimmung nicht mehr in Betracht.

II. Schonzeiten.

§ 15. Mit der Jagd sind zu verschonen:

A. Haarwild.

1. Männliches Rot-, Dam- und Rehwild vom 1. Februar bis 31. Mai,
2. weibliches Rot- und Damwild (Tiere) vom 1. Februar bis 30. September,
3. weibliches Rehwild (Gaisen) vom 1. Dezember bis 14. Oktober,
4. Wildkälber und Rehkitzen, d. h. die Jungen des Rot-, Dam- und Rehwildes bis zum Ablaufe des Kalenderjahres, in dem sie geboren sind,
5. Hasen und Dachse vom 1. Februar bis 30. September.

B. Federwild.

1. Rebhühner, Haselhühner, schottische Moorhühner, Wachteln, Fasanenhennen vom 1. Dezember bis 23. August,
2. Fasanenhähne vom 1. Februar bis 23. August,
3. Wildenten und Wildtauben vom 16. März bis 30. Juni,
4. Schnepfen und Bekassinen vom 1. Mai bis bis 14. Juli,
5. Auer- und Birkhennen vom 1. Dezember bis 31. Oktober,
6. Auer- und Birkhähne vom 1. Juni bis 14. August.

Der Bezirksausschuß ist aus Rücksichten der Landeskultur und der Jagdpflege ermächtigt, für die unter A 5 und B 1 und 2 genannten Wildarten den Anfang und Schluß der Schonzeit alljährlich durch besondere Verordnung anderweit festzusetzen, so aber, daß Anfang oder Schluß der Schonzeit nicht über zwei Wochen vor oder nach den oben bestimmten Zeitpunkten festgesetzt werden darf.

Auf das Erlegen oder Fangen von Wild in eingefriedigten Wildgärten finden die Vorschriften über Schonzeiten keine Anwendung.

1. Die Schonzeiten sind zum Teil abweichend von den früheren PrWSchonG. v. 26. II. 70 und 14. VII. 04 bzw. der PrJO. nach den Landesgewohnheiten geordnet.

2. Abs. 2 trifft Anordnung über die sogenannten beweglichen Schonzeiten.

3. Die allgemeinen Bemerkungen über Schonzeiten s. bei §§ 39 und 40 PrJO.

4. Abs. 3 entspricht dem letzten Abs. von § 2 W-SchonG. v. 14. VII. 04 bzw. dem letzten Abs. von § 39 PrJO.

5. Krammetsvögel sind in Hohenzollern nicht jagdbar und haben keine Schonzeit; vgl. RVogSchG. § 8 letzter Abs.

§ 16. Das Ausnehmen von Eiern oder Jungen von jagdbarem Federwild ist auch für die zur Jagd berechtigten Personen verboten; doch sind diese befugt, die Eier, welche im Freien gelegt sind, in Besitz zu nehmen, um sie ausbrüten zu lassen.

Desgleichen ist das Ausnehmen von Kiebitz- und Möweneiern nach dem 30. April verboten.

1. Abs. 1 von § 16 entspricht dem Abs. 3 von § 42 PrJO.

2. Abs. 2 ist gleichlautend mit Abs. 1 des § 42 PrJO., siehe daher die dortigen Anmerkungen.

III. Veräußerung und Versendung von Wild.

§ 17. Das Feilbieten, die Veräußerung und die Versendung, sowie die Vermittelung des Verkaufs von Wild, in ganzen Stücken oder zerlegt, aber nicht zum Genusse fertig zubereitet, ist nur während der Jagdzeit und innerhalb der ersten zwei Wochen der Schonzeit gestattet.

Die Versendung von Wild darf nur unter Beifügung eines ortspolizeilichen Ursprungsscheins erfolgen.

Bei Versendung von Rehwild muß das Geschlecht stets erkennbar sein.

Ist das Wild in eingefriedigten Wildgärten (§ 15) oder in den in den §§ 20 und 21 bezeichneten Ausnahmefällen erlegt oder gefangen, so finden die Vorschriften des Abs. 1 keine Anwendung, sofern die Herkunft des Wildes durch den Ursprungsschein nachgewiesen ist.

Die näheren Vorschriften zur Durchführung der Bestimmungen in den Abs. 2 und 4 werden von dem Regierungspräsidenten in Sigmaringen erlassen, der auch ermächtigt ist, von dem Erfordernisse des Ursprungsscheins bezüglich einzelner Wildarten und bezüglich des über die Landesgrenze eingehenden Wildes Ausnahmen zuzulassen.

1. Abs. 1 hat denselben Inhalt wie Abs. 1 von § 43 PrJO.

2. Abs. 2 entspricht Abs. 1 von § 46 PrJO.

3. Abs. 3 trifft allein für die Verwendung von Rehwild eine Vorschrift, welche sich allgemeiner gehalten in § 44 PrJO. wiederfindet.

4. Die von dem Regierungspräsidenten zu erlassenden Anordnungen brauchen nicht in den Formen, wie sie für PolVerordnungen der Regierungspräsidenten vorgeschrieben sind, zu geschehen.

IV. Verhütung und Ersatz von Wildschaden.

§ 18. Durch Klappern, aufgestellte Schreckbilder sowie durch Zäune kann ein jeder das Wild von seinen Besitzungen abhalten, auch wenn er auf diesen zur Ausübung des Jagdrechtes nicht befugt ist. Zur Abwehr des Rot-, Dam- und Schwarzwildes kann er sich auch kleiner Hunde oder gemeiner Haushunde bedienen.

§ 18 ist ein wörtlicher Abdruck von § 21 PrJPolG., der ebenso in § 65 PrJO. wiederkehrt.

§ 19. Auf gemeinschaftlichen Jagdbezirken, auf welchen Wildschäden vorkommen, darf der Gemeindevorstand, wenn auch nur ein einzelner Grundbesitzer Widerspruch dagegen erhebt, die Ausübung der Jagd nicht ruhen lassen.

1. § 19 lautet fast wörtlich gleich mit § 22 JPolG., dessen Best. sich in Abs. 4 von § 20 PrJO. wiederfinden.

2. Der Widerspruch ist jederzeit zulässig.

3. Weigert sich der Gemeindevorstand, die Jagd zu verpachten oder administrieren zu lassen, so kann er durch den Oberamtmann als Kommunalaufsichtsbehörde dazu angehalten werden.

§ 20. Wenn die in der Nähe von Forsten belegenen Grundstücke, welche Teile eines gemeinschaftlichen Jagdbezirkes bilden, oder solche umschlossenen Grundstücke, auf welchen die Jagdausübung dem Eigentümer des sie umschließenden eigenen Jagdbezirkes überlassen ist (§ 5), erheblichen Wildschäden durch das übertretende Wild ausgesetzt sind, so kann der Oberamtmann, nach vorhergegangener Prüfung des Bedürfnisses und für dessen Dauer, den Jagdpächter auffordern oder ihn auf seinen Antrag ermächtigen, das Wild selbst während der Schonzeit abzuschießen. Schützt der Jagdpächter einer solchen Aufforderung ungeachtet die beschädigten Grundstücke nicht genügend, so kann der Oberamtmann den Grundbesitzern selbst die Genehmigung erteilen, das auf diese Grundstücke übertretende Wild auf jede erlaubte Weise zu fangen, namentlich auch mit Anwendung des Schießgewehrs zu töten.

Gegen die Verfügung des Oberamtmanns steht dem Jagdpächter die Beschwerde bei dem Bezirksausschusse zu (§ 103 des Zuständigkeitsgesetzes vom 1. Aug. 1883, Gesetz-Samml. S. 237). Die Beschwerde hat keine aufschiebende Wirkung.

Das von Grundbesitzern infolge einer solchen Genehmigung des Oberamtmanns erlegte oder gefangene Wild muß gegen Bezahlung des in der Gegend üblichen Schußgeldes dem Jagdpächter überlassen und die Anzeige darüber binnen 24 Stunden erstattet werden.

1. Abs. 1 von § 20 stimmt mit Abs. 1 von § 23 PrJPolG. fast wörtlich überein. Zu berücksichtigen ist nur, daß die HohenzJO. gemäß § 5 nicht nur Waldenklaven, sondern auch Feldenklaven kennt. Die Bestimmungen sind in die PrJO. Abs. 1 von § 61 übergegangen.

2. Für Kaninchenschaden gibt die HohenzJO. keine derartige Ausnahmebest.

3. Der Beschluß des BezAussch. ist endgültig.

4. Abs. 3 entspricht dem Abs. 3 von § 23 JPolG. bzw. Abs. 3 von § 61 PrJO.

§ 21. Auch der Besitzer eines solchen umschlossenen Grundstücks, auf welchem die Jagd nach § 5 nicht ausgeübt werden darf, ist, wenn das Grundstück erheblichen Wildschäden ausgesetzt ist und der Besitzer des umgebenden eigenen Jagdbezirkes der Aufforderung des Oberamtmanns, das vorhandene Wild selbst während der Schonzeit abzuschießen, nicht genügend nachkommt, zu fordern berechtigt, daß ihm der Oberamtmann nach vorhergegangener Prüfung des Bedürfnisses und auf dessen Dauer die Genehmigung erteile, das auf das umschlossene Grundstück übertretende Wild auf jede erlaubte Weise zu fangen, namentlich auch mit Anwendung des Schießgewehrs zu töten.

In diesem Falle verbleibt das gefangene oder erlegte Wild dem Eigentümer des umschlossenen Grundstücks.

1. § 21 trifft für die Wald- und Feldenklaven dieselbe Bestimmung wie § 20 für die in der Nähe der Forsten belegenen Grundstücke eines gemeinschaftlichen Jagd-

bezirks, nur soll das erlegte Wild dem Eigentümer der Enklave verbleiben.

2. Versagt der Oberamtmann den Abschuß, so findet Beschwerde an den BezAussch. statt. Der Beschluß des BezAussch. ist endgültig (§ 103 ZustG.).

§ 22. Im übrigen findet das Wildschadengesetz vom 11. Juli 1891 (Gesetz-Samml. S. 307) mit der Maßgabe Anwendung, daß die Ersatzpflicht nach § 2 nicht den Grundbesitzern, sondern der Gemeinde obliegt, wenn sie die Jagderträge empfängt (§ 8 Abs. 2), daß die im § 17 des Wildschadengesetzes bezeichneten Rechtsmittel auch in den Fällen der §§ 12 bis 14 jenes Gesetzes Platz greifen, und daß an die Stelle des § 19 Abs. 1 folgendes tritt: „Der Artikel 5 des Hohenzollern-Sigmaringer Gesetzes vom 29. Juli 1848 (Gesetz-Samml. VIII S. 46) wird aufgehoben."

1. Wenn die politische Gemeinde in Gemäßheit von § 8 Abs. 2 HohenzJO. die Jagderträge zu eigenem Recht empfängt, so tritt die politische Gemeinde an Stelle der Jagdgenossenschaft in die Ersatzpflicht für den Wildschaden ein.

2. Der Instanzenzug des § 17 WSchadG. (Beschwerde gegen die Verfügung des Oberamtmanns an den Regierungspräsidenten und weitere Beschwerde an die Minister des Innern und für Landwirtschaft) gilt auch in den Fällen der §§ 12—14 WSchadG., welche den §§ 62, 63, 64, 66 PrJO. entsprechen.

V. Strafbestimmungen.

§ 23. Wer zwar mit einem Jagdscheine versehen, aber ohne Begleitung des Jagdberechtigten oder ohne dessen schriftlich erteilte Erlaubnis bei sich zu führen, die Jagd auf einem fremden Jagdbezirk ausübt, wird mit einer Geldstrafe von 5 bis 15 Mark bestraft.

Wer die Jagd auf seinem eigenen Grundstücke gänzlich ruhen zu lassen verpflichtet ist, sie aber dennoch darauf ausübt, wird mit einer Geldstrafe von 30 bis 60 Mark und Einziehung der dabei gebrauchten Jagdgeräte und Hunde bestraft.

1. Abs. 1 entspricht dem § 75 PrJO., nur daß das Strafmaß anders geregelt ist; s. die Anm. dazu.

2. Abs. 2 bezieht sich auf die Wald- und Feldenklaven des § 5.

3. Die PrJO. kennt in diesem Sinne keinen gesetzlichen Zwang mehr, eine Jagd ruhen zu lassen.

§ 24. Für das Töten oder Einfangen von Wild während der vorgeschriebenen Schonzeiten sowie für das verbotene Fangen von Wild in Schlingen (§ 12) treten folgende Geldstrafen ein:

1.	für ein Stück Rotwild	90	Mark,
2.	für ein Stück Damwild	60	„ ,
3.	für ein Stück Rehwild	30	„ ,
4.	für einen Hasen oder einen Dachs	10	„ ,
5.	für ein Stück Auerwild oder einen Fasanen	30	„ ,
6.	für ein Stück Birk- oder Haselwild	10	„ ,
7.	für ein Rebhuhn, eine Wachtel, ein schottisches Moorhuhn, eine Schnepfe, eine Bekassine, eine Wildente oder eine Wildtaube	5	„ ,

Wenn mildernde Umstände vorhanden sind, kann die Geldstrafe bis auf 1 Mark ermäßigt werden.

Vorstehende Vorschriften finden keine Anwendung auf Wild, welches während der Schonzeit in eingefriedigten Wildgärten (§ 15) oder auf Grund Auftrags oder mit Genehmigung der Jagdpolizeibehörde (§§ 20 und 21) getötet oder eingefangen wird.

1. Die Straffestsetzung unterscheidet sich von der in der PrJO. in § 76 bzw. 77 aufgestellten; die allgemein dazu zu machenden Bemerkungen sind aber die gleichen.

2. Abs. 3 gibt seinem Wesen nach dieselben Vorschriften, wie sie Abs. 4 von § 39 und § 62 iVerb. mit der Strafandrohung des § 76 PrJO. enthalten.

§ 25. Zuwiderhandlungen gegen die Vorschriften des § 17 werden mit Geldstrafen von 5 bis 150 Mark bestraft. Neben der Geldstrafe ist auf Einziehung des Wildes zu erkennen.

§ 26. Mit Geldstrafe bis zu 150 Mark wird bestraft, wer

1. Schlingen stellt, um Wild zu fangen (§ 12),
2. an Sonn- und Feiertagen Treibjagden veranstaltet oder während der Vormittagsstunden zwischen 8—12 Uhr sonst die Jagd ausübt (§ 13),
3. Kiebitz- oder Möweneier nach dem 30. April ausnimmt (§ 16),
4. die im letzten Absatze des § 20 vorgeschriebene Anzeige gar nicht oder schuldhaft nicht rechtzeitig erstattet.

1. Zu Ziff. 3: Kiebitze und Möwen sind in Hohenzollern nicht jagdbar. Deshalb ist die Strafbest. aus Abs. 3 von § 1 RVogSchG. zulässig. Nach der PrJO., welche die Kiebitze und Möwen für jagdbar erklärt hat, erfolgt die entsprechende Bestrafung aus § 368_{11} StGB.

2. Zu Ziff. 4: Die Anzeigepflicht in § 20 Abs. 3 ist keine lex imperfecta, wie in der PrJO.

§ 27. Für die Geldstrafen und Kosten, zu denen Personen verurteilt werden, welche unter der Gewalt oder Aufsicht oder im Dienste eines anderen stehen und zu dessen Hausgenossenschaft gehören, ist dieser für den Fall des Unvermögens des Verurteilten für haftbar zu erklären, und zwar unabhängig von der etwaigen Strafe, zu welcher er selbst auf Grund dieses Gesetzes oder des § 361 zu 9 des Reichs-Strafgesetzbuchs verurteilt wird.

Wird festgestellt, daß die Tat nicht mit seinem Wissen verübt ist, oder daß er sie nicht verhindern konnte, so wird die Haftbarkeit nicht ausgesprochen.

Gegen die in Gemäßheit der vorstehenden Bestimmungen als haftbar Erklärten tritt an die Stelle der Geldstrafe eine Freiheitsstrafe nicht ein.

§ 27 entspricht dem Abs. 1 und Abs. 3 von § 80 PrJO.; s. die Anm. dazu.

VI. Schluß- und Übergangsbestimmungen.

§ 28. Die vorstehend für die Ausübung des Jagdrechts durch den Eigentümer getroffenen Bestimmungen finden auch auf diejenigen sinngemäße Anwendung, denen die Jagdausübung kraft eines anderen dinglichen Rechtes am Grundstücke zusteht.

1. § 28 stellt dem Eigentümer den Nießbraucher und unbeschränkt Nutzungsberechtigten gleich, sofern diesen das Jagdrecht zusteht (vgl. § 5 PrJO.).

2. Dingliche Rechte sind (im Gegensatze zu bloß persönlichen Rechten) solche Rechte, die eine Sache selbst ergreifen und gegen jedermann (nicht bloß gegen einen oder mehrere „Schuldner") verfolgt und geltend gemacht werden können. Solche dingliche Rechte erscheinen als Belastungen der betr. Sache, des Grundstücks. Dingliche Rechte sind das Erbbaurecht, die Dienstbarkeiten (§§ 1018 ff., §§ 1030 ff. BGB), insbesondere der Nießbrauch, die Reallasten, das Pfandrecht usw. Miete und Pacht fallen nicht unter § 28. Zur Gültigkeit der Bestellung eines dinglichen Rechts an einem Grundstücke bedarf es der Eintragung in das Grundbuch.

3. Lehns- und Fideikommißbesitzer, Inhaber des Pfarr- und Schullandes stehen dem Eigentümer in jagdlicher Hinsicht gleich.

Kommt es auf die Fläche von 75 ha an, so kann die Fläche teils im Eigentume teils im Fideikommißbesitze usw. stehen (Kunze-Kautz 2 165).

§ 29. Wenn die bestehenden Jagdpachtverträge der Bildung der in den §§ 4 und 5 vorgeschriebenen gemeinschaftlichen Jagdbezirke hinderlich sind, so treten sie mit dem 1. August 1903 außer Kraft.

§ 30. Dieses Gesetz tritt mit dem 1. April 1903 in Kraft.

13. Zuständigkeitsgesetz.

Vom 1. August 1883 (GS. 237).

XV. Titel. Jagdpolizei.

§ 103. In Jagdpolizeisachen beschließt, soweit die Beschlußfassung nach bestehendem Rechte den Verwaltungsbehörden zusteht, unbeschadet der nachfolgenden Bestimmungen, der Landrat, in Stadtkreisen die Ortspolizeibehörde.

Gegen Beschlüsse dieser Behörden, durch welche Anordnungen wegen Abminderung des Wildstandes getroffen oder Anträge auf Anordnung oder Gestattung solcher Abminderung abgelehnt werden, findet statt der allgemeinen Rechtsmittel innerhalb zwei Wochen die Beschwerde an den Bezirksausschuß statt. Der Beschluß des Bezirksausschusses ist endgültig.

1. Der Inhalt des § 103 ist in § 69 JO. v. 15. VII. 07 übergegangen; s. dazu die dortigen Anmerkungen.

2. Die Jagdpolizei hat nicht der Amtsvorsteher. In Hannover verwaltet der Landrat die Orts- und Kreispolizei. Jagdpolizei ist Kreispolizei.

3. Dem Landrate steht es zu, wegen Jagdpolizeiübertretungen Strafverfügungen zu erlassen (G. v. 23. IV. 83 — GS. 65). Die entstehenden Kosten trägt, soweit sie nicht von dem Beschuldigten beigetrieben werden, die Staatskasse (Erl. v. 5. X. 89 — MBl. 211).

4. Gegen jagdpolizeiliche Verfügungen sind die gewöhnlichen Rechtsmittel Beschwerde und Klage nach den §§ 127 ff. LVG. Dazu ist in § 103 Abs. 2 eine Ausnahme gemacht. Die JO. v. 15. VII. 07 kennt noch andere Ausnahmen.

§ 104. Der Kreisausschuß, in Stadtkreisen der Bezirksausschuß, beschließt, soweit die Beschlußfassung nach bestehendem Rechte den Verwaltungsbehörden zusteht,

1. über die Genehmigung zur Bildung mehrerer für sich bestehender Jagdbezirke aus dem Bezirke einer Gemeinde (Gemarkung, Feldmark);
2. über die Anordnung der Vereinigung mehrerer Gemeindebezirke (Gemarkungen, Feldmarken) zu einem gemeinschaftlichen Jagdbezirke gemäß § 6 der Verordnung, betreffend das Jagdrecht und die Jagdpolizei im ehemaligen Herzogtum Nassau, vom 30. März 1867 (Gesetz-Samml. S. 426) und § 8 des Lauenburgischen Gesetzes, betreffend das Jagdrecht und die Jagdpolizei, vom 17. Juli 1872 (Offizielles Wochenbl. Nr. 42).

Bestimmungen, wonach es zur Annahme eines Ausländers als Jagdpächters einer besonderen Genehmigung bedarf, finden auf Angehörige des Deutschen Reiches fortan keine Anwendung.

1. Im Geltungsbereich der JO. v. 15. VII. 07 ist der § 104 aufgehoben und durch die anderweitigen Vorschriften der JO. ersetzt.

2. Für Hannover und die Hohenzollernschen Lande (JO. v. 10. III. 02) gilt der § 104 noch. In letzteren Bezirken genehmigt der Amtsausschuß die Bildung mehrerer für sich bestehender Jagdbezirke aus dem Bezirke einer Gemeinde.

3. Da die Vorschriften in § 6 Vd. v. 30. III. 67 und in § 8 G. v. 17. VII. 72 aufgehoben sind, hat Nr. 2 des § 104 seine Bedeutung verloren.

§ 105. Streitigkeiten der Beteiligten über ihre in dem öffentlichen Rechte begründeten Berechtigungen und Verpflichtungen hinsichtlich der Ausübung der Jagd, insbesondere über

1. Beschränkungen in der Ausübung des Jagdrechts auf eigenem Grund und Boden,
2. Bildung von gemeinschaftlichen Jagdbezirken, Anschluß von Grundstücken an einen gemeinschaftlichen Jagdbezirk, oder Ausschluß von Grundstücken aus einem solchen,
3. Ausübung der Jagd auf fremden Grundstücken, welche von einem größeren Walde oder von einem oder mehreren selbständigen Jagdbezirken umschlossen sind, sowie die den Eigentümern der Grundstücke zu gewährende Entschädigung

unterliegen der Entscheidung im Verwaltungsstreitverfahren.

Zuständig im Verwaltungsstreitverfahren ist in erster Instanz der Kreisausschuß, in Stadtkreisen der Bezirksausschuß.

1. Der § 105 ist im Geltungsgebiete der JO. v. 15. VII. 07 formell aufgehoben und durch ähnliche Vorschriften ersetzt.

2. Beteiligt sind Grundeigentümer (Nutzungsberechtigte) und die Jagdgenossenschaft; die Jagdaufsichtsbehörde oder Jagdpolizeibehörde kann niemals Klage erheben oder verklagt werden. Der Waldbesitzer gehört bei Waldenklaven auch zu den Beteiligten.

3. Über den Begriff „Beschränkungen in der Ausübung des Jagdrechts“ s. OVG. 13 331.

4. Die HohenzJO. v. 10. III. 02 kennt den Begriff der Waldenklave (§ 7 JPolG.) nicht, aber den Begriff der Enklave innerhalb eines Eigenjagdbezirks, der fremde Grundstücke ganz oder größtenteils einschließt (§ 5).

5. Gegen die Entscheidung des KrAussch. ist Berufung und Revision, gegen die in erster Instanz erlassene Entscheidung des BezAussch. die Berufung an das OVG. zulässig.

§ 106. Auf Beschwerden und Einsprüche, betr. die von der Gemeindebehörde oder dem Jagdvorstande festgestellte Verteilung der Erträge der gemeinschaftlichen Jagdnutzung, beschließt die Gemeindebehörde, beziehungsweise der Jagdvorstand.

Gegen den Beschluß findet innerhalb zwei Wochen die Klage bei dem Kreisausschusse, in Stadtkreisen bei dem Bezirksausschusse statt.

Die im ersten Absatze gedachte Feststellung bedarf keiner Genehmigung oder Bestätigung von seiten der Aufsichtsbehörde.

1. Das Rechtsmittel nach § 106 ist beschränkter als der Einspruch und die Klage nach § 25 JO. v. 15. VII. 07 (s. die Anm. zu § 25).

2. Für den § 106 gelten noch jetzt die OVG. 14. III. 87 14 309, 14. XII. 96 — III 1573, 25. V. 98 — III 779, 24. XI. 00 — III 1998, 6. VII. 96 — III 162 usw. bei Kunze-Kautz 2 191 f.

3. Die Klage hat auch der Nutzungsberechtigte, Lehns- u. Fideikommißbesitzer usw.

§ 107. Der Bezirksausschuß beschließt über die Verlängerung, Verkürzung oder Aufhebung der gesetzlichen Schonzeit, soweit darüber nach bestehendem Rechte im Verwaltungswege Bestimmung getroffen werden kann. Der Beschluß ist endgültig.

§ 108. Der Bezirksausschuß beschließt über die Erneuerung der auf den Schleswigschen Westseeinseln bestehenden Konzessionen zur Errichtung von Vogelkojen, sowie über die Erteilung neuer Konzessionen (§ 6 des Gesetzes vom 1. März 1873, Gesetz-Samml. S. 27).

Sachverzeichnis.

Die Zahlen geben die Seiten des Buches an; Fettdruck deutet auf ausführlichere Erörterung des betr. Gegenstandes; die kleingedruckten Fußziffern oder -buchstaben beziehen sich auf die Anmerkungen.

G.

J.

S.

T.

U.

V.

Z.

Druck von A. W. Hayn's Erben, Potsdam.

Verzeichnis

der

Guttentag'schen Sammlung Deutscher Reichs- und Preussischer Gesetze

Text-Ausgaben

mit Anmerkungen u. Sachregister

Guttentag'sche Sammlung

Deutscher Reichsgesetze.

Text-Ausgaben mit Anmerkungen. Taschenformat.

---

1. **Verfassung** des Deutschen Reichs. Gegeben Berlin, den 16. April 1871. Von Dr. **L. von Rönne.** Neunte Auflage von Landrat **Paul von Rönne.** 1904. 2 M. 40 Pf.

2. **Strafgesetzbuch** für das Deutsche Reich. Nebst den gebräuchlichsten Reichs-Strafgesetzen: Presse, Entziehung elektrischer Arbeit, Personenstand, Kranken-, Unfall-, Invalidenversicherung, Gewerbeordnung, unlauterer Wettbewerb, Depot- und Börsengesetz, gewerbliche Kinderarbeit usw. Von Dr. **H. Rüdorff.** Zweiundzwanzigste Auflage von Dr. **H. Appelius,** Kammergerichtsrat 1907 1 M. 50 Pf.

3. **Militärstrafgerichtsordnung** nebst Einführungsgesetz und Gesetz, betreffend die Dienstvergehen der richterlichen Militärjustizbeamten und die unfreiwillige Versetzung derselben in eine andere Stelle oder in den Ruhestand. Bearbeitet von Dr. **Paul Herz,** Senatspräsident am Reichsmilitärgericht. Dritte Aufl. 1902. Aus dem Handel gezogen.

4. **Handelsgesetzbuch vom 10. Mai 1897** unter Ausschluß des Seerechts. Mit den ergänzenden Vorschriften des Bürgerlichen Gesetzbuchs und Erläuterungen herausgegeben von **F. Litthauer,** Justizrat Dreizehnte Aufl. herausgeg. von Geh. Justizrat Prof. Dr **A. Mosse,** Oberlandesgerichtsrat 1905. 3 M

5. Allgemeine Deutsche **Wechselordnung.** Neunte Auflage von Justizrat Dr. **J. Stranz** und Rechtsanwalt Dr. **M. Stranz,** und das Reichsgesetz über die **Wechselstempelsteuer.** Von Regierungsrat **P. Loeck.** Achte Auflage. 1906. 3 M.

6. **Gewerbeordnung** für das Deutsche Reich nebst allen Ausführungsbestimmungen. Ursprünglich herausgegeben von **T. Ph. Berger** und Dr. **L. Wilhelmi.** Siebzehnte Auflage bearbeitet von Oberverwaltungsgerichtsrat **H. Spangenberg.** 1907. 3 M.

7. Die deutsche **Post- und Telegraphen-Gesetzgebung.** Nebst dem Weltpostvertrag und dem internationalen Telegraphenvertrag. Von Wirkl. Geh. Rat Dr. **Fischer.** Fünfte Auflage bearbeitet von Geh. Postrat Dr. **M. König.** 1902. 3 M.

8. Die Reichsgesetze über den **Unterstützungswohnsitz** in der Fassung der Novelle vom 12. März 1894, **die Freizügigkeit, den Erwerb und Verlust der Bundes- und Staatsangehörigkeit,** nebst allen landesgesetzlichen Bestimmungen. Von Geheimrat Dr. **J. Krech,** Mitglied des Bundesamtes für das Heimatwesen. Sechste Auflage. 1907. 3 M.

9a. Sammlung **kleinerer privatrechtlicher Reichsgesetze.** Von **F. Vierhaus.** Zweite Auflage in Vorbereitung.

9. Sammlung **kleinerer strafrechtlicher Reichsgesetze.** Mit den Entscheidungen des Reichsgerichts bearbeitet von **M. Werner,** Geh. Ober-Regierungsrat. Zweite Auflage. 1903. 3 M.

Inhalt: Inhaberpapiere — Presse — Personenstand — Urheberrechtsgesetzgebung — Rinderpest — Nahrungs- und Genußmittel — Sprengstoff — Feingehalt von Gold- und Silberwaren — Patentgesetz — Handfeuerwaffen — Gebrauchsmusterschutz — Militärische Geheimnisse — Warenbezeichnung — unlauterer Wettbewerb — Auswanderung — Margarine — Wein — Sklavenraub — Fleischbeschau — Reichsseuchengesetz — Süßstoff — Reichskassenscheine.

10. Das **Reichsbeamtengesetz** vom 31. März 1873 und seine Ergänzungen. Erläutert von **J. Pieper,** Geh. Ober-Reg.-Rat. Zweite Auflage. 1901. 4 M. 50 Pf.

11. **Zivilprozeßordnung mit Gerichtsverfassungsgesetz** in den neuesten Fassungen. Unter besonderer Berücksichtigung der Entscheidungen des Reichsgerichts herausgegeben mit Anmerkungen zunächst von **R. Sydow,** Unterstaatssekretär, weiter bearbeitet von **L. Busch,** Reichsgerichtsrat. Zehnte Auflage. 8°. 1905. 6 M.

Dieser Band ist in größerem Format erschienen!

12. **Strafprozeßordnung und Gerichtsverfassungsgesetz** nebst den Gesetzen, betreffend die Entschädigung der im Wiederaufnahmeverfahren freigesprochenen Personen und die Entschädigung für unschuldig erlittene Untersuchungshaft. Von Dr. **A. Hellweg,** Reichsgerichtsrat. Vierzehnte Auflage. 1907. 2 M.

13. **Konkursordnung und Anfechtungsgesetz.** Von **R. Sydow.** Weiter bearbeitet von **L. Busch.** Zehnte Auflage. 1906. 2 M. 25 Pf.

14. **Gerichtsverfassungsgesetz** mit Einführungsgesetz. Herausgegeben von **R. Sydow** und **L. Busch.** Neunte Auflage. 1905. 1 M. 50 Pf.

15. **Das Deutsche Gerichtskostengesetz** nebst den Gebührenordnungen für Gerichtsvollzieher, Zeugen und Sachverständige. Herausgegeben mit Kostentabellen von **R. Sydow.** Weiter bearbeitet von **L. Busch.** Achte Auflage. 1907. 2 M.

16. **Rechtsanwaltsordnung.** Von **R. Sydow.** Sechste Auflage von Justizrat **M. Jacobsohn.** 1907. 1 M. 20 Pf.

17. **Die Deutsche Gebührenordnung für Rechtsanwälte und das Preußische Gebührengesetz** vom 27. September / 6. Oktober 1899. Von **R. Sydow** und **L. Busch.** Siebente Auflage. 1903. 1 M. 60 Pf.

18. **Reichsstempelgesetz (Börsensteuer, Frachturkunde, Kraftfahrzeuge, Personenfahrkarte, Tantieme für Aufsichtsratsmitglieder).** In der Fassung des Gesetzes vom 3. Juni 1906. Nebst Ausführungsbestimmungen, den Entscheidungen der höchsten Verwaltungsbehörden und des Reichsgerichts. Neunte Auflage von **P. Loeck,** Regierungsrat. 1906. 4 M. 50 Pf.

Dieser Band ist in größerem Format erschienen!

19. **Die Seegesetzgebung.** Von Dr. **W. E. Knitschky.** Dritte Auflage bearbeitet von Oberlandesgerichtsrat **Otto Rudorff** in Hamburg. 1902. 4 M. 50 Pf.

20. **Krankenversicherungsgesetz.** Von weil. Dr. **E. von Woedtke,** Direktor im Reichsamte des Innern. Elfte Auflage bearbeitet von Dr. **G. Eucken-Addenhausen,** Geh. Reg.-Rat und vortr. Rat im Reichsamte des Innern. 1905. 3 M.

21. Die **Konsulargesetzgebung.** Von Professor Dr. **Ph. Zorn.** Zweite Auflage. 1901. 3 M.

22a. **Patentgesetz.** Nebst Ausführungsbestimmungen, völkerrechtlichen Verträgen und der Patentanwalts-Ordnung unter eingehender Berücksichtigung der Rechtsprechung des Reichsgerichts und der Praxis des Patentamts. Erläutert von Professor Dr. **R. Stephan,** Geh. Reg.-Rat, Mitglied des Kaiserlichen Patentamts. Sechste Auflage. 1904. 2 M.

22b. Gesetz zum **Schutz der Warenbezeichnungen.** Nebst Ausführungsbestimmungen. Von Dr. **R. Stephan,** Geh. Reg.-Rat, Mitglied des Kaiserlichen Patentamts. Vierte Auflage. 1899. 1 M.

23. **Gewerbe-Unfallversicherungsgesetz.** Von weil. Dr. **E. v. Woedtke.** Neunte neubearbeitete Auflage von **Franz Caspar,** Direktor im Reichsamt des Innern. 1907. 2 M. 50 Pf.

24. **Aktiengesellschaft und Kommanditgesellschaften auf Aktien.** (Handelsgesetzbuch, II. Buch, Abschnitt 3 und 4). Mit Anmerkungen von **H. Keyssner,**

Kammergerichtsrat und Dr. **H. Veit Simon**, Rechtsanwalt. Fünfte Auflage. Bearbeitet von Dr. **Hugo Keyssner** und **L. Keyssner.** 1900. 2 M. 25 Pf.

25. **Brausteuergesetz** vom 3. Juni 1906 mit Ausführungsvorschriften. Von **A. Düffe**, Obersteuerkontrolleur. 1907. 3 M.

26. Die Reichsgesetzgebung über **Münz- und Notenbankwesen**, Papiergeld, Prämienpapiere und Reichsschulden. Von Dr. jur. **R. Koch**, Präsident des Reichsbankdirektoriums. Fünfte Auflage. 1905 3 M.

27. Die Gesetzgebung, betr. das **Gesundheitswesen** im Deutschen Reich für Behörden, Aerzte &c. Von Dr. jur. **C. Goesch** und Dr. med. **J. Karsten.** 1888. 1 M. 60 Pf.

28. **Bau-Unfallversicherungsgesetz.** Vom 30. Juni 1900. Von **R. Chrzescinski**, Kaiserl. Regierungsrat. Dritte Auflage. 1900. 2 M.

29. Reichsgesetz, betr. die **Erwerbs- und Wirtschaftsgenossenschaften.** Von **L. Parisius** und Dr. **H. Crüger.** Zwölfte Auflage bearbeitet von Dr. **H. Crüger.** 1907. 1 M. 50 Pf.

30. **Invalidenversicherungsgesetz** vom 13. Juli 1899. Von weil. Dr. **E. v. Woedtke.** Zehnte Auflage bearbeitet von Regierungsrat **H. Follmann.** 1906. 4 M.

31. **Gewerbegerichtsgesetz.** Von Stadtrat **L. Mugdan.** Sechste Auflage bearbeitet von **W. Cuno,** Erstem Bürgermeister zu Hagen i. W. 1906. 2 M. 20 Pf.

32. Reichsgesetz, betr. die **Gesellschaften mit beschränkter Haftung.** Von **L. Parisius** und Dr. **H. Crüger.** Neunte Auflage von Dr. **H. Crüger.** 1907. 1,40 M.

33. **Vereins- und Versammlungsrecht** in Deutschland. Von Dr. **E. Ball.** Zweite, völlig neubearbeitete Auflage von Dr. **F. Friedenthal.** 1907. 2 M. 50 Pf.

34. Reichsgesetz, betreffend die **Abzahlungsgeschäfte.** Vom 16. Mai 1894. Von **J. Hoffmann.** Zweite vermehrte Auflage besorgt von Dr. **E. Wilke,** Landgerichtsrat. 1901. 1 M. 20 Pf.

35. Die **Reichs-Eisenbahngesetzgebung.** Von **W. Coermann,** Kaiserl. Amtsrichter. 1895. 2 M. 25 Pf.

36. Gesetze, betr. die **privatrechtlichen Verhältnisse der Binnenschiffahrt und der Flößerei.** Erläutert von **H. Makower.** Dritte Auflage bearbeitet von **E. Löwe,** Landgerichtsrat. 1903. 3 M.

37. Gesetz zur **Bekämpfung des unlauteren Wettbewerbes.** Vom 27. Mai 1896. Von Dr. **R. Stephan,** Geh. Regierungsrat. Dritte Auflage. 1903. 1 M.

38/39. **Bürgerliches Gesetzbuch nebst Einführungsgesetz.** Nach dem Tode des ursprünglichen Herausgebers Reichsgerichtsrats a. D. Dr. **A. Achilles** in Verbindung mit Professor Dr. **André,** Kammergerichtsrat

Ritgen, Ober-Landesgerichtsrat **Strecker**, Ober-Regierungsrat Dr. **Unzner** herausgegeben von Geh. Ober-Justizrat **Greiff**. Fünfte Auflage. 8°. 1906. 6 M. 50 Pf.

Dieser Band ist in größerem Format erschienen!

40. Gesetz, betr. die **Pflichten der Kaufleute bei Aufbewahrung fremder Wertpapiere (Depotgesetz).** Mit Erläuterungen. Von **F. Lusensky**, Geh. Ober-Regierungsrat. Zweite Auflage. 1905. 1 M.

41. **Börsengesetz.** Vom 22. Juni 1896. Nebst Ausführungsbestimmungen. Unter Mitwirkung des Direktors im Reichsamt des Innern **A. Wermuth** bearbeitet von Regierungsrat **H. Brendel**, 1897. 1 M. 50 Pf.

42. **Grundbuchordnung** nebst den preußischen Ausführungsbestimmungen. Mit Einleitung. Von Professor Dr. **O. Fischer.** Vierte Auflage 1906. 2 M.

43. Die Gesetzgebung, betr. die **Zwangsvollstreckung in das unbewegliche Vermögen** im Reiche und in Preußen. Mit Einleitung, Kosten- und Gebührentabellen. Von Dr. **J. Krech**, Kaiserl. Geh. Regierungsrat und Professor Dr. **O. Fischer.** Fünfte Auflage. 1907. 2 M.

44. Das Reichsgesetz über das **Auswanderungswesen** vom 9. Juni 1897 nebst Ausführungsverordnungen und Anlagen. Unter Benutzung amtlicher Quellen. Von Professor Dr. **Felix Stoerk.** 1899. 2 M. 25 Pf.

45. Das **Entmündigungsrecht** unter Berücksichtigung der für Preußen geltenden Vorschriften nebst der preußischen Justiz-Ministerial-Verfügung vom 28. November 1899. Text der zivil- und prozeßrechtlichen Bestimmungen mit Erläuterungen von Landgerichtsrat Dr. **P. Koll** in Cöln. 1900. 1 M. 50 Pf.

46. Die Gesetze des Reiches und Preußens über die **freiwillige Gerichtsbarkeit.** Mit Einleitung von **Herm. Jastrow,** Amtsgerichtsrat. Vierte Auflage. 1906. 3 M.

47 Das **deutsche Vormundschaftsrecht** und das preuß. Gesetz über die Fürsorgeerziehung Minderjähriger nebst den dazu gehörigen preußischen Nebengesetzen. Mit Einleitung und Erläuterungen von **Max Schultzenstein,** Oberverwaltungsgerichtsrat und Amtsgerichtsrat Dr. **Paul Köhne.** Zweite Auflage. 1901. 3 M.

48. Gesetze und Verordnungen, betr. den **Drogen-, Gift- und Farbenhandel** außerhalb der Apotheken. Von Dr **Broh,** Rechtsanwalt. 1899. 1 M. 25 Pf.

49. Deutsche **Kolonialgesetzgebung.** Von Professor Dr. **Philipp Zorn.** 1901. 4 M. 50 Pf.

50. Der **Viehkauf** (Viehgewährschaft) nach dem Bürgerlichen Gesetzbuche. Mit Erläuterungen von Rechtsanwalt Dr. **H. Stölzle.** Nebst Verordn. betr. die Hauptmängel und Gewährsfristen beim Viehhandel. Von **H. Weiskopf,** Königl. Kreistierarzt in Augsburg. Dritte Auflage. 1904. 3 M.

51. **Hypothekenbankgesetz** vom 13. Juli 1899. Von Dr. **H. Göppert,** Gerichts-Assessor. 1900. 1 M. 80 Pf.

52. Gesetz, betreffend die gemeinsamen **Rechte der Besitzer von Schuldverschreibungen.** Von Dr. **Heinrich Göppert,** Gerichts-Assessor 1900. 2 M.

53. **Reichspreßgesetz** vom 7. Mai 1874 nebst den einschlägigen Bestimmungen des Strafgesetzbuchs, der Gewerbeordnung &c. Kommentar von **A. Born,** Polizeiassessor. 1900. 1 M. 50 Pf.

54. Die Reichsgesetzgebung über den Verkehr mit **Nahrungsmitteln, Genußmitteln** und **Gebrauchsgegenständen.** Von Dr. **Georg Lebbin,** Nahrungsmittelchemiker. 1900. 2 M. 25 Pf.

55. Das Recht der **Beschlagnahme von Lohn- und Gehaltsforderungen.** Auf Grundlage der Reichsgesetze vom 21. Juni 1869 u. 29. März 1897 und der Zivilprozeßordnung. Von Rechtsanwalt **Georg Meyer.** Zweite Auflage. 1904. 2 M.

56. **Gesetz,** betr. die **Bekämpfung gemeingefährlicher Krankheiten.** Nebst Ausführungsbestimmungen. Von Dr. **Bruno Burkhardt,** Regierungsrat, Mitglied des Kais. Gesundheitsamts. 1900. 1 M. 40 Pf.

57. **See-Unfallversicherungsgesetz.** Von **Dr. Max Mittelstein,** Oberlandesgerichtsrat in Hamburg. 1901. 2 M.

58. **Das Recht der unehelichen Kinder.** Ausgabe aller einschlägigen Bestimmungen des BGB. Von **Hermann Jastrow,** Amtsg.-Rat. 1901. 1 M. 80 Pf.

59. Reichsgesetz über die **Beurkundung des Personenstandes und die Eheschließung.** Von Dr. **F. Fidler,** Amtgerichtsrat. 1901. 1 M. 80 Pf.

60. Gesetz, betreffend das **Urheberrecht an Werken der Literatur und der Tonkunst.** Von Landrichter **Otto Lindemann.** Zweite Auflage. 1907. 1 M. 60 Pf.

61. Gesetz über das **Verlagsrecht.** Von Justizrat **Ernst Heinitz.** 1901. 1 M. 50 Pf.

62. Gesetz über die **privaten Versicherungsunternehmungen.** Von **H. Könige,** O.L.G.-Rat. 1901. 3 M.

63. **Gesetzestafel des Deutschen Reichsrechts.** Systematisch geordnete Nachweisung des z. Z. geltenden Reichsrechts. Ergänzungsband zu der Guttentag'schen Sammlung Deutscher Reichsgesetze. Von **Hugo Bruhns,** Syndikus. 1902. 2 M. 50 Pf.

64. Gesetzsammlung betr. den **Handel mit Drogen und Giften.** Reichsgesetzl. Bestimmungen und Anhang mit den landesgesetzl. Verordnungen sämtlicher Bundesstaaten. Von Rechtsanwalt **H. Sonnenfeld,** Syndik. d. Berl. Drogisten-Innung. 1902. 3 M.

65. Das **Weingesetz** vom 24. Mai 1901. Mit Ausführungsbestimmungen erläutert von Dr. **Georg Lebbin,** Handels- und Gerichtschemiker zu Berlin. 1902. 1 M. 50 Pf.

66. **Die Eisenbahn-Gesetzgebung.** Von **W. Pietsch,** Geh. exp. Sekretär im Reichs-Eisenbahn-Amt. 1902. 5 M.

67. **Militär-Strafgesetzbuch.** Mit den Entscheidungen des Reichs-Militärgerichts von Dr. **Paul Herz,** Senats-Präsident am Reichs-Militärgericht und Kriegsgerichtsrat Dr. **Georg Ernst.** 1903.
Aus dem Handel gezogen.

68. **Das Fleischbeschaugesetz.** Vom 3. Juni 1900. Mit Ausführungsges. u. Verordnungen im Reiche und in Preußen. Von Dr. **Georg Lebbin,** Gerichtschemiker und Rechtsanwalt Dr. **Georg Baum.** 1903. 4 M.

69. Reichsgesetz über die **Naturalleistungen der bewaffneten Macht im Frieden** nebst den zugehörigen in Preußen geltenden Bestimmungen. Von Regierungsassessor Dr. **Walter v. Hippel.** 1903. 1 M. 25 Pf.

70. Das **Reichs-Haftpflichtgesetz,** betr. die Verbindlichkeit zum Schadensersatz für die bei dem Betriebe von Eisenbahnen, Bergwerken, Steinbrüchen, Gräbereien und Fabriken herbeigeführten Tötungen und Körperverletzungen, vom 7. Juni 1871. Von Regierungsrat Dr. **G. Eger.** 1903. Preis 3 M.

71. **Kinderarbeit in gewerblichen Betrieben,** v. 30. März 1903. Nebst der Preuß. Ausführ.-Anw. v. 30. Nov. u. d. Bek. des Reichskanzlers v. 17. Dez. 1903. Von **H. Spangenberg,** Oberverwaltungsgerichtsrat. Zweite vermehrte Auflage. 1904. 1 M. 60 Pf.

72. **Unfallversicherungsgesetz für Land- und Forstwirtschaft** vom Wirkl. Geh. Rat Dr. **E. von Woedtke,** fortgesetzt von Dr. **Alfred Radtke,** Geh. Regierungsrat und Senatspräs. im Reichsversicherungsamt. Zweite Auflage. 1904. 4 M. 50 Pf.

73. **Entschädigung für unschuldig erlittene Verhaftung und Bestrafung.** Nebst Anhang, enth. die dazu gehörigen Nebengesetze über Schadensersatz. Von Dr. jur. **A. Romen,** Geh. Kriegsrat und vortr. Rat im Kriegsministerium. 1904. 2 M.

74. Die **Kaufmannsgerichte** nebst den preuß. Ausführungsbestimmungen. Von Dr. **Max Apt,** Syndikus der Korporation der Berliner Kaufmannschaft. Dritte Auflage. 1905. 2 M.

Daraus einzeln: **Preuß. Ausführungsbestimmungen.** 50 Pf.

75. Reichsgesetz über die **Konsulargerichtsbarkeit.** Erläutert von Dr. jur. **A. F. Vorwerk,** Rechtsanwalt in Schanghai. 1905. 2 M.

76. **Die Rechtshilfe im Verkehr mit den ordentlichen Gerichten nach deutschem Reichsrecht.** Zusammenstellung aller in Betracht kommenden Gesetzesstellen. Von Landrichter Dr. **A. Friedländer.** 1906. 1 M. 80 Pf.

77. **Das Reichserbschaftssteuergesetz.** Vom 3. Juni 1906. Von **Ulrich Hoffmann,** Geh. Registrator im Königl. Preuß. Finanzministerium. 1906. 2 M. 60 Pf.

78. **Zigarettensteuergesetz.** Vom 3. Juni 1906. Von Dr. **Cuno,** Gerichtsassessor. 1906. 1 M. 80 Pf.

79. **Die Militärpensionsgesetze vom** 31. Mai 1906 nebst den Ausführungsbestimmungen. Zum praktischen Gebrauch für Heer, Marine und Schutztruppe, von Dr. jur. **A. Romen,** Wirklicher Geheimer Kriegsrat und vortr. Rat im Kriegsministerium.
a) I. Teil: Offizierpensionsgesetz. 3 M. 50 Pf.
b) II. Teil: Mannschaftsversorgungsgesetz. Im Druck.
Jeder Teil ist einzeln käuflich.

80. Reichsgesetzgebung über **gerichtliche Registerführung.** Textausgabe der einschlägigen Gesetzesbestimmungen mit Anmerkungen und Sachregister von **Otto Lindemann,** Landrichter. 1906. 3 M.

81. Gesetz, betr. **Urheberrecht an Werken der bildenden Künste und der Photographie.** Von Dr. **Ludw. Fuld,** Rechtsanwalt. 1907. 1 M.

Guttentag'sche Sammlung
Preußischer Gesetze.
Text-Ausgaben mit Anmerkungen. Taschenformat.

---

1. Die **Verfassungs-Urkunde** für den Preußischen Staat. Mit Einleitung, vollständigem Kommentar. Von Prof. Dr. **Adolf Arndt.** Sechste Auflage. 1907. 3 M.
2. Preußische **Beamten-Gesetzgebung.** Enthaltend die wichtigsten Beamtengesetze in Preußen. Von **C. Pfafferoth.** Vierte, neubearb. Auflage. 1905. Mit Anhang: Abänderung vom 27. Mai 1907. 2 M.
3. **Die Aufnahme des Nottestaments** durch die bestellten besonderen Urkundspersonen. Anweisung vom 15. März 1904. Erläutert mit Musterbeispielen und einem Abriß des Erbrechts von Amtsgerichtsrat **C. Kurtz.** 1904. 1 M. 50 Pf.
4. **Gebührenordnung** für **Notare** vom 25. Juni 1895 nebst den einschlägigen Vorschriften des Preußischen Gerichtskostengesetzes. Von **R. Sydow.** Zweite Auflage bearbeitet von Dr. **E. Mosler,** Gerichtsassessor. 1900. 1 M. 50 Pf.
5. **Gesetz vom 24. April 1854 (betr. die außerehel. Schwängerung).** Von Dr. **Schulze.** 1873. 75 Pf.
   Gültiges Recht siehe: Reichsgesetze Nr. 58.
6. Die Preuß. **Ausführungsgesetze und Verordnungen zu den Reichs-Justizgesetzen.** Von **R. Sydow.** Dritte vermehrte Auflage. 1895. 2 M. 40 Pf.

Siehe Seite 23, Busch, Ausführungsgesetze.

7. **Allg. Gerichtsordnung** vom 6. Juli 1793 und **Preuß. Konkursordnung** vom 8. Mai 1885. Von **F. Vierhaus**, Geh. Ober-Justizrat. Vergriffen.

8. **Vormundschaftsordnung**. Von **F. Schultzenstein.** Gültiges Recht siehe: Reichsgesetze Nr. 47.

9. Die Preußische **Grundbuchgesetzgebung**. Von Prof. Dr. **Fischer.** Vergriffen. Siehe: Reichsgesetze Nr. 42.

10. **Einkommensteuergesetz**. Von **A. Fernow**, Geh. Ober-Finanzrat. Sechste Auflage. 1906. 3 M.

11. **Gewerbesteuergesetz**. Von **A. Fernow**, Geh. Ober-Finanzrat. Vierte, vermehrte Auflage. 1905. 2 M.

12. **Allgemeines Berggesetz** für die Preußischen Staaten vom 24. Juni 1865 nebst den preußischen Berggesetznovellen, den einschläg. Nebengesetzen u. Ausführungsbestimmungen. Mit Einleitung, Erläuterungen und Sachregister bearbeitet von **W. Westhoff** und **W. Schlüter.** Zweite Auflage. 1907. 5 M.

13. **Ergänzungssteuergesetz** (Vermögenssteuergesetz). Von **A. Fernow**, Geh. Ober-Finanzrat. Vierte vermehrte Auflage. 1907. 2 M. 40 Pf.

14. **Kommunalabgabengesetz.** Vom 14. Juli 1893 und Gesetz wegen Aufhebung direkter Staatssteuern. Von Dr. **F. Adickes**, Oberbürgermeister. Vierte Auflage. 1906. 1 M. 50 Pf.

15. Die **Kreisordnungen** für den Preußischen Staat. Von **O. Kolisch**, Landgerichtsrat. 1894. 4 M.

16. **Konzessionierung gewerblicher Anlagen.** Preuß. Ausführungs-Anweisung zu §§. 16 u. ff. der Gewerbe-Ordnung. Von Dr. **W. v. Rüdiger,** Geh. Regierungs- u. Gewerberat. Zweite Auflage. 1901. 2 M.

17. Preußisches **Gerichtskostengesetz.** Mit Kostentabellen. Von Dr. **P. Siméon,** Landrichter. Vierte Auflage. 1904. 2 M. 25 Pf.

18. Preußisches **Stempelsteuergesetz** vom 31. Juli 1895. Mit den gesamten Ausführungsbestimmungen und vollständigen Tabellen. Von **P. Loeck,** Regierungsrat. Sechste Auflage. 1907. 6 M.

Dieser Band ist in größerem Format erschienen.

19. Das **Jagdscheingesetz.** Mit ausführlichen Erläuterungen. Von **F. Kunze,** Wirklichem Geh. Ober-Regierungsrat. Zweite Auflage. 1899. 2 M.

20. Die **preußischen Erbschaftssteuergesetze.** Unter Berücksichtigung der Novelle vom 31. Juli 1895. Von **U. Hoffmann,** Geh. Registrator im Königl. preuß. Finanzministerium. 1905. 4 M. (Reichserbschaftssteuergesetz s. Reichsgesetze Nr. 77).

21. Gesetz über die **Handelskammern.** Vom 19. August 1897. Mit Erläuterungen von **F. Lusensky,** Geh. Regierungsrat. 1897. 3 M.

22. Gesetz, betr. **Anstellung und Versorgung der Kommunalbeamten.** Mit Ausführungsanweisung. Von Dr. **W. Ledermann,** Magistratsassessor zu Berlin. 1899. 1 M. 25 Pf.

23. **Ausführungsgesetz zum Bürgerlichen Gesetzbuche.** Von Landrichter Dr. **P. Siméon.** 2. Aufl. 1905. 1 M. 80 Pf.

24. Die **Hinterlegungsordnung** in der Fassung des Ausführungsgesetzes z. BGB. v. 20. Sept. 1899 nebst Ausführungsbestimmungen. Von Regierungsassessor Dr. **Georg Bartels.** 1900. 1 M. 50 Pf.

25. **Preußische Kommunalbeamtengesetzgebung.** Von Magistr.-Assess. Dr. **Fr. Kremski,** Berlin. 1901. 3 M.

26. Gesetze über das **Diensteinkommen der Lehrer und Lehrerinnen, Ruhegehalt und Fürsorge für Hinterbliebene.** Tabelle zur Berechnung der Ruhegehalts-, Witwen- u. Waisenbezüge. Von Dr. **Ed. Cremer,** Beigeordneter. 1900. 2 M. 40 Pf.

27. Gesetz, betreffend die **Warenhaussteuer.** Von Geh. Ober-Finanzrat Dr. **G. Strutz.** 1900. 1 M. 20 Pf.

28. Gesetz über die **Fürsorgeerziehung Minderjähriger.** Nebst Ausführungsbestimmungen. Von Landgerichtsdirektor Dr. **P. F. Aschrott.** Zweite umgearbeitete Auflage. 1907. 2 M. 80 Pf.

29. Gesetz, betr. **die ärztlichen Ehrengerichte, das Umlagerecht und die Kassen der Aerztekammern.** Von Amtsgerichtsrat Dr. **Fidler.** 1901. 1 M. 50 Pf.

30. Die das **Preußische Staatsschuldbuch** und **Reichsschuldbuch** betr. Gesetze nebst Ausführungsbestimmungen. Von Wirkl. Geh. Ober-Finanzrat **J. Mücke,** Mitglied der Staatsschuldenverwaltung. 1902. 2 M.

31a. **Die geltenden Preußischen Gesindeordnungen.** Herausgegeben in zwei Bänden von **Stephan Gerhard,** Rechtsanwalt in Berlin. 1902.

Band I: Gesindeordnung für die altpreußischen Provinzen vom 8. XI. 1810, mit Erläuterungen unter Berücksichtigung der Ergänzungsgesetze und der Rechtsverhältnisse der Gesindevermieter, sowie die Gesindeordnung für Neuvorpommern und Rügen und für die Rheinprovinz. 2 M. 50 Pf.

31b. **Band II:** Gesindeordnungen für Hannover, Schleswig-Holstein, Hessen-Nassau und den Regierungsbezirk Hohenzollern. 2 M. 50 Pf.

32. **Die Städteordnung für die sechs östlichen Provinzen** Preußens vom 30. Mai 1853 nebst ihren gesetzlichen Ergänzungen. Von **Dr. jur. Walter Ledermann,** Magistrats-Assessor zu Berlin. 1902. 6 M.

Dieser Band ist in größerem Format erschienen!

33. **Rentenguts- und Anerbenrechts-Gesetzgebung in Preußen.** Von Landgerichtsrat **M. Peltasohn** und Rechtsanwalt **Bruno Peltasohn.** 1903. 3 M.

34. Sammlung der wichtigsten **preußischen Strafgesetze** nebst Anhang: Gesetz betr. polizeiliche Strafverfügungen vom 23. April 1883. Von **Otto Lindemann,** Amtsrichter. 1903. 2 M. 50 Pf.

Inhalt: Mobiliar-Feuerversicherung — Chausseegeld — Jagdpolizei — Jagdschein — Wild-Schonzeit — Fischerei — Versammlungs- u. Vereinigungsrecht — Belagerungszustand — Gesindedienstpflichten — Mineraliengewinnung und -Aneignung — Schlachthäuser — Dampfkesselbetrieb — Wandergewerbebetrieb — Reblausverbreitung — Forstdiebstahl — Wald- u. Wassergenossenschaften — Feld- u. Forstpolizei — Lotteriespiel — Verkehrsabgaben — Landestrauer.

35. **Geschäftsordnung für Gerichtsvollzieher.** Gerichtsvollzieherordnung und Gebührensätze von Amtsgerichtssekretär a. D. **Emil Exner.** 1904. 3 M. 50 Pf.

36. Die Gesetzgebung über **Polizeiverordnungen in Preußen** von **Otto Lindemann,** Amtsrichter in Köslin. 1904. 1 M. 50 Pf.

37. Gesetz über die **Enteignung von Grundeigentum** vom 11. Juni 1874. Von Landrichter **O. Meyer.** 1905. 2 M.

38. **Kreis- und Provinzial-Abgabengesetz.** Vom 23. April 1906. Von **Fr. Schmidt,** Gemeindevorsteher. 1906. 1 M. 25 Pf.

39. Gesetz betr. die **Unterhaltung der öff. Volksschulen.** Vom 28. Juli 1906. Von **Dr. A. Marcks,** Regierungsrat. 1906. 2 M.

40. Gesetz betr. das **Verwaltungsstreitverfahren** bei Zuwiderhandlungen gegen die Zollgesetze und die sonstigen Vorschriften über indirekte Reichs- und Landesabgaben, sowie die Bestimmungen über die Schlacht- und Wildpretsteuer vom 26. Juli 1897. Von **Dr. Richard Katzenstein,** Gerichtsassessor. 1907. 3 M. 60 Pf.

41. Die **preußischen Jagdpolizeigesetze.** Von **Fr. Kunze,** Wirkl. Geh. Oberregierungsrat und **R. Kühnemann,** Rechtsanwalt. Zweite gänzlich veränderte und verbesserte Auflage.

Wegweiser durch das Aktienrecht, nach dem Wortlaut der seit dem 1. Januar 1900 gültigen Reichsgesetze. Von Dr. Max Wittenberg. 1900. 16°. (121 S.) Geb. in Leinen 1 M.

Das Preußische Baupolizeirecht nebst den einschlägigen Bestimmungen des **Ansiedelungs-, Feld- und Forstpolizei-, Waldschutz-** und **Deichgesetzes,** sowie dem **Fluchtlinien-, Rayongesetz** und dem Gesetz über die Zulässigkeit des Rechtsweges gegen polizeiliche Verfügungen. Kommentar von Kgl. Polizeiassessor A. Born. 1902. gr. 8°. (497 S.) 10 M., geb. in Leinen 11 M.

Strafrecht der Berufsgenossenschaften nach den Unfallversicherungsgesetzen vom 30. Juni 1900. Unter Benutzung amtlichen Materials zum praktischen Gebrauche dargestellt von Professor, Regierungsrat Dr. Ludwig Laß. 1901. 8°. (134 S.) Geb. in Leinen 3 M.

Das **Eigenbild** im Recht. Von Prof. Dr. J. Kohler. 1903. gr. 8°. (66 S.) 2 M.

Das Recht am eigenen Bilde. Von Geh. Justizrat und Kammergerichtsrat Dr. Hugo Keyssner. 1896. gr. 8°. (63 S) 2 M.

Erbenhaftung und Nachlaßkonkurs im neuen Reichsrecht. Von Professor Dr. Ernst Jaeger. 1898. gr. 8°. (117 S.) 3 M.

Feuerschutz und Feuerrettungswesen beim Beginn des XX. Jahrhunderts. Berichtswork über die Internationale Ausstellung für Feuerschutz und Feuerrettungswesen. Berlin 1901. Mit zahlreichen Abbildungen. Bearbeitet im Auftrage des Königlich Preussischen Ministeriums des Innern. 1902. gr. 4°. (483 S.) 10 M., geb. 12 M.

Organisation der Arbeitgeber. Von H. A. Bueck. 1904. (89 S.) 1 M. 20 Pf.

Fluchtliniengesetz. — Das Gesetz, betreffend die **Anlegung** und **Veränderung** von Straßen und Plätzen in Städten und ländlichen Ortschaften vom 2. Juli 1875. Des Kommentars von weil. Oberverwaltungsgerichtsrat R. Friedrichs fünfte, völlig neubearbeitete Auflage. Von Senatspräsident Dr. jur. Hugo von Strauß und Torney. 1905. 8°. (364 S.) geb. 5 M.

Das **Verfügungsrecht beim Frachtgeschäft** unter besonderer Berücksichtigung des Postfrachtgeschäfts. Von Dr. jur. P. Leutke, Postinspektor. 1905. (270 S.) 5 M.

Die **freiwillige Gerichtsbarkeit** im Reiche und in Preußen. Ein Leitfaden von Dr A. Nußbaum. 1900. 8°. (268 S.) Geb. in Leinen 4 M.

Das **System der Reichs-Gewerbeordnung.** Für den akademischen und praktischen Gebrauch dargestellt von Dr. R. Beyendorff. 1902. 8°. (303 S.) 4 M., geb. in Leinen 4 M. 60 Pf.

Gewerberecht und **Arbeiterschutz.** Führer für Arbeitgeber und Arbeiter durch die Gewerbe- und Arbeiterschutzgesetze. Von G. Laurisch, Kgl. Gewerbeinspektor. 1901. 8°. (210 S.) Kart. 1 M. 80 Pf

Die **Gläubigeranfechtung außerhalb des Konkurses.** Auf Grundlage des Gesetzes v. 21. Juli 1879. Von Prof. Dr. Ernst Jaeger. 1905. (356 S.) 9 M, geb. 10 M.

Die **Grundbuchordnung** nebst den preußischen Ausführungsbestimmungen mit Kommentar und systematischer Uebersicht über das materielle Grundbuchrecht. Von Reichsgerichtsrat Dr. Alex Achilles und Landrichter O. Strecker. 1901. Lex. 8°. (960 S.) 12 M., geb. in Halbfr. 14 M.

Die **Verfügungen in Grundbuchsachen**. Leitfaden für Grundbuchbeamte, Notare und Referendare. Von Amtsgerichtsrat Max Löwenherz. 1904. (115 S.) gr. 8°. 2 M., geb. in Leinen 2 M. 50 Pf.

Die **Haftpflicht der Beamten.** Nach Reichsrecht und dem Recht der deutschen Bundesstaaten unter Berücksichtigung der Haftpflicht des Staates (Gemeindeverbandes usw.). Von Landrichter Dr. H. Delius. 1901. 8°. (147 S.) Kart. 2 M.

Das Recht der Handlungsgehilfen und Handlungslehrlinge auf Grund des Handelsgesetzbuches, der Reichs-Gewerbeordnung, der Reichs-Versicherungsgesetze und des bürgerlichen Rechts dargestellt für Juristen und Kaufleute. Von Rechtsanwalt Hugo Horrwitz. 2. vollständig neubearbeitete Auflage. 1905. (203 S.) Geb. in Leinen 3 M.

Das Handwerkergesetz vom 26. Juli 1897. Mit Einleitung und Bemerkungen unter besonderer Berücksichtigung der Ausführungsanweisungen. Von Dr. jur. L. Wilhelmi. 1902. 8°. (360 S.) 5 M., geb. in Leinen 6 M.

Handelsgesetzbuch vom 10. Mai 1897 nebst Abdruck des Gesetzes über die Angelegenheiten der freiwilligen Gerichtsbarkeit und Gerichtsverfassungsgesetz (Titel 7, Kammern für Handelssachen). Zu praktischem Gebrauch dargestellt von Oberlandesgerichtsrat H. Königs. 1899. 8°. (410 S.) Geb. in Leinen 4 M. 50 Pf.

Gesetz, betreffend **die Prüfung der Läufe und Verschlüsse der Handfeuerwaffen.** Vom 19. Mai 1891. Nebst den Ausführungsbestimmungen des Bundesrats vom 22. Juni 1892. Textausgabe mit Anmerkungen. Von Hauptmann a. D. Georg Koch. 1892. 8°. (59 S.) Kart. 1 M. 50 Pf.

Das deutsche Handels-, Wechsel- und Seerecht. Erweiterter Abdruck aus: Das alte und das neue Bürgerliche Recht Deutschlands mit Einschluß des Handelsrechts. Von Prof. Dr. A. Engelmann. 2. Aufl. im Druck.

Das **Kommunalabgabengesetz** vom 14. Juli 1893. Für den praktischen Gebrauch mit einer geschichtlichen Einleitung und Erläuterungen versehen, sowie mit einem die Ausführungsanweisung berücksichtigenden Nachtrag. Kommentar von Oberbürgermeister Dr. Franz Adickes. 1894. 8°. (417 S.) Kart. 6 M.

Das **Absonderungsrecht im Konkurse** mit besonderer Berücksichtigung des preußischen und gemeinen Rechts, systematisch dargestellt von Oberlandesgerichtsrat Dr. Th. Wolff. 1892. gr. 8°. (542 S.) 10 M.

Konkursordnung mit Einführungsgesetz, Nebengesetzen und Ergänzungen in der Fassung des Gesetzes vom 17. Mai 1898. Kommentar von Oberlandesgerichtsrat Dr. Th. Wolff. 1900. gr. 8°. (555 S.) 11 M, geb. in Leinen 12 M.

Die Kurtaxe. Betrachtungen über ihre rechtliche Natur. Von Professor J. Kohler. 1902. gr. 8°. (52 S.) 1 M.

Das **Wohnungsmietrecht** nach dem Bürgerlichen Gesetzbuch. Zum praktischen Gebrauch für Juristen, Hausbesitzer und Mieter bearbeitet von Rechtsanwalt und Notar Th. Loomann. 1900. 8°. (144 S.) 2 M.

Gesetz betreffend die **Patentanwälte.** Vom 21. Mai 1900. Nebst Ausführungsverordnungen. Von Prof. Dr. R. Stephan, Geh. Reg.-Rat, Abteil.-Vorsitz. im Kaiserl. Patentamt. 1900. 8°. (72 S) Geb. in Leinen 1 M. 50 Pf.

Der Raritätenbetrug. Von Dr. Hanns Gross, Universitäts-Professor. 1901. gr 8⁰. (296 S.) 6 M.

Polizei und Publikum. Eine Darstellung der beiderseitigen Rechte und Pflichten an der Hand der grundlegenden Bestimmungen für die Ausübung der örtlichen allgemeinen Verwaltungspolizei in Preußen. Von Bürgermeister M. Koehne. 1897. 8⁰. (144 S.) Geb. in Leinen 2 M. 75 Pf.

Patentgesetz und Gesetz, betreffend den **Schutz von Gebrauchsmustern.** Von Justizrat Dr. A. Seligsohn. 2. Auflage. 1901. gr. 8⁰. (557 S.) 12 M., geb. in Leinen 13 M.

Die **Tätigkeit der Polizei in Strafsachen** auf Grund der Reichsjustizgesetze und des Preußischen Rechts für Polizeiverwalter und Polizeibeamte. Von Oberverwaltungsgerichtsrat St. Genzmer. 4. Auflage. 1900. 16⁰. (117 S.) Kart. 90 Pf.

Beschwerde und **Klage** sowie sonstige **Rechtsmittel** gegen polizeiliche Verfügungen und Zwangsmaßregeln. Gemeinverständlich dargestellt und durch Beispiele erläutert von Oberverwaltungsgerichtsrat B. von Kamptz. 1894. 12⁰. (93 S.) Kart. 1 M. 20 Pf.

Dienstunterricht für Polizei-Exekutiv-Beamte. 1. Teil. Strafgesetzgebung (Gerichtsverfassung, Strafprozeßordnung, Strafgesetzbuch). Von Polizeiinspektor J. Segger. 1900. 8⁰. (308 S.) Kart. 2 M.

Die Registratur. Von Hermann Kollrack, Kgl. Polizeisekretär am Berliner Polizeipräsidium. 1896. 8⁰. (56 S.) Kart. 90 Pf.

Soziale Reform. Von H. A. Bueck, Geschäftsführer des Verbandes deutscher Industrieller. 1903. 8⁰. (36 S.) 60 Pf.

Rechtsbrevier für deutsche Ehefrauen. 52 Merksprüche aus dem Bürgerl. Gesetzbuch mit Erläuterungen. Von Dr. jur. Emilie Kempin. 8°. (62 S.) Kart. 1 M.

Verwaltungs-Hygiene. Ein Handbuch der öffentlichen Gesundheitspflege für Verwaltungsbeamte. Von Dr. A. Pfeiffer. 1895. gr. 8°. (228 S.) 5 M., geb. in Leinen 6 M.

Vorschläge zur Reform der Volksversicherung in Deutschland. 1906. gr. 8°. (40 S.) 1 M

Handbuch des Vormundschaftsrechts. Unter Berücksichtigung der Ausführungsgesetze der deutschen Bundesstaaten. Von H. Schultetus, Landgerichtsrat in Rostock. 1899. 8°. (261 S.) 4 M., geb. in Leinen 4 M. 60 Pf.

Die Pflichten des Waisenrates. Ein praktischer Leitfaden für Waisenräte und Verwaltungsbeamte. Von F. Baum, Geh. Justizrat und Vormundschaftsrichter. Achte vermehrte und verbesserte Auflage. 1906. 8°. (46 S.) 60 Pf.

Wechselstempelsteuer und ihre Reform. Eine kritische Studie Von Dr. jur. Eug. Jacobsohn. 1906. gr. 8°. (47 S.) 1 M.

Der Vormund, Gegenvormund, Pfleger u. Familienrat. Nach dem Bürgerlichen Gesetzbuch, dem Reichsgesetz über die Angelegenheiten der freiwilligen Gerichtsbarkeit und dem Ausführungsgesetz zum BGB. Ein praktischer Leitfaden. Von F. Baum, Geh. Justizrat und Vormundschaftsrichter. 1899. 8°. (64 S.) 50 Pf.

Gesetz zum **Schutz der Warenbezeichnungen** vom 12. Mai 1894, nebst Ausführungsbestimmungen. 2. Auflage, bearbeitet von Dr A. Seligsohn in Gemeinschaft mit Rechtsanwalt Martin Seligsohn. 1905. gr. 8°. (353 S) 7 M., geb. 8 M.

Anleitung zur **Bildung öffentlicher Genossenschaften zur Ent- und Bewässerung** von Grundstücken für Zwecke der Landeskultur in den preuß. Provinzen nebst den in Betracht kommenden Gesetzen und Ministerialerlassen. Zugleich ein Handbuch des landwirtschaftlichen Wasserrechts für jedermann. Von Regierungsrat Dr. Bernh Weddige 1887. 8°. (300 S) 4 M. 50 Pf.

Das **Wildschadengesetz.** Vom 11 Juli 1891 Kommentar von Dr A. Holtgreven u. Dr Th. Wolff. Vierte vermehrte und verbesserte Auflage 1902. 8°. (224 S) 4 M, geb. in Leinen 4 M. 50 Pf.

Belehrung über den Wucher. Ein Schutz gegen Schädigung mit Fingerzeigen für jedermann. Nach dem neuen Wuchergesetz bearbeitet von Carl Pfafferoth, Geh. Kanzleirat im Reichsjustizamt. 1893 8°. (38 S.) 50 Pf.

Das Gesetz zur **Bekämpfung des unlauteren Wettbewerbs.** Für die gerichtliche und gewerbliche Praxis erläutert von C. Hauß, Geh. Oberregierungsrat. 1896. 8°. (123 S) geb. 3 M.

Das **Reichsgesetz zur Bekämpfung des unlauteren Wettbewerbs** nebst den ergänzenden Bestimmungen des Bürgerlichen Gesetzbuchs. Kommentar von Justizrat Albert Pinner, 1903. gr. 8°. (189 S.) 5 M., geb. in Leinen 6 M.

Verfassung des Deutschen Reichs. Mit Einleitung und Kommentar. Dritte, stark vermehrte und verbesserte Auflage. Von Prof. Dr. A. Arndt. 1907 8°. (436 S) 4 M., geb. in Leinen 5 M.

Daß **Preußische Versammlungs- und Vereinsrecht.** Systematisch dargestellt. Von Staatsanwaltschaftsrat Dr. Paul Caspar. 1894. 8°. (130 S.) 2 M.

Handbuch für Vereine bei Aufstellung, Beratung und Änderung der Vereinssatzung auf Grund der §§ 21—79 des Bürgerlichen Gesetzbuches. Mit erläuternden Anmerkungen, einer sachlichen Einleitung sowie einem Satzungsentwurf versehen von Paul Behrens. 1899. 8°. (57 S) kart. 1 M.

Die **Rechtsverhältnisse der geschlossenen Gesellschaften und Vereine** nach preußischem Recht unter besonderer Berücksichtigung der Befugnisse der Polizeibehörden. Von Dr. H. Delius, Landrichter. 1902. 8°. (85 S.) kart. 1 M. 60 Pf.

Wie leitet man eine Versammlung? Geschäftlicher Handweiser für Vorsitzende. Von einem Mitgliede des deutschen Reichstages und des preußischen Abgeordnetenhauses. 12°. (88 S.) kart. 1 M.

Die **Zivilprozeßordnung** für das Deutsche Reich nebst den auf den Zivilprozeß bezüglichen Bestimmungen des Gerichtsverfassungsgesetzes mit den Einführungsgesetzen. In der Fassung vom 28. Mai 1898. Kommentar von Dr. J. Struckmann und Dr. Koch. Achte umgearbeite Auflage. 1901. Lex. 8°. 2 Bde. (815 S. und 702 S.) 30 M., geb. in Halbfr. 34 M.

Handbuch zum Verfahren der Zwangsversteigerung und Zwangsverwaltung nach dem Reichsgesetz v. 24. März 1897 (Fassung vom 20. Mai 1898). Ein Hilfsbuch für die Praxis und ein Lehrbuch für jüngere Juristen von Amtsgerichtsrat M. R. Samter. 1904. gr. 8°. (392 S) 8 M. 50 Pf., geb. in Halbfr. 10 M.

Auf der Fahrt mit Landstreichern. Von J. Flynt. Aus dem Englischen. Uebersetzt von Lilli du Bois Reymond. 1904. 8°. (259 S.) 3 M.

Schlagwort-Register.

R. = Nummer der Sammlung Deutscher Reichsgesetze.
P. = Nummer der Sammlung Preußischer Gesetze.
S. = Seite.

FSC
www.fsc.org
MIX
Papier | Fördert gute Waldnutzung
FSC® C083411

Kolibri 360 GmbH
Ferdinand-Jühlke-Straße 7
99095 Erfurt, Deutschland
produktsicherheit@kolibri360.de